モナドの窓
ライプニッツの「自然と人工の劇場」

ホルスト・ブレーデカンプ
原　研二 訳

産業図書

DIE FENSTER DER MONADE
Gottfried Wilhelm Leibniz' Theater der Natur und Kunst

by Horst Bredekamp

The original edition was published under the title
Die Fenster der Monade
Copyright © 2008 by Akademie Verlag GmbH, Berlin

Japanese translation rights arranged
with Akademie Verlag GmbH, Berlin
through Tuttle-Mori Agency, Inc., Tokyo

再版の前書き

　ライプニッツに関する当試論は題材が見かけ上特殊であるにもかかわらず、案に相違して比較的早い再版の運びとなった。本書はすでにタイトルに明らかなように、長きにわたって支配してきたライプニッツ研究に対して異論を唱える。基本枠は、「モナドには窓がない」という公式にもかかわらずライプニッツの哲学姿勢は決して感覚に敵対するものではないということである。逆なのだ、彼の理論は精神的能力の全面展開を望み、その実現を生涯にわたって追及した結果、これを「自然と人工の劇場」という制度に見出していくのだ。

　それはミュージアムと科学実験室の複合モデルである。彼がベルリン科学アカデミーを設立した時、同じベルリン王宮内クンストカマーと結合させようと目論んだのも、同じモデルによっていた。新しく建設される王宮内に「フンボルト・フォーラム」を設けようという現在進行中のアイデアもやはり同じコンセプトに基づいているのである。このプロジェクトを具体化し始めるとともに、本書再版のコンセプトがいっそう確たるものとなった。本テクストは一連の誤植訂正を除いて元のままである。

　本書以後の文献のうち 2 冊が言及に値する。17 世紀光学に関するヴォルフェンビュッテル学会のすぐれた議論が、近年出版の運びとなった[I]。さらに論を進めたのはヤン・ラザルジクのベルリン大学提出博士論文である。ライプニッツのパリ滞在中の環境を精査することによって明らかになったのだが、推定 1675 年躁状態の「思考遊び」においてライプニッツは数々の機械を知悉し、刺激源として利用したのだった[II]。その結果またライプニッツが彼の時代の出来事をどんなに緊密に触覚と視覚、および聴覚と結び付け、精神的能力を展開させる理論に利用したか、議論を補強してくれるものとなっている。

　最後に、ガリレオ・ガリレイ、トーマス・ホッブス、そして初版に告知されたこのライプニッツ論といった 3 部作が、ガリレイ研究書によって完結を見た

ということをお伝えしておきたい⁽ⅠⅠⅠ⁾。望むらくは、このガリレイ研究出版によってこれら三人の思想家たちの関係が明らかとならんことを。接眼レンズ批評（オクラールクリティク）という哲学的折り返し点を前にしてこれら3書は、それぞれに全力を尽くしてある。身体に発する思考とはどのようなものか、そして今日にいたるも身体に発して思考せよと。

　　　　　　　　　　　　　ホルスト・ブレーデカンプ、2008年2月1日

（Ⅰ）Carolin Bohlmann, Thomas Fink und Philipp Weiss(Hg.), Lichtgefüge des 17. Jahrhunderts. Rembrandt und Vermeer—Leibniz und Spinoza, München 2008.
（Ⅱ）Jan Lazardzig, Thatermaschine und Festungsbau. Paradoxien der Wissensproduktion im 17. Jahrhundert, Berlin 2007.
（Ⅲ）Horst Bredekamp, Der Mond. Die Sonne. Die Hand. Galileo Galilei als Künstler, Berlin 2009.

序

　本書は、ゴットフリート・ヴィルヘルム・ライプニッツが抱いていたプロジェクト「自然と人工の劇場」[1]を解明しようとした10年来の成果であり、ベルリン・フンボルト大学の芸術史ゼミナール冬学期（2002／2003）の講義に基づいている。

（1）　Bredekamp, 1993, S. 77f. これまで活字化された拙論は本書に部分的改変を加えて編集してある。

　本研究は、1900年界隈に展開された芸術史という概念を歴史学的図像研究（ビルト・ヴィッセンシャフト）として、さらに推進することを試みる[2]。その際17世紀の傑出した人物を手がかりにしようと思う。このエポックが範例的であるのは、望遠鏡から顕微鏡にいたる、そしてカメラ・オブスクーラからラテルナ・マギカにいたる光学器械の発明を駆使しながら視覚認識の探求に邁進しているからである。これに匹敵するのは、ようやく19世紀、写真の発明によって可能になったものなのだ。こうした光学現象が、全プロジェクトの中心にある。自然科学者ガリレオ・ガリレイは根本的な認識手段として素描を使用し、国家論者トーマス・ホッブスは国家主権という概念を決定していくのに、つまるところ多焦点レンズによる光学論を試みている。この二人に続くのが、哲学者ライプニッツである[3]。

（2）　„Bildwissenschaft", in : Pfisterer, 2003, S. 56f.
（3）　Bredekamp, 2001, Galileo ; 同, 2003, Thomas Hobbes, 2003, S. 83ff.

　哲学者たちの間ですら躓きの石として扱われてきたこの思想家に、芸術史の一面から接近することには、説明を要するだろう。芸術史研究が依拠するのは次のような考え方である。図像とそれが引き起こす反応／反省は、哲学上のさ

まざまな次元の問題をすくいとることができる、しかもそれは図像界そのものと図像固有の歴史から展開されてこそようやく解明できる次元なのだ。これが本書の基本姿勢であるが、ライプニッツにおいてもまた図像が意味論的重心を提供し、固有の思考を成立可能にしてくれるのである。

ライプニッツは図像による認識の役割についての諸考察を「自然と人工の劇場」プロジェクトに一括しておいた。「劇場」というこのアイデアがほとんど知られないままであったのは[4]、原テキストの状態のせいもあった。ライプニッツが声高に言っていることには、公刊された彼の論文は決して自分の哲学の真正なイメージを可能にしていない[5]。公表された作品と膨大な遺稿の山のあいだには隙間があって、そこを埋めるためには、近年日の目を見た出版物を俟たなければならなかった。ここのところ連続して登場したアカデミー版、なかでもシリーズⅥのうち興味の尽きない第4巻、これのおかげで、ライプニッツが手探りつつ描く「手」と新奇を求め訓練を施された「眼」をともどもに高く評価するわけを、初めて解明する可能性がでてきた。全体を見通せないほど多様なライプニッツの思考が「自然と人工の劇場」によって活発に運動しながら熟慮を重ね目指した問題、それは感覚認識の問題だった。「劇場」プロジェクトへの力の入れようは、彼の哲学の全体像に関わっている。なにしろ計算と直感、これまで橋渡し不能に見えたこの二つの間の亀裂が埋められるのである。

(4) 「クンストカマー」「ヴンダーカマー」「ムゼウム」あるいは「テアトルム」といった概念に関わる論考タイトルについて一括した文献表はまだ存在しない。今回の私の仕事の典拠は、出典注を備えていない孤立した論文（Ennenbach, 1978）、「西欧のヴンダーカマー」展カタログ中の短いながら卓見の記事（Nielsen, 1994）、及び地学史の視点からの諸論（Ariew, 1998, S. 285f.）のみである。ライプニッツのゾツィエテート（科学協会）プランに関する近年の包括的な研究（Böger, 1997）は、優れた一般的論考を提供してくれている。

(5) プラキウス（Placcius）宛て書簡, 21. 2. 1696, in : Leibniz, 1768, Bd.V, 1, S. 65.

基礎テクストは編年体の付録に文献としてまとめてある。それらはもともと手稿なのだが、総じて印刷テクストの形で提示したのは、公開されたライプニッツの草稿がばらばらに保管されてきた現状にあって、これをいちいち探索する読者の手間を省こうがためである。本文中の引用文は基本的には現代語に

変えてある。原文は付録に確認できるようになっており、付録の記載の方では一言一句そのまま採録してある。付録に載っていない草稿で、現代語化に際して重大な誤差が生じる場合には、追査できるよう注に原文を引用してある。

ここ数年、フンボルト大学ヘルムホルツ文化技術センターの「技術イメージ」と「図像・文字・数字」セクションが当研究を支えてくれ、その助成金についてはゲッティ・センター（ロサンゼルス）とドイツ研究協会に感謝したい。ヨッヘン・ブリューニングと共同でヘルムホルツ・センターを介してベルリン・フンボルト大学のコレクションを再構成することになり、その成果はベルリンのマルティン・グロピウス館における展覧会「自然と人工の劇場 Theatrum Naturae et Artis」(2000／2001冬) となって結実した。そのおかげで本研究は予期せぬ転機を迎えた[6]。というのは、展示品の中心は大半ベルリン王宮コレクション室のものであり、これこそライプニッツがつぶさに目にした「自然と人工の劇場」モデルだったのである。この伝統は将来のベルリン王宮利用に際してよく考慮さるべき事柄である。公共利用の核心として宣伝された「フンボルト・フォーラム」はライプニッツによって期待された試みに近づくことを目標としたのだから[7]。

(6) Theater der Natur und Kunst, 2000.
(7) Historische Mitte Berlin. Abschlußbericht, 2002. S. 24f.; Mlynek, 2002 ; Bredekam und Brüning, 2002.

様々な援助、提案、訂正について、ヘルベルト・ベック、ガブリエレ・ビッケンドルフ、ゴットフリート・ベーム、ヨッヘン・ブリューニング、ライナー・クンツ、エレーヌ・ドゥセ、マルクス・フリードリヒ、アルムート・ゴルトハーン、バーバラ・ヘレンキント、ヴォルフラム・ホグレーベ、アンケ・ヘルツァー、(故) ステファン・フォン・ヒューネ、アンドレアス・クロイル、フリードリヒ・キットラ、ヨーン・ミヒャエル・クロイス、ハンス－ヨアヒム・クンスト、シビッレ・クレーマー、トーマス・ラインカウフ、ヘルベルト・ラッハマイヤー、ヘルムート・ローレンツ、ジャン－ルイ・マルティノーティ、ヤスミン・メルスマン、ユルゲン・ミッテルシュトラス、ハンス・ポーザー、ビルギト・レッキ、ハルトムート・ルドルフ、シュテフェン・ヴァヴラ、ヴラジーミル・ヴレミンスキ、ガブリエレ・ヴェルナー、そしてビルギ

ト・ツィムニに心からお礼を申し上げたい。

さらに格別の謝意を、ヘルベルト・ブレーガー、ウルリーケ・ファイスト、ハルトムート・ヘヒト、エーバーハルト・クノープロホ、レベッカ・マイヴァルト、ヨーゼフ・ニーチュ、マルガレーテ・プラチュケ、フランツ・ライティンガ、アンドレ・ロトマン、ウルリヒ・ヨハネス・シュナイダー、パブロ・シュナイダー、そしてラインハルト・ヴェンドラー、これらの方々はライプニッツの草稿の全体、あるいは一部に目を通し、校正をしてくれた。

最後にペトラ・フローラートには、本稿を形にしていくうえで、ゲルト・ギースラーにはアカデミー出版社として改めて丁寧で創意あるバックアップをしていただき、特にお礼申しあげたい。

ベルリン大学教授会には私に草稿を 2003／2004 冬学期に書き上げる時間を与えていただいた。

拙著『トーマス・ホッブスのヴィジュアル戦略』のときと同じく、本書もまたシュレースヴィヒ・ホルシュタイン州アイダーシュテットの内陸土塁（イネンダイヘ）の一つレームスタッカー・ダイヒで執筆された。ライプニッツに没頭する間、鏡を覗き込むかのように羊たちを眺めることは、この上なく癒されるものだった。

目 次

再版の前書き　i
序　iii

I　導入 ･･････････････････････････ 1
　1.　プラン ･･･････････････････････ 1
　2.　ガーター結び ･･････････････････ 3
　3.　襞なす衣装のコスモス ･･････････ 5
　4.　ペンタグラムと振動するスクリーン ･･ 9

II　展示品の劇場 ･･････････････････ 17
　1.　クンストカマー（人の手になるものの蒐集室）の役割 ･････ 17
　2.　コレクション歴訪 ･･････････････ 25
　3.　劇場概念の変数 ････････････････ 32
　4.　ベッヒャーの『自然と人工の劇場』 ･･ 39

III　パリの『思考遊び』････････････ 45
　1.　テクスト ･････････････････････ 45
　2.　ゲーリッケ球体 ････････････････ 49
　3.　モデルと自動機械 ･･････････････ 57
　4.　大道芸人と賭博宮殿 ････････････ 62

IV　光と影のゲーム ･･････････････ 67
　1.　影絵劇場 ･････････････････････ 67
　2.　光の運び手としての影 ･･････････ 70

  3. 葛藤を起こす遠近法の力・・・・・・・・・・・・・・78

V 数学的計算・・・・・・・・・・・・・・・・・・・・87
  1. アナモルフォーズ・・・・・・・・・・・・・・・・87
  2. ヴィジュアル批判・・・・・・・・・・・・・・・・92
  3. 数学記号に絵としての性格を持たせる・・・・・・・94
  4. 無限性と超数学的＜視＞・・・・・・・・・・・・・111

VI 感覚的認識と直感・・・・・・・・・・・・・・・・119
  1. ものそのものの力・・・・・・・・・・・・・・・・119
  2. 自然言語の強み・・・・・・・・・・・・・・・・・124
  3. 魂、およびモナドの身体・・・・・・・・・・・・・125
  4. 一望（coup d'oeil）と神の視のあり方・・・・・・・128

VII 化石、および大地の芸術理論・・・・・・・・・・・131
  1. 女芸術家なる自然・・・・・・・・・・・・・・・・131
  2. 複製の芸術・・・・・・・・・・・・・・・・・・・138
  3. 博物史のディレンマ・・・・・・・・・・・・・・・142
  4. 女遠近法芸術家としての自然・・・・・・・・・・・142

VIII 素描と下絵・・・・・・・・・・・・・・・・・・147
  1. 素描の特性・・・・・・・・・・・・・・・・・・・147
  2. クロード・ペローのルーヴル宮・・・・・・・・・・149
  3. ヴォルフェンビュッテルとウィーンの楕円建築・・・156
  4. メダル用とセレモニー用の図像プラン・・・・・・・165

IX 生きた図書館としての図説アトラス・・・・・・・・173
  1. パリのお手本・・・・・・・・・・・・・・・・・・173
  2. 図説アトラスの様々なコンセプト・・・・・・・・・180
  3. 図像学による目録化・・・・・・・・・・・・・・・185
  4. 図版の生彩とユートピア・・・・・・・・・・・・・191

X　アカデミーとその劇場・・・・・・・・・・・・・・・・・・・199
　1.　ベルリンでの部分的成功・・・・・・・・・・・・・・・・199
　2.　ドレスデンでの努力・・・・・・・・・・・・・・・・・・204
　3.　ウィーンにまつわる野心・・・・・・・・・・・・・・・・206
　4.　死後、サンクト・ペテルスブルクにての計画実現　・・・・・・210

XI　結び　・・・・・・・・・・・・・・・・・・・・・・・・・223
　1.　指し示すことの栄光・・・・・・・・・・・・・・・・・・223
　2.　計算と直感：ライプニッツのアクチュアリティ　・・・・・・・・227

付録　・・・・・・・・・・・・・・・・・・・・・・・・・・・231
　Ⅰ．典拠 (1668−1716)　231
　Ⅱ．Drole des Pensee の翻訳　276

参考文献と文献略記号　287

訳者あとがき　321

人名索引　337

とはいえ、モナドには窓があるのだ。
（エドムント・フッサール）

I　導　入

1．プ　ラ　ン

　もう百年も前のこと、ゴットフリート・ヴィルヘルム・ライプニッツの評価に決定的な転回が訪れ、以後今日に至るまで影響力をふるっている。1900年のバートランド・ラッセル著『ライプニッツ哲学のクリティカル・エクスポジション』、さらにそれ以上に1901年のルイ・クーチュラによるブリリアントな『ライプニッツ論理学』、この2冊によってライプニッツは、形式論理学の開祖として20世紀パイオニアの一人となった[8]。彼の計算機、そして0／1の上に築かれた二進法のおかげで、彼はのちにコンピュータの父として、また同様に究極的にはサイバネティクスの父として見なされるようになったのである[9]。

　(8)　Russel, 1900 ; Couturat, 1901. 成功史については：Mercer, 2001, S. 3ff.
　(9)　Kilcher, 2003, S. 463f.

　たしかに20世紀はこのような権威的一面的評価からライプニッツを解放しようと多様な試みで満ち満ちているのだが[10]、どんな異論でも基本的認識は一貫していた。ライプニッツの哲学は内的論理に従うばかりで外界に対して触覚的視覚的事例を遮蔽してしまっている、これがライプニッツ研究にとって克服しがたいバリアを張ってしまう、というものだった。イメージ思考をテーマとした執筆者たち[11]ですら、哲学を馬場にたとえるならば、結局ライプニッツは越えるに難い障害物と位置づける。いわく、肉体は情熱と病気と死にとらわれて裏切り者といっていいほどコントロールがきかない、それを思想的に乗

り越えようと試みるライプニッツにとって、ヴィジュアルと触覚の世界はどうしても認識の構成要素ではなくて思考阻害の媒介となったのだと。専門家を自認する者が1986年にライプニッツのイタリア旅行に関して「ライプニッツは何も見なかった」[12]と断定した。そして同様に学識豊かな女性歴史家が、2001年、ライプニッツの形而上学の展開について「彼は彼のアイデアの一つとして入念な自然研究に発したことはない」[13]という結論に達した。はて、こんな推断にライプニッツ御大はなんと答えることやら。なにしろ、1685年、ハルツ山中の洞窟で、ときには腹這いになって岩石標本や化石をくまなく探索している彼がいただろう。あるいは同じ年、モナドロジーの基盤が構築されたのも、いわば顕微鏡を覗いた成果があったからではないか。

(10) Phänomenologie und Leibniz, 2000, S. 296-345.
(11) これには、集中的にライプニッツのイメージ概念を研究したジャン-ポール・サルトル (Sartre, 1982, S. 105ff.)、あるいはライプニッツの遠近法研究について深い分析に成功したヘルムート・パーペ (Pape, 1997, S. 204) が含まれる。
(12) (仏語原文) „Leibniz n'a rien *vu*" (Robinet, 1986, Iter Italicum, S. 2).
(13) (英語原文) „ (...) he did not develop any of his ideas through the careful study of nature" (Mercer, 2001, S. 471).

ディートリヒ・マーンケが1917年に作った定式がある。「歴史上のライプニッツという二重存在に復権を」と、「ライプニッツは数学形式の統一ばかりか実地の素材の経験の山に価値をおいていた」という定式であるが、この対抗プログラムは、今日、正当であり、かつわれわれのまだ追いついていないものである[14]。さらに顧みられていないのだが、芸術史家ウィリアム・S・ヘックシャーは1974年にある小さなエッセーのなかでこう提案していた。アビ・ヴァールブルクのイコノロジーは、いわば細部に畳み込まれた、脇役の、あるいはいかにも目立たない、とはいえだからこそなおいっそう実効力を持ったイメージ現象を追求した。ヘックシャーは、そのイコノロジーをライプニッツの概念「小さな感覚 (kleine Perzeption)」と結びつけようという[15]。本書の試みは、経験知と演算を媒介しようというマーンケの先鞭に力を得、ヴァールブルクの変幻するイメージが持つ心理的身体的エネルギー分析とライプニッツの「小感覚(petites perception)」の間を架橋するヘックシャーの提案に負うところが大きい。

(14) Mahnke, 1917, S. 3；以下を参照のこと：Phänomenologie und Leibniz, 2000, S. 324.

(15) Heckscher, 1974, S. 129f.

2. ガーター結び

これがどういう問題であるか、まるであつらえたようなモットーがある。ライプニッツが 1685 年に残した無数のテクストや抜粋のうちの一つ、小さな絵柄のスケッチである（図 1）[16]。上へ突き出た二つのループと下へ垂れたリボンと縁飾りのあるテープ、この図が示しているのは、一種のクローヴァー結びである[17]。一見いたずら書きと見えようが、この結ぼれを解きほぐすなら、あっと息を呑む、認識理論の根本問題に一直線に繋がっていく。ライプニッツが導入しているのは、古代から現代の宇宙理論に至る結び目論であり、しかも結ばれ畳み込まれてできた諸空間として宇宙を理解する伝統にも沿っているのである[18]。

(16) AA. VI, 4, B, Nr. 241, S. 1230. ライプニッツのテクストは、ハンブルクの自然研究者にして哲学者 Joachim Jungius についての分析である。このスケッチの詳細な分析を私は Gottfried Boehm の還暦記念シンポジウムでベームに捧げている。

(17) 結び研究は医師 Heraklas によって紀元後 1 世紀のうちに基礎を得、Vidus Vidius, と Francesco Primaticcio によって 16 世紀に再説される（Epple, 1999, S. 32f., 40）。

(18) Epple, 1999.

図 1 G. W. ライプニッツによるガーターの結び目スケッチ。1685 年中頃(?)。Hannover, Niedersächsische Landesbibliothek, LH, IV, 7C, Bl. 120r

ライプニッツの関心は不明瞭な認識と明瞭な認識の区別にある。「三つの折り返し、うち二つは上向きにガーターを結ぶのだが、これが不明瞭な認識と明瞭な認識のみごとな例証となり、また不明瞭な記憶と明瞭な記憶それぞれから生じる作用の例証でもあるのだ」[19]。認識の**明瞭／不明瞭**という概念は、最も反響のあった1684年公表の『認識、真理、観念に関する考察 Meditationes de Cognitione, Veritate et Ideis』のうちの一つで、ちょうど直前にライプニッツが研究した思考の継承である。それは自ら新たに掬い取られていく別の可能性を次々と認識させてくれる。始めは**暗い**認識を**クリアな**認識から選り分け、その**クリアな**認識が次のステップに進んで**不明瞭な**側面と**明瞭な**側面へと分枝する。**明瞭な**認識が達成されるのは、ある事柄の形と個性とが記号化され、その記号にことの本質が見て取れるときである。たとえば鋳造師は数字、容積、記号によって金をほかの貴金属から区別するのだが、こうすることで彼は対象の**明瞭な概念**を生み出しているのである。ライプニッツがこういう表徴学 (Spezifika) を構成するにあたって、対象から引き起こされた不安や希望といった魂の様態をも数え入れていることは特筆にあたいする[20]。

(19) （手稿原文）„Confusio Conceptuum. Strumpfbandel binden mit 3 falten ohn die zwey zipfel gibt ein schohn exempel confusae cognitionis et distinctae, item operationis ex confusa memoria et ex distincta"(AA, VI, 4, B, Nr. 241, S. 1230, Z. 4-6).
(20) AA, VI, 4, A, Nr. 141, S. 586, Z. 21-S. 587, Z. 4 ; Leibniz, 1985, I, Opuscules, S. 34/35.

不明瞭な認識と明瞭な認識を対置させることによってガーター・テクストは、進級していく認識システムのうち第二段階に移行する。それは五官界のイデーにとって、および知覚の感受にとって最大級に重要な段階である。知る能力、行動の能力のために動員されるのは、目と手のみならず言葉を話す口とそれを聞く耳もまたそうであり[21]、明瞭な認識へと繰り返し立ち戻ることが目的とされる。これがプラトンの洞窟寓話で洞窟の暗がりから出ようとするなら持ち続けなければならないとされた明瞭な認識というものである。「常の心がけが、必要なのだ」[22]。実践、これが決定的段階に導いてくれるのだが、これによって子供はメカニズムを理解するのみならず、それを言葉によってなぞり、自分のクリアな認識が不明瞭なものから明瞭かつ際立ったものへと移っていったことを証明できるのである。「子供が自分の手わざによって何が一番長

いテープでなければならず、束結びや輪結びがどんな秩序でどのようにゆわえられねばならないかを明瞭に理解するなら、子供でもそれをひとに言葉で説明できるだろう」[23]。ここから帰結する一般論はこうである、「このもう一つの結び方は、四つあるいは二つの折り返し（Falten）でできた、あらゆる束結びに存在する」[24]。

(21)　（手稿原文）"(...) also confuse behalten und gewohnt, wie ein knabe die lettern im munde formiren lernet" (AA, VI, 4, B, Nr. 241, S. 1230, Z. 9f.).「すなわち込み入ったことを覚え馴れるのは、童子が文字を口中に形成するを習うに等しい」。
(22)　Platon, Politeia, 7, 2, 516a.
(23)　（手稿原文）"Wenn ers nun distincte wuste kondte er einem sagen, was nach seiner hand das langste seyn mus, und denn wie eine schürz oder schlinge und mit was ordnung über einander gehen" (AA. VI, 4, B, Nr. 241, S. 1230. Z. 10-12).
(24)　（手稿原文）"Diese andre confusio ist in allen schürzen, die auch von 4 oder 2 falten seyn" (AA, VI, 4, B Nr. 241, S. 1230, Z. 12f.).

3. 襞なす衣裳のコスモス

　一見月並みに思える現象を探究してみると、これがかくのごとく認識のモデルと実践力のモデルになる。ライプニッツがガーター結びのループ部分——これを作るには手と眼ばかりか口も耳も協働する——のことを「折り返し（Falten）」と命名することによって、彼の哲学の中心概念の一つを使って見せたのだった。
　グリムの辞書が示す「Falten」の意味史は、まず「衣類、衣装、飾り結び」といった布地の折り畳み、二番目に皮膚と顔の皺、最後に「心、感覚、魂、人情」[25]の襞である。これらすべての意味のうちライプニッツもまたこの最後の概念を使った。ガーターについて彼の言う「折り返し」は、結わえられた布地という第一の概念規定、および「慣れと修練」によって畳み方を生み出す魂という三番目の意味層を少なくとも満たしている。「ある対象を見つめる場合、注意を向けるべきは」[26]襞であると。

(25)　Grimm, Bd. 3, Sp. 1297f.
(26)　Grimm, Bd. 3, Sp. 1299.

これはライプニッツの「襞」定義のほんの一部であるが、内部へと折り畳まれた層（スフェーレ）としての宇宙空間の性質から全生命理論までその妥当する範囲を拡大していった。ライプニッツが一つのアクティヴな力に促された宇宙を幻視するのもまた、おそらくは膨大な記憶の痕跡が無数の小さな、最微小に至る襞の織物に蓄積されるというピエル・ガッサンディの見方[27]に刺激を受けたのに相違ない。この宇宙は内部へと無限に深く沈潜・差異化を繰り返す褶曲マシンであり、その構成要素の一つひとつに、途切れることなく飛躍もせずたえず新たに渦巻き旋回する運動、新たな畳み込みを強いる宇宙である。これらの運動は空っぽの空間や究極の原子を知らず、ただ褶曲した空間に自分を層として畳み込むマテリアを知るのみ。「それゆえに、恒常のものを分割するのを何にたとえるかといえば、砂をさらに粒へと分割することではなく、紙や布地を折り畳むことなのである。かくして一方が他方より小さくなる無尽蔵の襞が発生するとしても、だからといって決して一つの個体が点になるとか、最小部（ミニマ）に解消していくということはないのである」[28]。ライプニッツによれば被造世界の生命が抹消不可能なのは、異なる存在であれ、たんに様々に畳んだり開いたりしているだけで、同一の有機体だからである[29]。

(27) Gassendi, Syntagma philosophicum, in：同, 1964, Bd. II, S. 406f.；以下を参照のこと：Busche, 1997, S. 77, Anm. 146.

(28) Leibniz, Pacidius an Philaletes, in：Leibniz, 1903, S. 615. 翻訳は以下による：Leibniz, 1955, S. 144；参照：Deleuze, 1995, S. 15f.；最近のライプニッツ襞理論については Albus, 2001, S. 145ff. を参照のこと。

(29) Leibniz, 1985, I, S. 210. 翻訳（S.211）は「畳み込まれた器官」(„les organes sont pliés")を「形成された」器官に変えてしまったので、特別の内容を見過ごすことになった。

宇宙に布地の性格を認めることによってライプニッツは、霊的にして身体的布地という、すべての啓示宗教に登場する二重性格を継承している[30]。宇宙が「分割できず蝋のように変形し、トゥニカのように様々な襞を畳んでいく」[31]連続体であると規定するとき、蝋をかたどることとドレープをアレンジすることの併置は、とりわけジャンロレンツォ・ベルニーニ像に比類なく代表されるような同時代の彫刻に眼を向けさせる。それはちょうどルイ14世胸像（図2）が風に吹き上げられる布地に巻かれているようなものだ。布地は衣

図2. ジャンロレンツォ・ベルニーニ、ルイ14世
大理石像、1665, Versailles, Schloß

装を天の雲になぞらえ、さらには地上／天上の襞ヴォリュームと頭部の巻き毛とをレベルアップした照応関係に持ち込んだ[32]。

(30) Eberlein, 1982；イメージ理論的言い回しについては以下を参照のこと：Wolf, 2003.
(31) （手稿原文）„Totum universum est unum corpus continuum. Neque dividitur, sed instar cerae transfiguratur, instar tunicae varie plicatur" (AA, VI, 4, B, Nr. 332, S. 1687, Z. 1f.).
(32) Zitzlsperger, 2002, S. 126f.

1651年パリに公刊されたレオナルド・ダ・ヴィンチの絵画小論はその襞表現において多大な注目を集めた。ドレープに襞を寄せる技術についての一章を実践するにあたって掲げておいた銅版画には、トゥニカに身を包んだ画家哲学者が瞑想にふけり左手を口に持っていく姿で中央に描かれていた（図3）[33]。

彼に付随しているのは地球であり、この地球は彼の思考の普遍宇宙的性格を強調している。それに加えて部屋は、巻きの入った帯状の紙が垂れ下がり、書籍や幾何学器具であふれており、斜めに差し込む光によってこの思索者はそのプラトン的身体と相俟って投影・射影の問題を強調しているのである。ライプニッツの場合にもまたこうした効果を盛り上げる小道具はすべて最高に重要となるだろう。それゆえに、レオナルドふうの襞理論家はライプニッツ自身の先行人物像の意味を持つのだ。ライプニッツが世界を見るというとき、その畳み込み構造を指摘しないではおかないのだ。

(33) Fréart de Chambray, 1651, S. 126；以下を参照のこと：den italienischen Text in：Leonardo, 1995, Nr. 525f., S. 265.

図3．作者不詳の銅版画、「如何にして布地は然かるべく畳まれねばならないか」1651。in：Fréart de Chambray, 1651, S. 126

4．ペンタグラムと振動するスクリーン

　結び目と襞、これを認識の比喩として使用する際に、ライプニッツが五官の総動員を頼りにしているのは当然として、比喩は造形芸術との類似にまで達している。精神の活動は身体的成分によって構成される。もしもライプニッツのもっとも有名な「モナドに窓がない」という命題がそのような身体性をカテゴリーとして排除していないのなら、精神活動はとりわけ必ずや視覚的に構成されて外へ出てくるだろう。これ以上分割不可能な根源的実体としてのモナドは、あらゆる彼の深慮の中心に収斂する。「自然のアトム」[34]はもはやこれ以上分枝できないのだから、それはまた埋められるべき隙間を持たず、それゆえ閉じた単一体としてしか想定できないだろう。「モナドは、そこから出入りできるような窓を持たない」[35]。ライプニッツは同様の定式を様々に繰り返したので[36]、彼の抜きがたい核心と見なされるに至った。

(34) Leibniz, Monadologie. §3 (1998, S. 10/11).
(35) Leibniz, Monadologie, §7 (1998, S. 12/13).
(36) Busche, 1997. S. 507 を参照。

　とはいえ、認識を比喩として説明するのに何を使うかという段になると、モナドが窓を持たないというのは、決して見かけ上のこととして片付けるわけにはいかない矛盾を抱え込むことになる。ここにその苛立ちをひしひしと感じさせる1枚のスケッチがある。それは、学生ライプニッツが1663年イエナ大学にておそらく数学教授エアハルト・ヴァイゲルの指導の下、肉体と魂の関係を定義しようと試みたときのスケッチである（図4a）[37]。この幾何学ふうのスケッチは「モナドロジーの基本図式」と解しうるもので、ピタゴラス派のペンタグラムを身体の一種の皮膚全体として提示している。ペンタグラムの五辺は触覚・臭覚・視覚・聴覚・味覚の感官機能を表している[38]。正接するよう描き込まれた外部の「感覚圏」は、外部刺激が内部の生気（Lebensgeister）を起動させる層を意味し、情報は内部のペンタグラムへと伝達される。内側のこのペンタグラムもそれに続く肉体と心理を中心にした円形も、実際よりはるかに誇大に描かれているのは、はっきり見て取れることを心がけたからである。

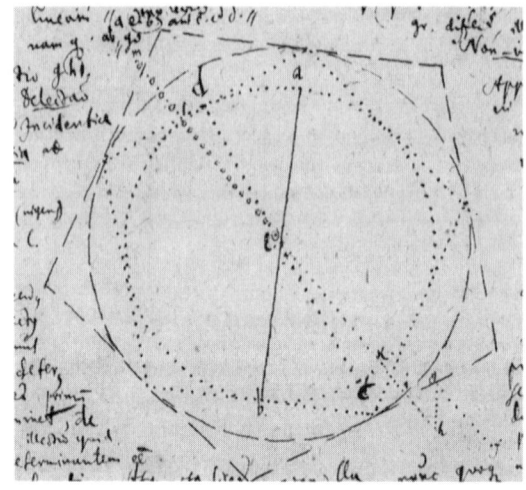

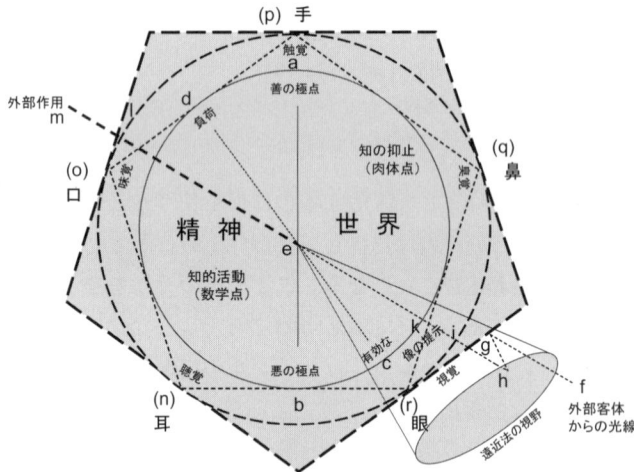

図4a. G. W. ライプニッツによる肉体-魂-ペンタグラムの素描、1663年頃。in : Thomasius, 1661 [Niedersächsische Landesbibliothek, Hannover, Leibn. Marg. 32]

図4b. ライプニッツの肉体-魂-ペンタグラムの解読図（Hubertus Busche による作図の転載許可を取得：Busche. 1997, s. 59）

内側の円の感受器官をはっきりさせようというのがライプニッツの試みであって、感覚刺激が自分の感知として認められるのは、この器官を通じてである。

(37) AA, VI, I, Nr. 3, S. 53-60, Anm. 55. この点および以下の議論について、ここでは採録しがたいブッシェによる詳細なデッサン分析とその哲学的前提を参照のこと：Busche, 1997, S. 57-91.
(38) Busche, 1997. S. 58. Zur Geschichte des Fünfecks : Fredel, 1998. S. 128ff., 280ff.

とくに彼が重点を置いているのは、右下から射し込む可視光線である。光線は対象 f から発し、屈折点 g, h, i を経て、網膜 r に映ずる。そしてそこから構造体の中心にある精神の視 - 点 e へと向かう。この「精神の眼」なるものは実物を手探り、実物を予備知識に諮りながら解釈し、自分の設定値によって変形させ、表象としてそれを内部円上 k へと投影し返し、内部円は、外部からやってくる能動的なイメージの薄膜となり、内部から生み出される受動的なイメージの薄膜ともなるのだが、このイメージとは、眼がいわば独自に見ているものの共同産物なのである。ヨハネス・ケプラーの「視のピラミッド」は、感覚への刻印と想像力が協働した相互干渉の一例なのだった[39]。ライプニッツは外側のペンタグラムの辺を建築学的用語を使って「要塞」と比喩化したので、内部に向かって作用する感覚刺激と内部から外に向かう表象の力とが相互に干渉しあう作用を、のちにモナドに対してカテゴリーとして考える際に付与することになるだろう、あの開口部をひそかに予見していたにちがいないのである（即ち、複数の窓に複数の門）[40]。

(39) Busche, 1997, S. 64-66.
(40) AA, VI, 1, Nr. 3, S. 56, Z. 19 ; 以下を参照のこと : Busche, 1997, S. 70.

モナドロジーは、外からの影響力がいわば白紙状態（タブラ・ラサ）の魂へと書き込み、魂を決定論的に規定するのだという機械論的月並みを駆逐しようと試みている。それゆえライプニッツが魂をあらゆる機械論的説明から解放しようとしたとき、その瞬間には建築上の「出入り口」という比喩は彼の考えにはなかったに違いない[41]。モナドを砕いていく徹底ぶりは、とくに自分が持っていた機械論的思考から自己批判的に離反するところに発している。ルネ・デカルトに対してもおなじ機械論を嗅ぎ取り戦線を張る。「窓がない」という思

想は、戦線を張ることによって議論を終わらせる毅然たる態度を手に入れているのだ[42]。

(41) Busche, 1997, S. 507.
(42) Busche, 1990.

　このような他を批判し自己を批判する論争においては、ライプニッツのモナドの孤立性は攻撃目標を得るものの、尖鋭化するうちに妥当性も減じていく。モナドロジー自体の示すところでは、ライプニッツが内界と外界との峻別にはたいして重きを置いていない、なんとなれば、すべてのモナドは一つの個体を支配し、その個体をモナドは宇宙と言う。個体なければモナドの内的表象は空無のままだろう[43]。

(43) Leibniz, 1998, §61f. ; 以下を参照のこと : Busche, 1997, S. 513, 525

　こうした分裂はとりわけ初期の肉体−魂−結合図界隈に現れる。因果律に従った反応構造においてはモナドの「窓がない」という格言は無効となったが、相互照応の過程でモナドが自ら外部の出来事の表象化を展開するとき、その媒介システムは有効性を保っている[44]。ライプニッツの後期の仕事のうちでもっとも目覚ましい言語イメージの一つには、例のペンタグラム図式の内円に手を加えたものが含まれる。その図式では「精神の眼」自から生産するイメージが、外部から導かれて差し込む光線と交わるのであった。それは『人間知性新論 Nouveaux Essais sur L'Entendement Humain』において展開された人間の脳のモデルの話に通じる。彼はひとまず脳を暗室と比較したのである。「悟性を完全に暗い部屋と比較するのも悪くはないだろう。この部屋はほんのいくつかの小さな穴だけが開いていて、外部の可視物からの映像を導きいれるのである。暗室の中でくっきりと結ばれたこの像はそこにとどまり、適当な時に再呼び出しが可能なように一定の秩序で配置されるのだとすると、こういう部屋と人間の悟性との間にはおおいなる類似性があるというものだ」[45]。

(44) Busche, 1997, S. 507.
(45) Nouveaux Essais, II, XII, in : Leibniz, 1985, Bd. III/1, S. 180/181.

　こういう空間の想像の仕方は、映像が侵入してくるジョン・ロックの暗室と

しての脳イメージに反応したものである⁽⁴⁶⁾。先ほどのペンタグラム図式と同じこと、ライプニッツがこの比喩を利用するのも、外界の必然性を内界の活動のために断念することなしに機械的秩序から距離をとろうとしてのことである。映像はライプニッツによれば脳内空間に設置されたスクリーンにダイナミックに作用し、スクリーンは「平面ではない襞でできており」「それは生来の知見を表象するはずのスクリーンである」。この皮膜(メンブラーネ)には生まれ持っての普遍の知見が畳み込まれているので、スクリーンとして張られただけで一種の「弾力、もしくは作用力」の振動状態になるのだ。外部から射しこむ像に追加的に刺激を受けながら、このスクリーンは絶え間のない振動や発信(オスツィラツィオーン)を起こしていて、いわばぴんと張られた弦が音を発しながら振動しているのに等しい。「そしてこの活動は特定の振動と波動を本質とし、ぴんと張られた弦に触れればなんらかの音楽的音色を発するのにも似ているだろう」⁽⁴⁷⁾。

(46) Locke, 1975. II/1, §2 (15), S. 104. さらに以下を参照のこと：Wiesing, 2002, S. 24-27, 74ff.
(47) Nouveaux Essais, II, XII, in：Leibniz, 1985, Bd. Ⅲ/1, S. 180/181. ペンタグラムについては以下を参照のこと：Busche, 1997, S. 60, Anm. 96.

投影のために設定された壁は直接受動的に像を受け止めるのではなく、すでに自分の中に深く埋め込まれていた像を解放していく固有の運動を促すものとして利用するのである。固有の運動の起こす振動を、絵画とともに音楽も、そしてそれとともにまた数学も最高の調和に満ちた姿で表すのである⁽⁴⁸⁾。弦のように震えるスクリーンのたてる音に共鳴する数学とは、イデヤの自己展開するダイナミズムを煽る像の力の中に埋め込まれているものである。皮膜(メンブラーネ)の音はいわば自己展開の音楽を生み出しているようなものだ。弦のように震えるスクリーンが明らかにしていることとは、射し込む像が決して因果律で計られる作用を目指しているのではなく、独自の作用を起こすよう脳の表象劇場を刺激しているということなのである。

(48) Lingua universalis, in：AA, VI, 4, Nr. 22. S. 68；翻訳は以下による Rudolph, 2001, S. 57. 以下をも参照のこと：Pazzini, 2001, S. 157f., 171, Anm. 10.

ここに生じていることは、ライプニッツのいう魂と肉体の**予定調和**という「永遠に驚嘆に値すること」なのであり、外界の出来事と内界の運動という持続的に前もって形成された平行関係の内に刻印されたものが、これなのである[49]。常に新しい比喩群にあってライプニッツは排除（エクスクルジオン）と照応（エントシュプレヒウング）の協働する不思議をよく理解していた。魂は外部の音の「反響」を発するのだが、自分は外部の音とはまったく関係がないのだという矛盾のうちに妥当する定式化もまた、同様だった[50]。その定式化は窓の問題のヴァリエーションでもある。すなわち魂が外部の像を映しとるのは、窓のない己の状態を実現するためなのだから。

(49) „merveille perpetuelle"（Fünftes Schreiben an Clark, Leibniz, 1875-90, Bd. VII, S. 412 ; 以下を参照のこと : Busche, 1997, S. 515）.

(50) （手稿原文）„Etiam anima est Echo externorum, et tamen ab externis est independens"（Brief an Bosses, 29. 5. 1716, in : Leibniz, 1875-90, Bd. II, S. 516 ; 以下を参照のこと : Busche, 1997, S. 519）.

魂の特殊運動方向や内部矛盾は疑われることなく、モナドの「窓がない」という定式はいわば強固なドグマに凝り固まり、そのドグマが、脳の表象劇場の、いうところのゆらめく交換過程・刺激過程を精神性の圏域へと揮発させたのだ。その誤謬は疫病のように蔓延した[51]。俗流が性懲りもない一元性に安住しているのだとすれば、モナドに「窓がない」というドグマは、ライプニッツ自身が言うことには、決してスコラ派ふう流入説（Influxuslehre）のメカニズムといった「俗流哲学者」の所産ではないのであって、それはその教説には反対しているのだと。ライプニッツによれば「マテリアルのイメージ、あるいは痕跡」を伴わない、かくも抽象的な思考は、存在しない[52]。「伴う」とはしかしたんなる「接点なしの平行関係」以上のものなのだ。

(51) たとえばジル・ドゥルーズはライプニッツの襞理論を人の脳のスケッチを使って絵解きしようと試みた。彼によるとライプニッツの脳モデルの外から（„par dehors" [Nouveaux Essais, II, XII, in : Leibniz, 1985, Bd. III/1, S. 180/181]）射し込む像は、下合理の領域、下方からやって来る（Deleuze, 1995. S. 13）。けれどもそれでは像・スクリーン・弦の共鳴を起こす刺激が、抜け落ちてしまった。そのことはドゥルーズが触覚視覚の刺激素材を考慮に入れようとしているだけに、もしかすると彼の最上の議

論となりえたものを、「外から」を「下から」と読み違えることによって機を逸してしまったのは、かえすがえすも残念なことである。
(52) （手稿原文）„(...) les philosophes vulgaires debitoient une doctrine touchant les ames separées er les fonctions de l'ame independantes du corps et des organes, qu'ils ne pouvoient pas assez justifier. (...) je trouve pourtant, qu'il n'y a jamais pensée abstraite, qui ne soit accompagnée de quelques images ou traces materielles" (Leibniz, 1875-90, VI. S. 532)．以下を参照のこと：Horn, 1958. S. 86ff., Busche, 1990, S. 115 及び、ders., 1997, S. 505ff.

　エドムント・フッサールは遺稿（1921-28）のうちの一つでこう強調していた。あらゆる＜私＞は「独りで」モナドとして在る。けれどもモナドの「肉体と魂の現象的な一体性」を考えれば、「モナドは窓を持っている」(53)と付け加えなければならない。その少しあと、1929 年、アビ・ヴァールブルクはアルベルト・アインシュタインと文化伝承の相対性を論じ合おうと思っていたのだが、その訪問の前にフッサールと同じことを発言している。ヴァールブルクはライプニッツの張力に言及して「モナドには窓がない」という、返す刀で、モナドは「時代の選択的欲望との接触」を果たすのだと強調する(54)。近年ヴァールブルクについては、魂の表象劇場の複合性を身体と心理の間に作用する「相互表現主義」として理解する試みが行われている(55)。あるいはまたモナドは窓を自由に操作できる、という仮定を彼の横に併置してみるという試みが。この仮定は、すべての出来事、すべてのメカニックが効果と有用とを離れたあとで、ある状況が自分の外に在るものによって立てられるときには可能だというのだ(56)。

(53) Husserl, 1973, S. 260 ; 以下を参照のこと : Cristin, 2000, S. 229f.
(54) Warburg, 2001. S. 339 ; 以下を参照のこと : Raulff, 2003, S, 136f.
(55) Busche, 1997, S. 508.
(56) Leinkauf, 2004, S. 295f.

　本書は同じ方向の別の道をたどる。それはガーター・スケッチに立てられた問題、なぜモナドは無限の複合性を示しながらいわば自律しているのか、に関わる。モナドの自己展開は、官能する身体の知覚（ペルツェプツィオン）なし

には、動因となることも消滅していくこともできない。答えはライプニッツの1671年から1716年まで続く「自然と人工の劇場」にある。それはたんにモナド身体の外窓のための素材を提供するにとどまらず、直感の訓練所、精神活動の最高の能力の鍛錬所、そのための劇場であると定めている。ライプニッツがかくも長期にわたって携わっていたテーマこそ、アルス・カラクテリスティカ（普遍言語術）ですらもなくて、名前そのままに**自然と人工の劇場**だったのであり、晩年に彼を強く突き動かしていたテーマもまさにこれだったのである。それは彼のイデエ・フォースだった。それは彼の哲学の補足などというものではなく、新たな枠組みの構築だった。

II 展示品の劇場

1. クンストカマー（人の手になるものの蒐集室）の役割

　22歳の折、マインツ宮廷に職を得た喜びのままにライプニッツは、初めて彼の全生涯を貫く夢「**自然と人工の劇場**」の定式を示した[57]。1671年に書かれたらしい「概要」において彼は科学・技芸のドイツ・アカデミー創設論を展開するが、その権域は食糧貯蔵の計画から監獄の再組織、商業奨励の方策を経て、学校教育の改革にまで及ぶ。彼は学者国家を喧伝し、これによって化学、工学、ガラス細工術、理論的実践的芸術テクノロジー、造形芸術と書籍印刷術、さらには織物、そして最後に冶金、これらにおける研究を「不撓不屈の炎で」大いに促進させようという[58]。この「炎」は、最初は控えめに設計されていたアカデミーの成長とともに、やがて燎原の火となって「いかなる限界にも」遮られることがない。ライプニッツはアカデミー・コンセプトをたしかにトーマス・モア、トマーゾ・カンパネッラ、フランシス・ベーコンのユートピアとは峻別するのだが[60]、彼の「科学協会（ゾツィエテート）」イデーは、展開過程で国家組織を充填し、究極その組織にとってかわる科学庁へと発展的解消を遂げていくのだから、まずユートピアそのものといってよい[61]。

(57) 1668年と1669年、彼の最初のテクスト "Societas Philadelphica sowie der Societas Confessionum Conciliatrix" の中で、学者協会のプログラムを一種の世界国家のように定式化しているが、そこではクンストカマーが未だ何の役割も得ていない（AA, IV, 1, Nr. 45, S. 552-557 ; AA, IV, 1, Nr. 46, S. 557-568）。

(58) AA, IV, 1, Nr. 43, S. 537. Z. 6-9 ; AI, 3, Z. 5-9.

(59) AA, IV, 1, Nr. 43, S. 536. Z. 2lf. und S. 537, Z. 30 ; A I, 3. Z. 1-3.
(60) AA, IV, 1, Nr. 43, S. 536, Z. 11-14.
(61) Schneiders, 1975 ; Kanthak, 1987, S. 80.

アカデミーの諸制度と研究手段に関して彼の目指すところもまた疑う余地はない。ライプニッツの「自然と人工の劇場、あるいはまた万物の習得をより容易にするための手わざ、珍品、解剖のための部屋」を造営する計画は自然と人工の調和のうちに神の全能と創造の知恵を感覚させるためであった[62][63]。「より容易に」という比較級に明らかなのだが、ライプニッツが当のコレクションを好んだ理由は、これが「薬剤局、庭園、書庫」といった伝来の分類システムより上をいくからだ[64]。

(62) AA, IV, l, Nr. 43, S. 534, Z. 13f.
(63) AA, IV, 1, Nr. 43. S. 537, Z. 1lf. ; AI, 3, Z. 12-13.
(64) AA, IV, 1, Nr. 43. S. 537, Z. 13 ; AI, 3, Z. 14 ライプニッツが図書館について望んだのは、抜粋やその場限りのテクスト、輻輳した判断基準を確定し必要な指示を得られるようにすることであり、薬剤局と庭園にはどうやら占星術的意味付与は拒否しているもようである。選帝侯がブランデンブルク・プロイセン家クンストカマーの目録を、それが旧来の図式で構築されているからという理由で変更させたのは、ライプニッツの意向だったと思われる（Segelken, 2000, S. 45）。

マインツ・アカデミー・プロジェクトの第二版では、ライプニッツはクンストカマー、珍奇コレクション、絵画キャビネット、解剖学劇場、薬剤局、薬草園、動物園を数え上げ、一つのアンサンブルを考えている。これを総じて**自然と人工の劇場**と定義するのである[65]。硬直した、それゆえひそかに死んだ書庫世界と対照的に、この劇場をもって「万物の生きた印象と知識」を可能ならしめようというのだ[66]。

(65) AA, IV, 1, Nr. 43. S. 540. Z. 16 ; AI, 4, Z. 1.
(66) AA, IV, 1, Nr. 43. S. 540, Z. 18 ; AI, 4, Z. 3-4.

これはあの知の劇場の教育行政上の挑戦なのである。ライプニッツはこれを生涯掲げた。コレクションを形成し同系の研究所を結合させ、視覚的触覚的具体物を利用しながら学び探究することを容易ならしめる、そういう計画は、繰り返し

新たな変奏となって姿を現した。それは彼の文化政策上の努力の核となる。

　ライプニッツは**自然と人工の劇場**を、手わざ（クンスト）、珍奇、解剖学コレクションの同義語として使ったので、16世紀から17世紀にいたるまで支配したクンストカマーのコレクション様式を受け継ぐことになった。クンストカマーではこういう組み合わせが理想形態だったのだ。キール市の医者にして自然学者ヨーハン・ダニエル・マヨールが1670年に公刊したユートピアでは、「完璧の王宮」が人間を「いわば地上の神々」とならしめる。これがライプニッツのマインツ・プランによく似ている[67]。マヨールによれば、人間は、あらゆる秘匿され明らかにされた自然の宝物とあらゆる人間の手わざと科学とを「炯眼」をもって洞察するよう促された[68]。『自然の園亭 Lust-Haus der Natur』において描写されるのは次のようなものたちである。「人工と自然の部屋、博物室、宝物庫、アンティクヴァリア（骨董室）、ガレリア、稀稿本文庫、絵画陳列室、キャビネット、万国珍奇収集室」。このようにマヨールは大々的に列挙し、それからヨーロッパ中のコレクションをひとしきり一瞥して、そのまま模倣するにせよ、改良を加えて模範とするにせよ、アカデミーのための例証とするのである[69]。

(67) Major, 1670, S. B1r. ライプニッツはこの文書を1686年に知の状態を代表する書籍リストを記載している (AA, VI, 4, Nr. 159, S. 681, Z. 5). Major の著作とコレクションについては以下を参照。Schriften und Sammlungen : Becker, 1992/93 ; „Lusthaus der Natur" については、同：S. 72f. ; Major の See=Fahrt : については Braungart und Braungart, 1987 ; Major und Leibniz については：Braungart, 1989, S. 166ff.

(68) Major, 1670, S. blr. 炯眼という言葉を使っているのは、有名な「アッカデミア・デイ・リンチェイ（炯眼アカデミー）」の参照なのかもしれない。これについては以下を参照のこと：Freedberg, 2002.

(69) Major, 1670. S. E3r-G4r.

　マヨール同様にライプニッツも、クンストカマーの枠内で様々なコレクション・タイプの分別に努めている。たとえば「稀少物室（ラリテーテン）」あるいは「博物室（ナトゥラーリエンカマー）」[70]、絵画にとどまらず衣装・装飾品を含めた美術収集室、最後にライデンの解剖学劇場の図版（図5）にうかがえるような解剖学キャビネット。これは多様な骸骨と解剖器具をあしらって、小規模ながら自然科学博物館へと変貌する兆しを示している[71]。

(70) Major, 1674, S. A2r., C2r ; これについては以下を参照のこと : AA, III, 4, Nr. 289. S. 651. Z. 11-14.
(71) Major, 1674, S. B4r (Pinacotheca) ; 同 : S. D3r. (anat. Kabinett) ; Leiden については以下を参照のこと : Wiesenfeldt, 2002, S. 118ff.

1680年のメモが強調していることだが、クンストカマーはライプニッツの収集・研究の興味の中心である。ライプニッツを新しい大公エルンスト・アウグスト・フォン・ハノーファーに仲介して彼の計画実現に期待を抱かせたのが、首相フランツ・エルンスト・フォン・プラーテン、そこでライプニッツが書きとめたと思しい文書では、こうした収集タイプの特権化を以下のごとく考察してあった。「偉大なる諸侯は自分の評判にも公共の利益にも注意を払うべ

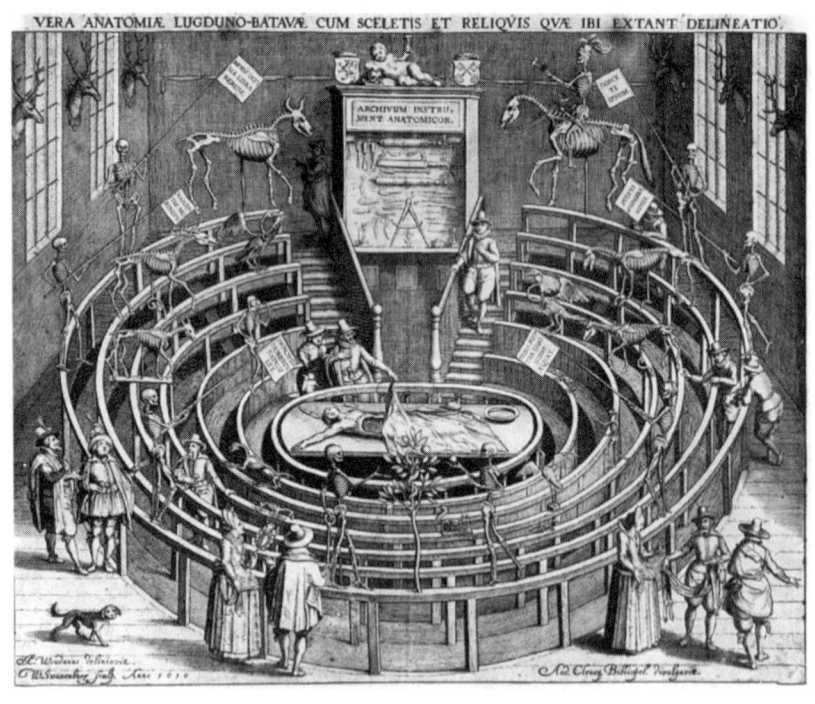

図5. ヤン．C. ヴァントヴォウトの指示に基づくヴィレム・スワンベルクの銅版画：ライデン大学解剖学教室（1610）

きでしょう。そのための大看板はすばらしい諸発明のための材料を提供するばかりか、国家の宝となり、世間に賞讃をもって迎えられましょう。かくなるクンストカマーには多様な実用機械、あるいはこれが大きすぎる場合には、機械模型を設置するとよいでしょう」[72]。「国家の宝」としてのクンストカマーが諸物の豪華さによって支配者にふさわしい評価を生み出す、そして諸器具、諸機械模型によってまた実用の要求にも答える、こう強調することで、ライプニッツはコレクションの二つの要点を明らかにしている[73]。

(72) AA, I, 3, Nr. 17, S. 17, Z. 26-30 ; AI, 21, Z. 24-27.
(73) Bredekamp, 2000, Antikensehnsucht, S. 66ff.

同時代の一見に値するものを集めたクンストカマーの見本図が明示しているように（図6）、三つの自然界に分かたれた世界と並んで、人間の手になるものと科学の手段のあらゆる専門分野が一堂に会して組み合わされている。

銅版画に見られる、ホールふうの展示場建築の左翼には、鉱物用の一連の分類棚、その上に置かれた鉢には植物、その上方の壁には動物骨格が掛けられている[74]。石、植物、動物の併置の仕方から、ここが鉱物・植物・動物といっ

図6. 作者不詳：クンストカマー理念図。銅版画, in : Happel, 1687. vor S. 117

た三つの自然界を包摂していることが分かる。右翼には彫刻・絵画・聖遺物と諸民族の産物が人間の手になる人工物を表象している。他方、奥まった中央翼は、科学（スキエンティフィカ）の工学科学器械を一望でき、ここではナトゥラリア（自然物）とアルティフィキアリア（人工物）の研究と加工が行われる。こういった分類モデルは、もとプラハの皇帝ルドルフ2世の収集品目録に帰せられる。その収集品目録では展示品が、自然・人工・科学の3分野に分類され、これがさらに、諸実験所、諸実用庭園、動物園に接続しており、ライプニッツも同じことを推奨したのであった[75]。

(74) 以下を参照のこと：Hoppe, 1994, S. 255-258.
(75) Bauer und Haupt, 1976；その他以下を参照のこと：Da Costa Kaufmann, 1978；同 1993, S. 174~194；同 1994；Scheicher, 1979, Olmi, 1992, Bredekamp, 2000, Antikensehnsucht, S. 54-65. 動物園の黎明史については以下を参照：Baratay und Hardouin-Fugier, 2000, S. 27-81.

1679年に書かれた「備忘録」の中でライプニッツは一般生命規則を定義しようと試みながら、なぜコレクションがかくも重要なのかという点をただ一つの命題で明らかにする。「イメージを作る力、あるいは思い描く力を良好に保ち、放埒に陥らぬようするためには、すべての構築力を一つの目的に集中させ、諸事物を大づかみにとらえるばかりか、われわれの計画に必要な限り、一つひとつ観察せねばならない。この目的にきわめて有効なのが、多数の事物を眼にすること、ちょうど人工・稀少物・解剖のための部屋のように、正確に観察すること」[76]。「一つひとつ見る stückweise Sehen」とは、諸対象が具体物であること、また個別化されていることを前提としている。この個別化が空想力の熱狂的散漫を収束させ、そして呼び出し可能な個別形式を記憶に保存するのである[77]。個々の対象を見て想像力を先鋭化する、クンストカマーはそのために構成される。なぜならそこでは展示品を単独のものとして正面から検証し、同時にまたそこから様々な連想を誘う遊戯空間が設けられるからである。訪問者はしたがってイメージの翼に乗って舞い上がるだけでなく、具体物に寄り添って想像をコントロールすることができたのである。

(76) AA, IV, 3, Nr. 136, S. 898, Z. 6-8；AI, 19, Z. 1-4.
(77) AA, IV, 3, Nr. 136, S. 898, Z. 9-17；AI, 19, Z. 4-14.

Ⅱ　展示品の劇場　23

　クンストカマーの展示物は決して「実利より評判を狙った単なる珍奇物」ではない、ということは、ライプニッツがハルツ山での例でとくに具体的に研究して見せたとおりである。彼はハルツ山を、芸術的美と有用性とを二つながら体現していたがゆえに、いっそう自然中に実現した人工室（クンストカマー）と見なしていた。ハルツ山は「驚異の展示場以外の何物でもない」。「そこでは自然はひとの手になるものと競っている」[79]。それゆえ、ハルツ山から展示物を受け取り、科学的探究を遂行することは大事なのだ[80]。なおここで必要なのは、ハノーファー「侯のクンストカマーへと、鉱石のあらゆる新種、様々な中間種、および地下のもの一切、ほんの些細な変種も逃さず、その山固有の金属や鉱物を送り込むこと。それら鉱物の、採集された場所や環境ばかりでなく、それがどんな性質で起源で効能でといった経験豊かな鉱夫の注釈など、名前と正確な記述が付されること」[81]。収集・探究される対象の浩瀚なるを目の当たりにして、ライプニッツは、役人たちをクンストカマーの協働者にしようと思い立った。鉱夫が発見したものはその監督官に提出させ、週給支払のときにこの「自然の手わざになるもの」を当該の調書付きでクンストカマーに提出させよう。そのためには彼らからその他の負担多い筆記仕事を免除しよう[82]。しかるべく専従者を用意しておけば、個人的に図書館とクンストカマーに出頭し、報告、概要、モデル、コンセプトを文書にて提出するか、口頭にて弁述するよう奨励できるだろう[83]。

(78)　AA, I, 3, Nr. 17, S. 17, Z. 31f. ; AI, 21, Z. 29-30.
(79)　AA, I, 3, Nr. 17, S. 17, Z. 33-35 ; AI, 21. Z. 32-33.
(80)　AA, I, 3, Nr. 17, S. 17, Z. 33-35 ; AI, 21, Z. 29-32.
(81)　AA, I, 3, Nr. 17, S. 18. Z. 9-11 ; AI, 21, Z. 38-41.
(82)　AA, I, 3, Nr. 17, S. 18, Z. 15f. ; AI, 21, Z. 41-47.
(83)　AA, I, 3, Nr. 17, S. 18, Z. 35-S. 19. Z. 5 ; AI, 21, Z. 50-56.

　ハノーファー侯クンストカマーを手中に納めようとライプニッツは努めている、それは彼がマインツのユートピアに見込んだ目標を、たとえ限定的にしか自由にならないとしても、実現しようがためである。マインツにおける**自然と人工の劇場**総体は、ハノーファーではクンストカマーにあたり、これはすべての国家公僕のための自然観察、発見物、研究の目的地となすべし、クンストカマーは人の手になるものと並んで、機械、模型、鉱物をふくむコレクションと

して一般の研究に供さるべし、とされた。

ライプニッツのクンストカマーに対する関心は萎えることがなかった。ハノーファー趣意書の2年後、通信員クリストフ・ダニエル・フィンデケラーからドレスデンのコレクションについて情報を得た。彼が示したのは、1560年選帝侯アウグスト設立のドレスデン・クンストカマーに関するトビアス・ボイテルによる研究書（1671年）であった。しかし、フィンデケラーの批判するところによれば、この一向に精気のない研究書は、コレクションの科学技芸にもたらす進歩可能性を知らないのであると[84]。この情報は、ライプニッツが1704年にザクセン科学アカデミー長のポストとともにドレスデン宮殿クンストカマーの監督職に任官しようと試みたときに、参考になったようである[85]。

[84] AA, I, 3, Nr. 492. S. 555, Z. 13f.; AI, 22, Z. 7. 以下を参照のこと: Beutel, 1671, Cedern-Wald.
[85] Leibniz, 1875, S. 235; AI, 45, Z. 3-5; この試みの始まりについては s. u. S. 175.

ライプニッツは、1690年以降、ヴォルフェンビュッテル・クンストカマーの所長となり、1704年にザルツダールムに移設されたのちも、この役職を手放さない[86]。1697年1月、大公ルドルフ・アウグストとアントン・ウルリヒのために印紙税というコンセプトを考案した。これを使えばヴォルフェンビュッテル図書館の欠本を買い足し、クンストカマーの所蔵物を強化するための手段が講じられるという。その際彼はあらためて「見栄えがいいというよりは有用」であろうという目的のために二つながら奨励されるのだと強調した[87]。そしてほぼ20年たってもなお、ウィーンから大公アントン・ウルリヒに宛てた手紙の中で、このクンストカマーにこだわっているのだった[88]。

[86] Bodemann, 1888, Nr. 93, S. 239; AI, 63. Z. 1-6; 以下を参照のこと: Böger, 1997, II, S. 61, Anm. 306. このコレクションについては以下が決定版: Weltenharmonie, 2000, S. 19f.
[87] AA, I, 13, Nr. 86. S. 138. Z. 16-17; AI, 33, Z. 8.
[88] Bodemann, 1888, Nr. 93; AI, 63; 以下を参照のこと: Böger, 1997, II. S. 61. Anm. 306.

2. コレクション歴訪

　クンストカマーは君主たちの占有ではなく、ライプニッツもつぶさにこれを検分できた。彼の生地ライプツィヒでは重要なクンストカマーがいくつもあって、たとえば市長クリスティアン・ローレンツ・フォン・アードラースハイム所有する、近在に鳴り響いたコレクションが存在した[89]。イエナでの彼の教師、数学者のエアハルト・ヴァイゲルはよく練られたクンストカマーを所有しており、町の七大驚異の一つと称されていた[90]。そして1667年にはニュルンベルクのアルトドルフ改革派大学の学生だった彼は、「解剖学劇場（テアトルム・アナトミクム）」と並んで自然物キャビネット、化学実験室、医師マウリティウス・ホフマンの植物園を見ることができた[91]。こういうふうにミュージアム、実験室そして庭園の結合のうちにライプニッツによるアカデミー構想の3要素がここに構築されていたことは、大変意味深いことだった。というのも同じ3要素アンサンブルを操作する薔薇十字結社の考え方に触れたのが、やはりアルトドルフだったからである[92]。

(89) Döring, 1996, S. 35-37.
(90) Balsiger, 1971, S. 661.
(91) Leibniz, 1864-1884, Bd. I, 1. S. 135 ; Ennenbach, 1978.
(92) Bredekamp, 2000. Antikensehnsucht, S. 52f.

　こうしたコレクションに関する省察は、ライプニッツの博物学手稿、1675年筆記の「思考遊び Drôle de Pensée」にまとまっているが、そこには1672年から1675年までの間パリでの考察の数々が凝縮している[93]。ハノーファー旅行に次いで1687年11月、ヒルデスハイムの医師フリードリヒ・ラッハムントの自然物キャビネットを訪問したが、その化石コレクションについては地学研究『プロトガイア』に利用したし、またカッセル侯クンストカマーもまた利用してある[94]。12月にはフランクフルトでマリア・シビッラ・メリアンの博物学コレクションを探訪[95]、そして年が変わる頃には、ニュルンベルクのコレクションとクンストカマーを歴訪し研究場所を次々と代えていった。たとえば、商人グッテヒター、薬剤師ヨーハン・レオンハルト・シュテーバライン、

ヴィアティス氏、ヨーハン・ヨアヒム・ヴィッツェル、医師パウル・ヴルフバイン、顧問官カール・ヴェルザー諸氏の所有になるもの[96]。ベースラー・コレクションを訪問することで、彼は当時最大級の自然物キャビネットに触れることができたが、そのもっとも古い収蔵物は 16 世紀に由来した[97]。さらにイタリアへの途上、ズルツバッハ市のエリアス・ヴォルフガング・タリエンチュガー・デ・グレネッグの自然物キャビネット訪問では、化石理論を組み立てるのに役立った[98]。わけても重要なのは、1688 年 4 月、抜群の量と質を誇るミュンヘンのクンストカマー訪問である。この設備に献辞をささげているのが、古代以後を扱う博物学の基本テクスト、ザムエル・クヴィッケベルクによる『誉れ高き劇場（テアトルム・アンプリッシムム）』(1565)[99]である。5 月にはウィーン宮廷宝物室と図書館を訪問し[100]、10 月になると皇帝臨席のもとライプニッツは自分の博物学プログラムを講じてみせた[101]。

(93) そこではライプニッツの「自然と人工の劇場」コンセプト、及び当然ながら「自然アトラス」コンセプトもまた決定的な形を見せている。さらに S. 43f. und 156ff を参照のこと。
(94) Leibniz, 1864-1884, Bd. 5, 1866, S. 387.
(95) Müller und Krönert, 1969. S. 83f.
(96) Müller und Krönert, 1969, S. 85 ; Ennenbach, 1978, S. 56 ; コレクションのいくつかについては以下を参照のこと : Balsiger, 1971, S. 696.
(97) Balsiger, 1971, S. 69lf. ; Age of the Marvellous, 1991, S. 236f.
(98) Müller und Krönert, 1969, S. 86.
(99) Müller und Krönert, 1969, S. 86 ; Ennenbach, 1978, S. 55. クヴィッケベルクについては以下を参照のこと : Quiccheberg : Roth, 2000.
(100) Müller und Krönert, 1969. S. 90 ; Ennenbach, 1978, S. 23, 58f.
(101) 同 S. 176. を参照のこと。

それらに劣らず強烈な印象を得たのは、1688 年 3 月から 1690 年 3 月までさらに続くイタリア旅行、山ほどのコレクションを検分することになった。フィレンツェの見ものの一つは、フィレンツェ・メディチ家宮廷司書アントニオ・マリアベキの博物館であり、彼とライプニッツは昵懇の間柄だった。コレクションを見せてもらうのは当然と言えば当然、家に招待されることとコレクションを見せてもらうことは同じだった[102]。マリアベキはライプニッツのた

図7. 作者不詳：フェルディナンド・コスピのクンストカマー（木版画）、Legati 扉絵（1677）

めにボローニャ市のコレクションにも渡りをつけてくれた。そこではあの卓越したウリッセ・アルドロヴァンディのコレクションが収蔵されたフェルディナンド・コスピのクンストカマー（図7）やナルシリ伯ルイジ・フェルディナンドのクンストカマーを見ることができた[103]。

(102) AA, I, 5, Nr. 312, S. 546f.; AI, 31, Z. 1-2；以下を参照のこと：AA, I, 5, Nr. 286, S. 516.
(103) Age of the Marvellous, 1991, S. 240f.; Bredekamp, 2000, Antikensehnsucht, S. 45, 54. マリアベキの推薦状がライプニッツに数学者 Domenico Guglielmini への門戸を開いた。ドメニコ・グリエルミニはさらにライプニッツを町の学者たちに紹介し、その中には博物館学芸員 Silvestro Bonfiglioli も混じっていた（Findlen, 1996, S. 132）。

ローマではライプニッツはおそらくアタナジウス・キルヒャーのクンストカマー（図8）をも研究したもようである。1670年の初夏、キルヒャーと彼はアルス・コンビナトリアについて書簡のやり取りをしており[104]、またキルヒャーの全著作についても、とくにイエズス会をアカデミー・プランのモデルと見な

図8. 作者不詳：アタナジウス・キルヒャーのクンストカマー（銅版画）。in : De Sepibus 扉絵（1678）

していたこともあって、旧知のものだった[105]。1675 年にはすでにライプニッツはキルヒャーのクンストカマーを自分のお手本であり、自身のミュージアム・コンセプトの一部として言及していた[106]。

(104) AA, II, 1, Nr. 23, S. 48f. (Knobloch, 1973, S. 22. ライプニッツのキルヒャー受容については、同 . S. 19ff. を参照のこと)。ライプニッツの結合術的言語理論に刺激を与えたキルヒャーについては以下を参照のこと： Leinkauf, 1993, S. 257（以下からの抜粋公刊を参照 Kirchers Ars magna sciendi in : AA, VI, 4, B, Nr. 238. S. 1201-1203).

(105) AA, I, 1, Nr. 320, S. 477, Z. 5f.; zur Korrespondenz und zur Geschichte von Leibniz' Beziehung zu Kircher : Friedländer, 1937; zum Jesuitenorden : S. 244f.

(106) AA, IV, 1, Nr. 49, S. 564, Z. 1; AI, 5, Z. 66.

ローマではライプニッツは古物商ラファエル・ファブレテイの古代コレクションを検分し、ナポリではフェランテ・インペラートのクンストカマーを訪問したようである（図9）[107]。イタリアのライプニッツは目的にしたがって文書館での歴史研究を進捗させていたが、機会をとらえては、現地の学者と懇談しながら様々なコレクションを見逃さないようにしていた。

(107) Müller und Krönert 1969, S. 98 Ennenbach, 1978, S. 56; インペラートのクンストカマーについては以下を参照のこと: Age of the Marvellous, 1991, S. 234f.; Bredekamp, 2000. Antikensehnsucht, S. 57.

ライプニッツのミュージアム歴訪は間接的にしか明らかにできない。もし伝え書きがより完全になっていったならば、おそらくは無数の訪問がなおこれに付け加えられることになるだろう[108]。1676 年 9 月付け、親しい援助者フリードリヒ・アドルフ・ハンゼンの手紙では、ライプニッツがどれほど熱心にコレクションに見入っていたか、まざまざと浮かび上がってくる[109]。ハンゼンは、ライプニッツにとって「注目に値する」アムステルダムの見もののうち手始めに「学問があり卓抜である」と分類したヴァレラント・ファイラントとエイベンボルグといった画家たちの絵を紹介する。さらなる要点はコレクションにある。ハンゼンは木嵌め画（インタルジア）作家ディートリヒ・フォン・ライスヴィヒの貴重な工芸テーブルに言及する。この作家はフィリップ・フォン・ツェーゼンの 1664 年版アムステルダム案内に言葉を尽くして讃えられている。

図9. 作者不詳：フェランテ・インペラートのクンストカマー（木版画），in：Imperato 扉絵（1559）

真珠母貝を切り出して机の面に嵌めこんで象られた動物たちは、自然の発色によって変幻綾なる光を放ち、そのことがツェーゼンをして自然と人工の相互照応と賛嘆せしめたのであり、この照応原理を4年後にライプニッツはハルツ山の採取物に認めることとなるはずだ。「この貴重なる工芸テーブルには、自然と人工がさながら奇跡のように混然と競い合って、いずれが覇を唱えるのか、誰にも判定し難いほどなのだ」[110]。それからハンゼンの案内は続いていく。医師兼自然学者ヤン・スワンメルダムのコレクション[111]、新議事堂所蔵の天球・地球儀の一つのことであるらしい巨大グローブス[112]、フレーデリク・ライスの骨格・動物・怪物コレクション[113]、最後に私人ヨースト・ケンペスの家。この家の趣向といえば、皇太子であるフィレンツェ大公すら見学に訪れたほど凝りに凝ったものだった。

[108] これには Ennenbach が案内したのだが、追査できないし、これまで証明できてい

ないコレクション訪問が含まれる。

1690年アウグスブルクにてゲオルク・ヒエロニムス・ヴェルシュ博物館を訪問（Ennenbach, 1978, S. 42）；

1706年ハルバーシュタットにて博物学者レッツェルのナトゥラリア・キャビネット訪問（Ennenbach, 1978, S. 47）；

1707年9月カッセルにてクンスト館訪問。これには1696年以来辺境伯クンストカマーのための建物が当てられていた。（Ennenbach, 1978, S. 26f.）；

1710年夏キールにてヨーハン・ダニエル・マヨールのクンスト・ナトゥラリア・カマー訪問（マヨールのコレクションについては：Becker, 1992/93, S. 75-79；Leibnizの訪問については以下を参照のこと：Ennenbach, 1978, S. 51）；さらにギュンター・クリストフ・シェルハマーのキャビネット訪問、この者は Major 同様、Leopoldinaのメンバーだった。ザムエル・ライアーのクンストカマー訪問、この者はライプニッツと30年を越える文通の相手であった。（Ennenbach, 1978, S. 51）；

1710年ゴットルフのクンストカマー訪問（Ennenbach, 1978, S. 47）；

1716年ハレにてアウグスト・ヘルマン・フランケのナトゥラリア・キャビネット訪問（Ennenbach, 1978. S. 47；Francke の諸施設ついては以下を参照のこと：Müller-Bahlke und Göltz, 1998）。

(109)　AA, I, l, Nr. 315, S. 458, Z. 28-S. 459, Z. 6；AI, 7.
(110)　Zesen, 2000, S. 463（現代語訳の引用）．ハルツ山についてはS. 27. を参照のこと。
(111)　Ruysch のコレクションに次いで、17世紀の最も豊かなコレクションの一つである Swammerdam の解剖学標本コレクションについては以下を参照のこと。：Balsiger, 1971. S. 463ff.
(112)　Zesen, 2000, S. 328f.
(113)　Radzjoen, 1996；Kistemaker, 2003, S. 58ff.

　ハンゼンは夢遊病者さながらに揺るぎなく、古代収集、硬貨収集、さらに自然科学キャビネットと器械類、自然／人工テーブル、解剖学収集、果ては同時代芸術と学識豊かな芸術家たちにいたるまで、ライプニッツの好奇心を大いにかきたて数え上げていく。そしてのちにライプニッツの書簡は、イギリスとオランダで見るべきものを入念に指示してくれたことについてハンゼンに謝意を表しているので、ライプニッツがハンゼンの案内に従ったのだということが分かるのである[114]。ライプニッツは熱狂的にミュージアムを歴訪し、こういう経験の宝物が自然と人工の劇場設営のための腹案全体にバックボーンを形作っ

(114) AA I, 2, Nr. 214, S. 242, Z. 29f. ; AI, 8.

3. 劇場概念の変数

自然と人工の劇場 Theatrum Naturae et Artis というまとめ方には、ライプニッツがその最も重要な構成要素と評価するクンストカマーが計算されているのだが、全体として、そしてまた個々の構成要素としても多様な意味が複合していた。今日の語法では「劇場」は芝居の上演される建物であり、演目そのものを指すが、17世紀の語法からすればそれらはあまりに狭い[115]。**テアトルム**とは、物なり、イデーなりを徹底して見せるための場であり、その手段についての表記であった[116]。それは田舎のひなびた場所に発し、建物を経て、絵画収集や、概念・百科全書・あらゆる書物の感覚的明示化までをカヴァーし、これらは一つの問題を、あるいは一つの対象を記述によって、または図によって、眼に見えるものとしようとするものだった[117]。とりわけ重要な例がジュリオ・カミロの『テアトロのイデア L'Idea del Theatro』(1552) である。これは世界知の記憶術的視覚化として、そしてそれゆえエンサイクロペディアとしても、またミニチュアの形の建築としての「半円劇場」としても考えられたからである[118]。ライプニッツがこの図を知っていたかどうか、むろん確実に言えることではないが、これはまたザムエル・クヴィッケベルク著1565年の『誉れ高き劇場』にも言えることで、これもクンストカマーに関しては同様の手がかりをさぐっていたのだ。クヴィッケベルクのいうコレクションの出発点は、かつて生きていたものを標本にして陳列しようがためでは決してない。展示物の分類を変更するとこれまで分からなかった関係が見えてくる、だから科学探究の手始めの素材として役立てよう、運動の場となそうというのだ[119]。クヴィッケベルクがミュージアム・モデルを「知の可動実験室」へと展開していったのもこの意味であり、ライプニッツがこのテアトルムを万一にも知らなかったとしても、同じ流れの中に彼も身を投じていたのである[120]。

(115) 現代と同じ意味で使われているところですら、それは広範な意味を持っていた。舞台という意味では「テアトルム」は、アンドレア・パッラーディオとヴィンチェンツォ・スカモッツィによる古代ふうヴィチェンツァ市テアトロ・オリンピコ (Beyer,

1987；Grötz, 2001）から、シェイクスピア時代の閉じた円形建築を経て、天幕方式のその場限りの建築や青天井下の演壇、あるいは風景の中にしつらえられた舞台の枠構造——これが庭園を劇場空間に変貌させるのだが——こういうものに及んでいた。（イタリアについては；Lavin, 1990；劇場一般については：Brauneck, 1993, 1996 及び Teatro, 2001 を参照のこと）。観客席と舞台を密に繋ぐのか、あるいは内と外の反転を幻影として見せるのか、といった可能性が、劇場としての世界と真の世界としての劇場をテーマとする例の比喩的転換を作り出したのである。(Bernheimer, 1956；Curtius, 1948, S. 149ff.；Alewyn, 1989)。

(116)　概念史の基礎研究としては以下を参照のこと：Kirchner, 1985, Schramm, 1996, S. 22f., 49ff. und Blair, 1996.

(117)　Kirchner. 1985. S. 135f., Anm. 14；Blair, passim.

(118)　Bologna, 1991；Camillo, 1991；カミロとその記憶術受容については以下を参照のこと：Bernheimer. 1956；Yates, 1990；Falguières. 1992；Bolzoni, 1994；Roth, 2000.

(119)　ライプニッツは同時代のムゼオロギー文献に通じていたが（AA, I, 5. Nr. 247,S.445,Z. 8f.；AI, 30. Z. 1-2)、しかし、この初期テクストについてはどこにも引用していない。

(120)　以下を参照のこと。注釈付新版 Theatrum amplissimum (Roth, 2000)、及びその影響史の方向については Brakensiek, 2003, S. 78ff.

彼が解剖学劇場に刺激を受けたということは、早期のマインツ改革プランから見て取れる。解剖の行われた医学教育の場は、骨格、珍種、古代物、蠟細工、アレゴリー画、銅版画のコレクションの展示に供されたことによって、小規模のクンストカマーを形成したことは、すでに述べた[(121)]。

(121)　Blair, 1996, S. 156f.；同 S. 25. を参照のこと。

展示物の可動性は、役者や曲芸師の可動舞台に対応する[(122)]。少なくともフィレンツェのカルチョ（サッカー）形式が劇場として理解されたような意味で、展示物の可動性はスポーツのためのアリーナにも対応したのである。カルチョ理論家の一人の言うことには、大催事の際のプレイヤーの心がけとして「このような日にはいつにも増して人だかりがする劇場へ出かけるのと同じこと、おおいに身なりを整え着飾って姿を見せるよう」[(123)]。

(122)　下記 S. 48.

(123)　（伊語原文）„ (...) e tanto più si de[v]ono sforzare di comparire adorni, e bene in aßetto nel giorno solenne della Livrea : perchè in tal dì il Teatro è piu che mai pieno di genti" (Bardi, 1615, S. 15).

　劇場について大方どのような了解があったのか、ライプニッツによって名指された事例や、あるいは当世の雰囲気を作った刺激源のすべてから証言を得られる。劇場とは、つぶさに指し示し実演する場、あるいは手段なのだと。無数の「劇場」変種に対して用いられる**自然の劇場**（テアトルム・ナトゥレ）という用語にも同じことが当てはまる(124)。この部門もまた「自然の舞台」という意味で多種多様の概念規定を包摂した。「自然の舞台」には、イラストは皆無でシステマチックな世界記述のみがあるという印刷物の形までが含まれる。たとえば1590年に初めて出版されたジャン・ボダンの『普遍自然劇場』が、そう。テアトルムとは「見ることへ供する」（ツア・シャウ・シュテレン）ためのメディアである、と現代的には規定できようが、ボダンは自分の著作を「不死の神によって作られた事物の表のようなもの」と定義していた。「あらゆる人々の眼前に提供される事物の表」(125)と。ボダンの書をとくに高く評価していたライプニッツのことゆえ、この定義には必ずや我が意を得たものに違いないのである(126)。

(124)　たとえば Gymnasio Romano の医学教授 Philander Colutius の Theatrum Naturae (1611) を見よ。これは Camillo の Idea を記憶劇場の形でアクチュアル化した版であり、扉絵には16人の古代哲学者が胸像とそれぞれの名言を添えて舞台中央に据えられている。中央と縁はとくにアリストテレスの自然哲学の銘文が占めている (Colutius, 1611；以下参照のこと：Harms, 1985, Bd. I, Nr. 5, S. 16-19； Blair, 1996. S. 172ff.)。

(125)　Bodin, 1590, sig. v；以下参照のこと：Blair, 1996, S. 160-163. Johann Heinrich Alsted、彼の Encyclopaedia (1630) はライプニッツが普遍言語獲得の研鑽中に常に挑戦的に眼前にあったものであり、彼の読む価値のある書物リストにも採録されていた。(AA, VI, 4, A, Nr. 159 S. 683, Z. 4) アルステッドは Bodin の一覧表（tabula）を讃え、自分の目論見のモデルとして評価した (Alsted, 1630. Bd. I, S. 787；Blair, 1996. S. 172)、そして遅くともここでライプニッツは Theatrum を眼で接近する舞台（Schauplatz）であると解明した。

(126)　AA, VI, 4, A, Nr. 159, S. 681, Z. 8f.

　17世紀初頭、ニュルンベルクの医師にして人文主義者ミヒャエル・レーテンベックが同名の『自然の劇場』（テアトルム・ナトゥレ）を起草しているが、その中には、本文よりはむしろ図に依拠する新たな選択肢が提案してあった。そこには卓抜のミニチュ

ア画家ラツァルス・レッティングによって描かれた545葉の動植物の水彩画が結集していた。序言にはレーテンベックが、「自然の劇場」というタイトルを付けたのは、「公の舞台のように、神の多様な生き物がどなたの目にもいわば生きたまま提示されるがゆえ（…）、そして見に来る人も技芸の愛好者もこの自然の劇場（テアトルム・ナトゥレ）が、奇跡の技によって神を認識し、それがゆえにいっそう神を誉め讃えるよう駆り立てるがゆえ」[127]。

(127) Michael Rötenbeck 序文手稿を、文字変換に従って改変してある，in : Hackethal, 1990, S. 56 ; 及び Jahn, 1970, S. 186. を参照のこと。

これに付された扉絵はアウグスブルクの銅版画家ヴォルフガング・キリアンの手になる（図10）。その絵ではねじれるオリエントの二重柱の前で、この人を見よとばかり活き活きとした身振りをしているソロモンとそれに照応したペルシャ王キュラスが、秘薬めいて叡智を表象する。アダムふうの人間がまるで原罪の呪いを解かれたかのように、父なる神然とした人物によってパラダイスらしい一帯を案内され、そこでの種の多様さを学ぶことができるというわけだ。それは認識を眼に見える形にすることで際立っており、それが自然の劇場を提供しているのだ。ラテン語の銘辞が強調していることには、画家は諸々の種を「自然を模倣する手わざ（クンスト／芸術）にて描き、生きた色使いにて図解せり」[128]。ライプニッツがこの貴重な紙上ミュージアムをニュルンベルク滞在中か、隣町アルトドルフでの学生生活中に研究したことがあったかどうか、証明はできない。しかしいずれにしても「生きた」色という言葉は、その劇場概念を規定する本質的要素を正確に言い当てていた[129]。「生きている」とはライプニッツにとって、硬直した書法を触覚的視覚的方法によってはみ出していく一切のことだ。彼がおよそ1671年にマインツで**自然と人工の劇場**を定義したとき、彼の願いは「生きた印象と知識」を生み出すことだった[130]。この期待もまたレーテンベックの『自然の劇場』が表明したものと同じである。

(128) （ラテン語原文）„(...) arte naturam aemulante, picta, vivisque coloribus illustrata"（Hackethal, 1990, S. 51 の引用による）.

(129) 「生きた」色という伝統句（トポス）については以下を参照のこと : Fehrenbach, 2003, S. 158ff.

(130) AA. IV, 1, Nr. 43, S. 540, Z. 18 ; AI, 4, Z. 1-4. 以下を参照のこと : S. 42f., 158.

図10. ヴォルフガング・キリアン：テアトルム・ナトゥレ（銅版画），in：ミヒヤエル・レーテンベック著『自然の劇場』（ニュルンベルク，1615）Klebebuch 扉絵、Berlin, Humboldt-Universität, Museum für Naturkunde

彼の最後の意見表明のうちの一つは1716年の皇帝ピョートル1世宛て建白書である。その中でライプニッツが**自然の劇場**を要約するやり方も、劇場概念が現代化して舞台演出となっていく方向にある。が，しかしまたグロッタ（人工洞窟）から庭園、動物園、解剖学劇場に及ぶ、考えうる限りひろい枠組みも保っていた。「自然の劇場を構成するのは、全体に種々の鉱物と貝細工を目にすることができる人工洞窟、特殊な樹木、宿根草、根菜、薬草、花々、果実を見せる庭園、果てには生きた四足動物、鳥類、魚類を見ることができる動物園や飼育場，動物の骨格標本が展示される解剖学劇場」[131]。

(131)　Guerrier, 1873, Nr. 240, S. 351 ; AI, 66, Z. 18-23.

　ロシア皇帝へのライプニッツの建白書は結びにこの総合形式の華である「人工の劇場(テアトルム・アルティス)」を定義する。「人工の劇場に属するものは、天文台、実験所、甲冑・武器庫。ここにはあらゆる有用な発明の大規模の模型、なかんずく製粉器械、起重機、水力器械、さらには多数の鉱山用機械を収容しておく」[132]。

(132)　Guerrier, 1873, Nr. 240, S. 351 ; AI, 66, Z. 24-28.

　庭園、機械、器具にアクセントを置くのは、たとえばジャック・ベッソンの『器具・機械劇場(テアトルム・インストルメントルム・エト・マキナルム)』(1578)やハインリヒ・ツァイジングの版を重ねた『機械劇場(テアトルム・マキナルム)』がタイトルとして持っていた機械本の伝統なのだ[133]。ライプニッツは少なくとも1661年のゲオルク・アンドレアス・ベックラーの『新機械劇場』を熟知し高く評価していた[134]。本書の実際の舞台を示す扉絵が（図11）、劇場メタファーを使用している点で大いにライプニッツを鼓舞したのだ。銅版画にはアルキメデスとその現代の弟子たる機械工が幕を両脇へと押し開けている。そうして視線は大通りの両脇に立つ水車へといざなわれるが、これを起動する歯車は給水塔から水道橋を経て流れ来る水から力を得ている[135]。

(133)　Besson, 1578 ; 以下を参照のこと：Bredekamp, 2000, Antikensehnsucht, S. 26f. ; Zeising, 1673. 機械概念について、及び機械劇場の見世物的性格についてはLazardzig, 2004を参照のこと。
(134)　Leibniz, 1899, S. 515 ; AI, 41, Z. 3.
(135)　Stöcklein, 1969, S. 177.

図11. ゲオルク・アンドレアス・ベックラー著『新機械劇場』(1661)
扉絵（銅版画）。

すべてのヴァリエーションがライプニッツの**自然と人工の劇場**という定式の様々な局面を明らかにする。彼の定式は劇場概念をあらゆる試みと結びつけた。それは自然、手わざ、技術をできるだけ広く解釈しつつ自然現象と諸問題を集中的に眼に見えるものとなし、それによって収集・研究し、眼前のものとし、生命を与える、それと知れずそういう力を発揮させようという試みだった。

4．ベッヒャーの『自然と人工の劇場』

　定式自体はライプニッツの発明というわけではない。むしろ、言語修練の最も有名な教科書の一つ、ヨーハン・ヨアヒム・ベッヒャーの『教授法〈メトドゥス・ディダクティカ〉』(1668) によって新しく打ち立てられたものである。医師にして経済学者、アヴァンチュリエであるベッヒャーは60年代、ライプニッツのマインツ宮廷前任者であり、この著作で言語教育にとどまらず、理性への「王道」を切り開くべく記憶術へと導く役割を担った。序言においてベッヒャーが独特の鮮やかな隠喩術を駆使しながら強調して言うのである。小生は己の書き物によって議論の墓穴を埋めふさぎ、無用の結論の山を掘削し、愚鈍の森を根絶し、言葉の藪にふさがれた小道を切り開き、駄弁の沼を干上がらせ、言葉の道を垣根で守り、ラテン語の根っこを樹木として移植し、その派生語を大枝として接木し、そうしてついに文法の迷路を花園へと変身させるものである。さらに付け加えて、ここで初めてベッヒャーは全体定式を言明するのだが、**自然と人工の劇場**によって「言葉を事物と一体となした」[136]。学習する者にとって言葉の意味が可能な限り指示内容と一体となるよう、「あらゆる生きた動物、植物、石塊、金属、人工物、器械や事物、そしてその一部など眼前にまざまざと」提示したい[137]、これぞ**自然と人工の劇場**が設立さるべき所以である。「もし一人の主がいれば、と私は一度空想したことがある。気前の良さのお手本のような主がいて、あらゆるナトゥラリア、器械、手わざになるもの（マヌファクタ）が手に入る限り、一切が一堂に会してあるというふうに**自然と人工の劇場**を設営してくれないものか」[138]。

(136)　Becher, 1668, S. 4r-4v.
(137)　Becher, 1668, S. 50 ; AI, 1, Z, 1-2. 以下を参照のこと：Smith, 1994, S. 85f.
(138)　Becher, 1668, S. 51 ; AI, 1, Z. 10-13.

　この劇場の一階には複製の動物たち、あるいは木や蝋で摸造したものを展示し、「何週間もかかる血なまぐさい解剖よりも」多くのことを一日で学ばせる[139]。植物は2階に展示される。これも木や蝋で象られ、夏であれ、冬であれ、緑の庭園を表象させよう。3階では鉱物界を展開できるようにしよう。

(139) Becher, 1668. S. 51 ; AI, 1, Z. 22.

　下方3階はベッヒャーによれば、一般観衆を呼び込むために自然総体を表象する。「さて世界中の良き自然が創造したもの、たとえ世界中を旅行したとしても、眼にもできないようなものを一堂に集めたのなら、これこそ老いも若きも、聖職者も俗人も、学者も職人も利用すべき麗しき**自然の劇場**というものではないか？　これこそが好奇心に満ちた有能の士を近隣遠国から引き寄せる高貴なるマグネットならざるや？」[140]。

(140) Becher, 1668, S. 52 ; AI, l, Z. 45-46.

　4階には付加的アトラクションとして人間によって作られた品物、器械を充てている[141]。ベッヒャーの考えのうち特に重要なのは、個々の展示品は台座にすえられ、様々な言語で説明を加えたラベルを添えるというところにあった。さらに動物たちは種に応じてグループ化するのがよい。「身体もまたその分節に応じてなんらかの分類秩序をもたらしうる。たとえば四足動物、とくに飛行動物、水中動物、昆虫などなど」[142]。

(141) Becher, 1668. S, 51f. ; AI, 1, Z. 33-34.
(142) Becher, 1668. S. 52 ; AI, l, Z. 37-38.

　ベッヒャーの考察は少なくともアタナジウス・キルヒャー、ヨハネス・アンドレアス・シュミットそしてライプニッツに結実する。1659年、ブラウンシュヴァイク－リューネブルク大公アウグストに対する説明で、キルヒャーはローマにおける自分の大規模なクンストカマーをすでに「町と世界の劇場」と形容していた[143]。そしてその息子フェルディナンド・アルブレヒトは1662年と1663年にキルヒャーによってローマを案内され、そのおり著しい刺激を受けて、彼の居城ベヴェルンの城に水準の高いクンストカマーを設営したほどだった[144]。であるからには、キルヒャーが自らのコレクションをベッヒャーの「自然と人工の劇場」の家というコンセプトと同じものと見なしているのは、絶対に明晰なプログラム意思なのだ。1678年のキルヒャーのカタログに付された豪華にして秘密に満ちた扉絵の銅版画（図12）を見るといい。

(143) „in hoc Vrbis et Orbis Theatro" (1669年6月13日付書簡, in : Athanasius Kircher,

図 12. キルヒャー博物館扉絵（図 8 の部分図）

　　1988, S. 107 ; 以下を参照のこと : Findlen, 1995, S. 641）.
(144)　Baroeke Sammellust, 1988, S. 74f., 118.

　ヨーハン・アンドレアス・シュミットをキルヒャーに結び付けたのは、もしかするとヘルムシュテット大学の教会史教授だったかもしれない。この者は1697年、ライプニッツに、公開の「自然と人工の劇場」を設立しようとしきりに考えているところですと、通信していたのである[145]。しかし、同様に、彼がベッヒャーの『教授法』に目をつけたということも、ありうる話である。

(145)　AA, I, 14, Nr. 301, S. 50g, Z. 15f.

ライプニッツにとってこのことは自明だった。「キルヒャー博物館」についてはすでに言及したように、ライプニッツの1675年パリでの展覧会記述のお手本であり、同時にそれ自体展示品として引用しており、キルヒャーのコレクション・カタログは既知のものだった[146]。しかし最大の影響はさしあたってベッヒャーの文書から受けたのだ。彼はそれを出版後すぐに読んでおり、彼の注解には**自然と人工の劇場**プロジェクトがコメントされていた。大勢の同時代人と同じく、彼はベッヒャーを問題多き人物と感じていたが、その発明の才、果敢さを評価した[147]。こうした評価の分裂は**自然と人工の劇場**の自己評価にも影響している。ベッヒャーの『**教授法**』についての彼のコメントは賛同と批判の混合である。「実際に事物の分類も言葉の分類も、二重である、すなわち命を失っているか、命を持っているか。**クンストカマー**、および著者による表記にいうところの**自然と人工の劇場**では物は命なき形態へと分類される」[148]。ベッヒャーふう「自然と人工の劇場」にライプニッツは命なき物の入れ物であることをとっくに請合っておきながら、うらはらにいわば常緑の命ある現前への希望を語るのだ。瞞着されるほど生命体そっくりの模倣であればすでに生命あるなしの判定基準を満たしていると見なす後々の意見とは違って、ライプニッツはここでは生きた植物や動物、そして鉱物の独自の運動を観察できる場を望んでいるのだった。すなわち「動物園、植物園、鉱山」という場を[149]。運動が生命体の原則であるかぎり、ライプニッツはベッヒャーふうの学ぶべき言葉分類を「生命なき」ものと見なし、これに対しヤン・アモス・コメニウスには生きた方法を認めているが、それはコメニウスが言語を運動と結び付けていたからだった[150]。

(146) AA, IV, 1, Nr. 49, S. 564, Z, I ; AI, 5. Z. 66. 1674年に現れたKircher と Quirin Kuhlmann 間往復書簡についての記録の中でライプニッツは1671年度 Giorgio de Sepibus による「最高級に正確な」カタログについて言及している（AA. VI, 3. Nr. 14. S. 211, Z. 17-19）が、しかしこれは実証できていない。おそらく De Sepibus, 1678 の初期形態にあらずや。

(147) Breger, 1993, S. 7lff.

(148) AA, VI, 2, Nr. 52, S. 392, Z. 13-15 ; AI, 2, Z. 1-3 ; 以下を参照のこと : Breger, 1993, S. 71.

(149) AA, VI, 2, Nr. 52. S. 392. Z. 15f. ; AI, 2, Z. 3-5.

(150) AA, VI, 2, Nr. 52. S. 392. Z. 16f. ; AI, 2, Z. 4.

Ⅱ　展示品の劇場　43

　おのずと分かることだが、学習意欲を促すコメニウス著『世界絵図』の図版もまた、生命のあるなしが判断基準となっていた。それに対してライプニッツの眼からすればベッヒャーの「自然と人工の劇場」は、たとえばイエナの数学教授エアハルト・ヴァイゲルの世界機械にはできるような諸運動の表象ができないという欠落を持っていた。ヴァイゲルはすでに紹介したクンストカマーばかりか、様々な地球儀 Globus を思いのままに製作できた。どうやらライプニッツはヴァイゲルの『モラル圏 sphaera moralis』から倫理学と法理論の組み合わせ術のための地球儀をインスパイアされたようである。この地球儀については 1663 年に高可動性をもって褒め称え、のちに「普遍アトラス Atlas universalis」に採用することになる[151]。

　(151)　AA, VI, 1, Nr. 3, S. 55, Z. 33；これについては以下を参照のこと：Busche, 1997, S. 73；AA, VI, 4, A, Nr. 31, S. 90, Z. 3；AI, 12, Z. 81.

　ベッヒャーは 1669 年の本の見本市のために『ベッヒャーによる自然と人工の劇場に備えられる全物品カタログ』[152]というタイトルで自らのクンストカマーについての出版物を予告しているが、あきらかにライプニッツはベッヒャーの『教授法』よりもこちらの方に期待を寄せていた。彼は内容全体、それから「生きている」という概念にかなうに違いない実験室への言及ともどもノートをとっていた[153]。であればなおのこと、予告に反して本書が出版されなかったことにはがっかりしたことだろう。ライプニッツはベッヒャーのプロジェクトについて懐疑心と好奇心の混ざり合った気持ちで対していたが、彼に火をつけたのはベッヒャーの語彙創造だった。1669 年から彼は 47 年の間、**自然と人工の劇場**設立という自分のコンセプトの追及をゆるがせにしたことはなかった。ライプニッツは**自然と人工の劇場**において言葉と事物をできるだけ一体のものとしようというベッヒャーの試みを採用すると同時に、しかし、生きているものの欠落、表象することと学ぶことの内的動機の欠落については、これを埋め合わせようと試みた。彼とベッヒャーを区別するものは、とくに劇場概念の拡大にあった。**自然と人工の劇場**というベッヒャーの定式はさしあたってクンストカマーの別種を意味した。この定義をなるほどライプニッツも受け継ぐが、さらなる分野の拡大を見る。とくに、劇場関連を作り出すが、これは生きていることの印としてあらゆるレベルで自己運動と動力学を強化しつつ、

生きているものという概念の実現を試みる。それゆえ彼の**自然と人工の劇場**は個々の意味の積み重ねを乗り越えていく。クンストカマーは自然の3領域、すなわち科学的器械、造形芸術の作品、芸術技術の産物、物理学・化学実験所、植物園、メナージュリ、解剖学劇場、母型人工洞窟を包括する。あらゆる領域を通じて、これが決定的な考え方なのだが、収集、研究、媒介というクンストカマーを劇場と結びつけるダイナミックな概念が力を発揮している。

(152) （ラテン語原文）"Catalogus omnium corporum, quae in theatro naturae et artis Becheriano reperiuntur"（AA, VI, 2, S. 392, Z. 26f.；以下を参照のこと：Hassinger, 1951, S. 264）.

(153) AA, VI, 2, S. 394, Z. 5-8；AI, 2, Z. 10-15.

III　パリの『思考遊び』

1．テクスト

　マインツで定式化した計画、これが、パリにおける諸技芸アカデミー（1648）と科学アカデミー（1666）設立で始まっていた展開に対する彼の答えである。1672年3月から1676年10月までのパリ滞在の間、ライプニッツは最初のうちこそアカデミー研究者たちのサークルに入っていくのに困難を覚え、いらいらしていたが、知的生活のダイナミックさ、大都市の経験は、これまで一度も経験したことがないような文字群をもたらした。なかんずく1675年9月、「思考遊び、**表象**の新しいやり方に関して touchant une nouvelle sorte de REPRESENTATIONS」というテクスト（図13）が生まれたのも、この多幸感からなのだ。

　同時代の研究者たちが器械を使ってセーヌ川上を歩くとか、空中浮遊する（図14）という試みに刺激されて[(154)]、ライプニッツはこの遺稿の中で、**自然と人工の劇場**概念をめぐる戦略を知の奨励のために余すところなく全面展開したのだった。[(155)]。息を呑む混沌、荒々しく飛躍する連想、繰り返し、書き込み、これら途方にくれるような文字群をざっと一瞥したときにはまずカーニヴァレスクなスケッチのような印象を得る。しかしその書きぶりの比較的整頓されているところからすれば、ライプニッツの思考が少しの逸脱もしていないということは明らかだろう。それは、科学の地平をバーレスクや芝居がかったもの、遊戯的なものにまで切り開くという、今日ではむしろ苦労してでも再構成すべきコンセプトに身を委ねている謂いなのだ[(156)]。

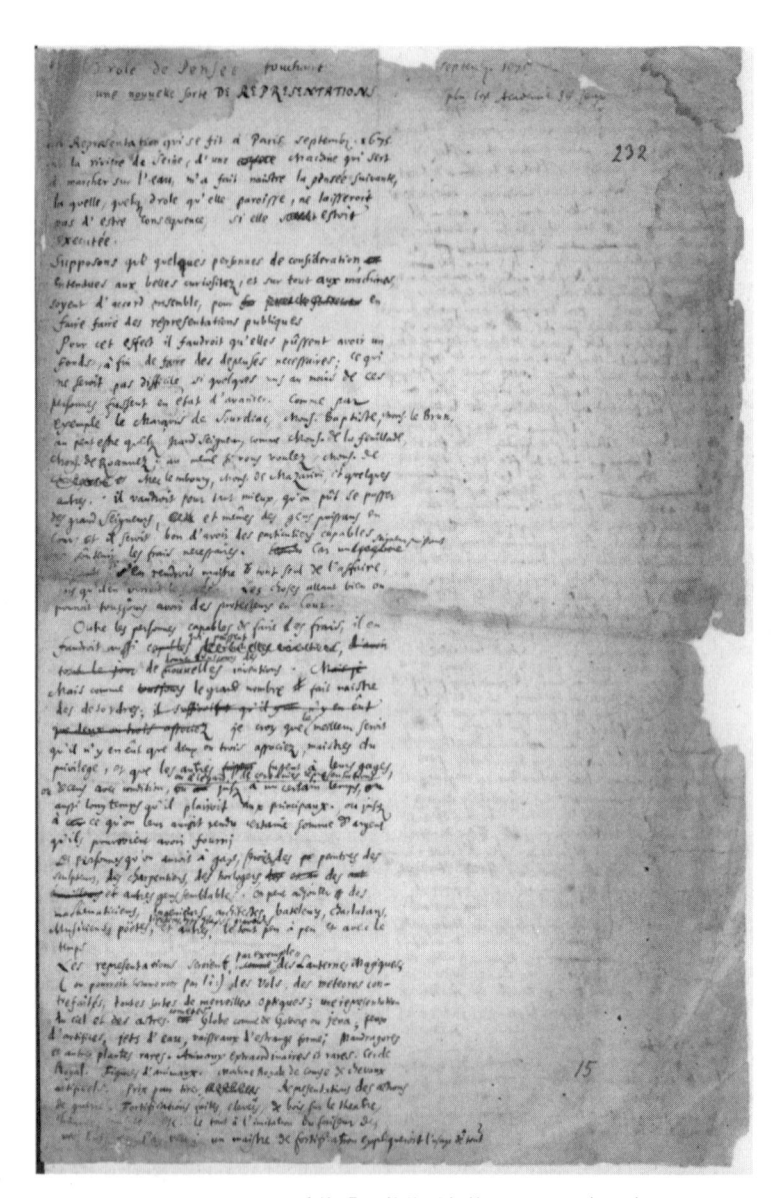

図13. G. W. ライプニッツ手稿「思考遊び」第1ページ (1675) Hannover, Niedersächsische Landesbibliothek, LH, XXXVIII, Bl. 232ʳ

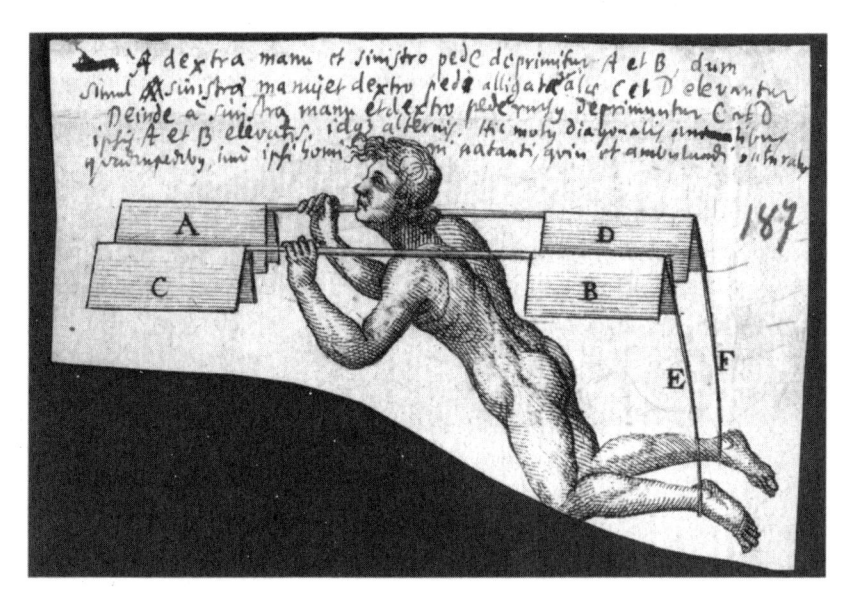

図14. 作者不詳：器械工ベスニエルの飛行実験（木版画）。「思考遊び」（図13）の添付紙。ライプニッツの書き込みあり。

(154) AA, IV, 1, Nr. 49, S. 562, Z. 19-21 ; AI, 5, Z. 14-15. 図版については：Hooke, 1679, fig. 2 zu S. 16 ; このこと、および Hooke の典拠は：AA, IV, 2, S. 740f. を参照のこと。飛行器と身体移行器は拡大した翼を着ければいずれにしても滑空には適していただろう。Maine 出身の器械工 Besnier のこうした飛行実験はパリでは行われなかったが、綱渡り師 Allard が同様の企てをスタートさせた。さらにライプニッツは、Harsdörffer 著 „physico-mathematische Erfreuungen"（1651 年及び 1653 年）中の Daniel Schwenter の図版を知っており、そこでも似たような試みが図解されていた（Gerland, 1906, S. 246, Anm. 1 ; Wiedeburg. II, 3, 1970. S. 292, Anm. 985). これもまた、タイトル中に宣告された遊びの中に真剣な核が隠されているという結びの言葉へ導いたものかもしれない。

(155) AA, IV, 1, Nr. 49, S. 562-568 ; AI, 5. 以下を参照のこと：Gerland, 1906, S. 246ff. ; Wiener, 1940 ; Belaval, 1958 ; Wiedeburg 1970. II, 1, S. 610ff. ; Ennenbach, 1981 ; Böger, 1997, Bd. I, S. 98ff.

(156) 基本研究は Gipper, 2002, S. 52, 72, 339 など数箇所に及ぶ。

ライプニッツが、この上なく多様なコレクション、展覧、研究、娯楽、教養のための設備を空想の中で一巡してみせるとき、それは通常の展覧、ミュージアム概念を優越し去る。ただしありとある対象と演目リストの異種混交・過剰反復ぶりを見ていると、その連鎖にいちいちシステマチックに連関していく意味内容を求めるのは、気が遠くなるていのものだ。言うなればライプニッツは彼の計画をおおまか6部に構成している。まず準備、組織、この企画の個人的装丁のアイデア、次に可能な展示品と見せ方のリストアップ、最後にその効能と可能性の記述。空間と財政問題を考えている書き込みが、一つある。一方賭博宮殿とその影絵劇場をテーマとした補足が二つある。ライプニッツは彼のファラオめいた諸計画を決して非現実なものと見なしてはいなかったし、そうではなくてむしろ初めから経済的・政治的実現可能性を考量していたのだった。

　最初のアイデアは、技術革新のセンスを持った高位の人物たちを後援者として獲得すること。必要な資本を供給できる金満家の男たちの例として、ライプニッツが名前を挙げているのは、まずルイ14世の宮廷と繋がりを持ち、ある程度の庇護力を持った名士たちである。これらの人々は右へ倣えの人たちで、プロジェクトが成功するときには頼まなくとも集まってくるゆえに、個別に交渉しないほうがいい、こうライプニッツが行動条件を考えていたということ自体、宮廷といっしょに物事を進める際のメカニズムと心理学にセンスがあった証拠なのだ。

　組織化の計画もまた彼の実践センスを示している。資金援助者と専門家には二人ないし三人の総裁をいただく能率向上委員会を形成してもらう。画家、彫刻家、指物師、時計職人、機巧師、精密機械工の協働はプロジェクトの都合に応じて手配する[157]。第二グループでは数学者、エンジニア、建築家がはっきりと機械の研究のために用意され、一方、ライプニッツが1671年の『考察（ベデンケン）』の中で詳述しているように、「大いなる才能」の可能性がある手品師、香具師[158]には、音楽家や詩人とともに芸術家としてのパフォーマンスを見せてもらうことになっていた。司書、植字工、版画家は最後の段階、広報とアーカイブの役割として当てにされた[159]。

(157)　AA, IV, 1, Nr. 49, S. 563, Z. 11f. ; AI, 5, Z. 38-39.
(158)　AA, IV, 1, Nr. 44, S. 550, Z. 4.
(159)　AA, IV, 1, Nr. 49, S. 563, Z. 12-14. ; AI, 5, Z. 39-41.

共働者たちのこうしたサークルに必要とされたのが、包括的なミュージアム、展覧、会議、劇場、オペラ、アカデミー、研究、賭博、これらのための仕掛けを潤沢に備えた巨大宮殿群だった。マインツで考案された**自然と人工の劇場**はクンストカマー、庭園、解剖学劇場、美術館、科学アカデミー、賭博宮殿、オペラ座、コンサート・ホール、会議室からなるアンサンブルへと拡大完璧化されていた。最終的には、こういう設備を同様の複数のセンターに繋げ、さらにアカデミー同士を結合させるのである[160]。ライプニッツの「思考遊び」は、ミュージアム、展覧会場、学者協会など、ヨーロッパ中に広がるネットを生み出すための一石を投じたと思われる。

[160] AA, IV, 1, Nr. 49, S. 565, Z. 20-25.；AI, 5, Z. 126-133.

それに劣らず驚嘆すべきは、ライプニッツの願望の強さ。劇場と賭博宮殿をたんに実演と娯楽のメディアにとどまらず、認識の中心手段として投入したいのだ。「表象の新たな手法」とは、遊戯と娯楽に立脚した諸科学改革を追及するのものだった。自分のコンセプトがさらに自分を高揚させていく、テクストの多幸症的終結部はそういう印象を伝える[161]。

[161] AA, IV, 1, Nr. 49, S. 565, Z. 27-29.；AI, 5, Z. 135-137.

2．ゲーリッケ球体

展示品のグループは、たとえば器械、モデル、自動機械そして実演によって構成される。それらをこう配置しよう、こうもデモンストレーションしてはどうか、とライプニッツの思いつきは縦横に駆け巡り、その比類のない軽快さのおかげで、展示品を順番に並べることよりは、繰り返し変奏することに重点が移ってしまうのだった。

個々の対象グループへ言及し、あるいはいくつかの展示品を繰り返し使用してみせて、隠された意味が必ず目に見えるようにすること。たとえばオットー・フォン・ゲーリッケ（1602-1686）の器械などが模範的に明らかにできるのは、このことである。ライプニッツが自然科学の公開実験としてあげている「水、気体、そして真空に関わる新たな実験」は、その3年前に発表されたオットー・フォン・ゲーリッケの「真空に関する新実験（エクスペリメンタ・

ノヴァ（…）デ・ヴァクア・スパティオ）」を思い出させるものであり[162]、その際、ライプニッツは自分が眼にしたもの（図15）については疑いを差し挟んではいない。「大々的な実演のためにはゲーリッケ氏の球体はまた24頭の馬等々を要するだろう」[163]。この器械についての言及はそれ以上の考察を伴わない。とはいえ、ライプニッツの業績全体に張り渡される全宇宙は、この器械の上にアーチを描くのだということ、この球体器械こそこれを明らかにできる絶好のものなのだ。

(162) AA. IV, 1, Nr. 49, S. 563, Z. 30 ; AI, 5, Z. 59.
(163) AA. IV, 1, Nr. 49, S. 563, Z. 30f. ; AI, 5, Z. 60-61.

　ライプニッツはゲーリッケとともにふれられているマグデブルク市長とパリ旅行直前に頻繁に交信していた。ゲーリッケはロバート・ボイル（1627-1691）と並び称される気体研究の第一人者とされ、1672年初めのパリ到着後、その真空ポンプ実験についてライプニッツは、当地研究者に抜きん出た物理学研究の卓越した例であると総括していた[164]。

(164) AA. II, 1, Nr. 108, S. 221f. この点に関して彼は1664年のカスパール・ショットの賞

図15. 作者不詳：マグデブルク半球実験（銅版画）。Schott, Technica Curiosa, 1664 図Ⅲより。

賛を伝える「私はこれに並ぶ素晴らしいものを見たことがない。聞いたことも読んだこともまた想像したこともない。また日輪が天地創造以来の奇跡は別にしてもこれほどのものを顕したことがあったとは思われないのだ」(Schott, Technica Curiosa, 1664、引用は Krafft, 1997, S. 143 による)。

しかしライプニッツはすべてを手放しで絶賛する人物ではない。ゲーリッケが同じ年に『大いなる書（オーブス・マグヌム）』を出版したあと[165]、ゲーリッケの宇宙観がデカルトの空間概念評価という決定的な一点で食い違っていることをライプニッツも認めねばならなかった。デカルトは空間を拡張と組成物質とに結び付けていた。物質なき拡張はデカルトにとっては空間を生む、あるいは維持することすらできないのであり、空虚は空間なき場であって無である。無は思念の反映ではあるかもしれないが物理世界では根拠がなかった。星間の空間はデカルトにとっては、浮遊する眼に見えない微小物質で満たされているのであって、それはたわんだ球面の形で星間を媒介する物質だった（図16）[166]。

[165] Guericke, 1672.
[166] Descartes, 1650, S. 67ff.；エーテル観の前史については以下を参照のこと：Knobloch, 2000.

けれどもデカルトとは対照的にゲーリッケは、真空管の実験に基づいて、地球の上空は空虚であると想定していた。彼は空気を抜いたガラス管の中の水柱が変圧することから宇宙空間の性質を推測したのだが、これは人間が考え付いた最高業績の一つに数えられる[167]。ゲーリッケは空間の無を神と同一視し、神の介入の無限の可能性と同一視した[168]。ゲーリッケにとって無は「黄金よりも貴重にして、いかなる生成も経過もなく、光の恩寵のように融解するものにほかならず、王族の血筋よりも高貴にして、天空にも等しく、あらゆる星辰よりも高くそびえ、稲妻よりも激甚、一切の完成者であり、すべてを嘉する。無はあらゆる叡智に充満している。無のあるところ、王の権域も終わるのである」[169]。

[167] Krafft, 1997, S. 155.
[168] Guericke, 1672, II, 8；以下を参照：Knobloch, 2003, S. 8. ここではニュートンの「神の思考空間 sensorium Dei.」が詳しく注釈してある（Krafft, 1997, S. 162)。

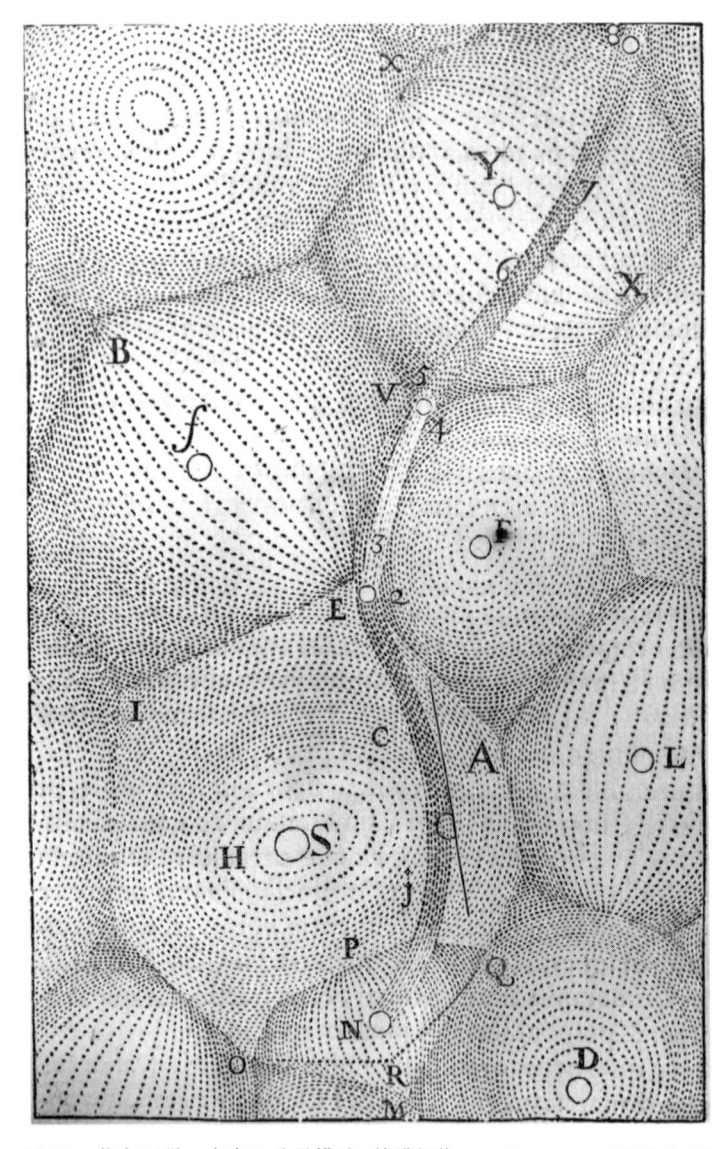

図16. 作者不詳：宇宙の分子構造（銅版画）in：Descartes, 1650, S. 90

(169) „Ubi nihil est, ibi omnium Regum cessat jurisdictio（無のあるところ、王の権域も終わるのである）" (Guericke, 1672, VII, S.63；引用は Guericke, 1968, S. 70 による；以下を参照のこと：Kauffeldt, 1968. S. 56f und 243 und Weigl, 1990, S. 64ff.).

こういう結論は人を解放するが、脅威ともなって、一部激しい抵抗に出会う。空虚をめぐる議論は、文化と政治の領域深く分け入るものだった。1651年の『リヴァイアサン』によって近代国家理論の創始者となるトーマス・ホッブスにとって、真空の存在はまさにあらゆる文明の可能性を問うものであった。空虚があるのなら、国家巨人たるリヴァイアサンがもたらすであろう暴力の、上からの制御と支配は不可能なのだ(170)。最初ためらっていたホッブスが真空に認めたのは、決して啓蒙の空間ではなく、「闇」の蠢き潜む棲家であった。物体ではない空虚な空間は彼にとって秩序の崩壊地帯の比喩であり、また潜在的な市民戦争のシンボルでもあったので、彼の真空拒否たるやパニックそのものとなった(171)。

(170) Hobbes, 1991, Leviathan XLVI, S. 463f, 明示的に真空に言及している以下の書を参照：Hobbes, 1997. Der Körper, 26, 2-4, S. 272-278.
(171) Shapin & Schaffer, 1985, S. 108f,；以下を参照：Latour, 1995, S. 29ff.

ライプニッツも同様である。ゲーリッケとの文通は、真空ポンプの実験結果を大気圏（アトモスフェーレ）とコスモスに翻訳することの一切に抵抗している。宇宙空間は「微細な物体」に満たされている、とライプニッツは言うのだが、それ自体で充足した成分は、太陽の運動に対して受動的媒質を演じることになっている。それは彼によると水に似ているのだ。水の真ん中では自転する物体が自分の運動量に応じて周りを巻き込むのだが、その際、水中の異物が中心から遠く離れるほど、それだけいっそう回転運動が減少していくのである(172)。

(172) Guericke 宛書簡 in：Leibniz, 1875-90. Bd. I, S. 99.

ニュートン一派サミュエル・クラーク（1675-1729）との論争で、ライプニッツは、物体のない空間はない、行為のない時間はないという確信をゲーリッケに対してもぶつけている。真空の存在は、とりわけライプニッツの基本認識と相容れない。ライプニッツの確信するところでは、人間の産物と違って

自然の被造物である粒子の一切は、それ自身の内部で無限に分割可能である。ところが空虚があると想定する者は、最微小点アトムが除去可能であることを前提とせざるをえない。このことはライプニッツにとって思考構成として証明されていないし、証明に耐えるものでもない。空気ポンプ実験こそが空虚を断じて証明してはいない。「ひとはマグデブルクのゲーリッケ氏が排気鐘から空気を抜き取ることでひねりだした真空を、私に突きつける。彼らはこう主張するのだ。この排気鐘の中では、事実、完全な空虚が、あるいは物質なき空間、少なくとも部分的にでも物質のない空間が存在していると。本来の真空を承認しないアリストテレス派にしてデカルト派は、ゲーリッケ氏の実験もフィレンツェのトリチェリ氏の（ガラス管に水銀を詰めて空気を追い出した）実験に対しても、こう答えるのだ。排気管、あるいは排気鐘にあるのは決して空虚ではない。というのもガラスには極微の孔があって、そこから光線、磁力線、その他の大変微小な物質が透過できるのだから。私も同意見である」[173]。

(173) Clark 宛第5の書簡、§7, Nr. 34 について引用は以下の翻訳による：Leibniz, 1989, Briefe, Bd.2, S. 407f.

ライプニッツの真空否定は、つまり、ゲーリッケが空虚な空間の証明のために実行した当の実験に依拠するものだった。ライプニッツの真空概念批判は、それゆえ、ゲーリッケの空気ポンプ試演を軽んじていたのでは決してない。むしろ彼はゲーリッケももう一人の真空論者も、真空のために要した諸力が作用して一つの**絶対的**に空虚な空間を産み出すとは言わなかったのだから、これを自分の思考枠へと組みかえることもできたのだ。こうして真空の擁護者と敵対者との対立は、解釈の問題なのだと穏健に解決するのも可能だった[174]。だからライプニッツもゲーリッケの実験を「思考遊び」の共演者として様々に引き合いに出すことができたのである。

(174) Gosztonyi, 1976, Bd. I, Hobbes については S. 297, Boyle については S. 263.

けれども特筆すべきことに、彼が引き合いに出したのは真空の半球だけではなかった。より小規模の実験にふさわしいゲーリッケの例の「球体」に二度、また別の実験領域にも彼は言及していた[175]。その球体は様々な鉱物と強烈な硫黄成分によって構成されていて、これを擦ると羽毛を吸い寄せたり弾いた

り、そうして引力の諸問題を明らかにし、暗がりでぽっと光ることも可能だった[176]。これを明晰な認識ともせずにゲーリッケは、星間に作用する牽引力を想定すべく帯電の効果を導入していた。手紙のやり取りでライプニッツはまさにこの球体へと様々に立ち戻るのだが、ゲーリッケは自分で作成したこの球体（摩擦起電機）使用指示書に羽毛まで同封して送ってくれたのである[177]。こういう心の広さに出会えば心打たれるのも当然[178]、ライプニッツはゲーリッケの器械を晩年にいたるまで讃えてやまなかった。

(175) AA, IV, l, Nr. 49, S. 563, Z. 3lf.；AI, 5, Z. 61；AA, IV, 1, Nr. 49, S. 564, Z. 31；AI, 5, Z. 101.
(176) Leibniz 宛 Guericke の書簡, Juni 1671, in : Leibniz, 1875-90, Bd. I, S. 94；Leibniz 宛 Guericke の書簡（1672年3月）in : Leibniz, 1875-90, Bd. I, S. 107.
(177) Leibniz 宛 Guericke の書簡, Oktober 1671, in : Leibniz, 1875-90, Bd. I, S. 104f.
(178) Leibniz 宛 Guericke の書簡. August 1671, in : Leibniz, 1875-90, Bd. I, S. 102.

ライプニッツが見せることと研究することを結び付けようとしてゲーリッケの実験に大いに刺激されたという印象は、「思考遊び」の一節、ゲーリッケのバロメーターを引き合いに出しているところで強められる。この章は、ゲーリッケの気象学実験に協力した実験者ジョアサン・ダランセへの言及に始まり[179]、続いてクリスティアン・ホイヘンスの協働者、なかんずく空気ポンプ実験に加わっていた[180]ドゥニ・パパン（1647-1712）に至る。けれどもとりわけ、つまりそれゆえ「思考遊び」の不可欠の要素なのだが、彼の言う自然科学は**パフォーマンス**としても娯楽としても首尾よく進行しなければならない。彼の提案は、固く結合した水の分解法、輸血、点滴の実行、そしてまた「小男の助けを借りて」翌日の天気予報を行うことなど[181]。ライプニッツがここでとくに言及している「小男」とは、自分でも使用したゲーリッケのバロメーター（図17）に現れる「天気男」というフィギュアのことである[182]。

(179) AA, IV, l, Nr. 49. S. 563, Z. 32；AI, 5, Z. 61-62；ライプニッツはこのことをロンドン・王立協会に告知した（Belaval, 1958, S. 760. Anm. 9；znort)
(180) AA, IV, 1, Nr. 49, S. 563, Z. 32f.；AI, 5, Z. 62；Wiener, 1940, S. 236, Anm. 8.
(181) AA. IV, l, Nr. 49, S. 563. Z. 33-S. 564, Z. 1；AI, 5, Z, 62-66.
(182) AA. III, l, Nr. 9, S. 42. Oldenburg 宛書簡, 8. 3. 1673, Z. 1；IV, 2, Nr. 49 S. 742, Z. 5f.；znort.

図17. 作者不詳：オットー・フォン・ゲーリッケの「天気男」図
（1672）Guericke, 1968, S. 110, 図版 10（訳者注：左円柱内の黒い人物像のこと）

III パリの『思考遊び』　57

　ゲーリッケの試みはライプニッツにとって大事な意味を持っていたが、それが明らかとなるのは、最終的にパリの「思考遊び」の四半世紀後、ライプニッツがベルリン科学アカデミー設立を構想するために知の博物劇場というコンセプトを利用し、それに有用な器械の中から「図書館における、いくつかの地球儀、ゲーリッケの真空器械」を挙げたときにだった[183]。これはゲーリッケが1663年ベルリンの大選定候の前で馬を使って引っ張らせたあの器具、当時ベルリンに残されていた空気ポンプと二つの半球のことだった[184]。ライプニッツが1700年にこれらの器具を覚えていたということは、ゲーリッケの試みが、どれほど強い印象を残していたのか、あらためて証言するものである。即ち、自然科学と技術上の探究も公開試演なればこそ捉進されるのだと[185]。

(183) Brather 1993, S. 62；AI, 38, Z. 1-2.
(184) 1908年、それはミュンヘン・ドイツ博物館に設置された（Brather, 1993, S. 54, 62, 68, 120）。
(185) Bredekamp, 2000, Leibniz' Theater.

　宇宙空間の真空と空虚に関して、いかにライプニッツがゲーリッケの論敵であろうとも、ゲーリッケの試みについては、解釈を新たにしてみせたことでもあり、おおいにライプニッツの心を動かしたのであった。ゲーリッケの試みが、ある意味ライプニッツの**自然と人工の劇場**アイデアに刺激を与えたのは、間違いない。ライプニッツは自然科学上の研究は公開パフォーマンスであるべきと考えていたが、まさにその格好の実例がゲーリッケの空気ポンプ実演だったのである。

3. モデルと自動機械

　「思考遊び」が展開する二番目のまとまりのある対象群は、模型と自動機械である。大量のミニチュア・マシンと模型を収蔵したミュンヘン・クンストカマーの伝統にしたがって[186]、ライプニッツもまたパリ草稿において一連の模型群を例証している。たとえば「天と星、彗星の運行モデル。ゴットルフ、あるいはイエナと同様の地球儀」[187]。ここにゴットルフの球体というのは、アダム・オレアリウスとアンドレアス・ベッシュの手になる銅製球儀のことであり、

今日サンクト・ペテルスブルクのクンストカマーに保管され閲覧することができるが、その球儀内部には回転する天体、球儀表面には地球を観察できる仕掛けであった（図18）[188]。イエナの球体の方は、ライプニッツの数学教師であったエアハルト・ヴァイゲルによる地球儀のうちの一つである[189]。ライプニッツの「全風向対応風車、向かい風でも旋回できる舟、オランダ製、というよりはむしろ中国製の風力車」[190]もまた、こういう種類の可動式器械なのである。

(186)　Roth, 2000, S. 44-47 (Inscriptiones. I, 9f.), S. 235.
(187)　AA, IV, 1, Nr. 49. S. 563, Z. 16f. ; AI, 5, Z. 44-45.
(188)　以下を参照のこと：AA, IV, 2, Nr. 49, S. 741, Z. 32ff. 地球儀の基本研究はLühning, 1997 および、Karpeev, 2003. を参照のこと。
(189)　これは金属製の地球儀であり、古代星印の代わりに簡素に紋章的象徴が用いられている（Horn, 1958；同、1976, S. 51-56；以下をも参照のこと：o. S. 43）。
(190)　AA. IV, 1. Nr. 49. S. 564. Z. 27f. ; AI, 5, Z. 96.

　模擬戦もまた戦術のメカニカルな性格をミニチュアで見せる形式なのだから、ライプニッツはこれを構造物や舞台上演によって提示しようと目論んだ。その舞台では専門家の研究によって戦術の技術工学的性格を際立たせる手はずだった[191]。ライプニッツが木製模型を用いるとはどういうことか。これによってはるかな伝統に、つまり構造物のミニチュアを補助として建造物をそびえさせ、都市を計画し、軍事行動を試演する営為と続く伝統に棹差すのである。工房全体がこのジャンルに特科し、こうした模型建築のコレクションに邁進してきたのは、まさにフィレンツェのウフィツィにあるロドヴィコ・ブティのフレスコ画が示しているとおり、建築家、軍隊、貴族たちを教育するためであった（図19）。1668年のルーヴルの巨大なグラン・ギャラリーは、設計図と建築模型のコレクション収納を目的としていた。その百年後の様子は、とっくにライプニッツがやっていたことだな、という印象を深くする（図20）[192]。こうした模型に加えて、たとえば「王室謹製自動機械競争馬」[193]、あるいは「ハウツの器械」、すなわち互いに戦争する人造騎士団や砲兵隊など、一連の自動機械や自動機械集合体が挙げられる[194]。馬の調教から動物の模倣を発想し、そこから騎馬術を自動機械によって人工的に試演することへと飛躍する着想の数々において、ライプニッツにとって重要なのは、まちがいなく生命表象のシミュレーションだった。「生命のある」表象を保証するかくかくの条件を設定

Ⅲ　パリの『思考遊び』　59

図 18. アダム・オレアリウス／アンドレアス・ベッシュ
制作ゴットルフ球儀 (1651-57) 撮影 1901 年。
St. Petersburg 海軍工廠 Zarskoje Selo

すると、どのような運動になるのか⁽¹⁹⁵⁾。しかしそれに続く「籤引き」のアイデアは、横断的に設立された協会から発生するものだが、自動機械の競走で賭博をすることを始めたのがこの協会だった。ここでは、意味、効能、表象が個々の対象に密着し、その意味論的放射がきちんと残っていることが、明らかとなる。

(191)　AA, IV, 1, Nr. 49, S. 563, Z. 22-23 ; AI, 5, Z. 50-51.
(192)　Eimer, 1988, S. 11.
(193)　AA, IV, 1, Nr. 49, S. 563, Z. 19f. ; AI, 5, Z. 47.
(194)　AA, IV, 1, Nr. 49, S. 564, Z. 29 ; AI, 5, Z. 98-99.
(195)　S. o. S. 38.

図 19. ルドヴィコ・ブティ作フレスコ画：都市・要塞模型工房部分図 1599/1600, Florenz, Uffizien, Sale dell'armi

図 20. アンリ・ジョゼフ・ブラレンベルグによる煙草入れミニチュア画（1775 年頃）：ルーヴル大ギャラリーの「地図レリーフ」コレクション。出所不明。

自動機械のプレゼンテーションにライプニッツがどれほど重きを置いていたことか。彼は**自然と人工の劇場**という定式を、上演用舞台、解剖学劇場、植物園として展開し、また同じ意図で小計算機やその他の機械を使った「公開実験」を行っている[196]。**自然と人工の劇場**はこれにより諸運動の人工的再現装置となり、ベッヒャーの「生命なき」劇場プロジェクトに対するライプニッツ評は、ここに実現を見るのである。[197]。

(196) AA, IV, 1, Nr. 49, S. 563, Z. 26-29 ; AI, 5, Z. 55-58.
(197) S. o. S. 42.

　ライプニッツはのちに、自然と人間のわざの壮大な競合関係の中に、自動機械の価値を位置づけている。彼が生涯の終わりにあたって『モナドロジー』の中で書きとめたように、人間が作った人工的に自走する機械に対し、自然の自動機械は無限なものとして優越すると見なされる。なぜなら、自然機械の各部分は任意に深く下部機械へ、さらにその分肢へ、と分節可能であるのに、一方、あらゆる人工機械は早々に己の構成要素の強度限界に達するからである[198]。しかし、こうした制約にもかかわらず自動機械のおかげでライプニッツは、人間の地位をいわば「小さな神」となした例の人工創造と自然創造とを原理的に比較することができたのだ。のちに、『神智論』と『理性に基づく自然と恩寵の原理』において彼は、この想像能力と、自然界の作物に相似する人工的作物を産み出す能力とを結合させたのであった[199]。すでに「思考遊び」においてライプニッツが自動機械のプレゼンテーションを何と比較したか、挙げておこう。「筋肉、神経、骨の表現」、人体器械[200]、そして闘争の表現、水泳競技、アクロバットな身体芸、さらに身体構造のデモンストレーション[201]。

(198) Leibnitz, 1998, §64, S. 45-49 ; Leinkauf, 1993, S. 305f.
(199) Essais de Théodicée, §147, in : Leibnitz, 1985, Bd. II/1, Théodicée, S. 458f. ; Principes de la Nature, §14, in : Leibnitz, 1985, Bd. I, S. 432f.
(200) AA, IV, 1. Nr. 49, S. 564, Z. 4f. ; AI, 5, Z. 69-70.
(201) AA, IV, 1, Nr. 49, S. 563, Z. 25-28 ; AI, 5, Z. 55-56.

4. 大道芸人と賭博宮殿

　様々な例を挙げながらライプニッツは当代博物館思想の劇場性格を強調する。それというのも、実演して見せたり舞台風に演出したりすることの新たな意義を称揚するためである。さらにはこういう演出をするからには出演者のために上下する幕を作ってはどうかと提案する(202)。芝居上演の様々なやり方(203)が有効というのであれば、それがクラウンや大道芸人の見せ方へと接続していくのは理の当然——彼ら芸人の存在は、パフォーマンスばかりか自然科学の実験を思い起こさせる——なんと言っても実験は、芝居の演し物の一部なのだから。

(202)　AA, IV, 1, Nr. 49, S. 565, Z. 1-3 ; AI, 5, Z. 104-105. 幕の意味論については Eberlein, 1982 を参照のこと。
(203)　AA, IV, 1. Nr. 49, S. 564, Z. 16-26 ; AI, 5, Z. 81-94.

　たとえば1679年の年頭、ハノーファー宮廷全体を驚かせ、どよめかせた火食い芸人(204)。あるいはなおこれに劣らず名を挙げた「水呑み芸人」(205)ではどうか。この者は1650年から数年間ローマで高名を馳せたフランス人ジャン・ロワイエ。なにしろ眼を見張るほど大量の水を摂取して、そののち再び色々な受け皿に噴き出してみせるのだが、それが多彩に色を変えたばかりか、酢、ワイン、あるいは香水と噴き分けるのだ。魔法だ、詐欺だと訴えられて、彼はコレギウム・ロマヌムへと審問のために送られる。そこのキルヘリアーヌム・ムゼウム（キルヒャー博物館）で審査されたのだが、これをライプニッツは「思考遊び」の中で自分用サンプルと呼んで、後に「自然と人工の劇場」に引用してみせた（図12）(206)。キルヒャーのそのときの判定によれば、ロワイエはデーモンにあらず、詐欺師にあらず、自然の科学的追査可能な実践なりと。キルヒャーはこの判定結果を証明書で告知し、それをカスパール・ショットが1657年の力学に関する著書に掲載した(207)。この件は明らかにライプニッツの記憶に残った、というのも探究するというミュージアムの役割を、そして自然科学、おおやけの実演、追査の連環、これらを眼に見えるものとしてくれたからである。

(204) AA, IV, 1. Nr. 49, S. 564, Z. 1f. ; Müller und Krönert, 1969, S. 55 (8. 1. 1679).
(205) AA, IV, 1. Nr. 49, S. 564, Z. 3 ; AI, 5, Z. 68.
(206) AA, IV, 1 , Nr. 49, S. 564, Z. 1 ; AI, 5, Z. 66.
(207) Schott, 1657. S. 312f. 以下を参照のこと：Stolzenberg, 2001, S. 49.

　水を受け皿に必中で噴き出すこの「水呑み芸人」、これこそライプニッツに「正確に一点を撃ち抜くことができる」[(208)]マシンを、自分もテストしようと思いつかせたきっかけではなかったろうか。展示品と**自然と人工の劇場**の議論を展開する断章内で明らかなのだが、彼は直感と連想の能力に従う者である。思考活動のプロジェクトとして実現さるべきは、コレクションと実験の劇場というショック手段によって思考活動を刺激することだった。

(208) AA, IV, 1, Nr. 49, S. 564, Z. 1-4 ; AI, 5, Z. 66-69.

　知の劇場全体の構成は、まじめに受とるべき**冗談**であるにとどまらない。表題の端メモにも分かるとおり、賭博宮殿のコンセプトが試みられている。これをライプニッツは同時代の用語法に従って、「賭博アカデミー」と記載したのだ[(209)]。このタイトルをライプニッツは後から付け加えている。「危うく忘れるところだったが、ここには賭博宮殿、あるいはもっと普通の言い方をすれば、娯楽館を設けるがいい。私自身は賭博宮殿という呼称の方がいい。その方が一般の趣味に応じているのだから。」[(210)]。彼は、たとえば1654年に現れたもっとも人気のあった賭博についてのカタログ、あるいは「アカデミー」と「賭博」という概念をタイトルに冠したもっと後の仕事のうちの一つといった出版物に関係していたもようである[(211)]。

(209) Furètiére, 1690, I : „ Academies de jeu".
(210) AA, IV, 1, Nr. 49, S. 566, Z. 12-14 ; AI, 5, Z. 154-158.
(211) Marinier, 1654 ; 旧賭博禁止令については以下を参照のこと：Spielverbote, 1995, Nr. 22, S. 87f.

　ルイ14世の治世に猖獗を極めた賭博熱をライプニッツは自分のテーマに利用する。いわく賭博宮殿で行われていた賭博、つまり賭博用チップの運用の仕方、それに伴う満足感、いかさまの問題……など興味深い事象の経験。まず彼

が例に挙げるのは、賭博宮殿の各個室で催されていた国内外の賭博である。最初に訪問客は入り口で賭博用チップに交換しなければならない。このことは、施設内貨幣の流通をコントロールできるゆえ、お金の運用は公明正大なのだという宣伝効果を生むにとどまらず、とりわけ賭けるのに都合がいい。なんとなれば投入するのが賭博用チップなのだから心理的抵抗が低くて済む。そしてここでライプニッツは更なる彼の関心事をひそませるのだが、その賭博用チップはまた、珍品キャビネットの見学料にも使用可能なりと[212]。

(212) AA, IV, 1, Nr. 49, S. 566, Z. 14-21 ; AI, 5, Z, 158-164.

町全体はこのような数々の賭博宮殿ネットで覆われるのだから、これらの賭博宮殿には豊富な監視設備、盗聴設備が備えられるという、意味深長な副産物を伴うことになる。これらの館、「あるいは部屋部屋には、主人が鏡や伝声管を使って、ひとのあれこれの言動をあまさず盗み見、盗み聞くことができるよう、仕掛けを講じるべし」[213]。ライプニッツがここで、たとえばキルヒャーやショットによって考案されている場内部俯瞰図（図21）に刺激を受けているのは間違いない[214]。ライプニッツの賭博宮殿は、彼のイメージ喚起の最たる発言のうちの一つによれば、「これすなわち国家にとっての一大事にて、いわば政治機密の漏洩ルームのようなものにあらざるや」[215]。ここにては人に知られず聴聞僧のごとく情報を手に入れるのである。

(213) AA, IV, 1, Nr. 49, S. 566. Z. 24-28 ; AI, 5, Z. 169-174.
(214) 以下を参照のこと：Kircher, 1650, Bd. II, S. 303.
(215) AA, IV, 1, Nr. 49, S. 566, Z. 27f. ; AI, 5, Z. 172-173.

これに劣らず重要なのは、あらゆる活動の評価基準をどう立てるか、という問題だった。天翔ける彼のファンタジーはとどまるところを知らず、オペラ、音楽アカデミー、ダンス宮殿、マリオネット劇場、模擬海戦を含む水芸舞台ことごとくを結合させようと意気込む。そうしたにぎやかな寄り道のあとで、ライプニッツは様々な種類の違反行為にどのような制裁が対応するのかを研究する。いかさま賭博の議論は、全テクスト中の白眉、感嘆措くあたわざる部分であるのだが、その理由は、いかさまのばれてしまった賭博師はどう扱われるべきかという問題を法的にばかりでなく、心理学的・社会学的視点に拠りながら

図21. 作者不詳：巻貝型盗聴器（銅版画）in : Schott, 1674, S. 154-S. 155

熟慮を重ねているからである[216]。犯人と共犯者を社会的にどう制裁するのか、権威をもって臨み裁定基準を貫徹する必要性のある複雑なゲームを様々に考量する[217]。

(216) AA, IV, 1, Nr. 49, S. 566, Z. 30-S. 567, Z. 17 ; AI, 5, Z. 176-201.
(217) Leibniz と Hobbes については以下を参照のこと：die grundlegende Arbeit von Tönnies, 1975 [1887] および Di Bella, 1998.

ライプニッツはこの章を終わるにあたって賭博宮殿賛歌で結んでいるが、ここは儲けを増やし、危険な情熱を有用な嗜好とイマジネーション・トレーニングに振り向けてくれる場所と呼んでいる。これに続く議論はもう一度、ライプニッツが賭博宮殿と知の劇場の助けを借りて汲みつくそう、活性化させようと

いう可能性について根本的な考えを窺わせる。彼が知識欲を娯楽と賭博熱によって強化することにこだわるのは、カード遊びによって知を媒介し思考力を鍛えるべしと唱えた同時代人の実践法に従っているのである[218]。彼の哲学上の中核にはホッブスふうの洞察が仕組まれていて、人間は情報が書き込まれるべくタブラ・ラサとしてあるのではない、人間に生与の情熱はあらゆる行動と教育の前提条件として考量されていなければならないというのである。人間の情念はそれゆえ戦うべき相手ではなく、生産的好奇心へと変ずるべきであろう、「人間を罠にかけよ、人間の弱点に乗ぜよ、人間を救済するために人間を欺くのだ。人間を知恵へと導きたいのなら人間の狂疾を利用するに如くはない。これぞまさしく、甘味剤に益なるを混ぜ、毒から薬を産む謂いである」[219]。

(218)　Hoffmann, 1972, S. 38ff.
(219)　AA, IV, 1, Nr. 49, S. 567, Z. 22-26 ; AI, 5, Z. 206-210.

　「思考遊び」の動機となった認識論的枠組みはこういう挑発原則だったのだと、ライプニッツは言っているのだ。探究する好奇心と知とを共々にグレードアップさせること、これが彼の目指すところであり、この好奇心が、コレクションと劇場、実験とオペラ、大道芸と自動機械、そして結局また賭博宮殿へと手を広げていくのである。自動機械の合体、アクロバットたち、火喰い水呑みの芸人、いかさま賭博師とその他すべて驚異の演出者と運動者たちは、一人の例外もなく、自分たちのメカニズムを洞察せよ、把握せよ、刺激剤としてパワーアップせよ、と挑発しているのだ。観客たちも観客を賭博宮殿で観察している支配者も、参加型知という同じ要請のもとにある。配列、実演、認識という遠近法の変化が、認識手段としての劇場という酵素を醸し出す。球体、道具、模型、自動機械、実演、賭博がいわば思考の織物に結び目を作る。思考の織物は、その糸をあらゆる方向に繁茂させ、織物の見本には従わない。思いつきは「閉じ込めがたく溢れ出る」のだから、その予測不能さを推計学的に称揚しようというのだ。
　このような言語形式、議論形式にも独特のシステムがあるということは、より広く重点を拡大し認識理論を徹底していくと明らかになる。それは光学的器械、光学的効果にかかわり、「思考遊び」の補遺では影絵劇場として空想されている。このアイデアが全テクスト中もっとも輻輳する箇所だ。

IV 光と影のゲーム

1. 影絵劇場

　ライプニッツは彼の思考遊びの一連の展示物を並べていくのに、まず光学器械ラテルナ・マギカを最初にもってきた。まるで巻頭言のように。「上演はたとえばラテルナ・マギカであってもよい（これを手始めに使っても良い）」[220]。刺激源の一つであるアタナジウス・キルヒャーの『光と影のアルス・マグナ Ars Magna Lucis et Umbrae』を眺めてみよう。本書で紹介される一連の投影マシンは（図22）[221]、今日の映写機と本質的な違いは何もない。ただ光源が、電光ではなく、投影機の内部に設置された蝋燭だという点のみである。この器械が壁から距離をとって設置されると、投影された映像が音もなく暗室の壁に浮かぶのだ[222]。

[220]　AA, IV, 1, Nr. 49, S. 563, Z. 15 ; AI, 5, Z. 43.
[221]　ただし1674/75年度（?）のキルヒャー年鑑索引には載っていない（AA, VI, 3, Nr. 14, S. 210, Z. 25-S. 211, Z. 26)、しかし、ライプニッツがこの1646年に版を重ねた作品（Burda-Stengel, 2001, S. 15-27）を知らなかったとは、考えられないように思われる。この器械の歴史については：Hrabalek, 1985, S. 17-26 を参照のこと。
[222]　Stafford, 1998, S. 67f.

　ライプニッツはラテルナ・マギカの類を補足して、一連の光学的驚異を数え上げていく——人工の火[223]、暗室、アナモルフォーズ、内部から発光する彩色可動式のフィギュア、宙を飛ぶ火竜[224]、再度魔法のランタン、光学的珍品[225]。

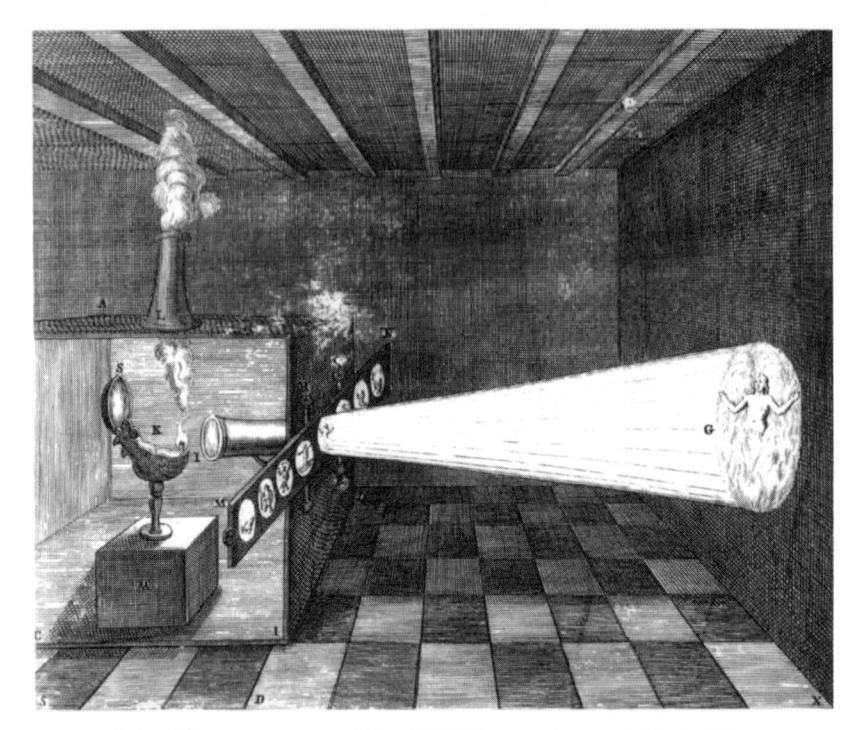

図 22. 作者不詳：ラテルナ・マギカ（銅版画）in : Kircher, 1671, S. 768

このリストはさらなる挑発へと展開する。魔法のランプによって「これまで人間が一度も経験できなかった異常にしてグロテスクな運動を見せることができよう」[(226)]、挙句に最後の補遺において、比喩ではない真正の影絵劇場でしめくくられる。

(223)　AA, IV, 1, Nr. 49, S. 563, Z. 15-18 ; AI, 5, Z. 43-44.
(224)　AA, IV, 1, Nr. 49, S. 564, Z. 7, 10f., 26 ; AI, 5, Z. 73, 76-77, 94.
(225)　AA, IV, 1, Nr. 49, S. 565, Z. 2f., 17 ; AI, 5, Z. 106, 122.
(226)　AA, IV, 1, Nr. 49, S. 564, Z. 13f. ; AI, 5, Z. 80.

「これに影絵を加えてはどうか。もしくは階段状劇場を。観客側のエンドには光と小さな木製フィギュアを据える。これらは背後に光源を置いて、光を透過する紙上に影を落とすようにする。こうやれば紙上の影は大きく映すことが

IV 光と影のゲーム

でき強い印象を与えるだろう。しかし影像が全て一つの平面に並んでしまわないよう、遠近法によって影の大きさを演出するとよいだろう。フィギュアは縁から中央へと移動させるなら、まるで後ろから手前へとやって来るかのような印象を起こすだろう。フィギュアは光からの距離を減ずるほどに、どんどん大きくなるだろう。このことは簡単にやってみることができるはずだ。眼も覚めるようなメタモルフォーズや、決死の跳躍、飛翔。魔女キルケーが舞台を地獄に変えるところも。そうして一撃ですべてが暗転。それには同じスクリーンが再度役に立つだろう。小さな可動式木製フィギュアの近くの明かり以外すべてを消してしまうことによって。この残しておいた明かりは魔法のランプの助けで、賞賛すべく美しい可動式のフィギュア、同じ遠近法に従ったフィギュアの姿を、スクリーンに映し出すことだろう。こうしたすべてが舞台裏の一つの歌を伴って進行するのだ。小さなフィギュアは下方から、あるいは自分の足元から操作され、これらを動かすものが何であれ、観客には見えないようにやることが肝要。歌と音楽はすべての進行に伴うように」[227]。

(227) AA, IV, I, Nr, 49, S. 567, Z. 31, S. 568, Z. 12 ; AI, 5, Z. 218-235.

ライプニッツは芸術家や数学者の実践からこうした影絵劇場の刺激を得たのであるが、彼らの視覚観は、眼と対象物の間に光線が仲介するというものだった。点の形態をした対象から視光線が眼に届き、見られる対象が一点を経て発されるところでは、光線の束が瞳の虹彩に達する。更なる考察を決定づけたのは、この光の束に四角い枠を差し挟むと、このフレームと眼の間にいわゆる「視覚のピラミッド」ができあがる。その背後に更に広がる空間は四角い平面への投影を可能にする、この方法こそレオン・バッティスタ・アルベルティの立てた遠近法論である[228]。アルベルティの規則によって仕上げられた絵画[229]が、まさに教育的明晰さで強調したのも、この「窓」[230]こそ絵画を規定する方形であるということだった。

(228) Alberti, De Pictura, 19f., In : 同 2000, S. 224-229.
(229) この絵画については:Architekturmodelle, 1995, S. 199f.
(230) Alberti, De Pictura, 19, in : 同 2000, S. 224/225.

2. 光の運び手としての影

　ライプニッツがなかんずく遠近法規則に強い印象を受けたのは、投光と投影が同じ数学的法則にしたがって機能したという点である。1500年過ぎに描かれたレオナルド・ダ・ヴィンチ派の素描では（図23）、蝋燭の姿で光源が示され、その光線とテーブルに据えられたフィギュアの影とが、同室する人物たちの影と共に、壁に映し出されている[231]。部屋が照らされ、光源が眼によって置き換えられると、壁に向かって引かれる投影線は、視光線の線に変ずるだろう。素描が試みているのは、視と投影とが同じ規則にしたがって発生するということの探究である[232]。

(231) The Pierpont Morgan Library ; New York ; Stoichita, 1999, S. 65.
(232) これについては以下を参照のこと：Da Costa Kaufmann, 1975.

　この現象が明らかであればこそ、ライプニッツがそれをことさら強調したと

図23. レオナルド・ダ・ヴィンチ（派）によるデッサン（1500年以降）：投影研究。The Pierpont Morgan Library, New York 所蔵。

いうことはそれだけ一層意義深いのである。「思考遊び」の5年後、ライプニッツは投影規則についても遠近法の法則を読むことができると主張したのだ。「われわれが眼の位置に光源を、対象の位置に光を透過しない身体を置き、投光する代わりに投影するならば、影についての教説は遠近法の裏返しそのものであり、帰結である」[233]。

(233) Leibniz Préceptes in : 同 1992, Schriften, Bd. IV, S. 120.

視と投影の一致する規則を使って、ライプニッツは絵画の基本神話に言及している。画家の合言葉を一言でまとめれば、「線もて描かざる日なし（nulla dies sine linea）」。これは芸術家が自己定義するモットーとして愛用されてきた[234]。1633年マドリッドで公刊されたヴィチェンテ・カルドゥチョの絵画論『絵画の対話 Dialogos de la Pintura』の銅版画は、1本の筆がタブラ・ラサに触れている図を見せているが、銘文にいわく、「あらゆる形を一筆にて描いて候」というわけだ（図24）。筆先はぶれるような影の線を左下方へ落としている。さながら絵画は己の影の再現なりと示唆するかのように[235]。

(234) Plinius. Naturalis historia, XXXV, 84 (S. 66)；以下を参照のこと. Stoichita, 1999, S. 95.
(235) Stoichita, 1999, S. 95-97. 線の機能についてはプリニウスもこう言っている：「皆の口を揃えて言うことには、人の影は線もてなぞられたのである」（Plinius, XXXV, 15, S. 20/21）.

図24. ヴィチェンテ・カルドゥチョ：タブラ・ラサ（銅版画）in：Carducho, 1633, 末尾絵

ライプニッツが影絵劇場プロジェクトを含む「思考遊び」を書き付けた年に、ヨアヒム・ザンドラルトの『栄えある建築術、造形術、絵画術のドイツ・アカデミー Teutsche Academie der edlen Bau-, Bild- und Mahlerey-Künste』第1巻が登場しているが、これには2葉の銅版画があって、絵画誕生の伝説を図解しようという（図25）。上の1枚は羊飼いが牧歌風景のさなか、高く昇った太陽による自分の影を牧童の杖でなぞり始めている姿が見える。どうやら求める起源を明瞭にするためなのだろうが、杖は、クインティリアヌスに帰せられる絵画誕生理論[(236)]が要求するのとは違って、輪郭線上には置かれていないよう

図25. ヨアヒム・フォン・ザンドラルト：絵画の発明（銅版画）in : Sandrart, 1994 [1675], I, II. Teil, Abb. B, S. 2/3

である。一方、下方のイラストはプリニウスの絵画理論を正確に移し変えながら、ライプニッツが眼において認めた光の仕組みと法則の人為的利用を示している。投光機から光線の束がディウターデスの娘にあたり、娘は恋人のシルエットを筆でなぞって、彼の不在にも彼の姿をそこにとどめようという[237]。遠近法と投影は同じ法則に従うというライプニッツの発言は、同時代に提供される銅版画の場面を範例として明らかとなるのだ。

(236) Quintilian Institutio oratoria X, II, 7［1974, S. 70/71］; Sandrart, 1994, I, II, S. 2.
(237) Plinius, XXXV, XLIII, 151（S. 108/109）; Sandrart, 1994, I, II. Teil, S. 3 ; 以下を参照のこと：Stoichita, 1999, S. 125f. および Preimesberger, 1999, S. 120ff.

影を賛美する態度には、影が独立した生活を送っているように見えたことも与って力があった。遠近法が影に規則を見出したからといって、不気味なドッペルゲンガーを生み出す影という性格が消滅することにはならなかった。彫刻家にして素描家バッチオ・バンディネリの芸術アカデミーのためにアゴスティーノ・ヴェネツィアーノが付けた銅版画（図26）では、生徒たちが蝋燭の明かりで小さなブロンズ像のスケッチにふけっているが、一方、壁の棚に置かれた彫像群は遠近法的に影を拡大されて、独立した共同体を形成している、そのさま、まるで一見死んでいる対象物の内部に光が生命を呼び出したかのようではないか[238]。

(238) Stoichita, 1999, S. 127.

一方、ヤン・サーンレーダムが1604年にプラトンの洞窟比喩を翻訳しているが、こちらは影を落とす群像の役割の方を強調する（図27）[239]。すべてはひとえにこれらの像を照らす照明次第であり、像の作る影を人間は世界の表面として感覚し、そのかぎりで擁護する。この場を支配しているのは、目を眩ませる人工の太陽であるが、明るませる本物の太陽は一過性で彼岸のことのようである。この銅版画ほど、投影のシャープさと反射力が鮮やかに一場を構成している図は珍しいだろう。しかもこれをその投影テクニックへの批判に利用しようというのだ。壁に投影された影世界は感覚が自由ではないことを示し、眼眩まし手段は、像から影を生み出す力と成り果てている。それはまるで一人の芸術家が世界の影化を批判し、いわば眼眩ましを可能にする手段を批判するこ

図26. アゴスティーノ・ヴェネツィアーノ：バッチオ・バンディネリのアカデミー（銅版画）1531, Metropolitan Museum of Art, New York

とを誇示しているようなものである。この銅版画はプラトンの洞窟が眼を眩ませる器械であることを示しているが、その示し方はきわめて示唆的で、この洞窟器械は足下で丁々と続くあらゆる議論を超越しているように描かれている。芸術家が影絵劇場の効力を強調するのは、哲学的イメージ批判の媒体としてなのである。

(239) Gaiser 1985, S. 42-44 Gombrich 1996, S. 19f ; Die Masken der Schönheit, 2002, S. 166f.

同じ1604年のジャック・ド・ヘイン（1565-1629）の素描も似たような特徴を示しているが、描かれているものは嫌悪を惹き起こさずにはいなかった

IV 光と影のゲーム 75

図27. ヤン・サーンレーダムの銅版画（1604）、コルネリス・コルネリスの絵画に基づく：プラトンの洞窟

（図28）[(240)]。この1葉は三人の魔女を描いており、アーチの下には死体の残骸を散らしてある。真ん中には切開された死体に触れそうなほど低くランプが下がり、右のほうで前かがみの人物が前方に伸ばした手は、影を大きく引き伸ばされている。その腕の投げかける影は、単に指差す身振り以上に、空間を支配する掌握身振りに変じている。影は本人が意図したのとは別の身振りを演じているわけだ。影は壁に作り出す地獄世界の自律したエイジェントとなる。

(240)　Stoichita, 1999, S. 133.

ライプニッツはサーンレーダムの投影劇場をド・ヘインの影／魔物と結合させる。彼の意図は、画家にして遠近法学者サミュエル・ファン・ホーホストラーテンによって1678年アムステルダムにてオランダ語で出版された『造形術の高等学校入門』のイラストをなぞることである。そこに描かれたのは影絵

図28. ジャック・ド・ヘインⅡ：隠し金を探す三人の魔女（ペンと水彩）1604, Oxford, Ashmolean Museum

劇場（schaduwendans）の発明で、銅版画にヴィジュアル化されている（図29）[241]。ホーホストラーテンの影絵劇場においてサチュルヌスに扮し影絵ダンスを踊っている造形科学生は、巨人のように拡大されてスクリーンに投影され、悪魔へと変身している。これに対し左壁の輪舞は浮遊するプットオたちといっしょに対抗グループを形成している。それゆえここでは地獄に対する天国が設定されているのだろうと想像されるのである[242]。そうすれば闇の領域は、お定まりながら、より一層の魅力を発することになる。

(241) Brusati, 1995, S. 90, 193-199, Stoichita, 1999. S. 129, および Czech, 2002, S. 252.
(242) Stoichita, 1999, S, 129f.

けれども劇的効果だけが問題なのではない。ライプニッツ同様ホーホストラーテンにとっても、観客を安閑とさせてはいけない、無関心から引っ張り出して五官を高度に緊張させ思考を促さねばならない。影絵劇場の演者たちが光源へ近づいたり、遠ざかったりするたびに、投影スクリーンの反対側にいる観

Ⅳ　光と影のゲーム　77

図 29.　サミュエル・ファン・ホーホストラーテン：影絵劇場（銅版画）1678, in：Hoogstraten, 1678, S. 260

客にとってそれらはディメンジョンの変化として映るのである。

　ホーホストラーテンの影絵劇場はユークリッドの第 8 テーゼにかかわる。それによると、対象が感知されるときのその大きさは、それが眼に入る角度に応じてプロポーションを決定されるので、舞台上にはフィギュア登場の際の角度計測ができるよう 90 度分度器が設置されている。ライプニッツは見ることと投影することの反転を語っていたが、この現象では、舞台上の光源は、三角形の辺の角度を決める眼のことであり、投影されたフィギュアの視光線が虹彩に収斂する眼のことでもある。舞台の上では影が下辺となって投影壁へと走っているが、投影されるフィギュアの一番高いところへと床からの角度が開いていく。床と投影壁によってできる直角の影の折り曲がりは、アナモルフォーズ（歪像）効果を添えるものである[243]。

(243)　Brusati, 1995, S. 194.

ホーホストラーテンの銅版画には、右の縁では床に向かって大きく垂れたカーテンをそっと寄せて、舞台の見えない場面をのぞきこむ観客がひとり描かれている。カーテンを寄せたせいで斜めの隙間ができており、観客席の様子、明かりが落としてある様子が認められる。この薄明りについては、ライプニッツも導入部で同じ光景にふれている。すなわち、役者が「自分の影を透過性の紙に落とし、その反対側にも同様に明かりがある」[(244)]。ライプニッツは、しかしながら、もう一歩先を見ている。この観客席のさしあたって弱められた光を、投影効果アップと投影の光学的規則を決定するために、完全に消すこと。「そうして一撃ですべてが暗転。それには同じスクリーンが再度役に立つだろう。小さな可動式木製フィギュアの近くの明かり以外すべてを消してしまうことによって。この残しておいた明かりは魔法のランプの助けで、賞賛すべく美しい可動式のフィギュアの姿を、同じ遠近法に従ったフィギュアの姿を、スクリーンに映し出すことだろう。こうしたすべてが舞台裏の一つの歌を伴って進行するのだ」[(245)]。

(244) AA, IV, 1, Nr. 49, S. 567, Z. 33f.；AI, 5, Z. 220-221.
(245) AA, IV, 1, Nr. 49, S. 568, Z. 5-10；AI, 5, Z. 228-235.

「思考遊び」の終わりに、視と投影とが同じ法則によって解明できるという認識が記されているが、それは驚異の影絵劇場が観客に集中心を高めさせ省察へと促すことができるからである。最後に、共感覚的に影の動きに音楽がつけられて、遠近法法則、投影法則、調和法則の完全な一致が完成する。

3. 葛藤を起こす遠近法の力

影絵劇場のコンセプトをライプニッツは、自身の幾何学的遠近法研究でも適用を試みている。こういうことについてはパリほどふさわしい場はなかった。影の遠近法について異論百出の議論が行われていたのが、パリなのだ[(246)]。ライプニッツの目当てはフランス人数学者、幾何学者ジラール・デサルグの著作だった[(247)]。ライプニッツはこのテクストを見つけようと努力したのだがうまくいかず、結局、アブラハム・ボッスを彼の主要典拠とした。1602年トゥール生まれ、ジャック・カロの弟子であるボッスは、遠近法術の卓越した才能の

おかげで、1649年パリの芸術アカデミーに招請されていた。ボスはデサルグの思索を分かりやすい形に移そうとし、部分的には印刷物とした[248]。ライプニッツの余白メモから分かるのだが、ボスの仕事はそれほど彼を納得させていない。にもかかわらず、自分の遠近法の著作に活用している[249]。1701年になってもなお彼は、いかに「有用なる科学」、なかんずく数学と物理学をもっともよく学ぶことができるか、という序文でボスをお手本として引用している。「デサルグの遠近法、ボスによる」と[250]。

(246) Da Costa Kaufmann, 1975, S. 283ff.
(247) Field und Gray, 1984 ; Field, 1997.
(248) Bosse, 1648 ; これについては以下を参照のこと： Echeverría, 1983, S. 193ff. ; 同 1994, S. 289f. ; Desargues については： Kemp, 1984, S. 123ff ; Field, 1997, S. 192-214, 特に220-224 ; アカデミーにおけるボスの紛糾の多いポジションについては以下を参照のこと： Heinich, 1983 ; Germer, 1997, S. 121ff., Duro, 1997, S. 168-180, McTighe, 1998, S. 6f., 22.
(249) 「彼は独自の発明を行ってはいないが、解読の驚きという美質がある」（以下に拠る：Echeverría, 1983, S.195 ; 同, 1994, S. 290 を参照のこと）。
(250) Tschirnhaus 宛書簡（1701年4月17日）in : Leibniz, 1899, Nr. XL, S. 514. 以下を参照のこと：Echeverría, 1983, S. 197f.

ライプニッツはボスの遠近法図を使用することで一つの問題にぶつかる。それはトーマス・ホッブスがボスに『リヴァイアサン』の扉絵を注文したときに起こった問題だった[251]。1651年に出版されたホッブスのテクストは、国家学たる「幾何学にならって more geometrico」理論化し、概念説明、公準、公理、証明といった必然の経過を見せてあらゆる利害から自由な議論をエウクリデスの『エレメンタ』のモデルに従って展開しようというのである。『リヴァイアサン』に掲げられた扉絵（図30）は、地平線にそびえる国家巨人を示しているが、その身体は数百もの人間から形成され、本文同様の複合したメッセージを送っている。近代の国家学を創始するこの論文は、幾何学と言語を協働させるにも絵の力に頼るので、扉絵の示すことごとくのニュアンス、とくにそのスタイルが独自の発信力を発揮した。ボスの銅版画は明晰で、銅版画特有の透明な鋭さを示しており、科学探究のために動物死体を再現するときでさえ、それは金属製品のように見えたほどだ[252]。ボスを選んだというこ

図30. アブラハム・ボッス：リヴァイアサン（銅版画）1651, in : Hobbes, 1651, 扉絵

とは、輪郭の鋭い線描でテクストの幾何学的方法に対処できる芸術家をホッブスが選んだということを意味した。
(251) Bredekamp, 1999, S. 39ff.
(252) Villa, 1967, Abb. 32.

ボッスが**リヴァイアサン**図制作に適任だったのは、ボッスもまたホッブスと同じ光学的実験を行っていたからである。ホッブスとボッスが活動したパリのサロンにおいて公開された影像は輻輳して一見意味不明であるものが、多焦点に磨かれたレンズを透過するとそのばらばらの群像が専制君主の肖像を結ぶのである。この反転こそホッブスが国家創設モデルとして適用したものである。このモデルでは、個々人の充満がおのずからリヴァイアサンという国家巨人を生み出していく。ホッブスにとって政治理論は光学器械であり、この器械を介

すると、個々人の利益を散乱させる遠近法が、死ぬ定めの神リヴァイアサンというより高い全体へと結像していくのである[253]。

(253) Bredekamp, 1999, S, 83-94.

　たとえばボスの「絵画ギャラリー」は、際立って大胆な、且つそれだけ一層精緻な消失線を使っているが、まさにこのボスの遠近法術こそ（図31）、政治表象の問題なのだ。ボスは祈る姿のルイ13世をモザイク模様の床にひざまずかせ、まるでチェスのフィギュアのように描いてみせる（図32）。それが彼を絶対主義芸術政策との葛藤の渦中に巻き込むことになるのだ[254]。数学的に正確な遠近法を芸術の修練と評価の基準として貫徹しようとする彼の意図は、芸術アカデミー長シャルル・ル・ブリュンのスタイルの対極にある。ボスが明晰さによってルイ13世を際立たせたのに対して、アカデミー長はルイ14世像をその対抗モデルとして提示した（図33）[255]。ル・ブリュンの肖像は輪郭線や立体的空間形成を基礎にしているのではなく、ちらちら光る幻影を基

図31.　アブラハム・ボス：絵画ギャラリー in : Villa, 1967, 図39

図32.　アブラハム・ボス：ルイ13世 in : Villa, 1967, 図40

図33. シヤルル・ル・ブリュン：ルイ14世アポテオーゼ（素描）Wien, Albertina

礎にしている。これは例の「人の手－に－依らざる－礼拝画」の伝統の中にあり、したがってイコンふうに見えるよう努めるのだ。こういう描法は、経験を超越したイメージと君主の身体・任務とを等置するやり方、1663年にアンドレ・フェリビアンが完成した等置法と一致していた[256]。ボッスは、絵を見れば分かることだが、これとは相容れず、同じ年、絵画の教職を解かれることになる。

(254)　McTighe, 1998 ; Duro, 1997.
(255)　Knab und Widauer, 1993, Nr. F357 ; および以下を参照のこと：Beauvais, 2000, I, S.658, Nr. 2304, Krieg der Bilder, 1997, S. 108f. アカデミーにおけるル・ブリュンの支配的役割については以下を参照： Held, 2001 ; 以下を参照：die Kritik von Krause, 2003. ル・ブリュンの描法の政治効果については以下を参照：Kirchner 2001.
(256)　Felibien, 1663 ; 以下を参照. Germer, 1997.

数学的に構成された絵画空間の評価をめぐる論争は、それゆえ芸術の様式・

序列の争いにとどまらない。芸術の数学的根拠付けの彼岸にあるル・ブリュンの「ぼかし法 sfumato」とボスの遠近法の明快な線描との間には差があり、君主の権力をイメージで根拠付けようとすれば、両者は対角線のコンセプトとして際立つことになる。ボスが芸術アカデミーと悶着を起こすに至った理由は、ホッブスにとってはリヴァイアサンの表象にボスを選ぶ理由となる必然だった。つまり、ホッブスが宣伝する政治世界のあの幾何学化は、芸術の全領域の代表としてボスを必要としたのである。

4. 円を描く切断面、旋回する円錐

　王権の表象をめぐるもめごとこそホッブスがボスに関心を抱くようになった理由である。それは芸術家の資質の問題であり、ライプニッツがボスに魅力を覚えたのもまた同じ理由だった。ホッブスの君主観はただ多焦点レンズによってのみ適正に見えてくるのに対し、ライプニッツとなるとこれが普遍宇宙に変じ、偏在する神の眼に達するようなのである。光学的遊びと光学的劇場に関する彼の分析は、この宇宙の規模を眼で測る練習である。

　ライプニッツの実験媒体は円錐だった。芸術家は修練のために円錐を利用する。鋭い光線は遠近法的にどのような影で円錐を切るのか。ニコラ・プサンはアトリエ・スケッチの中で、場面左の低いテーブルの前に一人の若い画家を描いているが、そのテーブルの上には、球体、円錐、円筒、三角柱が置かれている（図34）[257]。プサンは1640年、光と影の問題に没頭した画家マッテオ・ツァッコリーニの草稿「光を通さない直線物体の投げかける影の描法」を研究しており[258]、数々のイラストの中には、これら円錐がいかに使われたかを示す一葉がある（図35）[259]。一つの光源が立方体の上面を照らすと、その結果、円錐の表面に想定断面のような影が際立ってくる。そのとき、当該のテクストが注解する例の楕円形が現れるのである[260]。

(257)　Cropper, 1980, S. 571 ; Rosenberg und Prat, 1994, Bd. I, Nr. 292, S. 566f.
(258)　Cropper, 1980, S. 573.
(259)　Cropper, 1980, S. 577.
(260)　Cropper, 1980, S. 575.

図 34. ニコラ・プサン：アトリエ（セピアインクのペン画）ca. 1646-1650, Kopie, St. Petersburg, Eremitage

図 35. マッテオ・ツァッコリーニの円錐スケッチ, in : Zaccolini, Della descrittione dell'ombre, Florenz, Biblioteca Laurenziana, MS Ashb. 1212, iv, Bl. 30r

IV　光と影のゲーム　85

　デサルグの場合も似ている。彼は目と円形の間に形成される円錐を、眼と円錐の中心点との間に走る軸線に沿って垂直に断面を取っている。その結果は、もちろん驚くことはなにもなく、円形が生じるだけである。新しい点は、彼が双曲線、放物線、楕円を円形の遠近法的あらわれであると理解していることである。

　両端のオープンになった曲線でさえ、円形の遠近法的表象と見なされるということは、ばかげて見えた。しかしデサルグは、円錐とは放物線の両端が楕円形となって閉じる無限の物体であると定義することによって、曲線と遠近法の間に関連を作り出すのである。同じ前提のもとに彼は直線を無限半径の円形、あるいは先端の無限遠な円錐としての円筒と見なしたのだ。円錐の内部ではダイナミックに旋回する断面の表面が、様々なカーブの絡まり合いを発生させた[261]。

(261)　Le Goff, 2001, S. 25-27；以下を参照：Le Goff, 1994.

　ブレーズ・パスカルの今日では失われた円錐断面についての著作『円錐曲線試論 Traité des coniques』と、同じくオープンな曲線は遠近法的には円形と評価されるという結論に達したテクストと、二つながらライプニッツは研究していた。パスカルの著作に付したライプニッツの注釈によれば、幾何学ではあらゆる方法論は、「様々な対象を同一の状況で同時に把捉する」ことに帰する。これが達成可能であるとすれば、それは一つのフィギュ（像）が様々な方向から感知されることによるか、もしくは円錐が「運動によっても変身によっても姿を顕す」ことによる。これは影絵芝居とあらゆる種類の遠近法的投影に関する注釈の場合と同じ結論である。「運動でも変身でも、現象の変化、あるいはまたフィギュアの光学的変形こそ、きわめて有用なことに拠り所となる」。円錐はこれによって常数となり、より高度の観察可能性を開くことになるだろう[262]。

(262)　（ラテン語原文）„Omnis in Geometricis ope situs inveniendi ratio, ideoque sine calcul lura simul eodem situ complectamur ; quod fit, tum ope figurae cujusdam plures includentis, ubi usus solidorum patet ; tum ope motus, sive mutationis. Porro, ex motibus et mutationibus lissime videtur adhiberi mutatio apparentiae, seu optica figurarum transformatio' vidend ultra conum ad altiora quoque assurgere" (LH, Abt. 35, Bd. 15, Bl. 12・引用は以下による：Costabel, 1962, S. 259；以下を参照：Echeverría, 1983, S. 192).

これが「思考遊び」の影絵劇場と関係していることは明白である。そこでは、フィギュアが光源への参照指示性格を失うことなしに持続的なメタモルフォーゼを形成していた。ライプニッツは紙製円筒を投影スクリーンとして想定しており、二つの未刊のテクスト「遠近法の科学 Scientia Perspectiva」と「遠近法の起源 Origo Regularum Artis Perspectivae」において遠近法の科学を打ちたてようとした。そこでは遠近法の線分を投影する平面は、平板であったり、凹面、凸面、あるいは混合した形でもいいのだ[263]。

(263) Echeverría, 1983, S. 199f.

様々に投影してみるこういう戯れの実験こそライプニッツにとって「思考遊び」の最高の沸点だった。影絵劇場が思考遊びの頂点をなすとすれば、それは、影絵劇場が自然科学と遊びとを結びつけ、知識欲を娯楽の形に、光学を芸術に結合させるよう刺激するからである。1675年9月、一瞬のオイフォリー。これのみがライプニッツに、賭博的娯楽的研究のユートピア、文字通り限界を知らぬ認識のユートピアを、コンセプトにとどまらず次々と具体化してみることを許したのだ。1675年9月の「思考遊び」は、研究のアーカイヴ化、見せ方、娯楽の、またとない総括的展開を繰り広げる。その研究は一見無計画に変数化しながらも、永遠の遠近法転換を原理にまで昇格させていく。このテクストは、のちのあらゆる考察が、ミュージアム、劇場、アカデミーへと転換する隠然たるターニング・ポイントとなっているのだ。

V 数学的計算

1. アナモルフォーズ

　射影計算においてライプニッツの見据えていたことは、1688年起草と思われる自然科学研究システム化のテクストをまって、まさに霹靂のごとくに明らかとなる。そのマルジナリアにはこう公理化してあった。「平面図は無限に多数の立面図を Ichnographie unendlich viele Scenographien」持っている[264]。

(264) （手稿原文）„Quemadmodum una ichnographia infnita <s> habet sce <nographi- as>" (AA, VI, 4, B, Nr. 312, S. 1618. Anm. 2). この概念については以下を参照のこと：Serres, 1966, S. 7ff.; Schepers, 2002, S. 107.

　概念操作に当たってライプニッツは二つの建築用語を転用している。「イクノグラフィア」、これをウィトルウィウスは建築術の議論の中で明快な平面図の形をとった変形せず歪みもない建築設計図と定義し、それに対し「スケノグラフィア」は建築物を直線に並べた側面投影を伴った遠近法的前景のことを表すものとした[265]。しかしながらイエズス会派哲学者、数学者、神学者であるバルトロメウス・ド・ボス宛の手紙で明らかなように、ライプニッツはこのふたつのウィトルウィウス概念について、平面図と遠近法による完成図の区別を厳密にはしないまま、平面図的明徴さと遠近法的歪像という比喩の使い方をしたのであった。

(265) Vitruv, 1996, I, II, 2 (S. 36-39).

1712年の覚書は、すべての現象が変転し不確定であることの定義から始まる。「もし物体が現象であるのなら、そしてわれわれの現れ方から判断されるものであるのなら、物体はリアルではないだろう。なぜならそれは別の者には別の現れ方をするのだから」(266)。こうしたプラトンの影絵批判を想起させるアプローチは、種々の現れ方の集合である世界に対して根底的拒否を意味しかねない。つまり、人の目に映るものはリアルとは言いかねるので、本当の認識に達するには別の手段を講じなければならない。ところが、現れ方が種々に変わっていくことこそ、ライプニッツに反対の結論を引き出させる。「であればこそ、物体、空間、運動、時間のリアリティは、本質的に、それが神の現象であるという点、あるいは視の科学の対象であるという点に存在するように思われる」(267)。物体、空間、運動、時間といったこの世のあらゆる形態は、決していかがわしい詐欺師の眼くらましではなく、神のエマナツィオン（流出）なのだ。このエマナツィオンこそ、科学としての光学にふさわしい対象なのである。

(266)　（手稿原文）„Si corpora sunt phaenomena et ex nostris apparentiis aestimantur non erunt reali, quia aliter aliis appareant" (Leibniz, 1875-1890, Bd. II, S. 438 ; ドイツ語訳は以下による：Widmaier, 1983, S. 828).

(267)　（手稿原文）„Itaque realitas corporum, spatii, motus, temporis videtur consistere in eo ut sint phaenomena Dei, seu objectum scientiae visionis" (Leibniz, 1875-1890. Bd. II, S. 438 ; ドイツ語訳は以下による：Widmaier, 1983, S. 828).

　「スケノグラフィア」と「イクノグラフィア」の定義には、神の遠近法と人間の遠近法の違いがある。「われわれに対する物体の現れ方、神に対する物体の現れ方には、いわば『スケノグラフィア』と『イクノグラフィア』のような違いがある。すなわち見る者の位置に応じて多数の『スケノグラフィア』が存するが、『イクノグラフィア』、あるいは幾何学的表象は、ただ一つ」(268)。神が歪みなく見るところ、人間は個々人の遠近法に応じて数かぎりないアナモルフォーズ（歪像）として事物を見る(269)。ライプニッツはこれを、その十年前、一つの「イクノグラフィア」には無限に多数の「スケノグラフィア」が対応すると、適切にまとめていた。

(268)　（手稿原文）„Et inter corporum apparitionem erga nos et apparitionem erga

Deum discrimen est quodammodo quod inter scenographiam et ichnographiam"
(Leibniz, 1875-1890, Bd. II, S. 438；ドイツ語訳は以下による：Widmaier, 1983, S. 828).
(269) アナモルフォーズの歴史については以下を参照のこと：Baltrusaitis, 1996, および近年の Schäffner, 2003.

こうした論考にキー・モデルを提供したものが何か、「思考遊び」最終部は明らかにしている。ホーホストラーテンの銅版画（図29）にあるような同時代の影絵劇場が、それである。ライプニッツの思考が狙っているのは、「ある（視角）から見ると特別な状態を見せ、別の視角から見るとまったく違って見える絵」、アナモルフォーズふうの絵画を自分の展覧プロジェクトへと組み込むことだった[270]。ライプニッツによれば、「斜めの」パースペクティヴは歪像化した世界のヴィジュアルな比喩である。サムエル・クラークとの対決ではまだ、天体の本質を明らかにしようというのなら、しかるべき視点から解明されるだろうと主張されていた。地上から見れば星辰の運動は混乱に満ちたものであるが、それに対し太陽から見るならば「素晴らしく整除された姿を現すだろう」。まさしくそれは「風景再現画（プロスペクト）をもっとも良く認識できるのは、ある一点からのみである」ことに相応している[271]。

(270) AA, IV, 1, Nr. 49, S. 564, Z. 7f.；AI, 5, Z. 73-74.
(271) Leibniz, 1924. Bd. 2, S. 181f.

最初はアナモルフォーズと感じられる世界も「視の科学の対象」[272]とされるなら、ライプニッツにとっては醜悪も恐怖も「スケノグラフィア」的眼差しから生じるだけのこと、克服可能なのだった。遠近法の解明とは、ライプニッツが『弁神論』で強調したように、世界はあらゆる可能界の最上のものであるという認識のことを言っている。「しかし神は奇跡の巧みをもってこの小さな世界のあらゆる欠点を大きな世界のより大きな華として飾るのである。これこそは、ただしい視角から、あるいはある種のレンズ、もしくは鏡を通して眺めることにいたるまで、いくつかの美しい素描をまったく混乱したものに見させる、かの遠近法の発明にほかならない。美しい素描はただしく据えられる、あるいはしかるべく使用されて初めて、部屋の飾りとすることができる。同じく、われわれの小さな世界の見かけ上の醜さは大きな世界では美と一体なのであ

り、われらの世界は、無限に完璧な普遍原理が一つであることに対立する何ものも含んではいない」[273]。

(272) （手稿原文）„Objectum scientiae visionis" (Leibniz, 1875-1890, Bd. II, S. 438 ; Holze, 2001, S. 522).
(273) Essais de Théodicée. §147, in : Leibniz, 1985, Bd. II/1, S. 459-461.

スケノグラフィアと区別され、自分の視覚の歪みを光学的認識理論的に意識化し超克することを目指す遠近法は、それゆえ、一つの目標があるのであって、これはなるほど決して完全には到達できないにせよ、だからといって好き勝手というわけではないのだ。この思想をライプニッツは『モナドロジー』の遠近法パラグラフで様々な都市景観図（ヴェドゥーテン）を例に繰り返し展開した。「同一の都市が様々な方面から眺めるとまったく相貌を変え、いわば遠近法的に多様な現れ方を見せるように、単一な物質の無限の多様さの結果、同様に多数の宇宙が存在することになり、この多数の宇宙はしかしながら個々のモナドの様々な視点に応じて出来たただ一つの遠近法の様々な遠近法にすぎない」[274]。ここでもライプニッツが述べようとするのは、個々別々の視界がただ無限にある可能性のうちの一つである、このことである。ここから影絵劇場のときのように、様々な見方が全体眺望の個々に限定された部分であると規定する必然性が生じる。ライプニッツの遠近法主義は決して解明さるべき真実を相対化するのではなく、個別の視点の相対化を目指すものである[275]。ライプニッツにとって遠近法の規則がアナモルフォーズ的歪みを数学的計算によって正しい視軸へ戻す手段を提供したとすれば、これはまたあらゆる可能界の最善であると解したことを意味する。

(274) Monadologie, §57, in : Leibniz, 1998, S. 41-43. モナド説遠近法については以下を参照のこと ; Graumann, 1960, S. 33-35、及び Pape, 1994, S. 573-579.
(275) Holze, 2001, S. 518. ドゥルーズは適切にこう定式化した。ライプニッツは遠近法的相対主義を、「主体それぞれに応じた真理の変奏などではなく」、「主体にとって変奏の真理が現れる条件」と解したのだと (Deleuze, 1995, S. 37).

対照的に、神は歪みを必要としない。なぜなら神はライプニッツが先ほどのボス宛の手紙の中で明言するところの世界を、すなわち個々別々の対象の「イ

クノグラフィア」を、正真正銘、平面図の上に認めるのであるから。神はあらゆる対象をいわば正面遠近法によって眺めることができる。と同時に、あらゆる可能な遠近法をも占有することができ、そのことで遠近法同士の関係を決定することもできた。「イクノグラフィア」を介して神が見るのは「個々のモナド、及び、一つひとつのモナドの変形にとどまらず、それらの関係」[(276)]である。神の眼差し、それは遠近法総体を超えてモナド間の関係をあたかもイクノグラフィア（平面図）を介するかのように眺め、そのことによって創造の究極の性格を表象する。ライプニッツがデサルグにならって訓練した円錐断面についての考察もまた、こうした神の眼差しを再構成することに究極の定義があるのだ。円錐の断面は、円、楕円、放物線、双曲線といった様々な形を、それどころか直線や点にまで変形して、一瞥では結合困難であるものの、これらの断面は、ライプニッツが『弁神論』で詳説したように、適切な見方をすれば「あらゆる点があらゆる点に対して一定の関係を」とるのだということを証明しているのだ。「それゆえ容認せねばなるまい。個々別々の魂はそれぞれの視点の下に、そして自分に固有の状態に従って、宇宙を想像するということを。にもかかわらず完璧な調和は常に存するのだ」[(277)]。

(276)　（手稿原文）„Porro Deus non tantum singulas monades et cujuscunque Monadis modificationes spectat, sed etiam earum relationes" (Leibniz, 1875-1890, Bd. II, S. 438；ドイツ語訳は以下による：Widmaier, 1983, S. 828；以下も参照のこと：Holze, 2001, S. 522. ライプニッツはここでは明らかにコメニウスの汎知カテゴリーを利用している；以下を参照のこと：Mahnke, 1931/32. Bd. 22, S.64).

(277)　Essais de Théodicée, §357, in : Leibniz, 1985, Bd. II/2, Théodicée, S. 174；ドイツ語訳は：S. 175.

すなわち、ライプニッツの苦心の中心に神の眼のダイナミックな幾何学が存在する。神の両眼は、対象と投影平面からは無限遠に存在するとともに、対象と投影平面を分かたない近接にも存在する[(278)]。これに応じているのが、『形而上学序説 Discours de Metaphysique』に記述された神の能力、眼前の物象すべてをあらゆる側面から見えるようにするという能力である。「というのも、神は自分の絶大さの啓示のために持ち出そうと考える諸現象のいわば普遍システムを、あらゆる方面へ、あらゆるやり方で適用し、そうして世界の全側面をあらゆる可能なやり方で、神は見る。なぜなら、神の全知を逃れるいかなる事

象もないのだから」⁽²⁷⁹⁾。

(278) Echeverría, 1983, S. 199-201. 幾何学については：Knobloch, 1999, Streifzug. S, 215. 221f を参照のこと。
(279) AA. VI, 4, B. Nr. 306, S. 1549, Z. 19-S. 1550, ドイツ語訳は以下による：Leibniz, 1955. S. 358；以下を参照のこと Widmaier 1983 S. 829.

　これらすべては「思考遊び」の影絵劇場にすでに組み込まれてあった。そこでは、観る者の立場を変えるのではなく、物の現れ方を変えさせる様々な彼の思いつきが記されていた。影絵劇場はパースペクティヴの変化をシステマチックに経験できるものにし、刺激しようと試み、そして投影された対象の千差万別の現れ方の根底に達せよと指示するのだ。対象の原像を再構成するためには、投光劇場のイリュージョンを産む唯一の光点を逆算しなければならない。

2．ヴィジュアル批判

　ライプニッツによる視覚認識の特権化がこれまで看過され過小評価されてきたのは、代数学的結合の試みの方が形式論理学の先取りとして、より重要で先導的であると見なされたせいである。「思考遊び」において看取される方法は、**新しい表象群**を利用して遊びながら感覚的認識を使い、それによって基本的な洞察に達するというものであるが、これは彼の思考過程を感覚的なものから抽象数学的なものへの上昇と定義してきたこれまでの規範的解釈⁽²⁸⁰⁾とは相容れない。この通例解釈は、感覚的認識に反対するライプニッツの一連の発言を根拠として許されてきた。では、ライプニッツの**自然と人工の劇場**など奇矯にして自身の哲学に齟齬をきたすのではないか、いや、その舞台上にはもう一つのライプニッツ像が生まれはしないか——これらのことに決着をつけるべく、そうした一連の反・視覚発言から検討してみよう⁽²⁸¹⁾。

(280) 近年では Pape, 1997, S. 144ff.
(281) Schupp, in：Leibniz, 2000, S. XVIII. ライプニッツの関心を遠近法へ再構成して見せたのはもっぱら認識手段としての眼を結局は非難するためだったパーペ（Pape、1997）と、確かに遠近法研究にほとんど関わりはしなかったが、ライプニッツの感覚的認識法を評価したブッシェ（Busche, 1997）、両者の違いは典型的な例である。

ライプニッツの反・視覚の発言はさしあたって明快である。たとえば彼は推定1679年の議論で、こういうのだ。あらゆる記号を数学言語に移す、そのための計算法（Calculus）を使うならば、「[人類は]新たな道具を手に入れるだろう。「その道具は精神の能力を、メガネが視力を促進するより、はるかに高めてくれ、理性が視覚器官に優越するのと同じ度合いで、顕微鏡や望遠鏡にもまさるだろう」[282]と。

　(282)　AA, VI, 4, A, Nr. 66, S. 268 Z. 7-9 ; ドイツ語訳はLeibniz, 1992 Schriften Bd. IV, S. 53. による。

　1692年7月のライプニッツの書簡は、代数学が普遍計算のこれまででもっとも適切な基礎であると理論化しつつ、ヴィジュアルを比較的退ける内容を含んでいた。「私が望む種類の言語、あるいは少なくともそういう文字が創造されるなら、われわれは精神の鋭敏化のために新しい認識道具を自家薬籠中のものとするだろう。この道具は、見ることのために調整された能力にとって重要なのが、見える物、見透かせる物である、という以上にはるかに重要な道具なのだ。ここ数年来すでに私はそのために無数の考察を重ねた結果、どんな計算にせよ、実現しさえするのなら、代数学の可能性すべてに優先権を与えるべきだという認識を得た」[283]。

　(283)　AA, I, 8, Nr. 207, S. 350, Z. 14-16 ; ドイツ語訳は : Rudolph, 2001, S. 56. による。

　ライプニッツは代数計算が知を検算するメディアであるようにと期待したが、そのせいで感覚可能な具体物を単純に軽視したと思われてしまい、結果、手触りやヴィジュアルに生涯信頼を寄せるライプニッツ像となると、まるで別人であるかのように見られることになった。「記号学 ars characteristica」のための論考も、抽象論理だからといって視覚 Visus に優越する術として理解されるならば、似たような感覚蔑視の結論になるだろう。ライプニッツが1688年に皇帝レオポルトの御前で開陳した記号理論も同様の方向を示しているように見える。「私は図像や模型がなくとも指標（カラクタ）を使えば、恰も絵を描き、模型で先取りしたかのように、高度に複合した機械を提示できます。あるいはこう申し上げた方がよろしいか——私がいわば頼りにするのは記号の類の表象であり、機械を紙上に置き換え、改造できる、そして分析によって訂正

箇所を求めることができる。それにひきかえ、同じことを試行錯誤しようとすれば、無数の図像と模型を用意せねばならないでしょう」(284)。

(284) （手稿原文）„Ich kan mit characteren ohne figuren und modellen machinas intricatissimas also vorstellen, als ob sie von mir gemahlet und in modell entworffen, ja beßer, denn mit dieser repraesentatione characteristica kan ich gleichsam rechnen, die machinam auff dem papier versezen und verändern und die rechten stellungen per Analysin suchen, da ich sonst unzehliche figuren und modellen haben mußte, umb dergleichen damit tentando zu thun" （皇帝 Leopold I 臨席、御進講詳細記録, in : AA, IV, 4, Nr. 8, S. 65, Z. 5-10 ; vgl. Leopold I 臨席記録, in : AA, IV, 4, Nr. 6, S. 26. Z. 18-21).

けれどもこう発言しているからといって、眼前のものによって認識することに対するライプニッツの根本的な反対表明を読み取ろうというのであれば、それは視に優越するとされたまさにその理由によって、間違いである。というのは、ライプニッツが「記号学」の優位性の根拠とした記号（Zeichen）は、それ自体、たんに頭でひねりだしたシンボルではなく、思考を物として定着した具体物であることが条件だったからである。ライプニッツによれば、思考の創造的過程は、ラテン語にいうカラクテレ（Charaktere 指標／性格）を像化した記号（Zeichen）を利用しなければならない。「カラクテレとは、思考する者にとって別の事物を表象する一切である」(285)。この記号（Zeichen）が指標となる理由は、決してそれが視に優越するからではない、そうではなくて、彼の記号は眼にとって特別に具体的な性質を持った思考手段を用意するからなのである。

(285) AA, VI, 4, A, Nr. 78, S. 324. Z. 9 ; AI, 20, Z. 9-10. Zeichen（記号）という訳は一貫している。アカデミー版最新巻を参照のこと : AA, VII, 3, S. 850.

3. 数学記号に絵としての性格を持たせる

ライプニッツの指標（カラクテレ）はまず内世界の多様性を総覧できるようにする機能を持っている。これは数学記号、言葉、文字、占星術略号、中国の象形文字、ヒエログリフ、音符、秘文字、その他諸々の人工言語を含んでいる(286)。こうした形象（フィギュア）のコスモスが結果として言語要素をも転用することはあ

りうるが、これを言語の約束に従って持ち込むことは避けねばならない。自己参照型修辞学に矛先を向けたフランシス・ベーコンやトーマス・ホッブスの言語批判の伝統の只中でライプニッツが信頼するのは、一義的に指標化された、ヴィジュアルとして納得できる「形象（フィギュア）」の客観性だったのだ。彼はこれら形象（フィギュア）のことを「書かれた、印とされた、あるいは造形された指標」と定義している。ライプニッツ思考理論の鍵が、これである[287]。紙上に、あるいは他のメディア上に形作られるこうした記号の世界がなければ、諸客体の間を繋いでいくシステマチックな思考は想定できない、と彼は言うのだ[288]。

- (286) （手稿原文）：„Signorum igitur numero comprehendo Vocabula, literas, figuras chemicas, Astronomicas, Chinenses, Hieroglyphicas, notas Musicas, steganographicas, arithmeticas, algebraicasque, aliasque omnes quibus inter cogitandum pro rebus utimur" (Fundamenta Calculi Ratio-cinatoris, in：AA, VI, 4, A, Nr. 192, S. 918, Z. 26-S. 919. Z. 2；Leibniz, 1960, S.111).
- (287) （手稿原文）：„Signa autem scripta, vel delineata vel sculpta characteres appellantur" (Fundamenta Calculi Ratiocinatoris, in：AA, VI, 4, A. Nr. 192, S. 919, Z. 2f.；以下を参照のこと：Leibniz, 1960, S. 111).この点及びその結果については以下の研究を参照のこと：Arbeit von Matzat, 1938, Schmidt-Biggemann, 1983, S, 196ff., Krämer, 1991, Vernunft, S. 226ff.；Krämer, 1988, S. 100ff., Hecht, 1992, S.18ff., Schneider 1994及び Siegert, 2000, S. 251ff.。ここで言われている、諸事物間にあるアナログな関係と「見る（直感的）認識の徹底した拒否」(ebda., S. 259) との葛藤については Siegert, 2003, S. 172. における変容を蒙る視を参照のこと。
- (288) AA, VI, 4, A, Nr. 78, S. 324, Z. 8-12；AI, 20, Z. 8-13.

ライプニッツは1678年にこう強調している、「指標分析は目に見える具体物の分析なのだから、思考を目に見えるように分析すること」は可能であろう、さらに「メカニックに糸をたぐる」かのようにこの分析を辿ることは可能だろう[289]。『発明的記号術論 De Arte Characteristica Inventoriaque』が論じるのは、知の全体を精査し、文書化し、媒介し、拡大を許してくれる記号言語をアルス・コンビナトリア（組み合わせ術）によって創造する可能性であるが、この論が利用するのがまた同じイメージである。「発明の方法はいうなれば思考の糸にかかっている。これが思考から思考にいたる移行法則である」[290]。

(289) Analysis linguarum, in : AA.VI, 4, A, Nr. 35, S. 102, Z. 16f. ; ドイツ語訳は Leibniz, 1960, S. 96. による。
(290) AA, VI, 4, A, Nr. 78, S. 324, Z. 1-2 ; AI, 20, Z. 1-2.

　糸の比喩が使われるのは、進歩はひと筋であって、途切れなしに遂行されねばならないことに結びついている。ここに主要問題として浮かび上がるのは、精神に根を下ろして動かない思考に一時的運動を促すことである。困難はある。思考活動はイメージを頼りにするのに、イメージはままならない、つまり牢獄深くに繋がれたままなのだ。「われらの精神が感覚的事物のイメージを利用するかぎり、結果は目に見えている。イメージが鎖のように深く沈んでいるのなら、精神はたとえ努力しようとも、思考すべき事柄を解放することができないのだ」(291)。このモチーフは、修辞学というものを説明するためにルキアノスが持ち出したイメージに由来する。すなわち図36、人間は言葉を介して鎖に繋がれているかのように引き回されるのである。トーマス・ホッブスは彼の修辞学批判の根底に、この言葉の鎖が法となる様を見ようとしたのだが(292)、

図36. 作者不詳：ヘルクレス・ガリクスとしての修辞学（木版画）in : Cartari, 1963 [1647], S. 181

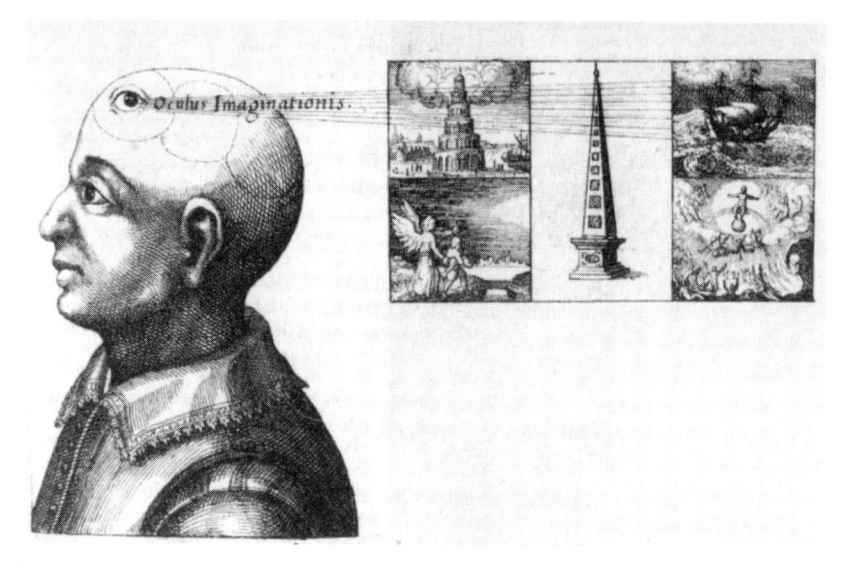

図37. マテウス・メリアン（父）：想像力の眼（銅版画）in : Fludd, 1620, 2, S. 47

それに対しライプニッツは、言葉の鎖に発して遂にはイメージ記憶の地下牢に辿りついた。ホッブスが法の鎖の確立を期待したとすれば、ライプニッツは**イマギネス（原像）**に繋がれたイメージの解放を望んだのだ。

(291) AA, VI, 4, A, Nr. 78, S. 324. Z. 2-4 ; AI, 20, Z. 2-4.
(292) Bredekamp, 1999, S. 126-129.

　ライプニッツは17世紀の始めのマテウス・メリアン作画「想像する目」を知っていたのではあるまいか。この目は記憶像を手探り、読み出すことができる（図37）。メリアンのイラストするイメージ庫は、自分の中から展開していくものではなく、貯め込まれ、読み出されることが可能である。ライプニッツはこういう表象に断固異を唱える。彼の考えでは、まず記号群は定義された記号のコスモスを形成する、とは、つまり、解き放つべき心的イメージの連鎖を強化して記号コスモスの自己完結態となすのである。内部イメージを監禁状態から解放するためにライプニッツが展開する**指標**概念は、自己運動状態のイメージ記憶の庫を刺激しようとするものである。こういう入念な考察のゆえに、彼が記号理論の創始者となるのもむべなるかな、その記号理論とは、思考

をただなぞるにとどまらず、拡大し、ダイナミックにする能力を外部の形象（フィギュア）に認めるものである。

したがって、こういう種類の記号の最も高貴な本質は、発明的であることである。つまり思考が捉えることができるのは、果てもない魂のうちせいぜい破片にすぎないからこそ、思考はイデーの共同作用の地平を拡大し想像力の扉を開こうと試みなければならない(293)。ライプニッツが1677年に教科書として圧縮したテクスト『イデアとは何か Quid sit idea』において強調していることだが、まだいっこうにイデーとして姿を現さない何かを、類同物を介して思考する、そういう能力を人間は持っている(294)。こうしたもっともな、しかし認知されていないイデーは、どのようにしてきっかけを与えることができるのか？ それはすでに何かの表象となっているイデーを図や造形によって記号へと確定し、これを結合させる「記号術」によってである(295)。

(293) Discours de Mêtaphysique, in : AA, VI, 4, B, Nr, 306, XXVII, S. 1572, Z. 8-14 ; 以下を参照：Matzat, 1938, S, 49 und Krämer, 1988. S. 107.
(294) AA, VI, 4, B, Nr. 259, S. 1370, Z. 9-12.
(295) Grundlegend : Mittelstraß und Schroeder-Heister, 1986, S. 395ff. und Krämer, 1991, Vernunft, S. 298ff., 318ff.；以下も参照のこと；Krämer, 1988, S. 104.

1679／80年に書かれたと思われる『発明的記号術論』においてライプニッツは「指標」の組み合わせプロセスをコンパスを例に記述している。完全な円を描くときの痙攣的労力から手を解放してくれるこの道具について、彼は思考を容易にしてくれる記号の第一機能であると定義する。「円を正確に描くことが役目のこの道具は、手を楽にし、おもむろに負担も軽減してくれる、ちょうどそんなふうにわれわれは正しい思考のために一種の感覚的道具が必要なのである」(296)。

(296) AA, VI, 4, A. Nr. 78, S. 324, Z. 4-6 ; AI, 20, Z. 4-6. 以下を参照 Knobloch, 1974, S. 40f. 円形のエンブレームについては：Le Moyne, 1666, S. 494.

こういう手段のうちの第一が、分析道具としての「指標」である。指標といっても、物とイデーをその表面的類似によって表象するのではなく、両者の関係を類比（アナロギー）的形態によって表象する(297)。似ているということ

ではなく、顕著な要素間の構造的関係がこれらの記号を介して必然的に開示され、こうして創造的で新しい構築が可能となる。記号の表象機能が生まれるのは、「一つのものから別のものが、たとえそれが似ていなくとも認識できるときにである。このことは、ある特定の定義された規則、あるいは関係を介して起こるのだが、この特定の規則や関係を介すると、あらゆる作られるものが、あるものとあるものを対応させて一つにするのである」[298]。

(297) アナロギア（類比）と「似ている」の違いについては以下を参照：Siegert, 2000, S. 259.
(298) AA, VI, 4, A, Nr. 78, S. 324, Z. 10-12 ; AI, 20, Z. 10-13. 記号の指差す性格については以下を参照：Leinkauf 1993, S. 257f.

ライプニッツの議論は続く。記号を発明的結合術の手段とするためには、思考は図表の形をとった感覚的道具を要する。「表とはすなわち事物を記号によってシステマチックに登録した目録のことである」[299]。その例としてはちょうど1661年のアタナジウス・キルヒャーの数学函が当てはまるだろう（図38）。その数学函には九つの標題があり、算術、幾何学、築城術、年代記、ホログラフィ（時間測定）、天文学、占星術、ステガノグラフィ（秘匿術）に音楽といった部門を含む[300]。オベリスク状の表が最重要の情報と思考操作を図示する（図39）。個々の欄のいくつかの要素が組み合わせ可能になるので、頭の中のみでは無理な参照指示および接続を可能にする。新しいアイデア形成を促すよう脳内衝動を解放させるもの、これを記号の組み合わせが目に見えるものとするのだ。ライプニッツが実験してみたキルヒャーの音楽函もまた、同様の方式で作曲を可能としたものである[301]。

(299) AA, VI, 4, A, Nr. 78, S. 324. Z. 8f. ; AI, 20, Z. 8-9.
(300) Athanasius Kircher, 2001. S. 208, 214-216 ; Vollrath, 2002, S. 113ff. Kirchers の記号学とそのライプニッツへの影響については以下を参照：Leinkauf, 1993, S. 256ff.
(301) Scharlau 1969, S. 206, Anm. 1 ; 以下を参照：Zielinski, 2002, S. 168ff. und Knobloch, 2002, S. 36-43.

ライプニッツはとりわけ数学記号をも「眼のための指示 demonstratio ocularis」手段として計算していたのだが[302]、それが最も顕著に現れていたのは、

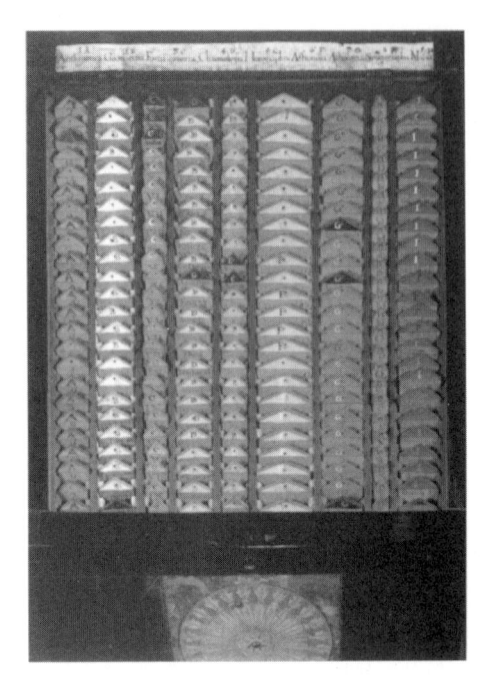

図38. アタナジウス・キルヒャーの計算函（1661), Florenz, lstituto e Museo di Storia della Scienza

「思考遊び」の中で**新しい種類の表象**について考慮を重ねているときのことだった。彼はフランソワ・ヴィエト（1540-1603）が始めた数式の記号化を生涯研究していたが、パリ滞在中ほどイメージあふれる記号を発明した時期はほかにはなかった。彼が真に数学記号の発明家となったのは、このときである[303]。

(302) De Alphabeto Cogitationum Humanarum, in : AA, VI, 4, A, Nr. 67, S. 271, Z. 24.
(303) Cajori, 1925, S. 418-428 ; Knobloch, 1982 und Hecht, 1992, S. 45-49.

美学的にも納得できる記号を発明すること、これをライプニッツは芸術的行為と見なした。数学記号の芸術的性格は、1676年の最初の数ヶ月のうちに、おそらくこれまでで最も目覚しく強化されることになる。特定の原理を直接に描いたり、聞いたりすることは不可能なのだから、彼は諸原理とその記号形成の間に形式上の距離を要請する。「われわれはその表象を絵とし音とするが、むろん相似形にできるわけではない。しかもそこにわれわれは一種の感覚的美を見るのである」[304]。とは、つまり、最高の数学的思考プロセスは感覚的に

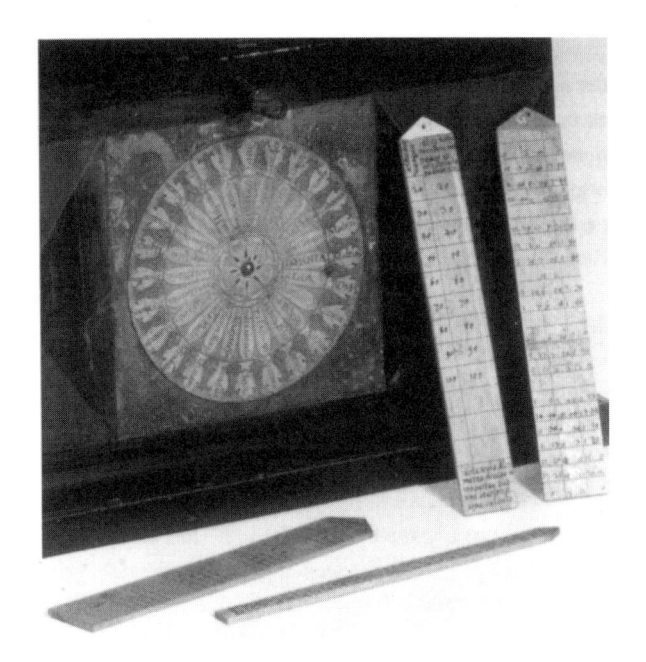

図 39. アタナジウス・キルヒャー、数学函と表

理解できる記号を頼るということ。この記号はどのように表象機能を満たすのかといえば、ヴィジュアル化さるべき思想に対してその表現法に距離を産むことによってである。美のための自由は、こうした不釣合いさに根拠を持つ表象形式にあるので、数学記号は画家の芸術作品に比較可能である。それゆえ同じ1677 年にライプニッツは記号の使用を「思考を絵にする」[305]手段として記述した。同様の明快な意見はエーレンフリート・ヴァルター・フォン・チルンハウスとの論争中に表明される。1675 年 8 月、彼はこの者と共に、デカルト派が動力学と幾何学を区別することに対し激しい攻撃を加え、数学の普遍化の側に立っていた。けれども、チルンハウスが九つのシンボルを前に「怪物」としてしり込みをしたとき、ライプニッツは 1678 年 5 月に己の信ずるところを主張した。ヴィジュアルなシンボル作法の軽便化をまって初めて創造的なものの自由は達成できるのだと。「記号では発見の労を軽減することが肝要である。記号が事物の最深奥の本性をわずかの手段で表現する、もしくはいわば絵にするときに軽減化は最も促進される、すなわち思考の緊張が驚異的に軽減される

のである」[306]。

(304) （手稿原文）„(...) pingamus aut audiamus earum repraesentationes, etiamsi non similes ; et in iis sensibiles quasdam pulchritudines observemus" (AA, VII, 1, Nr. 92, S. 598, Z. 11-13). 優雅と美総体の批評基準については：Breger, 1994, bes. S. 39f. を参照のこと。

(305) （書簡原文）„(...) de peindre non pas la parole (...), mais les pensées" (Brief an Gallois, 1677, In : Leibniz, 1855-1863, Bd. I, S. 180f. ; 以下を参照のこと：Krämer, 1991, Vernunft, S. 254f. und Slegert, 2000, S. 253).

(306) （手稿原文）„In signls spectanda est commoditas ad inveniendum, quae maxima est, quoties rei naturam initimam paucis exprimunt et velut pingunt, ita enim mirifice imminuitur cogitandi labor" (Leibniz, 1899, S. 375 ; 以下を参照のこと：Cajori, 1925, S. 416. ドイツ語訳は E. Knobloch による).

1704年ロンドンで出版された『技術レキシコン』は、ライプニッツによって発明された記号の山を、その発案者を顕彰することなく引用している。「指標は、事物のマークであり、サインであり、あるいはシンボルであり、芸術家によって発明されるものである」[307]。

(307) Harris, 1704, s. p.

ライプニッツは絵を描く数学者という自分の役割を誇りとしたし、なかんずく総量記号の蛇状Sの使用がそうだった（図40）。もしかするとライプニッツは芸術家ジョヴァンニ・パオロ・ロマッツォによる1584年出版の芸術・自然理論に着想を得たのかもしれない。ロマッツォの本の中では、Sという形をとった蛇や踊る炎のフィグラ・セルペンティナータ（蛇状曲線）が、理念上の自然運動や芸術上の完成の記号として定義されていた[308]。Sという蛇の蠕動、火炎の揺らぎはあらゆる線の中の王として、自然、および思考におけるあらゆる動力学の総量を形成するが、ここにはライプニッツが決定した業績の象徴的核が含まれていた。すなわち彼が omnes（全編）という言葉に代えてラテン語 Summa（大全）の頭文字を採用したのであり、結果、今日に至るまで有効な積分記号の創始者となる[309]。ライプニッツがロマッツォの芸術理論を知っていたかどうか定かでないが、この芸術理論は早い時期の似たような思案として、ライプニッツのシンボル選択もありえるのだなと思わせてくれる。

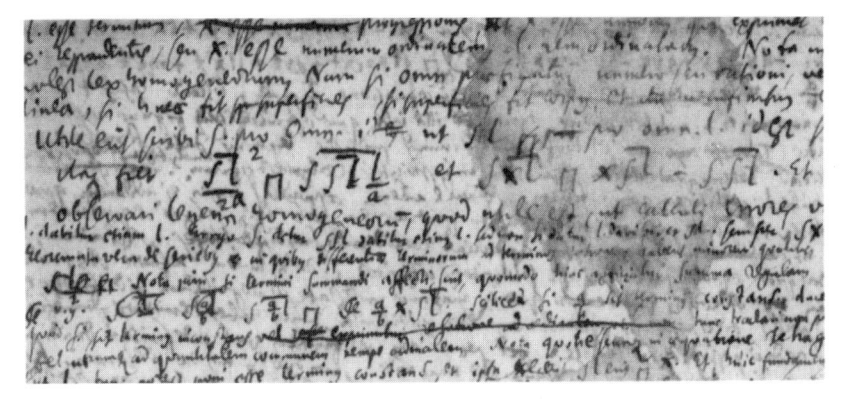

図40. G. W. ライプニッツによる初の ∫（インテグラル）記号使用箇所（1675. 10. 29）in : LH, XXXV, VIII, 18, Bl. 2ᵛ [Leibniz, 1899, S. 154]

(308) Lomazzo, 1584, Buch Ⅰ. 1, S. 22-24. この問題、及び美的原型としての蛇状曲線については：Gerlach, 1989. を参照のこと。

(309) ウィリアム・S・ホガースはロマッツォの蛇状曲線にあらゆる美の基本要素を理解した。ホガースの『美の分析』（1753）は蛇状曲線をヴァラエティの寓意紋章として掲げたが、これこそすべての運動形態、表現形態の総量を表す記号なのだった。(Hogarth, 1955 ; 以下を参照のこと：Bindman, 1997, S. 168f. und Gerlach, 1989). ホガースの総量記号までが円錐にまつわりついているのは、偶然ではないのかもしれない。円錐こそライプニッツにとって普遍宇宙自体を変形させるものと思われたのだから。

最も啓発的な隠喩法を提供してくれるのは、あらゆる演算を 0 と 1 で遂行しようとする例の二進法、ライプニッツのデュアル・システムである。おそらくパリ滞在中に彼の発明は飛躍していったのだろう、その高揚感の中で、ライプニッツはこの計算法が包括的な要求に答えるものであることを豪語する。「この方法にて解かれざるは、なし」[310]。

(310) Zacher, 1973, S. 4.

けれどもこの二進法の普遍的妥当性を前にしてこそ強調さるべきは、ライプニッツが記号術総体におけると同様、ここでもたんなる形式論理を視野に捉えていたのではなかったということ。むしろこの計算法は彼の創造理論に根拠を持っていた。ブラウンシュヴァイク・リューネブルク大公ルドルフ・アウグス

ト宛、1969年5月の手紙の中で——このとき彼はあらたに徹底的に二進法研究を始めたのだが——こう強調する。この1／0という数字は「いわば鏡に映った世界である。事物の創造、あるいは事物の根源は、神、およびその余の無という二つからなるのだから、1／0という数字こそこれを眼前に見せるのである」[311]と。書く際に使われる文字がすでにタイトルから明らかにしていることだが、「あらゆる数字の驚異の起源は、創造の秘密のうるわしき手本たる1と0から生ずる。なぜならすべては神とその余の無からなるゆえに：Essentiae Rerum sunt sicut Numeri」[312]。

[311] Rudolf August 宛書簡, 8. 5. 1696, in : Zacher, 1973, S. 235.
[312] Zacher, 1973, S. 229.

次の年の始め、新年の挨拶状にライプニッツが提起した議論は、あきらかにこの引用に続くものと思われる。そこで彼は大公に二進法のイメージ記号の計画を託している。ライプニッツはこう言う。神の創造の全能ぶりといえば、無と1という数字の起源ほどよく表すものはないだろう。「されば、私は、メダルに IMAGO CREATIONIS（創造のイマーゴ）を彫るのです」[313]。このイマーゴが創造の善なるを告知するのは、美においてなのだから、これをひとは「眼で見る」必要があろう[314]。

[313] AA, I, 13, Nr. 75, S. 117, Z. 12-15.
[314] AA, I, 13, Nr. 75, S. 117, Z. 16-19.

二進法についてのライプニッツの神学的図像学的解釈がたんに大公の考え方の反映にすぎないという推測は[315]、誤っている。ライプニッツの記号術に主張された「眼で思考する」原理は、事物を表象するにはそれ自身と類似する記号によってではなく、事物間の構造的関係や関係性をまさに視覚的差異から再現できる**指標**を用いる点にかかっていたのだ。この理由から1679／1680年にライプニッツの強調することには、記号体系の数字によって数字演算を表現しようというのは同語反復である[316]。つまり、目に見えるものとするための考察がライプニッツ二進法の積分的要素を形作るのだ。というのも数字は彼によれば自ずとシステムやシリーズを認知させてはくれない。それに比すればメダルは、数字の「最深奥の理由・原罪以前」を目に見えるものとし、それゆえも

はやこれ以上改良しようもない「驚異的に美しい秩序と調和」を示すことができる[317]。遠近法術考察と一致して、ライプニッツがメダルを洞察する。「神の作物に無秩序が想定されるとしても、それはただ見かけにすぎない。しかし遠近法と同じこと、正しい視角から見直すならば、物事はシンメトリーとなって現れる」[318]。

(315) Zacher, 1973, S. 37, 55. これに対する反論：Schmidt-Biggemann, 1983. S. 209.
(316) AA, VI, 4, A, Nr. 78, S. 324, Z. 14-17 ; AI, 20, Z. 16-19.
(317) AA, I, 13, Nr. 75, S. 117, Z. 19-22.
(318) AA, I, 13, Nr. 75, S.118, Z. 4-9.

ライプニッツは象徴化された二進法とアナモルフォーズの歪像とを比較して、まさしく禁欲的に削ぎ落とされた数学から世界のハーモニーとシンメトリーの眼による認識へと架橋する。「創造のイマーゴ IMAGO CREATIONIS」というタイトルと二進法の法則に対して「身体の眼にとって心地よい」絵[319]を付け加え、その絵はゼロと無の深くて暗い地下水の上を漂う神の精霊を示すことになっており、その精霊が「光、生（あ）れ」という言葉を発して全能の数字1を創造するのである[320]。ライプニッツが最終的に比較的小さめの論文「OMNIBVS. EX.NIHILO.-DVCENDIS（無から全てを導き出すために）」の中で提案した格言は、2、3、4、5…の数字を「全て OMNIBUS」に、0を「無 NIHILO」に当てよう、というものだった。より長い文字列では、つまり主要発言ということになろうかと思うが、最終的には SUFFICIT.VNVM というモットーが続けられ、以下のようなテクストとなった。「無からすべてを引き出すには、1で足りる」[321]。

(319) AA, I, 13, Nr. 75, S. 119, Z. 7.
(320) AA, I, 13, Nr. 75, S. 119, Z. 7-12.
(321) AA, I, 13, Nr. 75, S. 119, Z. 13-16.

ライプニッツが描いた計画は伝わっていないし、手紙に添えられた三つのモデルは、ライプニッツの新年の挨拶状へとつながったあの議論についての一つの印象を伝えるヴァリアントである[322]。これを比較的忠実に写したものは、ルドルフ・アウグスト・ノルテの1734年に発表されたライプニッツ二進法に

ついての論文の扉絵に初めて採用されている（図41）[323]。図はライプニッツのタイトル「創造のイマーゴ（IMAGO CREATIONIS）」を二つの数表の土台に示している。一方、OMNIBVS. EX.NIHILO.DVCENDIS SUFFICIT.-VNVM（無からすべてを引き出すには、1で足りる）という文字列は図の上端、天穹の形に表される。それは1である太陽圏を包摂し、のみならずゼロである暗闇へも腕を伸ばしているのである。二つの二進法表は清々と黒い夜空に屹立し、対照的に導入数字0と1もまた太陽ゾーンへと聳えている。ノルテはIMAGO CREATIONIS の下に G. [otefridvs] G. [vilielmus] L. [eibnizius] ANN. [o] CHR. [isti] MDCXCVII という頭文字を付記している。即ち「Gottfried Wilhelm Leibniz 創案、西暦1697」。

(322)　AA, I, 13. Nr. 76, S. 123f.
(323)　AA, I, 13, Nr. 76, S. 125.

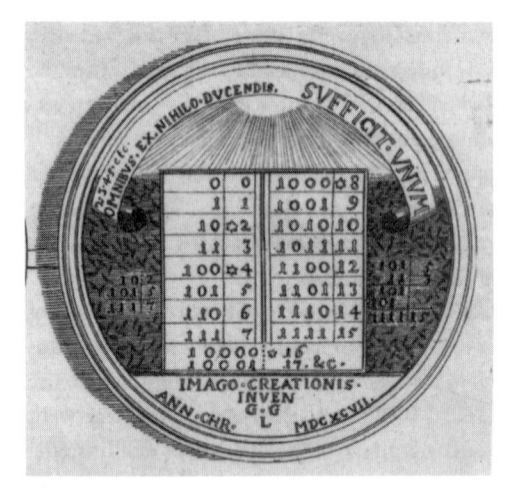

図41．ルドルフ・アウグスト・ノルテ：2進法寓意図。G. W. ライプニッツ案（1697？）に基づく銅版画（1734), in : Nolte, 1734, Titelblatt (Hannover, Niedersächsische Landesbibliothek).

ノルテが自分のイラストをライプニッツの原案に結び付けたというのは事実ではあるまいか。もしかして1697年の新年の挨拶状の指示に沿って自由に製作したのではあるまいか[324]——ライプニッツがパリ滞在中に出会ったはずのお手本とよく似ているゆえに、そうとしか思えないのだ。ルイ14世のルーヴル宮建築家クロード・ペローはライプニッツと建築および寓意紋章（エンブレーム）作法の問題について営々と議論を続けていて、これについてはまた後ほどふれるが、ペローは政治的太陽崇拝に関わる一連の同時代のデヴィーズ（モットー図解）をライプニッツにつぶさに教えている。その中になかんずくME SVSTINET VNVS とか ME SVSPICIT VNVM といったモットーが含まれる[325]。このモットー自体は、ピエル・ル・モワヌ の1666年度版『デヴィーズ』から刺激を受けたものであるらしく、ライプニッツが二進法のアーチに添う大きい文字列に主要モットーとして書き付けた例の言葉SVFFICIT VNVM（1にてこと足れり）は、ルイ14世に向けられた一文 Mihi sufficit unus の形で刻印されたものだった。すなわち「われは1にてこと足れり」[326]と。このモットー図解（図42）はライプニッツのメダル図案にとっては、円形の枠が上部には光の矢を放つ太陽と下辺を影とする地球を絵柄とすると同時に、銘文は円形の外に登場する、そういう構図の点で、お手本の性格が如実である。ライプニッツの企画はこの円形を下方の書字ゾーンにまで侵食させ、そこに IMAGO CREATIONIS の台座を設ける。地球の代わりに二進法の表が現れ、太陽は放射状の描線によって眩しい存在となっているが、光の矢は似たような放たれ方をする。構図も類似し、モットーも近縁であるときては、太陽中心に二進法を演出するようライプニッツを刺激したのはルイ14世の太陽崇拝都市パリの空気だったのだろうと推測されるのである。ほかの都市では彼がこれほど陽光を浴びることはなかったのだから。

(324)　AA, I, 13, Nr. 76, S. 122, Z. 40-42.
(325)　Petzet, 2000, S. 569., nach : Leibniz, 1857, S. 236 ; AI, 6, Z. 103-108.
(326)　Le Moyne, 1666, S. 464 ; 以下を参照のこと. Petzet, 2000, S. 343.

大公は先年共同で考え抜いたことを実行に移すつもりであったが、折り返しライプニッツに送った三つの下絵は、けれども、別の道をたどることになる[327]。UNUS EX NIHILO OMNIA FECIT（一者は全てを無からなせり）という格言

図42. ピエル・ル・モワイヌ：ルイ14世のデヴィーズ（銅版画）1666, in : Le Moyne, 1666, S. 464

図43. ブラウンシュヴァイク・リューネブルク公ルドルフ・アウグストのための封蝋印3案（1699）1697年1月に刻印されたものを写し描いてある。in : AA, I, 13, Nr. 79, S. 128, Z. 7f.

を含む印字が赤い封蝋に刻まれている（図43）。最初の二つは、格言を外縁に中心から見て正しく置かれ、内側には垂直の梁（バルケン）が1を、下敷きになった輪が0を表象するという点で一致している。もう一つのヴァージョンは、言葉の輪が密になるように、格言をUNUS EX NIHILO OMNIA BENE FECIT（一者は全てを無から成就せり）へと長くする。同時にそうすることによって、3番目のプランで外側の円に置かれた三角形の3辺にそれぞれ2語ずつ当てる可能性が得られたのである。

(327) AA, I, 13. Nr. 78, S. 127.

この写しの走り書きには、大公との談話からプランが生まれたとあった[328]。彼はこれに対案を示し、「VNUM EX NIHILO OMNIA BENE」という格言に変更したという但し書きをつけた（図44a）。UNUS を UNUM に差し替えるのは、「一者」たる神という言い方を「1」という産物に転移させる謂いである。すなわち「（彼は）0から1を、つまり全てを（成就せり）」。これを図解する素描は、梁と円環の組み合わせではなく同心円を用いる。中央には黒く塗りつぶした点、それを破線の円がまず囲み、その4箇所にVNUMの文字を配置する。その外に引かれた円は EX NIHILO の文字のための空間を生み出し、最外縁の円へと開放された空間には、さらに OMUNIA BENE という文字を放射状に配置する（図44b）。

(328) AA, I, 13, Nr. 79, S. 128, Z. 9f.

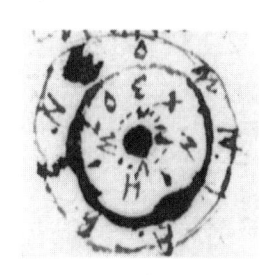

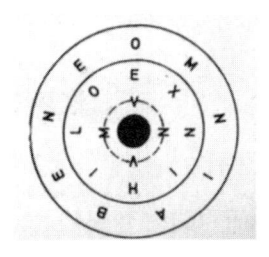

図44a. G. W. ライプニッツによる2進法印章案（ペン画）1697年1月、Hannover, Niedersächsische Landesbibliothek, L Br II, 15, Bl.21r
図44b. 44a の清書　in : AA, I, 13, Nr. 79, S. 128, Z. 13-15

ライプニッツは自分の数学の宇宙論的定義のためにキリスト教象徴体系を応用するが、その際とくに3角形モチーフを微に入って強調している。ここでもモットー解釈を研究してみると、彼の緻密さが得心できるというものである。「中央に点を打たれた太陽もしくは円形の記号は、小生思へらく、中央の点にて1を、中心と囲む円との間に開く空虚にては0を表現する最善の方法なり」[329]。こういう太陽図像学によって1は閃光あるいは太陽光に変じ、その光線は無の闇に放射されるのである。「1を内包する最内円は明るく、乃至光線を放射するもいい。この円とその外の円の間の空間は、文字が書き込まれる箇所以外は

黒いままがいい。二つの円に包囲された平面は白とされる、すなわち光線を放つのでも暗いわけでもない」[330]。

(329) „Signum solis seu circulus in cujus medio punctum videtur mihi optime experimere 1 per punctum in centro, et 0 per vacuum interceptum inter centrum et circumferentiam "(AA, I, 13, Nr. 79, S. 128, Z. 11f.).

(330) „Circellus intimus in quo inscriptum unum posset esse luminosus seu radians. Interceptum inter hunc circellum et circumferentiam posset esse tenebrosum, nisi ubi literae inscribuntur. Circumferentia duobus circulis inclusa erit candida id est nec lucida nec tenebrosa "(AA, I, 13, Nr. 79, S. 129, Z. 1-4. 2進法の太陽図像学については以下を参照のこと：Busche, 1997, S. 550ff.).

幾層もの丸い圏域を通過拡散していく円形の光というイメージには、先例があって、なかんずくヘルメス文書に見出すことができる[331]。最も有名かと思われる手本は、マテウス・メリアンの創造のサイクル、これは太陽の創造世界

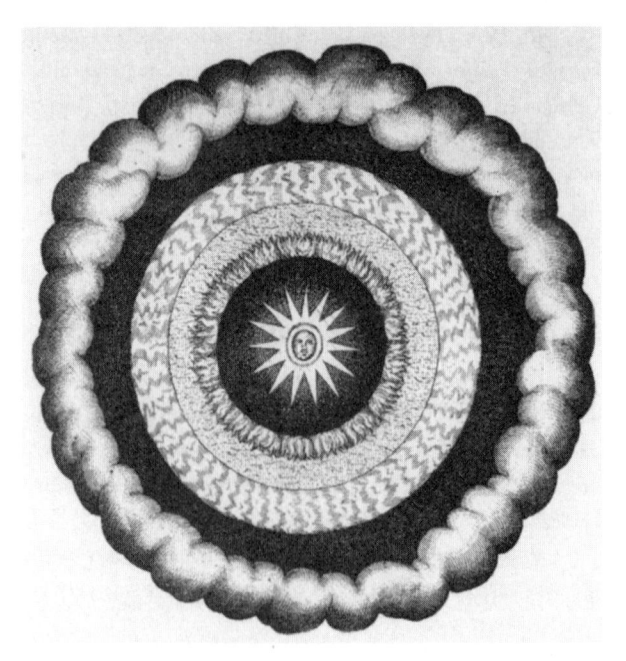

図 45. マテウス・メリアン（父）：太陽の創造世界（銅版画）
1617, in：Fludd, 1617, Bd. I, S. 43

へ導く閃光を示そうがために黒い無限空間を描写している（図45）。多重円の内部の黒い圏域を浸潤していく光線は、ライプニッツが無に対する一者の創造を想定したやり方にそっくりである。

(331) Geissmar, 1993, Abb. 13, S. 25u. passim.
(332) Fludd, 1617, Bd. I, S. 26.

こうして二進法は、驚嘆する読者の目の前でライプニッツが繰り広げる、あの「眼の思考」理論によって画竜点睛を加える。あらゆる数字の組み合わせを0／1に限定するという、もっとも還元を極めた数字プログラムの領域でこそまさに、ヴィジュアルな記号の特別な力をライプニッツは要請した。思考演算の最高の数学的公式化こそ、ヴィジュアルな「**指標**」を要請するのであって、この記号が創造の理由とハーモニーとをアナモルフォーズの歪に類比して認識させてくれるのだ。

4．無限性と超数学的＜視＞

二進法の0／1が図像学的に把握できたのだから、無限のものは理解可能のものと表象可能なものを超越する。この点に、有理数計算の妥当性を超越するだろう認識手段が始まる。この極値（Extrem）から**自然と人工の劇場**という認識理論のための鍵が渡されることになるだろう。

この問題の解決の糸口を1689年の論文『自由、偶然、因果、予見（De libertate, contingentia et serie causarum, providentia）』が提供する。ここでライプニッツが展開するのが、真理と実数の間の類比である。彼によれば必然の真理が多数かつ有限の段階を経て証明される。たとえば1：4 ＝ 0,25のように有限小数として現れる有理数、あるいはその無限小数が1：3 ＝ 0,33333といった循環する法則性を持った有理数のように。これに対応するのは、カエサルが殺されたような歴史事件の偶然の真実である。こういう歴史事件は、その由来を無限多数の要素からなっているのだから。原因の探究が終点を持たないことに対してライプニッツは、たとえば3の平方根（＝ 1,7321……）のように不規則な数字の無限の連鎖を産むあの数字を併置する。数列に終わりがないゆえに、神もまた連鎖の終わりを知ることができない[333]。

(333) AA, VI, 4, B, Nr. 326. S. 1655, Z. 15f.

創造が潰えてしまわないよう、全知の神はすべてを知っていなければならない。だから数学は、たしかに無限について予見はできないが、証明にはのっとっている。こういう事情からライプニッツは次のように推論する。「むしろ偶然の、あるいは無限の真実こそ神の知のものであり、神によって認識されるのであるが、それはなるほど証明によってではなく（……）、不謬の視を介して認識されるのである」(334)。数学論理の規則が証明不能性と見切り可能性へと漂い出てしまう所産／積として「不謬の視」が差し出す数字認識たるや、その数列がいかなる法則にも従わないという一点で一つの規則を持っているという体のものだ。無限に多数の要素をはらんだ偶然の真実への転義こそが、神にのみ「洞察可能」な一連の真実を形成する(335)。神の視が必要とされるのは、ここでも無限を包摂する領域で証明することの不可能性の結果なのである。無限無理数の数学のごとくに、偶然の真実は「不謬の視」へと移行する。

(334) （ラテン語原文）„(...) itamulto magisveritates contingentes seu infinitae subeunt scientiam Dei etab eo non quidem demonstratione (quod implicat contradictionem), sed tamen infallibili visione cognoscuntur" (AA, VI, 4, B, Nr. 326, S. 1658, Z. 9-11 ; ドイツ語訳はライプニッツによる：Leibniz, 1996, II, S. 659).

(335) AA, VI, 4, B, Nr. 326, S. 1658, Z. 22-24, S. 1659, Z, 1 ; 以下も参照せよ ; Leibniz, 1993, De quadratura, S. 79 及び Leibniz, 1996, II, S. 659.

確かにライプニッツが強調するところによれば、「不謬の視 infallibili visione」を介してはいかなる外部の事物も経験されず、あらゆる事物の可能性はア・プリオリに分かるのだが、数字を超えた認識能力の原則は自然の視にとっても直接的帰結を持つのだ。なぜなら、自然の作物は同様に無限分割できるのだから。「なかでもわきまえておかねばならないことがある。あらゆる被造物は神の無限性の刻印を押されているということ。そしてこれが人間を驚愕させる多くの不思議な事物の根源であるということ。だからたとえば、無限に数の多い被造物たちの棲む世界が存在しないほど、そんなに微小の物質界は存在しないのである」(337)。

(336) AA, VI, 4, B, Nr. 326, S. 1658, Z. 11-16 ; 以下を参照のこと Leibniz, 1996, II, S. 659.
(337) AA, VI, 4, B, Nr. 326, S. 1655. Z. 8-11.

ライプニッツが支えとしたのは、同時代の顕微鏡が可能とした体験である。たとえばロバート・フック（1635-1703）はその『顕微図譜ミクログラフィア』（1665）の中で——ちなみにライプニッツは1668年にこれを購うことができたのだが——1本の針先と1枚の剃刀の刃が顕微鏡のもとではどのように不規則な断裂を呈するかを示したのだった（図46）。1匹の蝿の胴体から切り離された頭部に、幽鬼じみた、まさに立体的に突出してくる力を与え（図47）、数ページにわたって説明を加え、とくに眼についてはほとんど叙情的なこだわりで特徴を描き出している。「この半球体のいずれもが、じじつ、ほんものの半球の形に近似して、表面はおおいに滑らかにして規則的に拡大し、どのような対象であれその表面に正確かつ規則的かつ完璧に映し出すや、さながら水銀の玉の表面のごとし。（……）これら半球体のそれぞれに我が窓の外の風景が映るのを、くっきりと見ることができるほどである。たとえばその一つ、大きな木はその幹や枝を完全に見出すことが可能であり、私の窓の一部も私の手も、私の指も、窓とこの半球体の間にかざすならば、いずれもまざまざと見出すことが可能だった」[(339)]。しかし次の文章でフックが「半球」というとき、それはけっして眼のことではなく、眼を形成するその微小な円形状のファセットのことを言っていたのだということが明らかとなる（図48）。巨魁に拡大されたハエの眼球の無数の半球群には、観察者と彼の仕事部屋の両窓とその前に置かれた物が反映しているのだった[(340)]。両窓の映像は、この場合、自身がまた映し出すものとなって、さらにファセットの奥深く無限に小さな世界へと開かれていくだろう。

[(338)]　AA, I, 2, Nr. 325, S. 341, Z. 24.
[(339)]　Hooke, 1665, S. 175f.；以下をも参照のこと；Campbell, 1999, S. 198.
[(340)]　Hooke, 1665. S. 176.

　ライプニッツは、フック、スワンメルダム、さらに顕微鏡で仕事をするのを常のこととしていた友人ホイヘンスらの仕事を最大の関心をもって追いかけていた。とりわけアントーニ・ファン・レーウェンフックの発見はライプニッツに生きた自然界の無限の差異を受け入れさせた[(341)]。レーウェンフックの発見は、想像を絶する微小な生物たちの蝟集する水滴中のコロニーだった。汎アニミズムの考え方はニコラ・マールブランシュの『真実の探究』に——ライプ

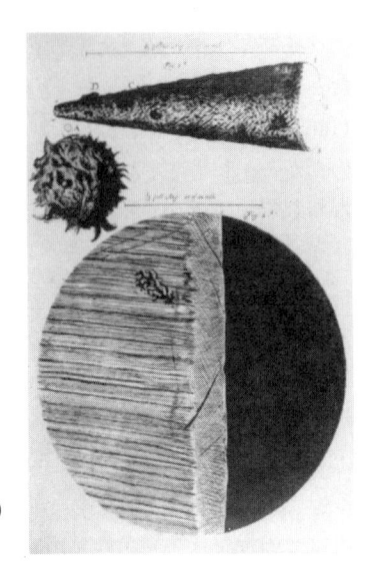

図 46. 作者不詳：針先とカミソリの刃（銅版画）
in : Hooke, 1665, Taf. 2

ニッツはこれを 1675 年の出版直後にさっそく読んでいる——わが意を得たものである[342]。改良されていく顕微鏡のもと、繰り返し新たに存在が明らかになっていく微生物に直面して、マールブランシュは無限に微細化していく生物について語ったのだが、このことがライプニッツをして、無限に微細な生物とは幾度でも分割可能なのだという逆説的な考え方を促したのであった[343]。

(341) （ラテン語原文）„Et velim microscopia ad inquisitionem adhiberi quibus tantum parestitit sagax Leewenhoekii, Philosophi Delphinensis" (Leibniz, 1949, S. 60/62 ; 以下を参照：Wilson, 1997, S. 154-157)。
(342) Wilson, 1997, S. 171. ライプニッツとマールブランシュ一般については：Robinet, 1955 を参照のこと。
(343) AA, VI, 3, S. 475, Z. 11f. ; Malebranche, 1962-1964, I, VI, I, S. 8lf.

ライプニッツは改めてマールブランシュに依拠しながら、有機的自動機械と人工的自動機械の区別を内部の分割可能性の度合いに見ることができると確信していたのだが、それもとりわけ顕微鏡による観察結果のおかげだった。顕微鏡からの印象をもとに、芸術／人工は微生物の領域でも自然との競合を受け入れようとして、オッタヴィアーノ・ジャネッラといった芸術家がルーペを使っ

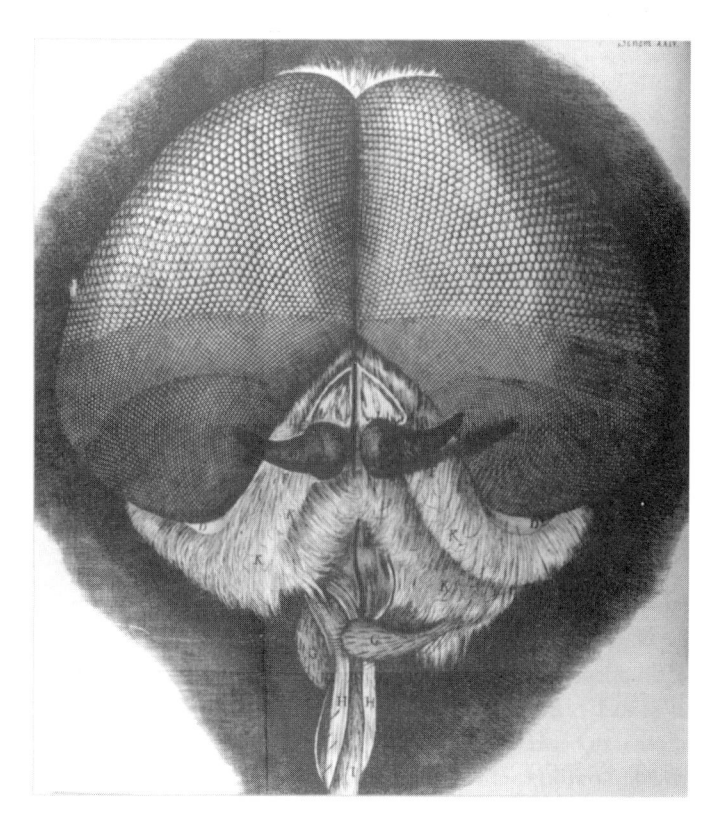

図47. 作者不詳：蠅の複眼（銅版画）in : Hooke, 1665, Taf. 24

てしか見えないほどの微小彫刻を生み出し、それによって小さな神さながらの全能ぶりかなと、評判をとった[344]。さりながら、ようするにバクテリアの世界は到達不能であるのも、疑う余地がない。加えて、これら彫刻群は運動能力を持たない。宮廷時計技師トビアス・ライヘルによる、たとえば蜘蛛といった自動機械術の粋でさえ（図49）[345]、生体が持つ差異化状態に達しているというイリュージョンを生み出すには遠く及ばない。なるほど人工の自動機械も生体も、ライプニッツがモナドロジーの64項にて詳述したように、機械である。人工的に仕掛けられた機械の細部は分割不能であるが、「しかし、自然機械、すなわち生きた個体は（……）最微小の部分においてもなお無限に至るマシンである。これが自然と人工の、すなわち神の技と我々の技の差を生み出すので

図48. 作者不詳：蝿の複眼の個眼（銅版画）in : Hooke, 1665, Fig. 3 von Taf. 21

ある」(346)。

(344) Levy, 2002. S. 425, Anm. 44 ; 428.
(345) Menzhausen, 1977, S. 89.
(346) （仏語原文）„Mais les machines del la nature, c'est à dire le corps vivans sont encor des machines dans leur moindres parties jusqu'à l'infini. C'est ce qvi fait la difference entre la Nature et l'Art, c'est à dire entre l'Art Divin et le notre" (Leibniz, 1998, §64, S. 48 ; ドイツ語訳 S. 49)。マールブランシュについては Wilson, 1995, S. 158. を、ライプニッツの自動機械理論については以下を参照のこと：Schmidt-Biggemann, 1975, S. 62-66, Robinet, 1986, Automates und Breger, 1989. S. 93ff.

　ライプニッツの確信によれば、微分方程式は有限のデカルト幾何学に対して無限を目指して解放する行為を意味する(347)。それゆえ宇宙において無限に妥

図49. トビアス・ライヘル:蜘蛛の自動機械(真鍮)1600 頃。Dresden, Zwinger

当し永遠に分割可能な被造物と事物はポスト・デカルト主義に第二の道を開いた。というのも、微分方程式は計算のためにあるのではなく、**一望する**（pervideri）ためにあるのであって、「この数列はどんな内容をはらんでいるのか、神のみが照覧可能である」[348]。無限性は数学も自然をも駆り立てて数学的計算可能性を超えるよう促すものであるゆえに、神の視をもった超（トランス）数学的上級審の出番となった。無限一覧を可能としたのが、これである。

(347) Knobloch, 1999. Streifzug, S. 220ff.
(348) AA, VI, 4, B, Nr. 326, S. 1655, Z. 15；ドイツ語訳は以下による : Leibniz, 1996, II, S. 65.

VI　感覚的認識と直感

1．ものそのものの力

　ものを見る際に同様のプロセスが起こる。一つの鍵は、1679／1680年に起草された『発明的記号術論』、その中でライプニッツは記号の概念と機能を定義し[349]、この思考構造の微細なもつれを一刀両断する。まさに動じることなく唐突に彼が強調したことには、事物を直接的に示すなら、記号の介在はない方がいいというのである。「もしもわれわれが、囲いの中で野生動物を、あるいは解剖学教室で骨格を見るごとく、事物そのものを常に眼前に見ることができるのなら、われわれはそれらを記号で表象する必要はさほどないだろう」[350]。表象願望はそのとき記号の層を突っ切って、生き物や対象物に肉薄する。これらは自分で自分を指す記号なのであるから。動物園、あるいは解剖学教室の場所指定はそれらのものを自分の表象となし、そしてそこで記号は、不在のものを十全に存在せしめる表象の機能を究極の姿で実現する。**自然と人工の劇場**においては——とこの表象形式研究は続く——ものそのものをして自分を表象させようというのだ。「自然と人工の劇場は、可能な限りものそのものが、可能でない場合には、死んだものの標本や種々の実写が収蔵されることが望ましい。そのほか、器具や機械の多様な模型が備わる」[351]。

[349]　S. o. S. 87-90.
[350]　AA, VI, 4. A, Nr. 78, S. 324, Z. 18-19 ; AI, 20, Z. 20-22.
[351]　AA, VI, 4. A, Nr. 78, S. 324, Z. 19-22 ; AI, 20, Z. 22-25.

ものそのもの（res ipsas）という議論は、1668年のベッヒャーの『教育法 methodus didactica』に帰せられる。すでに述べたようにライプニッツはこれを1669年に読んでいたようであり、要約と評釈を残している。そこでは**ものそのものの場として自然と人工の劇場**が想定されており、ものはなんとかして直接的に自分を表象させるべく、名前のいわれを刻印しようというのである[352]。こういう例を際立たせるためにライプニッツは動物園から外へ、動物を直接に提示する自己表象から外へ飛び出す。第二段階になって初めて標本や実写を眼にするのだが、それは少なくとも生命をシミュレーションすることができる。同じ段階に機械や器具の模型も機械分野に名乗りを上げる。知の劇場の展示品は、アイデアの軽便さを高めつつ、記号世界へ昇格させずして、思考のたやすさを促進する。ベッヒャーは**自然と人工の劇場**を「いわば遊びつつ」学びうる手段として提示したのだし、ライプニッツもまた、**自然と人工の劇場**ではものそのものが円形を描くコンパスのように軽便な効力を発揮することに力点があった。「眼前に供された実物ならわれわれはしばしば苦労なしに追っていけるが、そうでないと大いに頭を悩ませなければならないだろう」[353]。

[352] ベッヒャーの関心は、「あらゆるものがそれ自体でいわば指示行為を行うこと」である。記憶の形成にとって決定的なことは、「ものそのものを承知していること」である（Becher, 1668, S. 49）。

[353] AA, VI, 4, A, Nr. 78, S. 324, Z. 22f.；AI, 20, Z. 25-26. S. o. S. 89f.；一般論としてはLeinkauf, 1993, S. 257f. を参照のこと。

その前年にライプニッツの頭にはベッヒャーのことがよみがえっていたようである。1679年には『プシコソフィア Psychosophia』を読んでおり、付録には原始キリスト教国として意図された共同体というユートピアが展開され、その中心をなすのは「哲学の学校」としての「自然と芸術の劇場」だった。これには「幾千もの自然物（コルポラ・ナトゥラリア）や人工物（アルテファクタ）、つまり自然のもの、彫刻家の手になるもの、蝋にてかたどられたもの」、および、その絵と記述が含まれることになっていた[354]。

[354] Becher, 1683 [1678], S. Piiij^v; AI, 13, Z. 2-4.

ものそのものの価値をライプニッツは強調するが、それは認識力を展開させ

ようという彼の『記号術』の中心プロジェクトに一致するようである。この記号術が使う記号は、算術が数字を用いるのと同じ明晰さをもって諸観念を表象するはずのところ[355]、ライプニッツは**レス・イプサス（ものそのもの）**を空間的身体的要素として引用し、これに想像力の展開にとって格別に力強いインパクトを認めたのである。思考を担う事物はこのとき外界の客体から形成されており、——そしてこれが本節の本来の挑発点なのだが——記号によって表象される「必要」などない。ライプニッツが次の節で代数計算へと戻っていくだけに、いっそうその表象への誹謗は険しいのである[356]。

(355) Mittelstraß und Schroeder-Heiser, 1986, S. 395ff
(356) AA, VI, 4, A, Nr. 78,：S. 325, Z. 7-9.

こういう揺り戻しは明らかに解決案の一部である。ライプニッツは幾年にもわたって観念の表象となる代数計算の形成に腐心しており、同時にしかし彼は、**ものそのもの**を情報と真実の展示品／累乗指数として額面どおり受け止め、思考の刺激剤として稼動させることをやめることがなかった。こうした中世から20世紀現象学に至るまで受け継がれ、図像学的に主導された物（**レス**）の理解の仕方は、空間的触感的ものの表面と性質を額面どおり受け取り、その仮の性格をテストし、自分を真実と認めさせる性格を利用する[357]。機械と、それにライプニッツが最も広い意味で「ものそのもの Sachen selbst」に包摂しておいた生き物とを、主体の第4、第5段階としてのちに定義することになるだろう。そして物質の内部および下部で自律したモナド、力、本来の魂、それぞれが格好の地位を占めるのである。「ものそのもの」は物質存在（substantia corporea）の固有性を満たすが、ものの根底と同時にものを担う力と魂の参照指示でもあった[358]。

(357) 初期近世におけるレスの意味論については以下を参照のこと：Harms, 1970；Husserl のものそのものについては以下を参照のこと：Orth, 1995, S. 117f.；bei Merleau-Ponty（1966, S. 10）：Shusterman, 2003, S. 707.
(358) Volder 宛書簡，20. 6. 1703（Leibniz, 1875-90, Bd. II, S. 252）.

ライプニッツは二兎を追う。その理由は、彼が究極の真実認識のために想定しておいた上級審に、すなわち、神の視にある。1675年、「思考遊び」記述の

年の終わりに、ライプニッツはこう強調していた。神は万象を同時に認識する力をほしいままにする[359]。神はこれによってコスモス全体をそっくりそのエレメントとそれら相互の関係を同時に眺め渡すことができる[360]。しかしライプニッツはこうした万象の瞬時の把握を――これが決定的帰結なのだが――直感行為と規定するのである[361]。

(359) De Mente, De Universo, De Deo, in : AA, VI, 3, Nr. 57, S. 463.
(360) Leibniz, 1875-1890, Bd. II, S. 438 ; s. o. S. 81f.
(361) Mediationes de Cognitione, Veritate et Ideis, in : Leibniz, 1985, Bd. I, Opuscules, S. 36/37. ライプニッツはデカルトの intuitus mentis（直接的視）に手を加える。(Descartes an Mersenne, 16. 10. 1639, in : 同 1897-1910, Bd. II, S. 599 ; 以下を参照のこと : Regulae ad Directione Ingenii, in : Bd. X, S. 370 ; この点に関しては : Schulthess, 2001, S. 1049).

　この能力は、努力すれどもなかなか手の届かない目標だった。人間の認識能力の限界に関する彼の発言には、このジレンマがにじんでおり[362]、1684年に公刊された『認識、真理、イデアに関する考察』でも、このジレンマが自分の努力を促す原点となっている。ここに露呈しているのは、『認識、真理、イデアに関する考察』の導入で模写される認識図式が、新たに出版されたこのテクストの知識なしには明かされない究極の危機の相にあるということだった。ライプニッツの問題の探り方はこうである。段階を経て進行する思考は、単純な概念に関わる場合のみ直感的でありうるが、増大する複雑さの前ではもはやこの直感を獲得しがたい。あまりに複雑で一歩毎に内部説明を意識していくことができないような観念があるが、そういう観念のために記号があるとすれば、これはなるほど思考を軽減するにしても、同時に重大な制約を秘かに受けることになろう。「私はこの認識を**盲目的**、あるいは**象徴的**とも呼ぶ習慣である。これをわれわれは代数学と算術において、いやほとんどどこででも使うのである」[363]。

(362) Schulthess, 2001, S. 1049.
(363) AA, VI, 4, A, Nr. 141, S. 587, Z. 21f. ; Leibniz, 1985. I, S. 36/37. 代数学を普遍記号学に含める考え方については以下を参照のこと : Burkhardt, 1980, S. 190-195.

ここでいう「盲目」とは何か。記号は**ものそのもの**の直接の現前を意図しないので、**ものそのもの**の具体性に凌駕されてしまうという独自の状態のことである。合理計算を獲得しようとしても克服しがたい限界に行き当たるというライプニッツの悲劇が、もっとも明快に公式化されているのは、「組み合わされた概念を使う思考は、たいていひたすら象徴思考である」という限定命題においてである[364]。一望の下に理解する神の直感的明晰さ、これを見つける方向を「記号術」の結合術はとり違える[365]。人間は普遍計算の構築によって自分のアイデアを拡大すべく全力を挙げねばならない、たしかにこれがライプニッツの確信であったが、いくらそのように努力しても、あらゆる進歩は直感的視によって明晰さに達する神の能力から離反していかざるをえない。そこで至高の認識形式が生れる第4段階では、象徴表現を超えて「十全に直感的」であろうとするのである[366]。

(364) AA, VI, 4, A, Nr. 141, S. 588, Z. 1-3 ; Leibniz, 1985, I, S. 36/37.
(365) Schulthess, 2001, S. 1049.
(366) AA, VI, 4, A, Nr. 141, S. 586, Z. 1f. ; Leibniz, 1985, I, S. 32/33.

ライプニッツは、色彩の研究、あるいは五官への審美的印象に基づいた知覚のあり方の研究を進めながら、造形芸術家の判断力を使って反対モデルを提示した。「同様にわれわれは、画家などの芸術家が、自分ではその判断の理由を言うことができないにもかかわらず何が正しく何が間違って作られているか、正当に認識しているのを知っている。」[367]。当惑してしまうのだが、そこで挙げられる例証は、五官に媒介された認識を強化する条件と論理の条件から逸脱するものだった[368]。ライプニッツは、それ相応の概念を思い通りに使う能力は芸術家にはないといって否定しておきながら、一方で、芸術家は正当に認識し（probe cognoscere）、なかんずく判断を下す能力があるのだから「記号術」の中心的問題を実現する能力も芸術家に認めようという[369]。

(367) AA, VI, 4, A, Nr. 141, S. 586, Z. 19f. ; Leibniz, 1985, I, S. 34/35. 以下を参照のこと：Hogrebe, 1992, S. 67f.
(368) この一文の分析と近世美学にとってのその意味については Hogrebe, 1992, S. 67ff. を参照のこと。
(369) 判断を写し取ることについては：Mittelstraß／Schroeder-Heister, 1986, S. 400f を参照のこと。

ライプニッツのメモは組み合わせ術の広大な地平に現れた霹靂のようなものだ。芸術家はアルス・コンビナトリアが克服しようとした能力を我が物にしようという。定義され組み合わされた記号による計算は、神の認識の明晰さを取り戻す試みなのだが、計算は段階を経るごとに直観力に対して懸隔を広げてしまうのだとは、先刻承知。すなわち概念を使わない芸術家の判断力とは、そうした記号計算の歪像である。概念によらざる芸術家の判断力は、質的認識の同時性を感受する。代数計算は明晰であるが、反直感であり、理由は、それが段階的に進行せねばならないからであり、決してあらゆる関係を一挙に理解することができないからである。一方、芸術家の感覚は計算を我が物とするのではなく、適切な判断を直感的に下すものである。両能力は互いの欠点を相補う。こうした条件を勘案することが、ライプニッツ認識理論の最大の功績なのだ。なぜならそれは思考力の条件をもっと大きいもっと入り組んだ枠の中へ組み入れるからである。これは「窓のないモナド」という独特のイメージの射程を超えている。

2. 自然言語の強み

ライプニッツの言語理論は、「記号術」と直感的「視(シャウ)」の間の葛藤を映す鏡のようなものだ。それは一種の検算であり、「見ること(ヴィスス)」の定義にとっても明らかな価値を持っている。

こうした普遍計算の構築に似ているのが、ライプニッツの形式・人工言語の獲得の仕方である。それはただ確実な認識の上にのみ構築されているはずの日常言語としては、ひたすら無矛盾の発言と文法のみを内包していればよかった[370]。「理性文法(グラマティカ・ラツィオニス)」と自然言語とを区別しようとしてライプニッツは、「記号術」と芸術家の判断力の間にもあったのと同じ葛藤を意識することになる。人工言語はなるほど無矛盾であるが、感情をしかるべく表現する可能性と直感とを意のままにすることはできなかった。自然言語は「理性文法」の言語と違って、たしかに夥しい不透明さと矛盾を抱えているが、その代わり基本的感情を表へ出すことができた[371]。こうして実体験に近いこともあって自然言語はライプニッツの哲学的興味をかきたてた。というのも彼の想定では、自然言語の単語は、表記されること(Sachen)と根源的に一体であった。

自然言語にライプニッツが認めた記号コスモスは、直接的に被造世界の**ものそのもの**と結びついていた⁽³⁷²⁾。**レス・イプサス（ものそのもの）**と結合することによって自然言語の要素は、感情と深い知覚の武器庫を形成した、つまり、計算言語では提供できないような原動力となった。

(370) 普遍言語を獲得する17世紀の努力に織り込むことについては以下を参照のこと：Mittelstraß, 1970, S. 419f.；Leibniz については：Krämer, 1991, S. 242ff.
(371) Poser, 1997, S. 137, 139f.
(372) De Linguarum Origine Naturali, in : AA, VI, 4, A, Nr. 14 ; Krämer, 1991, Vernunft, S. 244 ; Poser, 1997, S. 141f.

思考にとって必要な明晰さを表象する人工言語は、ライプニッツによれば、自然言語の実質的感情充足の根本起源から連続するものであるのに、自然言語の方は「理性文法」の代数学による検算可能性からはかけ離れたものであった。ということは人工言語に対する希望と自然言語の感受力への洞察との間にあるライプニッツの言語理論上の断絶は、数学的計算と**ものそのもの**の表象と、どう選択するのかという緊張に同じであった。

3．魂、およびモナドの身体

こうした矛盾を解決する鍵を提供するのが『モナドロジー』である。ライプニッツはそこでモナドを窓なき「自然のアトム」と定義した。モナドの分割不能性には、しかしながら多様性がひそんでおり、それが自己展開する欲望（アペティツィオン）を産む。五官による知覚（ペルツェプツィオン）経験はモナドの単一性に多様性を現前させるので、知覚経験は展開衝動の代理人なのである。ライプニッツが知覚媒介として強力に推しているのが、眼、それに臭覚と触覚の器官である⁽³⁷³⁾。

(373) Leibniz, Monadologie, § 25 (1998, S. 22/23).

モナドは身体（Körper）のエレメントを構成しているが、そのエレメントはたえざる流れのなかにあり、永久変動を続ける。モナドは自分の中に身体を表現しており、これにモナドは魂として仕え、その身体を通してモナドは宇宙総体と結合している。なぜならそこには空虚は存在しないのだから。どれほど

ライプニッツがデカルトの身体と理性の分離を拒絶しようと、デカルトの宇宙流体という考えは共有している。デカルトのコスモス系が伝えてくれるのは、どのようにライプニッツがコスモスの全個体の関係を想像していたのか（図16）、どのようにライプニッツが、こういう共振の表象として宇宙総体を魂が反映していると想定したか、である[374]。

(374) Leibniz, Monadologie, §83 (1998, S. 58/59).

　魂と身体の相互作用のうちに機能しているのが、**記号術**の一覧表と**自然と人工の劇場**の道具である。両者が演じてみせるものの何一つ、モナドの自立的内部世界に存在しないものはないのだが、内部の諸表象の関係のダイナミズムを作動させるためには、五官による知覚が必要なのだ。この知覚は真実のモナドの主体に落下せず、主体に入り込むこともない。けれども、知覚はコスモスに与えられている多様性を刺激して自動的に自己展開を促すのである。

　『人間理性新考 Neue Abhandlungen über den menschlichen Verstand』の序言でライプニッツは、この能力に対して文学的インスパイアを受けた記念碑を対置した。記念碑とは、意識しないまま身体にも魂にも沁みこむ潮騒のような、五官への浸透をテーマとしている。ライプニッツにとっては、これら「小知覚」こそこの上なく重大である。なぜなら、それらは五官によって現前させられたイメージ群を使って、「われわれを包む身体がわれわれに与える、そして無限のものが自身に内包する」あの印象、「あらゆる存在物が全宇宙と持つあの結びつき」[375]を生み出すからである。

(375) Nouveaux Essais, Vorwort, in : Leibniz, 1985, Bd. III/1, S. XXIV/XXV.

　包み込むような感覚印象は個人をコスモスに結びつけることによって、あらためて無限の偶然性の圏域をも形成するのである。この圏域は有限な条件、つまり合理的な条件を逸脱する。しかし、理性の最高形態が認識する基本問題はこうである。数学によって定義できるのは、規則と法則が通用する無限性のあの諸形式のみだということ[376]。だから数学がもはや把捉できないところで、「小知覚」の無意識の作用と直感が作動するのである。ライプニッツが「小知覚」の作用の仕方を研究する手段は、もっぱら聴覚的シグナルである[377]。そしてこの点にまた矛盾なき計算という人工言語に対する自然言語の感情上の強

みが根拠を持つのである。序言にライプニッツが展開する考え方によれば、時間はそれ自体として存在せず、空間上の事物が接触し摩擦することによって発生する。「こうも言えようか。この小知覚の力で現在は未来を孕むのであり、過去を充填されるのであり、その結果、すべては一つに調弦されるのである」。時間を共時的に把握する「小知覚」のこの能力を、ライプニッツは視（Visus）に関連づける。というのも彼はこの視というものを、「すべてを見通す神の眼」と同一視するのである。それは「宇宙の事物全体の連続を、ほんの微小の物質（Substanz）にも読み取ることができる」。(378)

(376) Leibniz, Monadologie, §33-36 (1998, S. 28/29).
(377) Trabant, 2003, S. 180ff.
(378) （仏語原文）„(...) des yeux aussi perçans que ceux de Dieu pourroient lire toute la suite des choses de l'univers" (Nouveaux Essais, Vorwort, in : Leibniz, 1985, Bd. III/1, S. XXIV/XXV. 第一引用文の独訳は：S. XXIV) ; 以下を参照：AA, VI, 6, S. 55, Z. 1-6.

　すべてを逃さない眼差しと直感する能力とをこのように結びつけるところに、ライプニッツが**ものそのもの**を擁護する理由がある。「思考遊び」と**自然と人工の劇場**に溢れ出る展示物と着想は大洪水となって「小知覚」の人工コスモスに殺到し、こうして外部の感覚圏域から刺激して思考の内部運動に働きかけようというのだ。これは知覚の鍛錬場というものである。ここに展示される物は、記号から発明的結合術の遊戯に至る道を通り抜けることなく、魂の内的思考運動を拡大するための刺激を提供する。むしろ展示物の無限の過剰さは、結合術的計算の純粋・厳密さを越えてしまう。展示物は、記号が描く輪郭の境界線を越え出るためのきっかけである。展示物は無限の現れ方をするので、**直観**の、さえぎられることのない眼差しを要求する。記号と**ものそのもの**の区別はどこにあるのか。眼前に示された数学が論理的であるが有限であるのに対し、直観的に知覚される**自然と人工の劇場**が目指すのは、無限性、すなわち神の視にのみ許されるものである、という点である。

　ライプニッツの生涯にわたる**自然と人工の劇場**賛美には、こういう意味で哲学的レベルが内包されていた。この劇場の表象するものは、発明術の自由であり、「記号術」の記号よりもより深きに達する自由なのだ。ライプニッツにとって絵と展示物は諸エレメントを結合させるスピードのおかげで直観的眼差

しに接近することができる。この眼差しこそ、計算の連続的積み重ねとは逆に、すべてを一挙に把握してしまうことを可能とする。展示物は直観的で境界を設けない明晰さの顕現である。神の眼差しをなぞることに**自然と人工の劇場**の認識論上の核がある。

4．一望（coup d'oeil）と神の視のあり方

計算と直観の葛藤は1710年の『弁神論』におけるライプニッツに、認識比喩についてこの上なく鮮明なイメージの一つを思いつかせる。畢生の大作の結びに出てくる運命の宮殿なるイメージ。その宮殿の一室では、セクストゥス・タルキニウスの生涯が「一望のもとに、そしてまるで劇場の上演を見るかのように」捉えることができる[(379)]。「一望（coup d'oeil）」という言葉は1679年秋にライプニッツが検証したイメージの力を思い出させる。すなわちイメージであればこそ、「いわば戯れのように、一望のもとに、言葉の回り道を使わず、視の器官を介して、人心に模範を示し、より強く刻み込む」ことができると言っていた[(380)]。それはいかなる組み立ても必要としない神の直観的眼差しであり、一挙にすべてを隅々まで見渡してしまうのである。この眼差しあればこそ「弁神論」の「表象劇場」もまた神的認識の文脈に入っていくる。

(379) （仏語原文）„Théodore vit toute sa vie comme d'un coup d'oeil, et comme dans une représentation de théâtre" (Essais de 'Théodicée, §415, in : Leibniz, 1985, Bd. II/2, S. 264f.). これ以下の論点については Siegert, 2003, S. 156ff. を参照のこと。そのブリリアントな分析については、もはやふれる余裕がなかった。

(380) AA, IV, 3, Nr. 116, S. 785, Z. 5-7 ; AI, 16Z. 15-17.

この視のあり方に応じて、運命の宮殿において数字と言葉と絵が、まるで劇場の枠内に登場する「アルス・コンビナトリア」の記号ででもあるかのように一致して働く。ライプニッツの計算術では到達不能な目標として漂っていたものを、フィクションが実現する。この宮殿では登場人物は額に戴く数字に従って『運命の書』に記載されている。たぶんライプニッツは1671年に公刊された観相学と記憶術の論文からインスピレーションを得たのだろう。この論文では、ある男の顔が掲載され、その在りうるほくろの位置にナンバーがふられ、

それぞれの運命を示す記号を与えられている（図50）[381]。ライプニッツの『運命の書』では、指が或る1行に置かれるや、その行の一括する内容が細大漏らさず図として浮かび上がる[382]。数字―本文―図の通底は、これらインデックスふう要素が相互参照の関係にあることを明かしている。この相互参照指示こそ**アルス・コンビナトリア**という表象劇場総体をクリアなものにしてくれる。問題とされているのは、言葉と数字を絵から解き放つことでも、絵を肉体から解き放つことでもない。そこでは「運命の宮殿」が概念的なものを**一望に見て取ること**（coup d'oeil）に結合させるのである[383]。

(381) この描写は1649年 Claude Mellan 作の線描からなるキリスト肖像を受け継いでいる（Wolf, 1997, S. 59f.；同 2003, S. 323f.）。

(382) （仏語原文）„Mettez le doigt sur la ligne qu'il vous plaira, lui dit Pallas, et vous verrez représenté effectivement dans tout son détail ce que la ligne marque en gros" (Essais de Théodicée. §415, in : Leibniz, 1985, Bd. II/2, S. 264f.).

(383) ミシェル・フーコーが「もの mots」と「こと choses」(1971) をシステマチックに分離する物語を作ってライプニッツを大きく迂回したということについては、一考の余地がある。フーコーの大物語の功績は、当該世紀のおそらく最重要思想家をフェイド・アウトさせたことにある。この問題については Robinet, 1983, S, 29ff. を参照のこと。

代数計算の論理が直観的な一望劇場へと合流していくところには、普遍計算の構築はユートピアであるという予感が反映している。1690年代以降、ライプニッツはこのプロジェクトをもはや散発的にしか追及しなくなるが、それというのも検証可能、拡大可能な知の計算化を構築するにはあまりに克服しがたい困難があったからである[384]。同じ時期、ライプニッツがそれだけ一層ベルリン、ドレスデン、ウィーン、モスクワ、サンクト・ペテルスブルクにて**自然と人工の劇場**設立に手だてを尽くしたのも、偶然ではないわけだ。たとえば彼はアウグスト2世宛建白書の中で、1704年のザクセン・アカデミー開設に向けてあらためて**ものそのもの**を**自然と人工の劇場**の展示物 choses mêmes として喧伝したのであった[385]。ライプニッツが言うには、古典的書物と図版集は異論の余地なく有用である、しかし「自然と人工の劇場は、ものそのものを実物として、あるいはモデルとして収蔵するのだから、さらなる効果を期待できるだろう」[386]。ライプニッツの生涯の暮れ方には執念が深く刻まれている。

図 50. 作者不詳：顔のほくろ占い図解（銅版画）1671, in : Saunders, 1671, S. 310

計算化手段のみでは届かないところ、神の視に、ものを観る眼を一層近づけようというのである。

(384) Thiel, 1992, S. 175.
(385) AA, VI, 4, A, Nr. 78, S. 324, Z. 18 ; Al, 20, Z. 20.
(386) Leibniz, 1768 [1989], Bd. V, S. 176 ; AI, 47, Z. 10-12.

VII　化石、および大地の芸術理論

1．女芸術家なる自然

　ライプニッツは、遠近法に発して「ものそのもの」の直接視に達する神の眼差しを再構築しつつ、なおさらに大地の奥深くにまで沈降していった。両構成要素を大地の歴史に応用したやり方は、ライプニッツの眼差し理論と図像理論をもっとも分かりやすく証言するものとなっている。

　ライプニッツの地球史研究は1671年に遡る。当時彼は地表をなす層のでき方を、沸騰する地塊が瘡蓋化する過程で生じた巨大な空気腔が、盛り上がったり、陥没したりすることであると解釈していた[387]。6年後、彼を圧倒する仮説が登場する。石とは、「石化する液体 succus petrificus」の産物であり、多様な形態の充満と自然形態が像を生み出すことに至るまで、この「石化」で証明できるというものである[388]。彼が参照したのはアタナジウス・キルヒャーの豪華本『地下世界 Mundus subterraneus』、この中でこれら石の諸形態が自然の或る秘密に満ちた遊戯的芸術的形成力の所産であるとして解釈されていたのである（図51）。これを自然の戯れ lusus naturae と称した[389]。

[387]　Hypothesis physica nova, §1-18, in : AA, VI, 2, Nr. 40, S. 223-228.
[388]　Kircher, 1665, II, S. 6f., 45. これに続く論点については以下を参照のこと：Bredekamp, 1981, S. 14ff.; Nummedal, 2001, S. 41f.
[389]　Janson, 1973 ; Baltrusaitis, 1984, S. 55ff.; Findlen, 1990, und Bredekamp, 2000, Anti-kensehnsucht, S. 20f., 66f.; Mundus subterraneus については以下を参照のこと：Kelber und Okrusch, 2002.

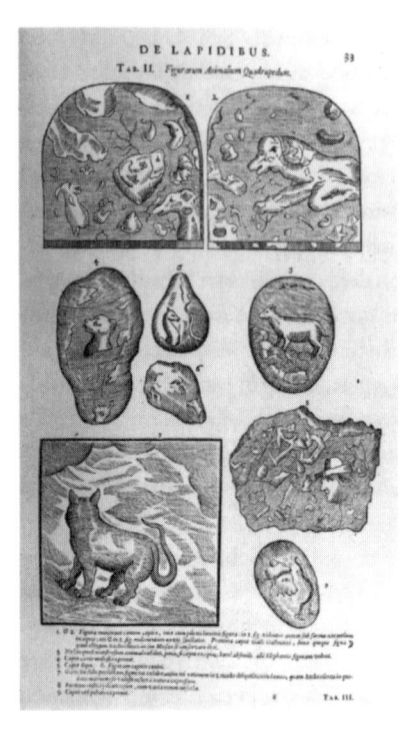

図 51. 作者不詳：石中に現れた形象（銅版画）1665, in : Kircher, 1665, II, Taf. III, S. 33

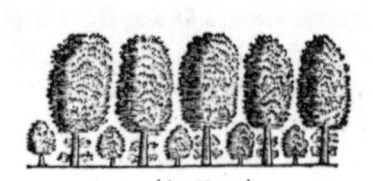

図 54. 作者不詳：救済史上の石化した人物像（銅版画）1665, in : Kircher, 1665, II, S. 36

図 52. 作者不詳：金属樹（銅版画）1665, in : Kircher, 1665, II, S. 28

図 53. 作者不詳：石化都市像（銅版画）1665, in : Kircher, 1665, II, S. 30

あまたの試論の中でキルヒャーは、小便と化合物の結晶化、あるいは金属を形成するようなものの結晶化によって、金属樹にまで至る複雑な産物を得た。金属樹は、自然の彫塑力を実験的にも証明していると思われるのだ（図52）[390]。動植物・人間・町並みといった石化した様々な形態（図53）、それには磔刑のキリスト像すらあるのだが（図54）、そこにキルヒャーは自然が画家として参画しているのだとみなし[391]、その作物が神の啓示の記号として人間によって解明されねばならないのだとした[392]。ライプニッツは1678年公刊と思われる文書でこの理論をこう解説している、「これら獣骨と貝殻の形態は、まま自然の遊びというものにすぎず、動物に由来せずとも個別に形成されるものである。すなわち、石が成長し、千もの奇態な姿をとるのは、ありきたりのことにて、尊敬措くあたわざるキルヒャー師が彼の地下世界において夥しく例示した石くれが証明しているごとくである」[393]。

[390] Kircher, 1665, II, S. 27f., 52f., 335-336；以下を参照のこと：Findlen, 1996, S. 236.
[391] Kircher, 1665, II, zu den Seiten 27-45：（以下、ラテン語原文）„De admirandis Naturae pictricis operibus, formis, flguris, imaginibus, quas in lapibus & gemmis delineat, eorumque origine & causis."
[392] Kircher, 1 665, II, S. 22.：生気を持った自然の自然哲学的帰結については以下を参照のこと：Daston / Park, 2002, S. 35 1ff.
[393] ドイツ語訳は以下による：Ariew, 1998, S. 283. Anm. 46, これはCohen, 1994, S. 79 の草稿版にかかわる。

1679年、ライプニッツはニールス・ステンセン著『自然侵食論』を読んで、石が像となるのは決して彫塑力によるのではなく、もっぱら水の穿つ力に由来するという意見に、なるほど感銘を受けていたのだが[394]、そう理解してもなおライプニッツは「戯れる自然」というイメージを絶対に手放そうとはしなかった。ライプニッツはすでに言及したハルツ山中自然物をシステマチックに収集するという1680年の第一歩を踏み出すべく、自然をあらためて女芸術家と見なし、「自然と人工の劇場」解釈を一新する芸術理論上の定式化を始めていた[395]。まるで女見世物師のように、とライプニッツは言うのだが、女芸術家たる自然はハルツ山という巨大自然劇場で、人間に芸術上の競争を仕掛けるべく演技を見せる。この山は「それ自体、自然が人工／芸術といわば技を競う驚異の舞台そのものである」[396]。

(394) このことについては Waschkies, 1999, S. 197f. 及び、同 2001, S. 1327. Stensen については：Seifert, 1954 ; Herries Davies, 1995.
(395) S. o. S. 27.
(396) AA, I, 3, Nr. 17, S. 17, Z. 34f. ; AI, 21, Z. 33.

ライプニッツは自然対人間の手になる作物の対決というイメージを使うことによって、自然の技と人間の技の間に真の芸術家論争を認めるとしたマニエリスム芸術理論を受け継いだ。彼の発言は、トルクァート・タッソーが庭園を眺めつつ適切に詩作したテーマの伝統に棹差すものである。複雑に絡まり役割交代を演じるそのテーマとは、「芸術は自然に似ていると見える。自然は己の満足に／おのがじしの模倣を戯れに真似るものなれば」[(397)]。人間の技と競う自然という観念をライプニッツは 1682 年 10 月にもう一度パリ・アカデミーにあてた文書でハルツ山の産物を一瞥しながら別の言い方をしている。「その他にも当地銅山より私は、極めて独特の発見物を入手した。わが落掌せし自然の驚異についてなお明快なる説明が見出せる。それは 1 個の石（版）にて、両面にそれぞれ別個の動物を、鉄筆に由来する（かのような）線刻にて完璧になぞってあるのだが、それが（人間の）手わざに因らぬものであることは容易に証明できる。私はこれを正確な図版に起こし、その発生の過程を小論にて明快に解き明かそうと期するものである」[(398)]。ニコラウス・ゼーレンダーがライプニッツの後期文書『プロトガイア Protogaea』用に制作した図版は、まさに「人の手－に－依らざる－作品」という観念がいかにこれでもかと押し迫ってくるものであるか、よくよく分からせてくれる（図 55）。金銀線細工もかくやという造形は、自然の芸術的巧緻以外の何ものでもないのである。

(397) （イタリア語原文）„Di natura arte par, che per diletto / L'imitatrice sua scherzando imiti" (Tasso, 1976, Gerusalemme, 16, 10).
(398) AA, III, 3, Nr. 407, S. 724. Z. 20-S. 725, Z. 14 ; （ドイツ語訳は Waschkies, 1999, S. 199).

ステンセンは自分の地質学研究を放棄してしまうが、ライプニッツは自分で石化の問題をシステマチックに追及し続けた[(399)]。1685 年秋、接近も困難な一連のハルツ山洞窟を調査した[(400)]。そこで目にした石塊の形態こそ、自然と人

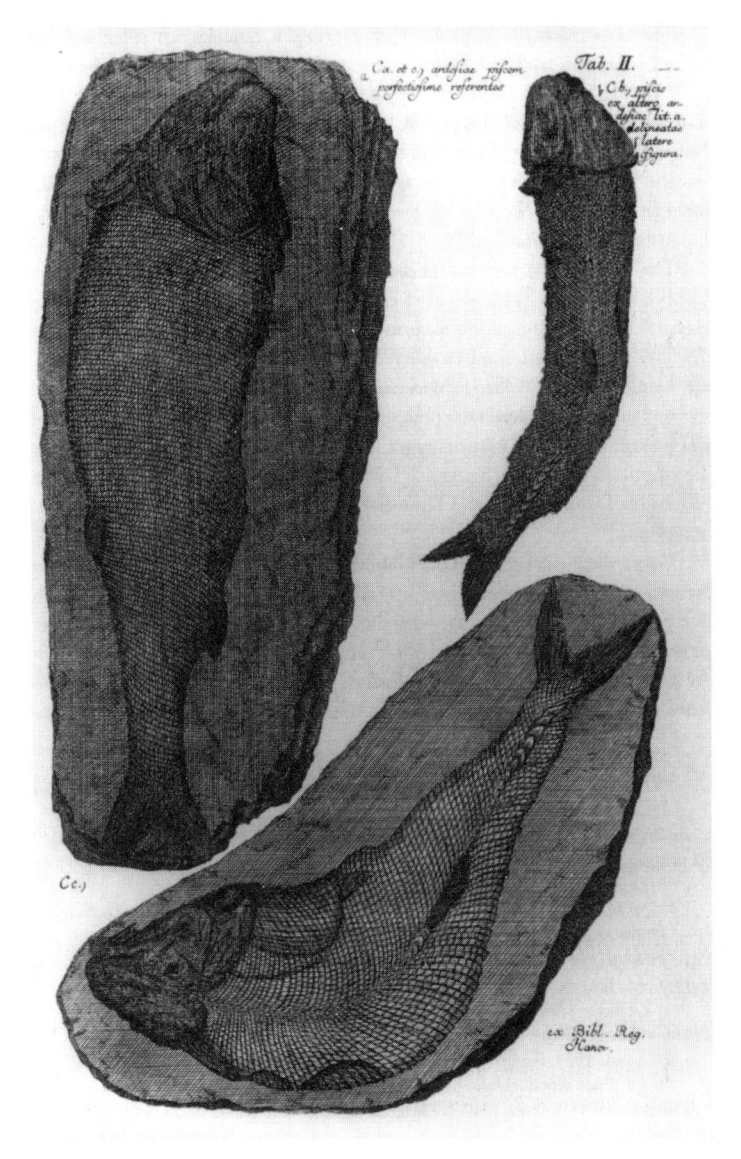

VII　化石、および大地の芸術理論　135

図 55.　ニコラウス・ゼーレンダー：石化した魚群（銅版画）1716-1727,
　　　　in : Leibniz, Progogaea, 1749, Taf. II

エの「対比(パラゴーネ)」という彼の見方を再考させ、ステンセン地質学の徒となる契機となった[401]。彼の存命中には書き終わらなかった『プロトガイア』はこの文脈において続けられたものであり、そこに書き込まれた成果こそ、ハルツ山行のものだった[402]。

(399) 宗教的覚醒体験とカトリックへの入信後、Stensen は 1677 年から 1680 年までカトリックの助任司祭としてハノーファーで、そのあと 1683 年までミュンスターの司教補佐として活動、ここでライプニッツは研究続行を彼に迫ったが無駄に終わった (Waschkies, 1999, S. 198)。

(400) この探査行については Waschkies, 1999, S. 204ff.

(401) AA, I, 6, Nr. 246, S. 441 ; Waschkies, 1999, S. 202f. 1691 年、ライプニッツは『プロトガイア』を改訂すると告知した年だが、この年、大公エルンスト・アウグストへの報告書草稿において、彼はこう強調していた。これら自然の諸形態は海洋生物の化石であると (AA, I, 6, Nr. 21, S. 23, Z. 14-23 ; Waschkies, 2001, S. 1328f.)。

(402) 『プロトガイア』の基礎となったのが Sticker, 1967, S. 250ff である。Hölder, 1969 及び Waschkies, 1999, 同 2001 を参照。

この研究では自然の生み出す形象について精細な議論がなされている。たとえば見るからに石化したティアラとかルターの姿といった無数の例をもとに、ライプニッツが跡付けようとしたのは、これら形象は**自然の戯れ(ルスス・ナトゥラエ)**ではなく、雲の様子に戦士の姿を認めるごとき想像力の戯れから生じるのであるということだった。このような戯れの想像物は、古代以来、創造神プロテウスふう変幻が蓄積されたものであり、芸術的想像力が挑発したものとされてきたのだった[403]。それら作者の名前は挙げないが、ライプニッツの念頭にあるのは、プリニウス、ルクレティウスからアルベルティを経てレオナルドに至る、空想力を自然のきっかけで羽ばたかせる伝統である[404]。

(403) Janson, 1973 ; Findlen, 1990, 及び Bredekamp, 2000, Antikensehnsucht, S. 20f., 66f.

(404) 「haec vere inter lusos habeo, non jam naturae sed imaginationis humanae, quae in nubibus acies videt」(Leibniz, 1949, S. 72 ; 以下を参照のこと:„imaginatio in rerum signaturis ludit" (S. 94) und „sed haec imaginationis judicia sunt, non oculorum" (S. 96) Plinius, Naturalis historia, II, lxi, 152 (S. 130/131) Lukrez, IV, 129ff., S. 262/263. 以下をも参照のこと:Ariew, 1998, S. 282 und Métraux, 2003, S. 183ff.

ライプニッツは連想のままに解釈することには反対である。ステンセンに共

VII　化石、および大地の芸術理論　137

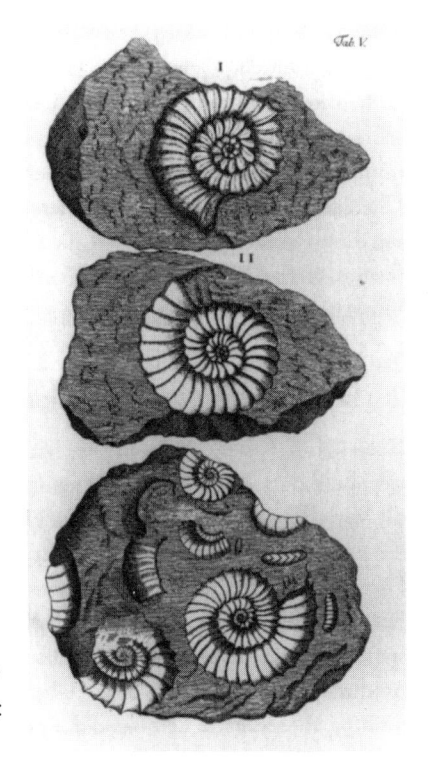

図56.　ニコラス・ゼーレンダー：殻を持つ
　　　動物たく（銅版画）1716-1727, in:
　　　Leibniz, Protogaea, 1749, Taf. V

鳴する彼は、たとえば巻貝の石となった姿を（図56）、かつて生きていた有機体のまさしく検証可能な残滓であると解釈した。「私は敢えて確実なことしか申しますまい。すなわち純銅の魚は実物の魚に従ってできたものであるということでわれらには十分だということ」[405]。ここでは自然の芸術的遊び、あるいは一般的「彫塑力」の作用を認めることをライプニッツは、とりわけキルヒャーによって世に出た誤謬と見なした。「そうでないと思うものは、メルヘンにたぶらかされたのだ。それはどれほど、キルヒャーやベッヒャー、あるいはそのほかのこういった種類の軽信の徒、あるいはいくたりかの作家たちが、自然の驚異の遊戯と形成力について贅言を尽くして飾り立てたお話であったことか」[406]。

　(405)　（ラテン語原文）„nec aliquid certe constituere audeo, nisi quod nobis satis est, pisces aerosos ex veris expressos" (Leibniz, 1949, S. 72).

(406) （ラテン語原文）„Qui contra sentiunt, narratiunculis seducuntur,quae apud Kircherum quendam, aut Becherum, aliosque id genus credulos aut vanos scriptores de miris naturae lusibus et vi formatrice in magnam speciem verbis ornantur" (Leibniz, 1949, S. 94)。以下を参照：S. 92。及び1696年8月の日記では、グラーフェントンナで発掘されたマンモスの歯はゴータ市の学者連によって相変わらず「自然の戯れ Lusus naturae」と見なされている（Leibniz, 1843 - 1847, Bd. 4, 1847, S. 203）。

戯れる自然というイメージを拒絶した啓蒙精神は、アニミズムふうの自然理論の足枷を逃れたようであるが、この旗印のもとにライプニッツは生成史上の巨人となったのだ[407]。けれどもこの視角からでは彼の思考の輻輳ぶりを計ることは無理である。『プロトガイア』は化石理論を引き受けて、遊戯的自然理論に別れを告げる。しかしこの論文の起爆力は、それが地球生成の芸術理論的解釈を堅持しているところにある。ライプニッツは倦まず主張するのだ、自然は「偉大な芸術以外の何ものでもない」と[408]。だから彼は、かつて動物が占有した虚ろな空間を大地がメカニズムで一杯にする、そのメカニズムを彫刻家のモデルに従って記述するのである。彼の確信するところでは、自然は動物を不燃材でくるみ、これを熱すると中身が燃え、空洞となり、空洞の灰を掻き出し、その凹型に金を注ぎ込む。するとついには真の黄金獣が手に入る[409]。こういう確信が、化石誕生に関して女芸術家としての自然[410]という想像を再び活性化するのである。

(407) Sticker, 1967, S. 250ff.；Hölder, 1969；Waschkies, 1999；Kertz, 1999, S. 39ff.
(408) （ラテン語原文）„Neque enim aliud est natura, quam ars quaedam magna" (Leibniz, 1949, S. 40；以下を参照のこと：Roger, 1968, S. 140, Hecht, 1992. S. 121, 124)。
(409) Leibniz, 1949, S. 66；及び Ariew, 1998, S. 282.
(410) （ラテン語原文）„Ita natura pro homine imponit" (Leibniz, 1949, S. 54)。

2．複製の芸術

同様の解釈パターンにしたがってライプニッツは1706年のテクストの中で、像となった石を**自然の戯れ**とする問題を扱っているが、そこで「自然の戯れ」という観念を退け[411]、返す刀で、大地は女鍛冶師である、失われた形態の復

元原則に従って化石の姿を製作できる者である、と言った[412]。けれど、それはつまり、おのずから空蝉となり、そのあとで石や金属を注ぎ込まれる生き物とは、自然の鋳型形成によって完全に元の形を忠実に自己再生していたということになる。化石形成に金属注入という比喩を使うのだから、当然、化石と見なしえるのは、正確に複製される有機体であることを示している形象石だけだと、ライプニッツは推論した。

- [411] Leibniz, 1997, S. 9f. ; 1706年にアカデミー論文として発表された、フォントネルによって行われた簡略版報告を参照のこと : Leibniz, 1768, Bd. II, 2, S. 179 及び Leibniz, 1993, S. 203.
- [412] Leibniz, 1997, S. 11.

そういう化石と有機体が一致しない場合には、自然の「戯れ」が想定された。「もしこの細密さが見出せないのであれば、私はむしろ、それは戯れなのだと思う。ちょうどフィレンツェなどで見つけられ、キャビネットの装飾に使用する例の大理石中の小木のように」[413]。こうしてライプニッツは一先ずは受け入れるが厳しく吟味した**自然の戯れ**という比喩を、化石の細密な再生産基準を満たさないあらゆる形態用に強化した。複製とは認められないすべての形象は、存在しない擬似オリジナルの空想に満ちた写像となった。ライプニッツは列柱状の金属樹の自己生成をも、それが「ある種の戯れ」と見なしうるゆえに、写像に数えた。「機械的にせよ高度に未完成の紋様によって有機体の生産を模倣することは、自然の意に適う」[414]。

- [413] （仏語原文）„Quand cette exactitude ne s'y trouve point, je consens plus aisément, que ce sont des jeux ; comme ces petites figures d'arbres sur ie Marbre, qui se trouve près de Florence et ailleurs, dont on orne des Cabinets" (Leibniz, 1997. S. 11).
- [414] （仏語原文）„Sans parler de la géndration de l'arbre metallique dans l'eau forte, qui est encore une autre maniére de jeu, ou la nature se plaîtàimiter par une simple mechanique, mais fort imparfaitement la production des corps organiques" (Leibniz, 1997, S. 11).

とはいえ、自然の有機物を製造することは、とライプニッツは本文の最後に続けるのだが、「より高度の秘密を要する。というのも、有機物製造は、予備形成を前提としているのだから。いかなる力学もこの予備形成なくしては有機

的機械を生産することはできない。その有機的機械は部分の部分において無限微小の部分へと組織されており、そのことが自然の機械と人工の機械の間の、つまり動植物とあの自然の戯れの間の区別を設けるものである。(……) 戯れは動植物のおおまかで表面的な模倣にすぎない」[415]。自然形態と人工形態の地質学的差異化を使って、ライプニッツは顕微鏡的視で、どんなに繊細を極めた金属加工品もはるかに及ばない微生物を引き合いに出した (図49)。自然中の自然な形態と遊戯的人工の形態を区別することは、それゆえ有機的自動機械と人工自動機械の区別に相応し、この差異は内部分割可能性の程度に拠っていた。ライプニッツの大地の芸術理論はこうして、自然と芸術／人工を内的複合性の基準に従って分別する普遍的差異化図式の一部となる[416]。ライプニッツにとって最小の有機的形成物も無限に分割可能なのに対し、芸術／人工作品はその深奥で好きなだけ分割するのには耐えられない。好きなだけといっても芸術／人工作品は、均一なのだ。

(415) 有機体製造は（以下、仏語原文）„laquelle demande plus de mistére, puis qu'elle suppose une préformation, sans laquelle point de mechanique ne sauroit produire une machine organique qui soit organisée dans les parties des partiesàl'infini ; ce qui fait une distance immense entre ces machines de la nature, et celles de l'art ; aussi bien que entre les Animaux ou les Plantes, et entre ces jeux de la nature, dont je viens de parler, qui n'en sont qu'une imitation grossière et au dehors" (Leibniz, 1997, S. 11).

(416) 同 S. 104f.

細密さのあるなしという判断基準は、ここでは自然と芸術／人工の対比学 (パラゴーネ) の核心に迫る。自然が自然の生物種に似ない姿を生み出すのであれば、これはたんに不完全なのかもしれない。ちょうど芸術が自然に対してそうであるように。ライプニッツによって賛美された芸術家にして自然科学者アゴスティーノ・スキラが1670年に、再度生気を与えるごとくドラマチックに描くことができたように (図57)、自然の真正の再生産は完璧なのだから、前成種を拒絶される[417]。化石となった不完全で逸脱の再生産種のみが、それに対し**自然の戯れ**として人間の芸術批評基準に対応するのである。芸術的「戯れ」をする自然とは、タッソーの言葉遊びをもじるならば、芸術において不完全な模倣をする模倣女である。生きた種が化石として石化したところでは、自然は彫刻家のやり方で完成した複製を創造していたわけだ。しかし、自然が実

図 57. アゴスティーノ・スキラ：化石群（銅版画）in : Scilla, 1670, Frontispiz

世界でいかなるオリジナルも見当たらない形象をもたらしたところでは、自然は芸術家風の戯れ女であることを証明していたことになる。

(417) Leibniz, 1949, S. 103 ; 以下を参照：Rudwick, 1972, S. 59.

3. 博物史のディレンマ

複製と遊びを弁別することでライプニッツは、けれども問題を解決したというよりは、作り出してしまった。つまり、複製と同様に戯れ形態も、有史以前に絶滅した種であれ元々生きていた物に関係しているという考えは、とっくに既定事実になっていたからである。しかしこのことは、あらゆる種は6日間で創造されたという創造史との悶着を意味した。事実、ライプニッツが涵養を得た思想は次のようなものだった。「大洋がすべてを蔽っていて、今日陸に棲んでいる獣たちは水棲動物だった頃のこと、それらは水のエレメントが退行して行くに伴い、次第に両棲類となっていき、終いにその子孫たちは本来の故郷を離れてしまったのだ」[418]。こういう思想に尻込みしたかのように、ライプニッツはいそいそと折り返しそれを非難してみせる。「さりとても、そのようなことは聖なる書き手たちに矛盾する。彼らに異なることは大罪なのだ」[419]。

(418) Leibniz, 1949, S. 25.
(419) Leibniz, 1949, S. 25 ; 以下を参照のこと：Hölder, 1969, S. 114f.

彼は進化論をたしかに否認したが、しかるべき複製という批判基準——彼のアポリア中たぶん最も苛立たしいバロック芸術論である——は、絶滅種の化石と周知の種の化石を分けるよう推奨していた。彼は絶滅種を「自然の戯れ」と記述し、化石の散発的な形態を正確に定義するための形態分析の道具を獲得していた。彼が協力を仰いだスイス人の医者にしてアルプス研究者ヨーハン・ヤーコプ・ショイヒツァーは、この方法に従って、絶滅種と存命種を分けて、没落種は世界が大洪水の折支払わねばならなかった犠牲なのだと記述し、この分かれ目を神学的に創造史と一致させようとしたのだった[420]。

(420) Scheuchzer, 1746, Bd. I. S. 127-130 ; 以下をも参照のこと：Kempe, 1996, S. 489ff. 及び、Felfe, 2003, S. 187ff.

4. 女遠近法芸術家としての自然

ライプニッツの草稿『プロトガイア』中の1葉に、一瞥では目立たない二つ

の図がある（図58）。左図は底面の上に1個の円錐があり、底面の向こう側にはそもそも見えないラインが点線で描き込まれている。同じことは円錐上部の斜めの断面にも当てはまる。それは楕円形を描くのだが、底面に発して底面に戻るもう一つの断面は双曲線を明示している。ライプニッツは見えない部分までうっかり実線で描いてしまったので、全体をペンでかき消してある。その代わりライプニッツは右図に同じ円錐をもう一度大きめに描き込み、断面の線に楕円、双曲線、放物線と注釈した[421]。これに付されたテクストによれば、地脈は「円錐との類同体によって記述するに如くは無し。なんとなれば、漂うような足取りは一種の円環、もしくは楕円形上を動くものであるが、下降する歩行というものは、無限に深みへと沈降することにて、いわば幾何学者には知られたる双曲線、あるいは放物線の運動なのである」[422]。

(421) ペンによるこの線はなにか覚束ないものなので、一つの例外を除いて、これまでまったく注意を喚起してこなかったし（Yamada, 2001）、『プロトガイア』の刊行に際しても、この線は言及されず、採録もされなかった（本稿は以下を基礎文献としている：Waschkies, 1999 und 2001）。

(422) Leibnlz, 1949, S. 34/35.

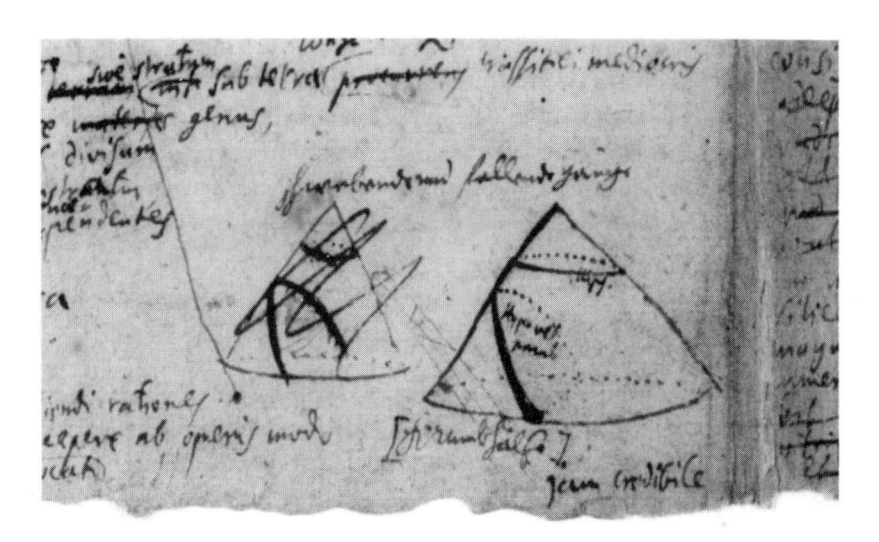

図58. G. W. ライプニッツによるペン画（1693頃）：円錐断面を描く坑道。in: Leibniz, Protogaea, Hannover, Niedersächsische Landesbibliothek, LH, XXIII 23 (a), Bl. 12^v

さしあたり謎めいたこの箇所は、アグリコラの『デ・レ・メタリカ』中の木版画によって明らかになる。そこにはおおよその円錐形をした山にAという符号のついた「巨大な坑道」が貫通している（図59）。ほかの坑道は山から山へ谷底へと円錐の断面を思わせる線で引かれる[423]。このような造形をライプニッツも、「漂いつつ下降する歩行」について語ったとき、眼に留めていたに違いないのである。

(423) Agricola, 1977, S. 47.

当該のテクストと相俟って、図が明らかにしてくれるのは、ライプニッツがデサルグ、ボッス、パスカルで訓練した円錐断面研究を地質学へと移そうとした様子である。「幾何学者や遠近法芸術家、形態の秘密を大規模に展開してみせる女芸術工学者」、ライプニッツは自然のことを、こう見なしたのだった。

ライプニッツの出発点は、ちょうどハルツ山の自然劇場で始めたように、女芸術家たる自然と人間の手わざの間の競い合いだった。『プロトガイア』の円錐描写が示していることだが、自然は遠近法術が行使する断面図を地殻舞台に乗せたのである。自然が円錐の断面の形に従って形を成した場合、彼女は遠近

図59. 作者不詳：地層図（木版画）1556, in：Agricola, 1977, Drittes Buch, S. 38

法主義の秘訣——つまり楕円や双曲線を円形の上に投影可能とする遠近法の秘訣——に地下形態を与えたことになる。一方、地球は神のパースペクティヴの見本だったのだから、鉱山業とは創造の調和への希求だったのだが、その調和は博物史上の進化論を問うことによって危機に陥ってしまった。

マッテオ・ツァッコリーニの影の断面が表象したような（図35）、遠近法による円錐断面の純粋芸術的処置は、ライプニッツの図においては地球史の数学的規定の創始となった。ライプニッツは地球内部の層化と円錐体断面線とを結びつけることによって、地質学に革命をもたらした。ライプニッツにとって直線や曲線を円形へと還元する可能性は、神の眼が世界を見通すパースペクティヴ、および人間が自分の遠近法を展開すべく目指したパースペクティヴの無限性の比喩であり証明であった。漂うように下降する歩行は、円形か楕円形となって、しかし深部では放物線か双曲線となって姿を現すので、円錐の断面は世界の具体的物質的状態を表象しているのだ。『プロトガイア』の驚嘆すべき点は、円錐の断面が「ものそのもの」の円形へと迫っていくことにある。

ライプニッツの地質学図解は洗練されず、マージナルにとどまるが、その付録的性格にもかかわらず、言語では接近しがたいレベルを明示する。それはアイデアの再現という程度の話では断じてない。地脈が円錐体の断面の規則に従って無限なものへと屈曲していくのだという思考は、円錐断面に適用された遠近法術の訓練によって可能となったものだ。ライプニッツが一見イラストしたにすぎないようなものも、思考が生い育つ原材料の一部をなす。図解はアイデアの表現にとどまらず、決定的要素である。それはアイデアを展開する一撃であり、メディア（媒質）なのである。

VIII 素描と下絵

1. 素描の特性

　ライプニッツは絶えず書きつづけ図を描いて、自分の考えを外に出し、目に見えるものとした。自分の素描の下手さをものともせず、試行錯誤する思考の確たるドキュメントを紙上に残した様のなんと恬淡としていることか、夥しい技術上の素描が証すところである。彼の素描は、最良の意味でディレッタント的で単刀直入、しかし具体的で疑念に曇るところのないスタイルを展開する[424]。それらは直感的眼差しがスケッチする手に乗り移っていることの証である。つい最近になってようやく注目を浴び始めたことなのだが、ライプニッツはいわば実験のヴィジュアル化に際して、様々な実験段階の進行ぶりを素描と同時に行おうとしている。技術的な試行錯誤が部分的に互いに重なったりしながら線となって走り回るスケッチ群は、問題を克服する試みそのものである。すなわち、書いたものはすべてただ時の経過によって解明されるだけだが、ヴィジュアルに記されたものなら、時間を同時に繋いで連続的に我がものとすることができるのである。[425]

(424) Gerland, 1906 が複製してくれたこうした素描の山は、必ずしも素描の練達ぶりを確信させない、不安定な、それゆえ思考過程を一層正当に保っている。
(425) レッシングのラオコーン問題のことでもある。Hecht, Knobloch und Rieger, 2002. S. 79ff. を参照のこと。

　素描には格別の可能性がある、これはライプニッツの確信だった。チルンハ

ウス宛書簡の中で強調しているのだが、素描は教育と研究の基本手段である。複雑な構造物の理解をもたやすくしてくれ、授業も「ほんとの遊びとなる」ほどであるのだと。若者にはとりわけ機械の素描をやらせるべし、機械の作動する様を「説明抜きの図像を使って理解する」[(426)]役に立てるのである。この発言は1685／86年の皇太子教育の文書に関連しており、チャールズ2世の崩御に際して未来の王位継承者を念頭に起草されたものである[(427)]。未来の君主の**素描**能力はライプニッツにとって統治術の前提条件の一つだった。「ところできわめて重要なことだが、若い皇子は素描術をいささかなりと理解し、自分でも描いてみる練習をするのがよろしい。というのは軍事用の、そして言わずもがな市民用の建築の実際にとって、これほど有用なものはない。付言すれば、これを簡単な図解で示すことは大いに有用なはず。そしてまたその他の科学、諸芸、職業に関連してもそれは若い皇子にとって同様に大いなる利益と楽しみとなるはず。これは不毛な名称暗記とは異なる処方であるだろう。むしろ事物の知見とともにその概念をも学び、自然総体も人工をも表象するだろう」[(428)]。

(426) Leibniz, 1899, S. 515 ; AI, 41, Z. 4-5.
(427) こういう理由で彼は彼のテクストを教育への基本的にして時間を越えた貢献として繰り返し書き写して、諸宮廷に送った。その最後は1714年。彼の印象は間違えていなかった。たとえば1704年アウグスト強王に謁見する道が開けたのも、この文書のおかげであった。(Otto, 2000, S. 66 ; 以下も参照のこと：S. 93f., Anm. 234).
(428) AA, IV, 3, Nr. 68, S. 552, Z. 5-11 ; AI, 24, Z. 12-19.

ライプニッツが自然と人工の両極を求めたのは、概念のみでできた分類秩序の不毛に抗して記号術を行使しようがためなので、彼は世代を越えて築かれた芸術理論の伝統を受け継いでいく。つまりそれは、素描にこそ、コンセプトを作る能力の、他の追随を許さない具現を見てきた伝統である。フィレンツェの芸術アカデミーは1560年頃に所期のごとく「素描アカデミー（アカデミア・デル・ディセーニョ）」と自己定義しており、その訳はベンヴェヌート・チェリーニの表現を借りると、素描は「どんな仕事にもあれ、人間のあらゆる行為のうちの唯一真実の光である」からだ[(429)]。この意味で**クリスティアノポリス**——ヨーハン・ファレンティン・アンドレーエの構想したクンストによるユートピア——は、芸術アカデミーを持っていて、そこで素描と絵画の習熟が「狩

をする利き眼」を鍛錬してくれる。「建築、遠近法、陣営と砦の造営術、そして機械と静力学のための技術的な素描は、絵画の一部であり、むしろ仲間である。精神の諸力が遊戯的に扱うすべて、あるいはその他の科学的わざの完成度にきわめて似ていると見えるものすべては、総じてこの場所で閲覧でき、ここで研究にも供せらる」[430]。ガリレオ・ガリレイからロバート・フックに至るまで素描の基本的価値が称揚されたのは、こういう意味でであり[431]、ライプニッツが受け継いだのもこの価値評価である。素描が特に若い君主の教育のためにふさわしいとした確信は、同時代最大級のグラフィック・コレクションを通じて彼にもたらされたものである。これはライプニッツがハノーファー宮廷のために自分で設営しようと申請したコレクションであった。その目録序文に所有者のミシェル・ド・マロル Michel de Marolles が明言している――わがコレクションはさる若き皇子のために特別に誂えたものである[432]。

- (429) 「素描はどんな仕事にもあれ、人間のあらゆる行為のうちの唯一真実の光であり、これのみが自然に発する真のイデアであり、自然は古代の遺物としてはあらゆる事物に滋養を与える数多の乳房をもった像なのだった」(Benvenuto Cellini, Akademiesiegelentwurf, abgebildet bei Kemp, 1974, S. 223).
- (430) Andreae, 1975, S 48, §. 73f.
- (431) Bredekamp, 2002, Erkenntniskraft.
- (432) Marolles, 1666, S. 18 ; 以下を参照 : Brakensiek, 2003, S. 27.

2．クロード・ペローのルーヴル宮

　ライプニッツがパリ滞在中に素描に関して唱えた説は、これにとどまらない。素描芸術について正統な経験を積むことができたのは、パリ科学アカデミーの医学者クロード・ペローとの親交を通じてであった。両者の第一の結節点は、おそらくは芸術ではなく、デカルトの機械論に抗したペローの身体全体の生気論だったのだろう。ライプニッツは、「精神は均等に身体全体に存在する」というペローの命題を確証した[433]。これがライプニッツに「小知覚」という概念とその特殊美学的転用をもたらしたということもありそうな話だ[434]。

- (433) 「ペロー氏の意見は、精神は均等に身体全体に存在する、である」(Leibniz in : Bodemann, 1895, S. 118)。
- (434) Ferrari, 1990, S. 336.

ペローは建築家としての最高の業績、すなわちルーヴル宮東翼の建設について、推定1676年1月22日にライプニッツと長い会談を行っており、ライプニッツがこれを詳細なプロトコルに残している。それはルーヴル改築計画の最も雄弁なドキュメントである[435]。ルーヴル建設は1546年以来四角形のルネサンス城として非難され、その敷地は様々に拡張を続けるうち4種の基本仕切りに拡大された。1654年からヴェルサイユ宮建設者ルイ・ル・ヴォー Louis Le Vau によってカレ宮 Cour Carré 増築が完成した。これによって、西翼と彼が手を染めた南翼、北翼への眺望が示すように（図60）、その対面にある東側面に関してこの翼をも閉じようという問題が提示された。ライプニッツがペローと議論したとき、問題はこのエレメントの閉じた姿のことであった。

[435] Petzet, 2000, S. 568f., nach : Leibniz, 1857 ; AI, 6. 以下を参照のこと Ferrari, 1990 及び Petzet, 2000, 61ff. 等。ライプニッツはすでに1671年にはルーヴル宮建設に関わっていた。1671年（？）Lersner（フランクフルト貴族の末裔）宛書簡の中で、ライプニッツはクロード・ペローの建築についてルイ14世に献呈された詩の評定をしている（AA, I, 1, Nr. 113, S. 177）。

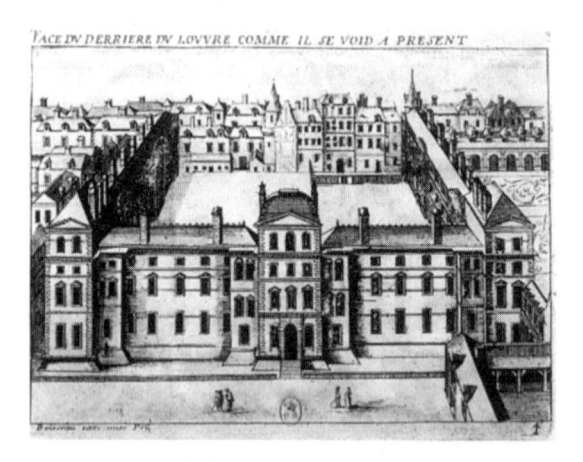

図60. ジャン（？）ボワッソー：ルーヴル西翼への眺望。南翼と北翼が囲う姿をしている。（銅版画）1660頃、Paris, Bibliothèque Nationale, Estampes Va. 217e, entn. aus : Petzet, 2000, Abb. 15

ライプニッツはルーヴルの東翼建立をめぐるコンクールについて詳しく報告している。そのコンクールの始まりはこうだった。王室建築師ル・ヴォーの一種のマスター・プランが、ジャン・バプティスト・コルベールのためにフランス最高の建築家たちによって喋々議論されたのである。シャルル・ペローは、コルベールのもと、総監督として建築局を率いたのだが、さらに弟のクロードに同じ仕事に加わるよう勧め、コルベールもシャルル・ル・ブリュンもその匿名で立てられた計画を強く支持したのだった。クロード・ペローがコンクールの過ちを扱う小論をまとめたことをライプニッツもまた記している[436]。

(436) Petzet, 2000, S. 568 ; AI, 6, Z. 20-25.

　クロード・ペローと一人の医師によって並み居る建築家が打ち負かされてしまった恥辱をすすぐため、ジャンロレンツォ・ベルニーニの判断を仰ごうと招請された。ライプニッツが諄々と明らかにしていることには、この高齢の芸術家は己のコンセプトをふりかざしてフランスの建築家たちのあらゆる設計図を難じ、自分のプランは一顧だにされないくせに王侯並みの報酬を受け、名誉一杯にローマへと戻っていった。ベルニーニの挫折の後、シャルル・ペローは弟の1664年の設計図をあらためて俎上に載せ[437]、その後でル・ブリュンとル・ヴォーと並んでペローを擁した委員会が招集された。これだけでももうディレッタントに対しては栄誉であると評価できることだった。コンクールによって採択された彼の設計図は最終的に1667年5月14日、王によって裁可され、そのことをライプニッツは大いに満足してこう記している。「目下実現中のプランとは、まさにこれである」[438]。

(437) Petzet, 2000, S. 148ff.
(438) Petzet, 2000, S. 569 ; AI, 6, Z. 83 ; Petzet, 2000, S. 158.

　ペローの設計図は荘重な1階の上に、1本ずつ、または1対の柱の連なる回廊を設け、その中央には凱旋門をしつらえ、三角破風によって閉じられていた[439]。これは消失してしまったが、クロード・ペローによって出版されたフランス版「ウィトルウィウス」（図61）の扉絵が、凱旋門と背後の丘にそびえる天文台に隣接して、ペローのルーヴル回廊をうかがわせる。

(439) Petzet. 2000, S. 65.

図 61. セバスチャン・ルクレールに基づくジェラール・スコタンによる扉絵。クロード・ペローによるウィトルウィウス版。凱施門、測候所、ルーヴル宮東翼正面を望む。in : Perrault, 1673, Petzet, 2000, Abb. 1 より

　ライプニッツもまた、平面図の線分と建築複合に符号をつけて、空間の仕分けの記述を眼に見えるものとした（図：付録I. 6）。プロトコル全体とおなじくこの素描はオリジナルではなく19世紀のリプリントで伝わったもので印象が薄いのだが[440]、事柄の本質を幾何学的素描で表すというライプニッツ推奨の方法が、自らの手で実践されている特別なドキュメントとなっている。この素描を終了した直後、ライプニッツはクロード・ペローに固体の物理学について長い手紙を書き、その中で彼は衝撃と屈折の問題に同様の記号システムを転用している[441]。

(440) Leibniz, 1857. これについては以下を参照：Wiedeburg, 1970, II, 3, S. 303, Anm. 7.
(441) AA, II, 1, Nr. 128, S. 262ff.

　ペローはライプニッツにさらなるアイデアとコンセプトを展開して見せたに違いない。というのもライプニッツは特に凱旋門の設計図（図61）、あるいは太陽王に捧げられた巨大オベリスクの設計図に感銘を受けた様子なのである。ちなみにこのオベリスクとは、巨大な地球と二つの台座の重なりの上にノートル・ダム寺院の2倍の高さにそびえるはずだった（図62）(442)。その4面にはそれぞれヨーロッパが鷲、アジアがフェニックス、アフリカが象、アメリカが龍によって指標化される(443)。図案化されたモットーでライプニッツが際立たせたのは、海豚である。海豚が立てる波は嵐を表し、それを王となる皇太子が鎮めるだろう、ちょうどコルベールに捧げられた駝鳥が鋭く見つめるだけで自

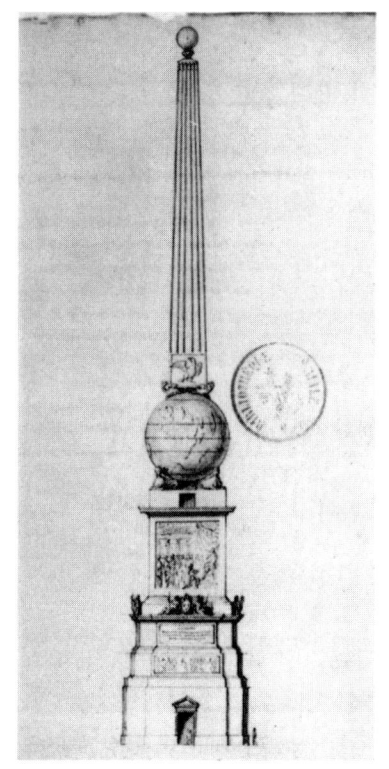

図62. クロード・ペローによる太陽王オベリスク構想。（ペン画に彩色）1666, Paris, Bibliothèque Nationale, Manuscrits, fond français, 24713, Bl. 151; Petzet, 2000, Abb. 233 より。

分の卵を孵化させるまなざし（INSPICIENDO）に等しい[444]。

(442) Petzet, 2000, S. 569 ; AI, 6, Z. 99-103 ; Petzet, 2000, S. 335f. ; Abb. 233, 234.
(443) Petzet, 2000, S. 569 ; AI, 6, Z. 103-109.
(444) Petzet, 2000, S. 569 ; AI, 6, Z. 114-119.

　無数のその他のエンブレーム（寓意図詩）やデヴィーズ（寓意モットー）に言及したあとでライプニッツは、ルーヴル宮増築の仕事とその厳密でみごとな実現ぶりに立ち戻る。王が建築現場を視察なされたおり、御驚きはひとかたならず、お付の者の前でこう感嘆を漏らさずにはいられなかったという。「ヴェルサイユこそは、かくあらまほしきものを」[445]。ライプニッツの報告は、ルイ14世の個人的興味が国家理性よりも大きかったという評価で結ばれる。「王が何かしらルーヴルの美を羨んだということが窺い知れる。つまり王はルーヴルにフランス王の玉座を、一方、ヴェルサイユには彼個人の玉座を見て取ったのである」[446]。

(445) Petzet, 2000, S. 569 ; AI, 6, Z. 142.
(446) Petzet, 2000, S. 569 ; AI, 6, Z. 142-144.

　ライプニッツのプロトコルは、フランス国王お抱え建築師によって個人的に教授され修練することがどれほどの啓示を意味したか、一つの印象を伝えている[447]。ルーヴル宮増築のコンクールについてライプニッツは、建築雛型と素描（きた）が来る建築物の本質をどんなに見事に表象できるかということを経験した。そして1677年にセバスティアン・ルクレールによって描かれた建設作業自体（図63）[448]、人力、移送機械、骨組み、起重機の協働する様子がライプニッツに深い印象を与えたのも、当初存在したのが素描だけだったからこそなのである[449]。

(447) 彼はパリ時代以降もペローと交流を保ち、たとえばペローが1678年のイエルサレム神殿の再建を発表した直後、ヴィラルパンドの有名な提案とそれを比較している。(AA, I, 2, Nr. 468 S. 476, Z. 7-12 ; 以下を参照のこと Petzet, 2000, S. 467f.).
(448) petzet, 2000, Abb. 216.
(449) Petzet, 2000, Abb. 108.

図 63. セバスチャン・ルクレール：ペロー翼破風のための起重機（銅版画）1677, Paris, Paris, Bibliothèque Nationale, Estampes, Va 217 a；Petzet, 2000, Abb. 216 より。

　ペローとの対談のプロトコルは、素描を研究するうちに獲得したライプニッツの玄人的な見識についても伝えてくれる。なぜクロード・ペローがコンクールに勝利したか、彼の挙げる理由は、「ペローの感じのいい柔らかな素描スタイル」のおかげである。「それに引き換え、ほかの建築家たちは仕上げもままならない程度のもので、筆のタッチで自己表現し、筆のぼかしによって影を付けることで満足している」[(450)]。たとえばル・ヴォーとクロード・ペローの素描を比較すれば、様式批判についてライプニッツがどれほど適切な判断を下していたのか、分かるのである[(451)]。

(450)　Petzet, 2000, S. 568；AI, 6, Z. 18-20.
(451)　たとえば Le Vaus 事務所の素描を参照のこと（Petzet, 2000, Abb. 37）。そのぼかしの技術は鋭さを鈍らせる効果を持っていて、ペローの天文台とルーヴル宮の構想図は柔らかさと厳密さの混合を示している（Petzet, 2000. Abb. S. X, XI）。

3. ヴォルフェンビュッテルとウィーンの楕円建築

　ヴォルフェンビュッテルで大図書館建造が計画され、1706年から1710年まで建築家ヘルマン・コルプによって建てられたとき、ライプニッツはペローの下で得た経験と上級司書としての能力を生かしたと思われる。その建物の姿の明澄なこと、入口翼がアクセントとなって、上部の寄棟屋根は周歩廊と円筒型への媒介となり、天辺には大地球儀、これがもともとは12面だったドラム型の屋根の上に聳えた（図64）。彼がこれほど主体的に建築史に登場したのはこれが最初である。「思考遊び」でライプニッツは彼の師エアハルト・ヴァイゲルの地球儀と並んで、アダム・オレアリウスとアンドレアス・ベッシュのゴットルフ巨大球にも言及していた[452]。それでヴォルフェンビュッテルの大地球儀の出所の一つがここに求められると、少なくともそう思われるのである。

(452)　同上 S. 54, 56.

図64. アントン・アウグスト・ベック：ヴォルフェンビュッテル図書館正面ファサッド（銅版画）1766頃, Recker-Kotulla, 1983, Abb. 9 より。

大ホールつき建築の内部（図 65）は、楕円形の平面図（図 66）の上に 12 本の柱で 4 階にまで立ち上がり、空間の印象を高める工夫として、最初の 2 階は柱の背後に書棚が据えられ、3 階は一様に壁で埋められ、4 階は 24 のアーチ型窓で解放してある。興趣あふれる構造はライプニッツのダイナミックな空間把握のために予め定められたようなものだ[453]。建築家コルプの作品からはこの基本構想は導き出せないところからすると、この建築のコンセプトに関わったのがライプニッツであるのは明らかである。いずれにしてものちにレッシングは、ライプニッツが原案者であると見なしている[454]。

(453) ライプニッツの空間概念と建築家の関係規定については Kreul, 1995, S. 317ff. を参照のこと。
(454) Reuther, 1966, S. 350, 354-356 ; Recker-Kotulla, 1983, S. 13, Anm. 36. ハンブルクのヴァールブルク文化史図書館にいたる影響史については以下を参照：Settis, 1996. S. 152.

図 65. アンドレアス・クリスティアン・ルートヴィヒ・タッケ：図書閲覧室（油彩画）1886, Wolfenbüttel, Herzog August Bibliothek, Recker-Kotulla, 1983, Abb. 8 より。

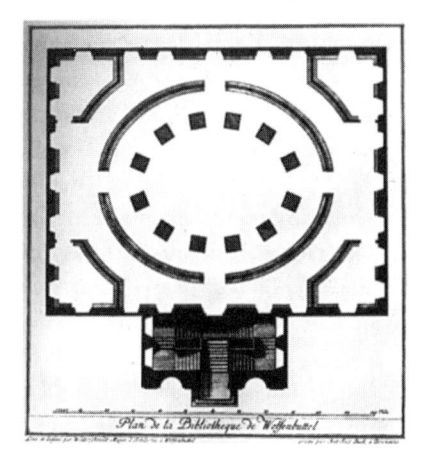

図 66. アントン・アウグスト・ベックのヴォルフェンビュッテル図書館平面図（1766 頃）。アダム・ヴィンターシュミット案に基づく、Recker-kotulla, 1983, Abb. 7 より。

ライプニッツはハノーファーの建築監督ジャコモ・クヴィリーニと共同作業をしていたが[455]、彼自身もルッツェ近郊の城館計画にクヴィリーニを参画させていた。これは王妃ゾフィー・シャルロッテが当初は小規模に計画された夏用別荘からヴェルサイユを思い出させるプロイセンの代表的劇場へ改築させようと考えたものだった。ライプニッツは先ず自らこの仕事に取り掛かったが、1701年4月には直接伯爵に意見を求めている[456]。同じ年の終わり頃、王妃は集中的に城と庭園に心を砕いた由、次ぎの言葉が残っている。「クヴィリーニとライプニッツがこの件につき私に助言をしてくれます」[457]。

[455] Scheel, 1973, S. 190, の推測は Arciszewska, 2004, によって提示されている。
[456] 「V. M. に加わる Quirini 氏がうらやましい」(Sophie Charlotte 宛ライプニッツの書簡 30. 4. 1701, in : Senn, 2000, S. 38)。
[457] (仏語原文) „Quirini et Mons. Leibniz m'y donnent leurs avis" (Sophie Charlotte an Agostino Steffani, 29. 11. 1701, in : Hinterkeuser, 1999, S. 124, Anm. 42 及び Senn, 2000, S. 3)。

ヴェネチア生まれの伯爵はイタリアの建築伝統、とりわけパッラーディオの伝統に親しんでおり、ライプニッツと彼との同じような共同作業はヴォルフェンビュッテルの建築に関してもうまく適合した[458]。両者はヴェルフェン王家のハノーファー家、ブラウンシュヴァイク／ルーネブルク家両血筋と親交があったので、二人の参画は、ライプニッツがイタリアで系譜研究によって強化していた両家の諸権利要求の実践を象徴するものだった。それはヴォルフェンビュッテルのような都市には一見ほとんどふさわしくない壮大な規模の図書館である。ヴェルフェン一族の王家としての高邁な決意を建築として見せよう、そして彼らのドキュメントが保管研究されるための建物をいうなれば輝かせよう、という要請への返答なのだ。ハノーファー家の一族が図書館建築後2年で英国王座を継承できたことは、まるで図書館、及びその様式においてマニフェストされていた資格請求の絵解きのごとくである[459]。

[458] これが最近の研究の成果である：Arciszewska, 2004 ; 以下についてもこれを参照。
[459] Arciszewska, 2004.

1704年、ライプニッツはベルリンでもっと有力な建築家と出会っていた。ベルンハルト・フィッシャー・フォン・エルラッハである。この人物は自ら出

かけてシュリューターのベルリン王宮とヴェルフェン一族のパッラーディオ趣味に親しんでいた。1713 年、ライプニッツはウィーンで皇帝お抱え古物商カール・グスタフ・ヘレウスと提携してフィッシャー・フォン・エルラッハと親交を深めていった(460)。そして同じ年のうちにライプニッツは二人を設立予定の科学アカデミーの会員に推薦していたのである(461)。

(460) Bergmann, 1855, Historia, S. 145. Heraeus と Fischer von Erlach については: Hammarlund 2001. S. 459.
(461) Roessler, 1856, S. 279 ; Sedlmayr, 1997, S. 236.

1715 年 12 月始め、フィッシャー・フォン・エルラッハにカール教会建設を任せるという皇帝直々の裁可が下されるが、これをライプニッツに伝えたのは、ヘレウスだった。「皇帝陛下は聖カール教会に関し、その他大勢を差し置いてフォン・フィッシャー氏の設計図を諒とされ、その優れたる趣味をお示しなされた。氏は昨日、ケルンテン門前、トラウトゾン宮近くで作業に取り掛かっております。芸術にとって幸先のいい話です」(462)。ライプニッツは郵便で 12 月 22 日返答している。「フォン・フィッシャー氏におめでとうを」(463)。この建築家とともにライプニッツ自身も、教会の完成、少なくとも部分の決定に協力するよう要請されたものと了解している。1716 年 3 月、正面入口の二本の柱（図 67）を皇帝の「品位の二本柱」に関係付けよう、そして帝国の祖カール大帝に一つの柱を、世襲領地の権化としてフランドルの聖カールにさらなる柱を捧げよう、と提案する(464)。同年 6 月にはライプニッツが繰り返し帝国の政治的図像学に貢献する(465)。両柱は「これより先はなし non plus ultra」というモットーを添えられたヘラクレス柱であるとアピールしている（図 68）。世界への帝国の伸張を強調するために、それはカール 5 世によって「これより先へ plus ultra」へと簡略化されたもので、そしてこれが国境設定のモットーとなってハプスブルク帝国の図像学へと受け渡された（図 69）。ライプニッツがこれらの柱の命名によって確たる国境誕生の要点を定義し、そこから世界に網目をかぶせて行こうという解釈は、それは勝手なことをやっているとはいえないにせよ、一見して彼独自の意見だろうと思われる。けれど彼にはヘルクレスの二重柱に意図するところがあった。フランシス・ベーコンは柱が示す境界線を越えて知と探究の世界へと乗り出し、その収穫は『インスタウラ

図67. フィッシャー・フォン・エルラッハ。カール教会ファッサード（1716起工）ウィーン。

チオ・マグナ』の扉絵では柱の彼方に広がる大海原から港へともたらされる（図70）[466]。そしてライプニッツは、そのモットーを同様の意味で、いかなる境界線も支点も知らない彼の哲学に応用する。彼の百科全書コンセプトを Plus ultra（これより先へ）と上書きしたのは、ちょうど自ら知の皇帝として自分のスタイルをまとめるようなものだ[467]。カール教会の二重柱を定義することによって彼は政治的図像学と自分の哲学とに使われたモットーをアクチュアルなものにしたのである。

(462) （仏語原文）„Sa Maj. Imp. vient de donner une preuve de son bon gout decisif, en se declarant contre beaucoup d'autres pour les desseins de Mr. de Fischers

図68. 作者不詳:「これより先はなし」国境のヘラクレス柱。in : Soto, 1599, S. 40b ; Henkel und Schöne, 1978, Col. 1199 より。

図69. 作者不詳:「これより先へ」門としてのヘラクレス柱。in : Anulus, 1565, S. 116 ; Henkel und Schöne, 1978, Col. 1198 より。

touchant l'église de St.Charles. Il commença hier à les mettre en oeuvre hors de la Porte de Carinthie pas loin de l'Hôtel de Trautson" (Bergmann, 1855, Historia, S. 149 ; 以下を参照のこと Dreger, 1934, S. 103 ; Sedlmayr, 1997, S. 269f., Krapf, 1999, S. 397f, und Hammarlund, 2001, S. 459).

(463) (仏語原文) „Je felicite Monsieur de Fischers" (Ilg, 1895, S. 519).

(464) 「陛下の新しい聖シャルル教会に、イタリア人で比較的最近の聖カルロ・ボロメオの像のみでなく、それよりも旧い時期の王室およびその前任者に属する二人の聖者、一人は帝国に、もう一人はフランドルにいらっしゃった、聖シャルルマーニュ帝と聖シャルル・フランドル伯の像を置くというわたしの考えについて、皇帝にして信仰厚き陛下が何とおっしゃったか知らない」(1716年3月29日付け書簡,: Schmidt, 1934. S. 155所収)。(訳者注:「シャルル」はカールのこと)

(465) Leibniz, 1883, col. 200 ; 以下を参照のこと Sedlmayr, 1997, S. 270. 推定1716年9月にヘレウスの書いていることには、柱のうちの1本をカール大帝に当てようという提案を支持するつもりであると。:「フィッシャー氏が描き、あなたの気に入るであろう図について、そこで使われている巨大な円柱の1本をシャルルマーニュに当てるというあなたの考えに賛成します」(Leibniz 宛 Heraeus の書簡、推定1716年のもの。: Bergmann, 1855, Historia, S. 153所収). 実行されたプログラムについては Krapf, 1999, S. 401 を参照のこと。

(466) Corbett und Lightbown, 1979, S. 186.

(467) Guilielmi Pacidii PLUS ULTRA sive initia et specimina SCIENTIAE GENERALIS (...), in : AA, VI, 4, A, Nr. 158, S. 674 ; 以下をも参照のこと ; Hammarlund, 2001, S. 460. 彼が Grágoire de St.Vincents の『Opus geometricum』の扉絵からインスピレー

図70. シモン・ド・パッス：インスタウラチオ・マグナ（銅版画）in：Bacon, 1620, Titelblatt

ションを得たというのはありうる。これを彼は 1672 ／ 73 年に研究していた。そこで二本柱の間に懸けられるヘラクレスの獅子の毛皮には紛れもなく PLVS ULTRA という銘辞があり、これは円積法に関わっていた（Grégoire de St.Vincent, 1646；ライプニッツへの影響一般については：Hofmann, 1942）。これとは別に非数学的「Plus ultra」というフランスの伝統もあって、これはライプニッツの知悉するところであったろう（Petzet, 2000, S. 350f.）。

フィッシャー・フォン・エルラッハの建築についてはカール教会とならんでライプニッツはさらに二つの事例に関わっている。1716 年 3 月の彼の提案によれば、新設予定の科学アカデミーの建物もまたフィッシャー氏に委ねようというのである[468]。1716 年 5 月 8 日ハンブルク市会議員コンラート・ヴィードフ Konrad Widow 宛書簡で明らかにしている結論では、自分はウィーン宮廷図書館の設計をめぐる議論に加わっている。本の利用者には容易に近づけるようにという指示が具体的なことから[469]、ライプニッツが 1716 年の早い時期に

提出されるフィッシャー・フォン・エルラッハの設計図について知っていたことがうかがえる。

(468) 「わたしは、新しい科学協会（societé）が会合、実験、そしてその荘厳さのために十分な場所を確保できるよう、彼が首尾よく新しい建物を設計してくれたらいいと望みます。それについて彼と話をするのがよいでしょう」。(1716年3月29日付け書簡、: Schmidt, 1934. S. 155所収). Fischer von Erlach が年の始めと夏に仕上げたと思しい素描は、行方不明で、どれほどライプニッツがこれに関与していたかは不明である。(Sedlmayr, 1997, S. 273).

(469) 「新しい建物の図面について話を聞きました。わたしは図書館については、梯子を使わずに書物にたどり着くような配置にしていただきたいと思います」。(Leibniz, 1738, Bd. 111 S, 342；この引用は以下による：Buchowiecki, 1957. Anhang I, Urk. Nr. 26, S. 226).

建物の形を見れば、少なくともヴォルフェンビュッテル図書館の基本構想が一定の役割を果たしたのだという印象を強くする[470]。ウィーンの建築はヴォルフェンビュッテルの解決の仕方と違っている。それは2階に圧倒的なドームが乗っていて、パンテオンの空間構造を引き受けている点である（図71）。しかし、楕円のドラム型という空間処理の点ではヴォルフェンビュッテルとウィーンの建物はおよそ比較可能である[471]。外装の印象をともに決定付けている両者の巨大な掩蓋もまたいささかの類縁を見せている。特にライプニッツは1716年6月に太陽の「柱（グノモン）」を設置するよう提案していた点など[472]。ライプニッツの実効的影響があったとは確言できないにしても、ウィーンの状況からすると、建築問題とその決定について専心していたのは、彼なのだった。

(470) Sedlymayr, 1997, S. 313 ; Arciszewska, 2004.

(471) Reuther, 1966, S. 354. 建築史については以下を参照：Lorenz, 1992, S, 166-171 及び Leh-mann, 1996, S. 547f.; Ikonographie : Matsche, 1992.

(472) 「わたしたちが皇帝に対して、聖シャルル教会にグノモン（訳者注：日影棒を立てて計る初期の日時計）を作るように説得できれば、それだけでも上出来です。わたしには十分な高さと長さがあるかはわかりません。しかし何もないよりはそのほうがよく、それは激励となるでしょう」(1716年6月6日付け Marinoni 宛書簡：Leibniz, 1738, Bd. III, S. 311 所収；以下を参照のこと：Sedlmayr, 1997, S. 423, Nr. 133 ; Abb. ebd., S. 315, Abb. 355)。

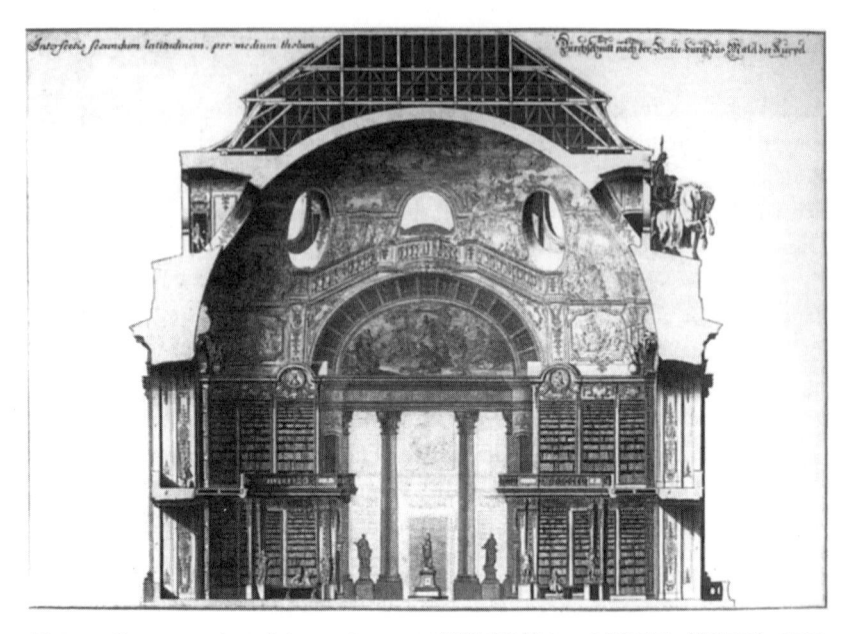

図71. ザロモン・クライナー：ウィーン宮廷図書館ホール断面図（銅版画）1737,
　　　Sedlmayr, 1997, S. 314, Abb. 354 より。

　ヴォルフェンビュッテル図書館が計画されていたときにライプニッツが執筆していた『新エッセ』では、活動する人間は「小さな神々」と記載され、「宇宙の偉大な建築家を模倣する。たとえそれがただ身体とその法則の適用によってしか模倣できないにしても」(473)。この比較は、芸術家と建築家によるトポスとして、ヘルメス主義伝統に由来する様式化、**第二の乃至もう一つの神への様式化を受け継ぐものである**(474)。楕円・筒型をした図書館は宇宙建築を模倣する例の大地球儀をも備えているので、ライプニッツにとって図書館設営は、人間が宇宙を模倣し自然の表面を美化することのできる「小さな神」であることを実演してみせる機会となったのではなかったろうか(475)。

　(473)　(仏語原文)　„comme des petits dieux, qui imitent le grand Architecte de l'univers, quoique ce ne soit que par l'employ des corps et de leur loix" (AA. VI, 6, Nouveaux (Essais, IV, 3, §27, S. 389, Z. 18-20 ; 翻訳はライプニッツによる 1985, Bd. III/2, S. 311).
　(474)　以下を参照のこと Rüfner, 1955, S. 264-267 及び Ohly, 1982；ライプニッツについて

は以下を参照のこと： Albus, 2001, S. 149ff.
(475) Kreul, 1995, S. 312.

1710年版『モナドロジー』ではライプニッツは再度人間を「小さな神 petite divinité」と呼んでいる。小さな神は宇宙システムを理解する能力があり、そのシステムを縮小形式で「建築によるリハーサル」として模倣する[476]。この発言もまたヴォルフェンビュッテルでの活動を吟味した結果ではあるまいか。そしてその活動には、ライプニッツが素描と雛形（モデル）の造形力自体についてペローのもとで得た経験が生かされていたのである。

(476) （仏語原文）„echantillons architectoniques" (Leibniz, 1998, Monadologie. §83, S. 58f.).

4．メダル用とセレモニー用の図像プラン

像を作るジャンルであるエンブレーム、メダル、パレード、モニュメントその他の数々についてはペローとの議論にも残っているが、それらについての提案活動もまたライプニッツの専門家としての生活を貫くものである。現に、図像総体の専門家たる彼は、像による表象の問題、プロジェクトについて繰り返し意見を求められている。こういった活動は、彼独自の広範囲にわたる沃野を形成しているが、未だ研究対象とされたことがない[477]。

(477) このテーマはここでは暗示にとどめる。Utermöhlen, 1999, S. 224-226 は、ライプニッツがモットー、デヴィーズ、メダル、図像プログラム、及び儀礼形式の発明者として活動していたフィールドをはっきりさせている。

1688年、皇帝レオポルト1世の御前で実演してみせたとき、銀貨の打刻について次のような提案をしている。片面には稲光を束ねたジュピターが鷲を伴い「われは帯ぶ、トナンティスの織物を fero tela Tonantis」というモットーを付した皇帝像、もう片面にはイノケンティウス11世の肖像つきでオリーヴの葉っぱと「われは帯ぶ、天の贈り物を fero coelestia dona」のモットーを捧げる鳩が示されることになっていた[478]。このような図像学者としての活動は、当面、単独例であるけれど、ハノーファー宮廷のためのライプニッツ40年の

活動を通じて余さず追跡することができる。

(478) 皇帝レオポルト1世のもとでの謁見について詳しい描写は in : AA, IV, 4, Nr. 8, S. 60, Z. 14 S. 61. Z. 4 ; 以下を参照のこと : AA, IV, 3, Nr. 5, S, 29, Z. 7-14.

ハノーファー・プランのうち少なくとも大公エルンスト・アウグストの推定1681年に刻印されたメダルは、前面に大公の肖像を載せて実現された。裏面には柵内を走る野生馬を予定した。星とブラウンシュヴァイク候の家紋を付けた誉れの柱の先には、「一人のアモールが棕櫚に unus amor palmae」というモットーがたなびいており、馬はその下を走って来るが、これは家紋の馬が正義の柵内を駆けるところを示そうというのである（図72）。家紋盾には1頭の馬が同じように「良きは、名誉を守るもののみ Sola bona quae honesta」というモットーを添えられている[479]。ライプニッツはこういう意味を付与した君主の表象へ、君主自身に向けられた一般福祉の義務をも挿入しておいたのである。

(479) AA, IV, 4, Nr. 79, S. 429ff., ここでは : 431, Z. 2-13 ; Fiala, 1913, Nrn. 2252f., S. 355f. ; Brockmann, 1987, Nr. 691 : 1676.

いかに厳密にライプニッツが公的解釈をも監督していたか、はっきり見て取れる例がある。皇女ヴィルヘルミーネ・アマーリエとローマ王ヨーゼフ1世との婚儀に合わせライプニッツ自身が企画した記念メダルをザムエル・ランベレトが試刻したことがあり（図73）、これについて1699年、ライプニッツの簡潔なコメントが残されている[480]。ライプニッツが批判しているのは、太陽が小さく表されている点で、常に大きめの太陽で表されるフランス王に対し、夫君が遅れをとることになるだろうというのだった[481]。二番目の手紙での助言は、太陽の光線を線だけではなく力強い炎として描くようというもの。虹は虹らしくより多くの光輝をもって飾られるべきで、大地から軽く際立ち、通り過ぎていく雨雲を添えるのがいい。最後にライプニッツが非難しているのは、「希望の碇（いかり）」の表現が弱いという点。男神はドーナウの川神であり、「希望の地 SPEM TERRIS」を体現するが、これを滞留させるのが「希望の碇」なのである。その表現の弱さのせいで全体の意味も「きわめてぼんやり」してしまった[482]。最終版（図74）では問題点はすべて修正されている[483]。

図72. レヴィン・ツェルネマン制作のメダル：柵内を走る馬、G. W. ライプニッツ案に基づく (1681)。Niedersächsisches Münzkabinett der Deutschen Bank, Hannover, Nr. 03. 036. 001

図73. ザムエル・ランベレト制作のメダル：皇女ヴィルヘルミーネ・アマーリエとヨーゼフ I 世との婚儀。第1版 (1699), Niedersächsisches Münzkabinett der Deutschen Bank, Hannover, Nr. 03. 035. 005

図74. ザムエル・ランベレト制作のメダル：図73の第2版 (1699), Niedersächsisches Münzkabinett der Deutschen Bank, Hannover, Nr. 03. 035. 003

(480)　Brockmann, 1987, Nr. 664, S. 60.
(481)　AA, I, 17, Nr. 9, S. 13, Z. 9-13.
(482)　AA, I, 17, Nr. 22, S. 29, Z. 10-S. 30, Z. 3.
(483)　Brockmann, 1987, Nr. 663, S. 59.

書付けにおいては様々に言及されている設計素描が、メダル職人の与り知らないものであることからすると(484)、いかにライプニッツが厳密に作業をコントロールしていたか、再度明らかである。ピエル・ドゥレヴェの1704年製作になる大判の銅メダルは選帝侯エルンスト・アウグストの肖像で、これにもライプニッツは自らの素描を手渡していたのだが、失われている(485)。しかし1680年4月、大公ヨーハン・フリードリヒの壮麗な葬儀のために、ライプニッツが手書きで描いたものは残っている。新しい大公夫妻の王朝維持を確かなものとする儀礼のためにライプニッツは、ハノーファー宮廷付属教会とそこに設置される棺台（Castrum doloris）の装飾を企画し、建築家イエロニモ・サルトリオ Hieronymo Sartorio と銅版画家ヨーハン・ゲオルク・ランゲによって実現させ、印刷物の形で残させた(486)。これには棺台のエンブレーム図版も含まれ、そのうち10葉が大公のモットー「艱難の果てに栄光 Ex duris gloria」と栄光の椰子のモチーフを変奏させたものである。建築物の足元にうずくまるブラウンシュヴァイク家紋の獅子を描いた4葉のエンブレームはライプニッツによって構想されたもので、図版本では彼のイニシャルＧＧＬが記されている(487)。この獅子のうちの1頭が、眠りの中ですら目覚めて忠節である猛獣の原理を表している（図75）。それはちょうど『フィジオロゴス（博物誌）』の中で性格付けられていたとおりである(488)。

(484) AA. I, 17, Nr. 22, S. 29, Z. 8, 14.
(485) AA, I, 17, Nr. 181, S. 285, Z. 16ff.
(486) Bepler, 1995, S. 188.
(487) Bepler, 1995, S. 189.
(488) Der Physiologus, 1960, Nr. 1, S. 3f.

残っている素描の中には、図版本の扉絵のためにライプニッツ自身が描いた下絵もある（図76）(489)。そこには凱旋門が2階建てで描かれており、中央は2本の柱で分けられ、二つの側翼によって囲まれ、その側翼はピラスター（付け柱）によって閉じられている。柱頭には梁を渡し、その上に分離した破風が上部の縁飾りとして聳える。人物像や銘辞の装飾は、中央軸で死者を銘記する布地によって暗示されているが、その上には栄誉オベリスクと脇に飛ぶものたちが、そしてこの者たちがカーテンを引く役割で、梁の上には椰子を支え持つ

図 75. ヨーハン・ゲオルク・ランゲ：眠りの中でも目覚めている獅子。大公ヨーハン・フリードリヒ棺のためのエンブレーム。G. W. ライプニッツの案に基づく（銅版画）1680, 出典：Bepler, 1995, Abb. 20 より。

者と椰子がともに描かれる。両脇の空間は下方は二人の坐像が、主要部には二人の立像が、そのうちの左手は正義の秤が認められ、上方では二つの台座像と二人の像が素描されている。最上部のこの像はミケランジェロのメディチ家廟で破風のアーチに横たわる像を模範としたものである。

(489) Bepler, 1995, S. 189.

銅版画家ヨーハン・ゲオルク・ランゲによって仕上げられた作品の方は、いくつかの点でライプニッツの指示とは違っている（図77）。全体を支える台座の階は柱とピラスターのたんなる支えへと後退してしまい、その結果、空間獲得は栄誉ピラミッドつき棺に都合のいいものとなっている。両脇の人物像の台座は、ミケランジェロのユリウス廟で有名だった独自の顔貌装飾を施されている。中央柱の柱頭とピラスターの柱頭の間の髑髏も下書きには見られないもの

図76. G. W. ライプニッツによるペン画：大公ヨーハン・フリードリヒの墓碑案（1680）。Hannover, Niedersächsische Landesbibliothek, MS XXIII, Nr. 30, Nr. 365

図 77. ヨーハン・ゲオルク・ランゲ：大公ヨーハン・フリードリヒ廟。（ライプニッツ案に基づく銅版画）推定 1680/81, in : Justa Funebria, 1685；出典：Bepler, 1995, Abb. 12

である。

　その他のモチーフは図像学的に決定されている。台石同士の間には二人の喪に服したヘラクレス像が腰を下ろし、棺を担うのはブラウンシュヴァイクの紋章獅子であり、ピラミッドの根元には二人の天使が腰をかけ、一方その対像である精霊たちがカーテンを開け、彼らの持つ永遠の栄誉の光は家紋とモニュメントの銘辞を照らしている。外側には慈悲と正義の徳高き者たちが示され、それらはさらにトラス破風部分に配された徳の姉妹で補われる。すなわち円柱断

端で分かる強さ、自己認識の鏡を利用する明晰さの二人である。中央には大公の「艱難の果てに栄光 Ex Duris Gloria」のモットーからとられた栄誉の椰子が立ち上がっている。一方、左手外側には死の精霊が生の松明を消しており、反対側に位置どる精霊はバランスを保って栄誉の果実たる長寿を体現している。こういったディテールの厳密さは、芸術家がスケッチを超えてライプニッツと直接交流していたのだろうと、推測させる。

ライプニッツの下絵のスタイルはざっくばらんな揺るぎなさの印象を与える。実地に活動する芸術家に見やすい図を作ろうと努力するのではなく、数箇所でペン先が割れながらも紙の上に瞬時にスケッチを走り書きしたのは明らかである。彼がいわば走り書きの意味をよく自覚していたということは、彼の署名と、紙の下の方の文言「署名者にして発案者 scripsit et invenit」が証言している。

自分の葬送儀礼と葬儀飾りについて注文を付けていた大公エルンスト・アウグストが1698年に死去すると、ライプニッツは彼の場合にも墓標の提案をした。ただし、これについては文言の指示しか残っていないのだが。4隅には、獅子、馬、森男、鷲の形でヴェルフェン家の四つの家紋像をペデスタル（台座）に付けるよう、さらにその脇には大公が戦ったライン、エルベ、ドーナウ、ロワールの4河川についての腹案が用意された。神々、骨壺、カード、場によって性格づけられた河川の上に大公の像が、装飾、武器、トロフィー、銘辞といっしょに聳え、そして最後に、とライプニッツは言うのだが、このモニュメントについてまたそれ相応のメダルに4行詩をともに刻むのがよろしかろう[490]。

(490) Leibniz, 1843-47, Bd. 4, 1847, S. 83.

これらの提案はすべて、たんなる雇われ仕事以上のものである。ライプニッツがアイデアを獲得するのに、どれほどヴィジュアルと触感を対比させる可能性に賭けていたか、「図説アトラス」作成の試みがそれを証言している。これにはエンブレームも一つの汎用手段となっていた。

IX　生きた図書館としての図説アトラス

1.　パリのお手本

　普遍図説アトラス、そのアイデアは多様な根っこから養分を得ている。なかでも決定的な刺激を受けたのはパリ滞在中のことであり、ここでもクロード・ペローが関与していた。

　1672年12月、パリからマインツ選帝侯ヨーハン・フィリップに宛てた彼の報告である。知識欲に燃えた人々を真に刺激する重大な感銘は「文学（ベル・レトル）」にはなく、「哲学、数学、物理学、医学」に見つかります[491]。つまり王立図書館では、自然科学の実験が可能で、王立庭園も同様に研究に開かれており、優れた機材をそろえた天文台が建設中です。[492]。こう判断を下した根拠の第一は、まず数学のセクションに始まり、化学、生理学、解剖学、植物学といった自然学部門からなる科学アカデミー・ロワイヤルの設立にあった。1666年、王の宮廷周辺の全国家組織の連携を反映したセンターが完成するが、その目的は応用研究を追及するチャンスを著名な科学者たちに提供することだった。1699年にそれがルーヴル宮に引っ越すまでは、一日24時間利用可能な王立図書館に設置されていた。これに庭園と唯一の新建築としての天文台が加わる。天文台はクロード・ペローのプランによって建てられたものである（図78）。科学にのみ奉仕する新建築としてこの建物はベーコンのソロモン神殿の実現と見なされ、ペローによる翻訳ウィトルウィウス本の扉絵には天の現象のごとくにパリの上空高く君臨している（図61）。

[491]　AA, I, l, Nr. 203, S. 296, Z. 15-17.

図78. セバスチャン・ルクレール：クロード・ペローの天文台（銅版画）。in : Perrault, 1673, Taf. III, entn. aus : Petzet, 2000, Abb. 267

(492)　AA, I, l, Nr. 203, S. 297, Z. 7-27（Observatorium）； S 297, Z. 28-S. 298, Z. 3（Garten）； S. 298, Z. 4-8（Bibliothek）.

　アカデミーに期待される成果もまたペローと結びついていて、「小生の見解では、われわれはアカデミーからやがて植物の押し花標本を入手するでありましょう。植物にひたすら奇跡の作品を見てきた古人にとってはあらゆる植物が万能薬ということになってしまうのですが、そうしたあまたの寓話から解放されることにもなりましょう。植物の例に動物も従います。というのも多様な稀少動物の著しい数が、1頭でも王のために死ぬやいなや、アカデミーで解剖されま

す。そのほかでは実験所はさほど特別のところではありません。これほど多くの動物の骨格があれば1個のテアトルム・アナトミクム（解剖学劇場）を建てるのは容易なことでしょう」[493]。ライプニッツは1671年発行のアカデミー機関紙『動物の博物誌 Memoires pour servir à L'Histoire Naturelle desAnimaux』、および、以後の発刊が予定される号に関与している。

[493] （独語原文）„Ich halt dafür, wir werden balt etwas von der Academie in druck bekommen de plantis, darin nichts als ihre eygne neue experimenta erzehlet und wir von vielen fabeln der Alten, die lauter miraculosa den plantis zugeschrieben, daß wenn es ihnen nachgehen solte, jede planta eine panacaea were, befreyet werden sollen. Den plantis werden animalia folgen, denn eine quantität von aller-hand raren thieren, sobald eines dem König abgestorben, in der Academie anatomirt werden Sonst ist das laboratorium eben so sonderlich nicht. Ich zweifle nicht, daß man auß so vieler thiere sceletis ein theatrum anatomicum formiren werde" (AA, I, l, Nr. 203, S. 297, Z. 31-S. 298, Z. 3).

　動物の特集号の著者はクロード・ペローであり、素描と銅版画はセバスティアン・ルクレールが担当した。ルクレールといえば夥しい数の銅版画のおかげで最初の図版百科全書家の一人になるのだが、その図版は下半分に動物たちの自然な環境、上半分に解剖の図解、という対照構成になっている（図79）。それに劣らず、実験用の配置の仕方が模写されているのも印象深いことであった（図80）。
　動物界についてのペローの著作にルクレールが付した扉絵は、ルイ14世と総理大臣コルベールがアカデミーの空想建築を訪問したという設定である（図81）。窓越しには庭園と建設中の天文台が見え、その内部には化学の実験器具や地図、骨格標本が相互に照応している。
　ライプニッツは『動物の博物誌』(1671) の扉絵で解剖研究を推奨しており、その図にはアカデミーの解剖学者による解剖の様子、スケッチで記録する挿図画家たちの仕事ぶりが描かれている（図82）。テーブルの上には、解剖中の1匹の狐、外光で明るい窓台では顕微鏡を使う研究者が一人、その右側では芸術家が図入りプロトコルを論じている。ライプニッツの報告は、あたかも彼がこれら見事な作品の挿図を眼前にし、口頭で聞いた光景を植物学の仕事に接続させたかのような印象を得る。ドニ・ディドロの『植物の博物誌 Mémoires pour servir à L'Histoire des Plantes』は1676年にアブラハム・ボスの挿図

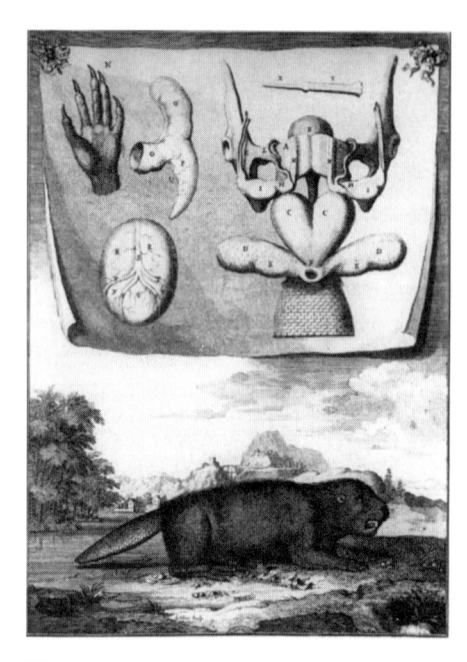

図79. セバスチャン・ルクレール：ビーバー（銅版画）1671, in : Perraut, 1671, entn. aus : Picon, 1988, Abb. 45

図80. セバスチャン・ルクレール：犬同士の輸血（銅版画）。in : Perrault, 1680-88, Bd. IV, Fig. 1, entn. aus : Picon, 1988, Abb. 22

で出版されたものだが、ライプニッツの種本はもしかするとこれだったのかもしれない[494]。これらきわめて高度に要求を満たした図版群は、1670年にコルベールが先導した一大ヴィジュアル化運動の産物である。科学アカデミーの図版出版がそうだった[495]。それらはライプニッツに「図説アトラス」のアイデアを与えた最初の**ものそのもの**を形成する。

(494) Picon, 1988, Abb. 28, S. 49.
(495) Colbert の公布 in : Jammes, 1965, S. 6.

しかし、「普遍アトラス」のアイデアへとライプニッツを促したものには、なかでもヴィユロワン僧院長ミシェル・ド・マロルのコレクションがある。当

IX 生きた図書館としての図説アトラス 177

図 81. セバスチャン・ルクレール：ルイ 14 世とジャン・バプティスト・コルベールが想像上の科学アカデミーを訪問している図（銅版画）1671, in : Perrault, 1671, Frontispiz, 抜粋は : Picon, 1988, Abb. 26 より。

図 82. セバスチャン・ルクレール：科学アカデミーでの狐の解剖。記録係の画家が同席している（銅版画）1671, in : Perrault, 1671, Titelvignette ; 抜粋は : Picon, 1988, Abb. 31 より。

代きっての図版コレクターだった彼は、125,000 点になんなんとする木版・銅版画の第一コレクションの大半を 1667 年にコルベールの仲介でルイ 14 世に買い上げられ[496]、その後、それに劣らぬ目利きを発揮して第二コレクションを作り上げ、これまた 1678 年に売却したのであった。

(496) Schnapper, 1994, S. 247f., 251-253 ; Collections de Louis XIV, 1977/78, 例を挙げればナンバー 91, 92, 94, 113, 130, 345 ; Brakensiek, 2003, S. 20-23 ; S. 26ff. Brakensiek は売却前の Maroll コレクションについて包括的な分析を提供している。

それゆえ、ライプニッツが図説アトラスのアイデアを 1678 年秋に膨らませていったのは偶然ではない。1678 年 7 月、彼の友人ハンゼンがマロルの第二コレクションを求めることが可能となるやいなや、ライプニッツに問い合わせている。「ヴィユロワン僧院長殿は私にもっとも才能豊かな医学者の膨大な肖像画の収録された一巻を見せてくださった。中には、空想上の肖像や、実物に忠実なもの、そのうちには元の人物がまだ存命中の者など見ることができるのです。私は、この巻を過大評価するわけにはいかないと思っておりますが、彼と交渉を始めるうちに、彼が言うのです、自分はよろこんで彼のキャビネットを手放すつもりである。いや、少なくともキャビネットに収蔵された本の大部分、そのうちには素描と銅版画で一杯の優に 300 を超える書物を手放してもいい。ただし、ばら売りはしない。あなたのご友人のためにできることがあれば、申し付けていただきたい」[497]。同年 9 月、ハンゼンは、マロルが一括売却の意向であるとくりかえした[498]。

(497) AA, I, 2, Nr. 334, S. 353, Z. 23-29 ; AI, 9, Z, 1-8.
(498) AA, I, 2, Nr. 350, S. 367, Z. 16-19 ; AI, 10, Z. 1-2.

翌 1679 年 8 月、ハンゼンはもう一度マロルの元へ戻る。「僧院長マロル殿は（……）諸芸の歴史について多く書いておられ、それを改訂するに貢献してきた人士について多くを語っておられます。私は彼に請合って、あなたの著書が印刷されることを多くの学者が望み、切望していると伝えました。彼は自分の書いたものを整理し印刷業者に渡すと約束しました」。ハンゼンはマロルの 70 年代に出版される『絵画と銅版画の書 Livre des peintres et graveurs』に、どうやら自ら関わった模様である。あらためて彼にとってもっと重要だったの

は、僧院長の売却意志である。「彼のキャビネットには相当に大事なものがあります。彼は80代というお年のこともあって病気がちで、自分の蔵書と文書が縁なき衆生の手に落ちないよう望まれる次第です」[499]。

(499) AA, I, 2, Nr. 499, S. 506, Z. 31-S. 507, Z. 1 ; AI, 14.

ハンゼンの報告は効力がなかったわけではない。1680年にライプニッツが展開した図説アトラスのコンセプトは、僧院長の第二コレクションを落札し、コレクターとして太陽王の足跡を継ぐという意図を行間に感じさせる。ライプニッツ曰く、図説アトラスにとっては「必要なのは、本文が図版によって明快に理解される、そういう本であり、マロルなどのように目利きの手元にある図版コレクションである」[500]。1679年の『助言集（Consilium）』でも彼は「マロリ・アバティス・ウィレロンガニ（僧院長マロル）」のコレクションを「驚異の」事例として言及し[501]、同じことは信徒用便覧（アジェンダ）の生活規則でも当てはまり、その場合ライプニッツは想像力の涵養に役立つ図版コレクションの例として僧院長のコレクションを手本とした[502]。推定1680年1月末、ライプニッツはこれまでにも幾度となく頼りとしてきた新任首相フランツ・エルンスト・フォン・プラーテンのためにハノーファー図書館構想を起草したのだが、そこで単刀直入にマロルのコレクションを入手するよう希望を述べている。「さてパリに存知よりの男あり、信じがたいほど勤勉にて幾千もの選りすぐりの印刷物とクレヨン（ソフトタッチ銅版画）を蒐集し、素材に応じて分類しあまたの巻にまとめてある。かくのごときが再度今生に見出されるとは思いもよらず、もしこれを散逸せしめることあらば、修復しがたき損失である。この者、今や年寄りて、売り出すにやぶさかでなし」[503]。

(500) AA, VI, 4, A. Nr. 31, S. 87, Z. 1f. ; AI, 12, Z. 10-11.
(501) AA, IV, 3, Nr. 116, S. 795, Z. 14f. ; AI, 18, Z. 2-3.
(502) AA, IV, 3, Nr. 136, S. 898, Z. 12f. ; AI, 19, Z. 8-9.
(503) AA, I, 3, Nr. 17, S. 17, Z. 7-12 ; AI, 21, Z. 2-6. 以下を参照のこと：Ennenbach, 1978, S. 28ff. ; Böger, 1997, Bd. I, S. 142ff.

さらに数十年後、1716年ロシア皇帝に宛てた答申書にて、ライプニッツはマロル・コレクションを「普遍アトラス」のモデルとして記憶しているのだっ

た。サンクト・ペテルスブルクに予定された図書館のためには、彼の言によれば「大量の図像、木彫、銅版画」も含まれ、「王立フランス図書館では数百巻がひたすら図像、図面からなり、そこでは、いつもなら言葉で与えられるもののすべてが眼にも供せられる」[504]。この発言もマロルのコレクションに関わっており、まさにこのコレクションは図説アトラスというライプニッツの希望にまるでファータ・モルガナ（蜃気楼）のように付きまとっているのだった。

[504] Guerrier, 1873, Nr. 240, S. 349f.；AI, 66, Z. 4-7.

2．図説アトラスの様々なコンセプト

ライプニッツに図説アトラスという思想を抱かせたのは、マロル・コレクションが売りに出されるという情報のせいだった。これまで積み重ねてきた考えをまとめたのが1679年秋、書籍のあり方を改良している最中だった。半年毎の文学誌「セメストリア・リテラリア」を準備するための六つのテクストにおいて、彼は世界知を俯瞰的にまとめ自由に使えるようにしようと、あらゆる書物の普遍百科全書（Encyclopaedia Universalis）プランを展開した[505]。ここに含まれるのは、草稿や遺稿をシステマチックにリストアップすることにとどまらず、あらゆる著作の厳正的確なる抜粋のシステムであって、これがあれば新しい叡智と発明をありがちな誤解や不正確さに陥ることなく理論構築できるというものだった。トーマス・ホッブスも知の媒介と新知の探究を議論百出の坩堝から解き放てないものかと思案したのだが、これに比較できるであろう、ライプニッツの関心は、それぞれの意見の核心はこれ、という部分を把えて、これを組み合わせ術（コンビナトリク）のカードとして使いながら普遍的に妥当させようというものだった。

[505] Böger, 1997, Bd. I, S. 122ff. ライプニッツの言う、19世紀的な意味において全て揃った状態というよりは、知の包括的な質的解明に向けられたものである「百科全書」については：Dierse, 1977, S. 25-35.

しかしながらライプニッツの当初よりの試みは、著作活動の傍ら、まさしく図版メディアを百科全書のテーマとすることであった。1678年秋、「来る普遍

IX 生きた図書館としての図説アトラス 181

アトラス、あるいは形象を介した恒常的研究、そして自然と人工の劇場について」⁽⁵⁰⁶⁾初めて彼は口にし、「普遍アトラス」と銘打ったテクストを以下のように強調したのである、「百科全書総体はいわば普遍アトラスによって十全に理解されうると、私の頭に浮かんだ。そうするとまず、教え学ばれねばならないすべてが眼の前に繰り広げられることが可能となるのだ」⁽⁵⁰⁷⁾。これに対応して、普遍百科に捧げられた第一テクストは、こう締めくくる、この企てにはこのような「普遍アトラス」を添えるべきである。この素晴らしく有用な仕事はその全図表および挿図によって人間知を役立て、見取り図に描いて直接的に眼に訴えることが可能である」⁽⁵⁰⁸⁾。

(506) AA, VI, 4, A, Nr. 29, S. 81, Z. 18f.; AI, 11, Z. 12.
(507) AA, VI, 4, A, Nr. 29, S. 81, Z. 18-20; AI, 11, Z. 1-4.
(508) AA, IV, 3, Nr. 116, S. 781, Z. 18-20; AI, 15, Z. 1-3.

　ライプニッツが別の版において言うことには、山のような資料に直面したら、書籍はそれを核心と起源へと還元したあとで、手早く全体を俯瞰的に把握し、そこから考えを展開すべく論理的分析的、と同時に想像力豊かな秩序分類に適応することが必要である。こういう特徴を自ずと備えたのが、**普遍アトラス**である。「適切にして有用な仕事」が大事なのであって、これを使えば楽しみに満ちた軽快さでイメージが「一望のもとに、言葉の回り道を経ずして、視覚器官を通じて心を形成し、より強力に印象付ける」ことができる⁽⁵⁰⁹⁾。ライプニッツの直感的眼差し理論は、こういうキャッチフレーズを圧縮したものである。「一望 coup d'oeil」するこの眼差しは、際限なく意味要素が偶然に支配される事態でも捉えることができるし、一望できるからこそ眼差しは、思考を刺激するあらゆるその他の思考形態に優越するのである。われらの前におかれているものと中へ侵入してくるものの二重の作用が、ライプニッツの知覚理論のエッセンスを形成していたが、それによれば映像の刻印は蝋板に起こる体のものではなく、脳の固有運動の刺激として起こるのである。

(509) AA, IV, 3, Nr. 116, S. 785, Z. 1-8; AI, 16, Z. 10-18.

　普遍アトラスを次善の策に挙げている次作『前提論 Propositio』の入念な要諦によれば⁽⁵¹⁰⁾、書物についての普遍百科の確立に捧げられているテクストは数

あれど、その最後のもの、結局『助言集』でもって企て総体の方法論を展開するのである。その終結部は**普遍アトラス**の簡潔な特徴付けであり、それは見ることと眼との触感的照応としてのコレクション賛で結ばれる。ライプニッツはこう言っている、「好奇心によって自然と人工の夥しい物体を宝物室や博物室に集め、分類し、貯蔵する。目的は、天文台、実験所、採鉱場、庭園、動物園、甲冑庫、において新しい実験を行い、得られたものをすでに基礎を置いた百科全書に則って追加補充していくためである」。あらためてライプニッツはここで博物館、庭園、実験所のアンサンブルを持ち出し、最後にこう信条告白するのである「人間の企てで、これほど包括的なものを、私は他に見ない」[511]。

(510) AA, IV, 3, Nr. 116, S. 788, Z. 13f.; AI, 17, Z. 2-3.
(511) AA, IV, 3, Nr. 116, S. 795, Z. 17-20; AI, 18, Z. 6-9.

彼は書物についての普遍百科のアイデアを目標としてきたが、その思考の果ての発言としては、こういう方法論のモラルには少なからぬイロニーがある。書物の知は、触覚的光学的知の手段がどこでも使用できるわけではないがゆえに、用いられる補助メディアなのだ。これらプロジェクト文書は百科全書のための事項収集誌発刊を目的としているが、ここにおいてほどライプニッツが図版の価値を明快に定義したことはなかったし、これほど明快に知覚理論の発端と図版とを結びつけたこともなかった。彼によれば文章より図版の方が情報を素早く豊かな美をもって媒介することにふさわしく、とりわけ習得するときの効果大である。

詳細な陳述の後すぐ、1680年1月、すでに幾度も引用した——なかんずく簡明なクンストカマー理論もここで展開されている[512]——メモの中で、宰相フランツ・エルンスト・フォン・プラーテンを説得して、世界の書物を文字よりは図版やコレクションの対象物として理解し提供しようと提案する。第2章にいわく、図説アトラスは「そっくり図書館1個に匹敵する。そこには世界の名士の肖像と、無数の行列や公開セレモニーの表象をほとんど漏らさず見ることができる。すなわち一大「自然と人工の劇場」。狩猟、航海と荒天、戦闘と城塞、宮殿、庭園、風景、無数のヒエログリフ、カプリッチョ紋様、装飾、デヴィーズ、シンボル、そして人間の頭に浮かぶ限りの事実とお伽話で飾り立てたものの一切。この図説アトラスを持てば、一つの宝さながら、数え切れない

諸報告の汲めども尽きせぬ源泉を持つことは請け合いであり、王侯の楽しみ、行列、仮面の練り歩き、騎馬試合ばかりか、むしろ楯も、庭園、機械、その他多くの場合に役立つことだろう。スンマ（大全）とはこのようなコレクションにほかならない。然り、まさに生きた図書館とは、これである」[513]。

(512)　S. o. S. 26.
(513)　AA, I, 3, Nr. 17, S. 17, Z. 12-21 ; AI, 21, Z. 6-18.

　図書館司書にとっては営業妨害。なまの姿を見せるというレベルの話なら、図書館よりも図版館（Ikonothek）の方がより高い評価を受けるのだ。けれども図表や模写といったイメージの形式、そしてそれらがあらゆる生命領域のテーマ群を包括するという、それだけでライプニッツは、図書館を打ち負かす「全テアトルム・ナトゥレ・アルティス」という認識に到達する。「劇場」より上位の概念が、銅版画コレクションという表記になっていくのは、銅版画の図像が様々な知の領域をそれぞれ固有の生きた姿で表象させることができるからである。
　このアイデアは彼の生涯にわたって暖められてきた。であればこそ、1685／86年の皇太子教育論では次のような文言となって取り上げられる。「私は入手できる限り芸術家による図版を強く推奨したい。これまでにもすでにしばしば望んだことだが、大きな判で描かせ、銅版画に彫らせるのがよろしい。ちょうど全学科、技芸、あるいは職業を一望のもとに（mit einem Blick）展覧できるアトラスの形で表現されるもののように」[514]。あらためてライプニッツはここに「一望」と強調しているが、これを彼は直観的視と結び付け、その頂点である神の行う「一望 coup d'oeil」が尺度となり目標となった。

(514)　AA, IV, 3, Nr. 68, S. 551, Z. 19-22 ; AI, 24, Z. 2-6.

　2年後、ウィーンの皇帝レオポルト1世に謁見を許された時、彼は長年温めてきた腹案を様々に述べる機会を得た。すなわち大（マヨル）小（ミノル）のアトラス、つまり「普遍アトラス・マヨル」と格別に便利な「普遍アトラス・ミノル」の組み合わせを提案した[515]。詳論の中ではこう説明されている。大アトラスの概念について彼がインスピレーションを得たのは、J・ブラウの地理学11巻「アトラス・マヨル、あるいは地誌学」によってであり、また図書

館蔵、個人所蔵を併せて百巻にまでなんなんとする銅版画コレクションによってであった。それらから「核心を選り抜いてそしてすべての自然・人工・稀少物の博物誌を図版をもって提供し、それをまた説明文で明らかにしておくこともできましょう」[516]。2番目の抜粋では「普遍・小アトラスには、最も有用な図版と解説を付けて仕上げるのがいいでしょう。それはまさに主要百科全書であり、これまでの類書すべてに先んじるものでありましょう」[517]。御前講義のさらなるあらましでは、この小アトラスを「日常生活の小ハンド・ブック」と記述している。その中には、「人々がよく心得て、大いに実際的に使用せねばならない核心部分が、図版、表、主要原則となって理解されるでしょう」[518]。それは人間を簡単に科学の基本へと導くのにふさわしいものである。

(515) AA, IV, 4, Nr. 7, S. 44, Z. 18 ; AI, 27, Z. 1-3.
(516) AA, IV, 4, Nr. 8, S. 64, Z. 4-6 ; AI, 28, Z. 4-6.
(517) AA, IV, 4, Nr. 8, S. 64, Z. 6-9 ; AI, 28, Z. 6-10.
(518) AA, IV, 4, Nr. 6, S. 25, Z. 3-5 ; AI, 26, Z. 4-6.

大小のアトラスの区別をしない形でなら、1704年にドレスデンのアウグスト強王の御前で、同じことを力説している——皇太子教育を古典作家の読書のみに限定せず、あらゆる科学の「普遍アトラス」を導入すべしと。「すなわち、諸科学の図表、リベラル・アート、その他応用アートに図表を与え、自然と人工の劇場を打ち立てることははるかに重要なことでありましょう。この図表は形象と簡略な形式の内に、提供する価値のあるもの、知る価値のあるものすべてを内包するでしょう。そしてすでに多くの事例で起こっていることですが、とりもなおさず一つの科学総体が1、2枚の銅版画に内包されてしかるべきなのです。すでに仕上げられた無数の銅版画から選り抜かれた図像のコレクションは、普遍アトラスとなって、未だ不足するものを補うことでありましょう。それは研究をより豊かにより軽快にしてくれる素晴らしい宝物でありましょう」[519]。

(519) Leibniz, 1768 [1989], Bd. V, S. 176 ; AI, 47, Z. 3-10.

IX 生きた図書館としての図説アトラス 185

　彼の最後のプログラム的発言、つまりピョートル1世ロシア帝室科学・諸芸改革のために1716年に起草された構想において、ライプニッツは百科全書の編成へと立ち戻り、大中小百科という三重形式で構想しようとしている。小と中はテクスト、表、その他の知るべきことの注釈、すなわち諸科学と発明の世界から成り立っているが、「エンチュクロペディア・マヨル」とは以前に普遍・大アトラスと呼ばれたものと同じ意味である。「大百科は普遍アトラスと呼ぼうと思う。それは多くの有用な図版を添えられ、大型のいくつもの巻から成るはずだから。このような仕事は前代未聞であるが、今やよく組織された科学協会を介するならば成功するだろう」[520]。百科全書設立のためのライプニッツの結語は、これを包括的な図説アトラスとして創設することを期している。

(520)　Guerrier, 1873, Nr. 240, S. 357f.; AI, 66, Z. 30-34.

3．図像学による目録化

　最後にライプニッツは「普遍アトラス」とタイトルした1678年のテクストの序文で、眼という器官は知の教授と理解に格別の働きをすると、あらためて強調しつつ[521]、自分が報告書の中で推奨していることをシステマチックに理論付けようとしていく。このようなアトラスをどのように組み立てていくのか。その分類についてはマロルのカタログのようなすでにある図版や図表のコレクションと図版入り本を参照せよと指示する[522]、そのシステマチックな構想にライプニッツの提案が示したのは、まさしく図版アーカイヴ化の最初の普遍システムそのものだった。個々の科学、諸芸のアトラスを、後にルクレールが芸術と科学を統一する理想図（図83）にまとめている。そこには研究者たちのグループごとにいくつかの図表や刷り本が広げられ、それら図版が集合すると、研究や実地の活動のためのアトラスを生み出す。マロル・コレクションだけではなく、ルクレールの銅版画に基づくと、ライプニッツの眼にしたものがイマジネールに追体験できるのである。

(521)　AA, VI, 4, A, Nr. 31, S. 86, Z. 18-20; AI, 12, Z.4-5.
(522)　Marolles, 1666, S. 9ff.; Brakensiek, 2003, S. 38f., 83ff., 107, 117ff. および、1684年のカタログ編成については S. 550-553. を参照のこと。

図83. セバスチャン・ルクレール：科学技芸アカデミー（銅版画）1698

　天文学、地理学、統治と文化の地球規模の（グローバル）理解という意味で、ライプニッツは「天の測量図（トポグラフィ）」と「地の測量図」に基づいて紋章学と系譜学の図表を呼び出し、すべての言語と表記法をリストアップし、つづいて様々な国と職業の衣装、風習、宗教を挙げる[523]。ルクレール銅版画の前景は、あたかも地球儀を紋章学の図表と併置することによってこのアンサンブルを実現したかったかのような印象を与える（図84）。続く名士ギャラリーは著名人リスト・アップの伝統に従って卓越した歴史上の人物を取り上げ[524]、それはまた硬貨の刻印や建築の家紋にテーマ化されるのである。硬貨、碑銘、指輪紋章、儀礼、礼服、それに神聖象形文字——これらに続いたのが、チェーザレ・リーパの『寓意図評解（イコノロギア）』——この部門では、非・地誌学的な古代受容のプログラムが総括的に展開される[525]。

(523)　AA, VI, 4, A, Nr. 31, S. 87, Z. 6-20 ; AI, 12, Z. 15-29.
(524)　Riebesell, 1989, S. 112ff.
(525)　AA, VI, 4, A, Nr. 31, S. 88, Z. 1-8 ; AI, 12, Z. 30-37 ; Ripa, 1624/1625.

IX　生きた図書館としての図説アトラス　187

図84.　地理学者、天文学者、紋章学者。83図の部分区。

　リベラル・アートから応用アートへ前進しながら、ライプニッツは遠近法を含む数学、整理されてきた音楽、それに建築をリストアップし、軍事用建築を経て戦術の手段にまで及んでいる（図85）。機械の組み立てはさらに家政学と農業へと導いていき[(526)]、それはまた原材料とその精錬への橋渡しとなっていく。布地、石、木材、ガラス、その他の材質は画家、彫刻家、書記の手に渡り（図86）、そして化学、薬学、薬草学、植物学、解剖学、外科といった全学科、および比較動物解剖学までを数え上げるうちに、流体素材や鋳造可能な金属の分析を経てぶどう園造営法に至る（図87）[(527)]。

(526)　AA, VI, 4, A, Nr. 31, S. 88, Z. 9-21 ; AI, 12, Z. 38-50.
(527)　AA, VI, 4, A, Nr. 31, S. 88, Z. 22-S. 89, Z. 22 ; AI, 12, Z. 51-76.

　エキゾチックな産物は「**エクソティカ蒐集室内・自然と人工の稀少物** Rariora naturae et artis in Exoticophylaciis」という明瞭に包括的な分類をされているのだから、「**自然と人工の劇場**」概念に近いところにある。最も遠いものの描写に対してライプニッツが併置するのは、たとえば1665年のロバー

図 85. 光学者、建築家、数学者、エンジニア。83 図の部分図。

図 86. 芸術家。83 図の部分図。

ト・フックによる蝿の目玉について顕微鏡によって得られたイラストである（図47）[(528)]。こうして彼は、始めに言及した望遠鏡の助けを借りて文句なしに素晴らしい映像を生み出してきた天文学へ至る大きな弧を閉じることになる[(529)]。**普遍アトラス**は、図像世界によって枠どられている。そのはるか遠くの空間や極小の空間の図像は、望遠鏡と顕微鏡によって眼が武装したことの成果だった。

(528)　AA, VI, 4. A, Nr. 31, S. 89, Z. 23f.; AI, 12, Z. 77-78.
(529)　最も壮大なもののひとつに数えられるのは、クロード・メランのものである。：Préaud, 1988, Nrn. 145-148, S. 115, 117-119.

少なくともコンセプトとしてはライプニッツの図説アトラスは初の図像学的アーカイヴと見なすことが可能であり、システマチックにすべての生命界自然界を包括する。であるからにはそれは1595年のゲルハルト・メルカトールの地図「アトラス、あるいは瞑想宇宙図 Atlas sive cosmographicae meditationes」にも繋がるのであり、これこそ地図というジャンルにアトラスという名前を与えた画期的仕事なのである[(530)]。メルカトールの扉絵の描く巨人アトラスは、もはや世界を担うことなく、観察しつつ世界を研究している。同じ意味でライプニッツが望んだことは、巨人アトラスが肩に負った世界球を紙の上に置きなおし、担ぐ苦労を避けようというのだ（図88）[(531)]。図像によって学べば強い印象を得ると同時に遊戯的にもなると強調するのは、世界をコンパクトに担い理解する労働軽減の点でも、もっともなこととされた。

(530)　Mercator, 1595；以下を参照：Liebenwein, 1996. S. 9f., 学者像としての巨人アトラス像は、中世、ルネッサンスを通じ、Guillaume Sanson の Atlas Nouveau（1696）：Hofmann u. a., 1995, S. 42f. に至るまで追求できる。
(531)　Atlas Farnese については：Korn, 1996. を参照のこと。

しかしライプニッツは百科全書ふうの図説アトラスをリストアップしていくことについてもう一つ考えをまとめていて、そのハイライトは、図像は見えないものを見えるようにすることができるという定式である。「類比的なこと。あるいは身体の類似によって形成された非身体的なこと。美徳、悪徳、神の領分を論ずるところで、神聖文字学が実践される」[(532)]。最終的列挙にこういう思想が取り上げられるとき、それは厳密なシステムから離れ、むしろ「思考遊

図87. 医師、獣医師たち。83図の部分。

図88. アトラス・ファルネーゼ、古代ローマ大理石像、ナポリ、紀元前1世紀、Museo Archeologico Nationale, Nr. 6374

び」で起こっていたように連想的に進行していくのである。

(532) AA, VI, 4, A, Nr. 31, S. 90, Z. 1f.: AI, 12, Z. 79-80.

　数年もたたないうちライプニッツは図説アトラスの応用を絶賛してみせる。いわく、結合術のための能力を高めることができる。いわく、科学的教育学を公理のうえに構築することができると。それは生命規則を定式化しよう、しかも、より高次の科学的方法と葛藤を起こすことなしにやってのけようというものだった。「このことはしかし個々別々の仕事ではなく、多くのものの共同作業を、そしてそのほかにも膨大な挿図（図版）を要する。こういうことを私はほかのところで普遍アトラスと表記し、計画したことがある」[(533)]。最後に、彼は理解し媒介する眼に対して与えた高い評価をもう一度テーマ化しなおす。

図説アトラスは決して無教育の者の教材ではなく、民衆科学、及びより高次の方法の弱点を相互に止揚するメディアなのである。

(533) AA. VI, 4, A, Nr. 139, S. 581, Z. 23-S. 582, Z. 2；AI, 23, Z. 1-3.

4．図版の生彩とユートピア

　知の奨励と生産的想像力の増進に図説アトラスを用いるよう促した刺激源の一つは、ベッヒャーの教育方法論である。ライプニッツはここから**自然と人工の劇場**の助けを借りて、「若者がいわば遊びつつ」学ぶことができるという助言を取り出している[534]。1679年秋の**普遍アトラス**のための理論をすでに引用しておいたが、そこでライプニッツは、同じ定式化を使いながらこう強調していた。知る価値のあるすべてのものは図版によって「一層迅速快適に、いわば遊びつつまるで一望の下に、言葉の回り道を経ずして、視覚器官を通じて情感を予備教育し、より力強く印象付けることができる」[535]と。「いわば遊びつつ」という同じ定式化をライプニッツもまた、1688年、皇帝レオポルト１世を図説アトラスの利点について説得するために利用し[536]、1701年になおチルンハウスへの手紙に力説したことには、授業で大事なのは、実際から遠いテクストではなく、むしろ記号であり、学ぶことを「遊び」となす触覚的経験であるだろう……「学校にて事物をもって教えるのであれば、スコラ（学び）はただしくルードゥス（遊び）となるだろう」[537]。

(534) Becher, 1668, S. 52；AI, 1, Z. 49.
(535) AA. IV, 3, Nr. 116, S. 785, Z. 5-7；AI, 16, Z. 14-17.
(536) AA. IV, 4, Nr. 6, S. 25, Z. 10；AI, 26, Z. 10.
(537) Tschirnhaus宛ライプニッツ書簡, 17. 4. 1701, in：Leibniz, 1899, S. 515.

　この注釈には一つの模範が念頭にあって、それはベッヒャーの眼前にもあり、明らかに図像に支えられた教育や研究への根源的信頼をライプニッツに媒介したものである。すなわちコメニウスの**スコラ・ルードゥス、遊びとしての学び**である[538]。コメニウスは『世界図譜（オルビス・センスアリウム・ピクトゥス）』とともに1658年、遊戯性格を失わないで図像世界をシステム化しようというライプニッツの試みにとっては規範となるはずの図説百科全書を公刊

(538) Comenius, 1888 ; 以下を参照 Hornstein, 1997, S. 9ff. 及び Graczyk, 2001, S. 362ff. と 371f. ; Leibniz と Comenius については：Knobloch, 1997, S. 102. を参照のこと。

　テクストと数字の一致を使ってコメニウスは、複合したヴィジュアルな眺望を世界総体に与えようとした。そこではまず表題としてラテン語とドイツ語で示され、論及される事項について木版画が掲げられる（図89）。図では右手上方から太陽の光線が賢者の頭部を貫いて子供の方向へ向かっているように見える。さながら2ヶ国語のテクストが叡智を体現するかのように[539]。タイトルともなる図版の上を飾る「名詞」という概念によってシステムは言語的な構成をとりつつ、図版によって反対語を提供し、その反対語は内部の数字によって2ヶ国語による説明を指示する。こうして文字、図版、数字が協働して百科全書的結合術を展開する。これがライプニッツの考察に影響を与えたにちがいないのである[540]。

(539) Comenius, 1658, S. 12f.
(540) Comenius の結合術については：Harms, 1970, Graczyk, 2001, S. 361 ; いわゆる機械的結合術については似たような設備の、ただし言葉でのみ描かれたお手本が、Georg Philipp Harsdörffer にある。：Westerhoff, 1999, S. 452ff.

　ライプニッツの**普遍アトラス**が『世界図譜（オルビス・ピクトゥス）』の発展形態だと見なしうるのなら、彼はトマーゾ・カンパネッラの**太陽国家**ヴィジョンとヨーハン・ファレンティン・アンドレーエの**クリスティアノポリス**の伝統に立っている。コメニウスも細心の注意を払ってこの伝統を継投しようとした[541]。こうしたユートピアの目録には、ライモンド・ルルスふうの着想を得た全体知の円形図解も数えることができる[542]。こちらのほうは起源をバベルの神話的図解百科全書に辿ることができる。1572年、マールテン・ファン・ヘームスケルクが、ディオドルスによる古代報告をしかるべくヴィジュアル化しようとして、共通の精神を窺わせるものとなっている（図90）。

(541) Yates, 1975, S. 172 ; Kanthak, 1987, S. 23, 43ff.
(542) Schmidt-Biggemann, 1983, S. 165ff.

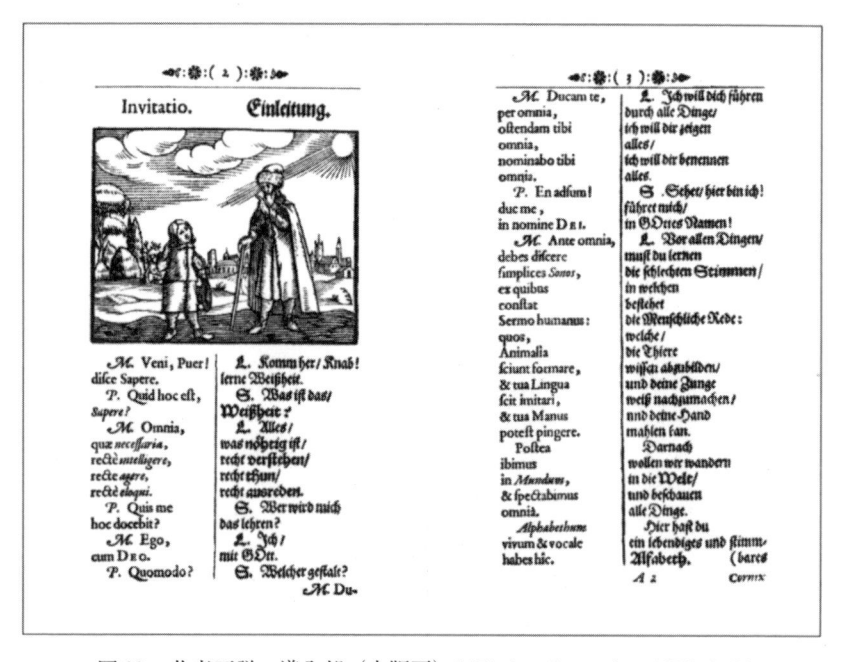

図89. 作者不詳：導入部（木版画）1658, in : Comenius, 1658, S. 2f.

　ディオドルスの説明どおりに、ユーフラテス河の一方の岸辺、左側の中州に一つの城砦が見えるが、この城砦は巨大な同心円の三重壁にひたすら中心たらんとしているように見える。それは伝説の女王セミラミスによって建てられ、外壁にはあらゆる種類の野生動物が彫られ、生きているもののように彩られている。ディオドルスに従ってこの同心円の城壁の一つにこのような描写が刻まれた。「そして創意に富んだ彩色の使用によって、これらの図像は動物の実際の姿そのものを再現した」[543]。さらなる環状壁には狩猟物語の形式で動物の世界全体がもたらされた。「あらゆる種類の動物が、創意に富んで彩色が施され、様々なタイプがリアルになぞられる。このすべてが狩猟の様子をあらゆる細部をゆるがせにせず描くためのものだった」[544]。

(543) Diodor, II, 8, 4f., in : Diodorus, 1933 ; Bd. I, S. 376/377; 以下を参照 Wegener, 1995, S. 107.

(544) Diodor, II, 8, 6f., in : Diodorus, 1933, Bd. I, S. 378/379.

図 90. フィリップ・ガレ・マールテン・ヴァン・ヘームスケルクに基づく。
バビロン（銅版画）1572、部分図。

　カンパネッラが**太陽国家**を考案していたとき、彼にはヘームスケルクの銅版画が眼に触れたことだろう。というのも彼のユートピア都市の環状城壁にもヘームスケルクが作り上げたような図像百科全書が想定されていたからである。島ユートピアで一人のジェノヴァ人が物語る世界旅行のおり、赤道で七重の輪に分けられた未知の町に行き当たる[545]。この国の最上部には世俗的力を与えられた魔術師がおり、彼には特に科学教育の仕事が割り当てられている。

「この者は城壁と堡塁の内と外すべてにあらゆる科学の絵解きを描かせた」[546]。こうして環状城壁は、町全体を、知と探究の巨大な掲示板となしたのだが、そのもっとも内側の壁にカンパネッラが用意したのは、真ん中に数学像、そこから外へ向かって地理学、地学、民族学、様々なアルファベットによるシステムの図像。二番目の環の内壁にはすべての鉱物・金属が標本として、またそれぞれ解説の詩行が2行ずつついた絵画の形で提供された[547]。カンパネッラの太陽国家の市壁もまた紋様コレクションとして使われ、これに対し絵画は目録を形成する。第二の環の外壁には全種類の流体を容れた器や絵画や、また気象現象の描写とシミュレーションが続く。第3環から第5環までの壁は、陸棲植物の全種と水棲動物の全種、空気と大地の種、および高度進化した陸棲動物の限りを知らぬ多様性の世界図譜を包括するのだ。最後に第6環の図像としては、内壁には探究のための器具を、一方、外壁には発見者と発明者の肖像画が掲げられた[548]。

(545) この粗描きの設備には、ルネサンスの理想都市が新エルサレムの観念ともども与って力があった (Kraft, 1989, S. 51)。
(546) (伊語原文) „E questo ha fatto pingere in tutte le muraglie, su li rivellini, dentro e fuori tutte le science" (Campanella, 1968, S. 412 ; Heinisch, 1960, S. 120)。
(547) Campanella, 1968, S. 412 ; Heinisch, 1960, S. 121.
(548) Campanella, 1968, S. 412-414 ; Heinisch, 1960, S. 12lf.

カンパネッラの**太陽国家**の草稿は、1617年にはドイツの薔薇十字結社員ヨーハン・ファレンティン・アンドレーエの入手するところとなった[549]。2年後、アンドレーエによって書き上げられるユートピア『クリスティアノポリス』は、17世紀初頭ヴュルテンベルクに重ねられた理想都市**フロイデンシュタット**を参照しつつ、四角形の平面図が採用された。**クリスティアノポリス**がすでに序言において遊戯（ludicrum）と表記されていることによって[550]、図像の遊戯性に価値を置いたライプニッツの指摘に連携してくるものである。この芸術／技術ユートピアの「自然の劇場（ショー・ハウス）Schauhaus der Natur」においては、自然の3界すべての対象物や種類の図像が、「子供でもいくらか遊戯的に」学べるよう、壁に描かれているのである[551]。

(549) Kruft, 1989, S. 79.

(550) Andreae, 1975, S. 32, 34；以下を参照のこと：Stöcklein, 1969, S. 84-86, Braungart, 1989, S. 70ff.；アンドレーエの遊戯概念の宗教的内実については以下を参照のこと：Scholtz, 1957, S. 12-23；さらに Dülmen, 1978, S. 95-97 及び Huizinga, 1987 と Rahner, 1952. を参照のこと。

(551) Andreae, 1975, §47, S. 73.

　実験所は遊戯的な研究衝動に見合った設備である。「ここでは人類の必要と健康のために、金属、鉱物、植物、動物、これらの特性が研究され、精錬され、増殖され、融合させられる。ここでは天が地と結婚し、大地に刻まれた神の秘密が再発見される。ここで学ばれるのは、火を支配し、大気を利用し、水を評価し、大地を探求すること」[552]。猿の図像学――人間を真似る猿は、自然にならい技術の才に恵まれる人間を体現する[553]――これに共鳴してアンドレーエは強調するのである。「ここでは自然の猿は遊ぶことのできる何かを持つ。なぜなら猿は自然の原理を模倣し、自然の徴をよすがに、新しい小さな高度に人工的な原理を作り上げるのだから」[554]。このイメージを参照すればこそ、カスパール・ショットもなお、自分の芸術／技術的創造物を自然の猿の産物のごとしと言ったのである[555]。

(552) Andreae, 1975, §44, S. 69.
(553) Fludd, 1618, Frontispiz.
(554) Andreae, 1975, §44, S. 69.
(555) 「それゆえ自然の猿である芸術は、かくも多くの方法を思いついて、かくも多様にして愉快な奇妙奇瑞の芝居を見せるのだ」(Schott, 1671, S. 153；以下を参照 Stöcklein, 1969, S. 85)。

　遊ぶ猿という伝統上にライプニッツの**普遍アトラス**はある。1679 年の「セメストリア・リテラリア（半年刊文学誌）」から再度引用すれば、アトラスあればこそ「素早く、軽快に、いわば遊びつつ、まるで一望するかのごとく、言葉の回り道を経ずして」学ぶことができる[556]。図像教育に熟慮を重ねている時、ライプニッツはユートピアの一連の図像に鑑みていたのだろう、それらは自分を遊戯的に伝えることができるという点でとりわけ印象深いものである。彼が受け取るのは、ディオドルスのセミラミス宮殿の記述からカンパネッラの

太陽国家を経てアンドレーエの**クリスティアノポリス**とコメニウスの**オルビス・ピクトゥス**にまで届く衝撃である。ライプニッツが概念によって構成した普遍的図像研究の試みにはっきり意識されているのだが、遊戯する「人まね猿」が図像を追及できるのは、貯蔵された記憶を介してである。**普遍アトラス**——図像学によってシステム化された、どうやら初のコンセプトである——しかもこれが数学精神による明澄なる手稿なのだ、この数学精神たるや「一望 coup d'oeil」の持つ直感的・非合理的な能力を一つの相補的遊戯的な認識形式であると理解する力を持つのである。

(556) AA, IV, 3, Nr. 116, S. 785, Z. 5f. ; AI, 16, Z. 14-16.

X　アカデミーとその劇場

1．ベルリンでの部分的成功

　図説アトラスのアイデアは、上位概念である**自然と人工の劇場**の部分プロジェクトであり、同時にミクロコスモスであった。生涯最後の20年、彼がもっとも心を砕いたプロジェクトは、おそらくこれではなかったろうか。1700年以降彼は最初の拠点としたベルリンで、30年前にマインツで抱き始めたアイデアに手を付け、科学「アカデミー」乃至「協会」[557]設立をもって**自然と人工の劇場**を実現しようとする。1700年3月の選帝侯宛ベルリン建白書の表現は、ほとんどマインツのものの写しである。「これら諸科学のすべてに有用なものは、図書館、図版館（あるいは、銅版画・投影図・図像・絵画の収集室）、クンストカマーに稀少物収集室、武具甲冑館、多様な庭園、動物養殖場、自然と人工による大いなるわざ、これらすべて選帝侯陛下の自然と人工の劇場に不可欠のもの」[558]。ここには設備、薬剤局に解剖学劇場が欠けているものの、武具甲冑館が加わっており、一方、その他列挙してあるものは序列に変更あれどそのままである[559]。

[557] 「協会（ゾツィエテート）」概念を確定するには以下を参照：＜アカデミー＞という用語は「絵師、音楽家、建築師、文士、雄弁家からなる集合を表すにはあまりに平凡」（1714年の書簡；Klopp, 1868, Anl. I, S. 207）.

[558] Brather, 1993, S. 77 ; AI, 39, Z. 1-5.

[559] 以下を参照のこと：AI, 3 u. AI, 4.

7月11日の「一般教書」においてライプニッツは設置すべき研究所とその設備のリストにもう一度手を加えた。「天文台、実験所、図書館、器械室、博物室、稀少物蒐集室、あるいは自然と人工の劇場、その他地上と地下の部屋・広場・施設、及びそのために有用な自然物（ナトゥラリア）と人工物（アルティフィキアリア）の収蔵庫、それに自然と人工の産物の3領域の研究のための一切」[560]。自然物、人工物、科学の研究器具を挙げているのは、ライプニッツが「博物室」と呼んでいるクンストカマーにも当てはまる。むしろここに直接に加わるのは、「地下空間」としてのグロッタである。これはどういう洞窟が念頭にあったのか。プラトリーノ、あるいはハイデルベルクの地下設備の末裔としてヘルブルンに構築されたような洞窟だったことだろう。たとえばルネ・デカルトは芸術家エンジニアだったサロモン・ド・コー発明になるとされるサンジェルマン・アン・レエの水力自動機械を見たのをきっかけに、自然現象の数学化を推進した[561]。そのうえライプニッツはハルツ山洞窟を自ら調査した人物であり、それはまた彼の地球史考の中心にあるものなのだ[562]。

(560) Brather, 1993, S. 97 ; AI, 40. Z. 2-6.
(561) Caus, 1615 ; これについては : Zimmermann, 1986. Descartes と De Caus については : Werrett, 2001, S. 129, 135ff. を参照のこと。
(562) 同上 S. 120.

　グロッタとならんで天文台と実験所といったここに初めて名前の挙がった両施設もまた以前には触れられていなかった。これらはライプニッツとアカデミー思想の同志である宮廷説教師ダニエル・エルンスト・ヤブロンスキが引き起こした議論を受けたものである。来る科学協会のためには最初はただ測候所で足りるとするけち臭さに抗して、ライプニッツは1700年3月の手紙で、天文台は目的ではなく、出発点であって、ここから一帯と施設は一体化さるべきものである。なんとなれば、アカデミーの必須科目としての分野は「天文学、工学、建築学、化学、植物学、解剖学、それに天文台と並んであらゆる種類の精密器械をそなえた実験所。自然科学者のために必要なその他の器具については言うには及ばないだろう。宮廷には大いなる才能に恵まれた自然学者を欠かすわけにはいかないのだから」[563]。

(563) Brather, 1993. S. 44 ; AI, 36, Z. 1-4 ; 以下を参照 : Ennenbach, 1978, S. 11f.

結語としてライプニッツが視野に入れているのは、ベルリン王宮北翼に精華として設置されたブランデンブルク・プロイセン王室クンストカマーである（図91）。ヤブロンスキとヨーハン・ヤーコプ・クーノの両者によって起草された建白書も、念を入れてその収蔵品を引き合いに出している[564]。あらためてクンストカマーは広範な支援を引きよせる磁場であり、支援は指令という形になって、あらゆる必要な研究手段はアカデミーの「図書館、クンストと時計の収蔵室」に移管すべしという通達となった。必須図書の全ては貸し出し可能とされ、リストにまとめられ、一方、時計、天体望遠鏡、その他の器械は科学協会の所有とされ、そこで目録化されることになる。次に来る規則では、あらゆる科学の設備と研究についてはアカデミーがいわば白紙委任され、規制なしに提供される。たとえば、動物園の動物、植物園の植物、ナトゥラリア、模型、発明、起重機、武器、風車、その他動物と散歩のための遊園に工場、建築現場、鍛冶、製鉄、製ガラス場、国のマニファクチャに工場に見られるありとあるクンスト工学機器。そこから生産されるものにとどまらず、ライプニッツが20年前にハノーファーで予見したように、専門家たちによって仕上げられた発見報告書もまた科学協会に供された[565]。

[564]　Brather, 1993, S. 54 ; AI, 37, Z, 1-6 ; Brather, 1993, S. 62 ; AI, 38, Z. 1-3.
[565]　Brather, 1993, S. 104 ; AI, 40, Z. 26-28 ; 1700年7月にも繰り返されるライプニッツの「コレクション・プロジェクト」については：Brather, 1993, S. 132, §10を参照のこと。

　ライプニッツは目的に達したかに見える。しかし、これほど微に入って自分のプランが受け入れられたにもかかわらず、ライプニッツはもう1702年夏には王フリードリヒ1世宛て覚書に**人工と自然の劇場**設立のための必要な手立てを催促する必要を感じていた[566]。とはいえ彼がベルリンにあまり滞在していないこともあって、この文書も効力をほとんど持たなかった。そこで1710年6月3日アカデミー約款締結の折り、再度、不可欠なものを確定する作業に及んだ。すなわち専門図書室、数学研究所、自然の3界すべてのナトゥラリア、機械とその模型とならんで、「要は自然と人工の宝物庫（テサウルス）」を実現すること、その助けを得ながら諸実験によって自然の秘密を解明すべし[567]。同年末の覚書にライプニッツは最終的にあらためてマインツとハノーファーで発展させたアイデアを定式化する。すなわち自然と人工に関わる者たちの義務は、観察され

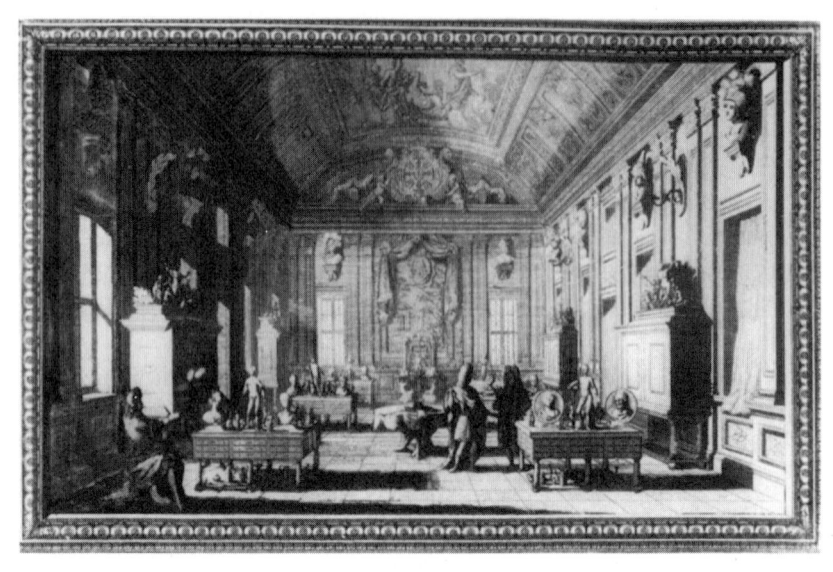

図91. ザミュエル・ブレーゼンドルフ：ベルリン王宮内クンストカマーの理念図
（銅版画）1696, in : Beger, 1696, Bd. I, nach S. 2

た特徴のすべてを報告し、「自然と人工の事象」を公にしていくこと[568]。翌年の科学協会の会議録は同じく、「図書館、数学器械、珍奇のもの、その他学問に資する器具を順次揃えていくべし」と勧告している[569]。これら声高な調子はすべて、研究劇場の夢を実現するに恒常的困難があることを窺わせる。

(566) Brather, 1993, S. 152 ; AI, 42, Z. 3-5.
(567) Brather, 1993, S. 206 ; AI, 51, Z. 7 ; Ennenbach, 1978, S. 14f.
(568) Brather, 1993, S. 214f. ; AI, 52, Z. 4.
(569) Ennenbach, 1978, S. 15 ; AI, 57, Z. 1-2.

1714年4月、最終的に、学者アカデミーと創始者の間に軋轢が生じる。科学協会会長の提案に曰く、クリスティアン・マクシミリアン・シュペーナーの自然物キャビネット（図92）の購買について、「応分の費用調達は可能である」[570]、ただしライプニッツに支払われる給料が転用されるのであれば。丁度200年後の研究者アドルフ・ハルナックが当時の経過について不審もあらわにこう注釈している、「王はこう進言される。ライプニッツはすでに3年前から資格を

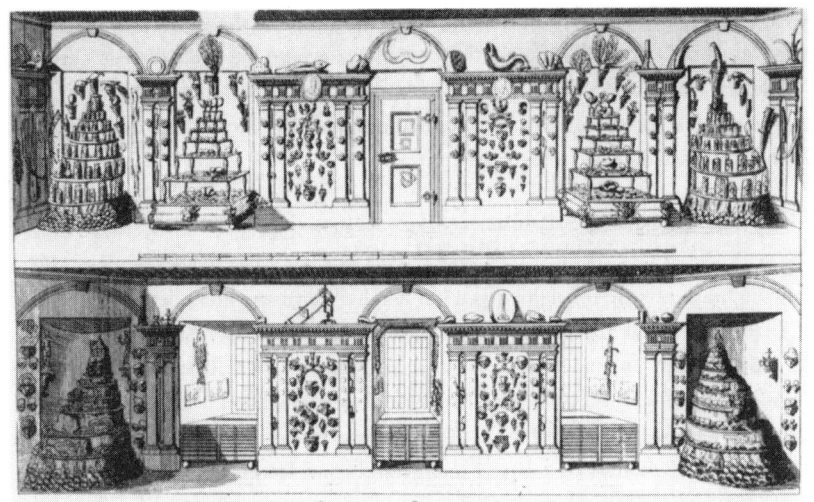

図92. ゲオルク・パウル・ブッシュ：クリスティアン・マクシミリアン・シュペーナーのナトゥラリア・キャビネット。太公ミヒャエル・アンドレアスの手本にならう。（銅版画）1718. Brather, 1993, Abb. 14 より。

失っているのです！　にもかかわらず出費のかさむ諸役所にはターラー金貨を惜しまず、それにひき換え自然物キャビネットをあがなうにライプニッツ一人分とは！　これぞアカデミー史上最悪の1ページである」[571]。ハルナックのこういう裁断からは事態の皮肉さが見落とされる。というのもライプニッツが勧めた「自然と人工の大いなる作物」[572]を一部門なりと買入れるのであれば、ライプニッツ自身、何も厭わなかっただろうから。アカデミー長の提案の邪悪さは、ライプニッツの目標の一つをライプニッツの俸給で実現しようという点にあった。

(570) Harnack, 1900, II, S. 230.
(571) Harnack, 1900, I, l. S. 197.
(572) Brather, 1993, S. 77 ; AI, 39.

2. ドレスデンでの努力

ライプニッツはベルリンでの経験を受けて、なおいっそう**自然と人工の劇場つきアカデミー**をほかの都市で設けようと努力した。次に大いに希望を託したのは、ザクセン選帝侯にしてポーランド王アウグスト2世だった。王の聴聞僧カール・モーリッツ・ヴォータの仲介で、1703年の晩夏、ライプニッツはアカデミー計画への関心を喚起することに成功する[573]。1704年1月末には身分を隠して数日間ドレスデンに旅し、彼のプランを先へ進めることを試してみる[574]。1704年8月、協力者ヨーハン・ゲオルク・エックハルトをザクセンに送り出し、さらなる可能性を探る[575]。そして1704年12月8日から26日の間、アウグスト強王の御前で彼の腹案を開陳するまでにこぎ付けた。

[573] Bodemann, 1883, S. 180 ; Böger, 1997, Bd. I, S. 408. und 416f. ; Otto, 2000, S. 66.
[574] Bodemann, 1883, S. 183 ; Schirren, 1884, S. 435f., 443-445 (議定書) Böger, 1997, Bd. I., S. 411.
[575] Bodemann, 1883, S. 198f. ; Böger, 1997, Bd. I, S. 413f.

国家の決定的機能をアカデミーに持たせよう、生活全領域にわたる教育と研究を奨励しようというライプニッツの目的は、ヴァラエティに富んだメモにあらためて明らかである。設立予定の科学協会はたんに自然科学、工学、医学、軍隊、歴史科学、法律学、経済学、政治学、全職業の活動をアーカイヴ化し促進するだけでなく、なかでも若者の教育に役に立つことが眼目で、だからこそ文部行政局としての役目を負うことになっていた[576]。

[576] Leibniz, 1768 [1989], Bd. V, S. 175-179 (Dutens によって誤ってベルリン・プロジェクトとされている) ; AI, 47 ; 以下を参照：Böger, 1997, Bd. I. S. 423 und Otto, 2000, S. 82f.

この文書はライプニッツの皇太子教育論文に前説として結びつくものであり、これをアウグスト2世に仲介したのは、ザクセン・ポーランド駐在の有力なロシア人大使、ヨーハン・ラインハルト・フォン・パトクルだった。国家の最重要教育課題である皇太子の養育は、全教育システムのモデルと見なすこと

ができ、そのためには書物と銅版画を使用すべしとライプニッツは主張する、が、「ものそのものを自然のまま、もしくは模型で保有する**自然と人工の劇場**が、さらに影響力を発揮することだろう。それは数々の明晰なアイデアを眼前に提供することによって想像力を豊かにすることだろう」(577)。これにふさわしくアカデミーは「自然のより深い叡智の計り知れない宝物」(578)、すなわち鉱山に庭園、狩猟、そして自然3領域にわたる自然物キャビネット、こういう宝物を手中にするのであると。

(577) Leibniz, 1768 [1989], Bd. V, S. 176 ; AI, 47, Z. 10-13.
(578) Leibniz, 1768 [1989], Bd. V, S. 177 ; AI, 47, Z. 14-15.

ライプニッツがドレスデン王宮敷地内にアカデミーの主要拠点を置いて、そこにクンストカマーと図書館を結合させようとしたのも、この考え方の線上にあった。1704年8月、エックハルトがドレスデンへの偵察旅行に踏み出したとき、すでにもう探りを入れていた模様である。選帝侯のアーカイヴは？　図書館は？　1640年以降王宮の西翼最上階に設けられたクンストカマーは如何に？　設置予定アカデミーの総裁たる人物のもと、それらは如何に設置可能なりや(579)。王による設置布告の概略によれば、ザクセン・アカデミーの陣容は、天文台、実験所、図書館、自然と人工の劇場、また応分の器具、器械、小道具(580)。

(579) Ekhart の旅行ジャーナル in : Bodemann, 1883, S. 190ff., この箇所は：191 に所収 ; AI, 46. クンストカマーについては：Syndram, 1999, S. 22ff.
(580) Leibniz, 1875, Bd. 7, S. 219f. ; AI, 44, Z. 3-5.

ドレスデンでの邁進ぶりは、プロジェクトと自分が格別に一体化していることを示している。1704年8月の「辞令」はライプニッツの名前を科学アカデミー・プレジデントとしてのみならず、すでに言及したように、図書館とクンストカマーの「上級監督官（オーバーインスペクトア）」として記載している。ライプニッツも両部署が自分自身のためにとっておかれたことを既定のことと見なしていたようである。「われわれもまた、彼がわれらの王宮内図書室とクンストカマーの館長職をいわば既定のこととして拝命することを、喜ぶものである」(581)。

(581) Leibniz, 1875, Bd. 7, S. 235 ; AI, 45, Z. 3-4.

これらのすでに用意されていた任命書や布告にもかかわらず、ドレスデン・プロジェクトもまた実現しない。ライプニッツはすでに1704年の終わりにはザクセン・アカデミーの設立に興味を失っている。何のせいなのか。少なくとも、財政難とかスウェーデン戦争などが挙げられるが、それだけにとどまらないだろう。パリを一緒に過ごした盟友チルンハウスが同様の目的を追求して、御当地の地の利を生かして先行したと見えたことも原因だったろう。チルンハウスはすでにライプニッツに先んじてアカデミー創始の最初の一歩を踏み出していた[582]。このことがパリ時代の友人の後塵を拝してでも自分の可能性があるのかと、前もって観測する必要に迫られたのだ。1704年終わりのドレスデン訪問では、ライプニッツは、自分のプランではなく、否応なくチルンハウスのプランを推し進めることになりそうだと、踏んだにちがいない。こうして彼がザクセン・アカデミーの助言者とか顧問に祭り上げられるのであれば、1708年までさらになお引き続いて活動を続けたにせよ、やがて手を引くことになったのだろう[583]。

[582] Böger, 1997, Bd. I., S. 409 ff.
[583] Otto, 2000, S. 89-94.

チルンハウスもまた奮励努力を報われなかった。むろん、無益だったわけではない。たしかにザクセン科学アカデミーが設立されたのは、ようやく1846年になってからなのだが、ツヴィンガー宮殿内には科学宮（Palais des Sciences）が附設され、**自然と人工の劇場**も一部が実現したのだから[584]。

[584] Baur und Plaßmeyer, 2003, S. 112f.

3. ウィーンにまつわる野心

ウィーンでも彼は運試しをする。1704年12月、ドレスデン到着以前からプファルツ選帝侯ヨーハン・ヴィルヘルムに、ウイーンにて科学協会を創立する件につき、皇帝に拝謁できるよう請願していた[585]。

[585] 1704年10月2日付け書簡 in : Bergmann, 1855. Memoriale. S. 4ff., この部分は S. 7. を参照のこと。

このような前傾姿勢には前史があって、最初のウィーン滞在 1688-1689 年に遡る。そのとき彼は宮廷修史兼帝室顧問官拝命を望んだ[586]。ライプニッツが 1688 年 10 月末、皇帝レオポルトの御前で謁見かなった折は[587]、彼の多彩な提案を束にして開陳する機会となった。ウィーンの宝物室視察[588]の際には「実験所、天文台、異国物・自然と人工の稀少物収蔵庫、多様且見事な発明と機械の模型、あるいはその現物」について発言したいという気持ちをいたく刺激されたもようである[589]。それは「自然と人工を研究すること、実験所、自然と人工の稀少物キャビネット、および機械の模型、芸術家たちを抱えること、利用すること」[590]、これらは「すばらしいチャンスであり、否、義務である」と呼びたいのであると。

(586)　Böger, 1997, Bd. I, S. 429. Böger は S. 423ff でライプニッツのウィーンでの活動を包括的に描写している。ライプニッツのウィーンでの目的について基礎となるのは：Faak, 1966.
(587)　AA, I, 5, Nr. 149, S. 270, Nr. 152, S. 276. 参加者の様子を、ライプニッツにとってはあんまりうれしくはない特徴も含めてまざまざと再現しているのは、Hirsch, 2000, S. 226ff.
(588)　Müller und Krönert, 1969, S. 90.
(589)　AA, IV, 4, Nr. 6. S. 25, Z. 14-16 ; AI, 26, Z. 15-17.
(590)　AA. IV, 4. Nr. 9, S. 86, Z. 17-19 ; AI, 29, Z. 2-5.

こういう趣旨のもとライプニッツは父の友人だったヨーハン・ダニエル・クラフトと連名で皇帝レオポルト宛て鉱山改革案の中で、あらためて国家の役人を新たなコレクションの管理主任及び情報官に任命するというアイデアを披瀝している。この者たちには自分たちの発見発明を配送させ、この手順で自然科学の体制をとったクンストカマーを構築するのです。「(……) そうすればこれに続く報告と意見、それとともに送られてくる鉱物サンプル、およびその概略と模型によって、たんに宝物庫のみにとどまらず、真に完璧な帝室鉱物キャビネット及びクンストカマーが一つに統合されるでありましょう。それらにおいては鉱山や金属マニファクチャ、ハンマー、製粉機、塩釜、マッシャー、洗浄機械などなど有用、あるいは将来有用の見込みあって導入すべき様々な素晴らしい工学的発明が収蔵されるのです」[591]。

(591)　AA, III, 4, Nr. 204, S. 391, Z. 10-16 ; AI, 25, Z. 4-10.

この計画にライプニッツがふたたび手をつけるのは、ようやく1712年12月のウィーン滞在を経てのちである。この時から彼は**自然と人工の劇場**テーマについてこれまで考えてきたことすべてをまとめ、再度、一括して国家組織化することを目論む[592]。ライプニッツに見えていたものは何か、帝室図書館とクンストカマーを描くイマジネールな銅版画が比喩的にではあるが予感させてくれる。画面奥行きの拡大ぶりは、ライプニッツが計画していた空想上の広がりに応じているようではないか（図93）。

[592] Böger, 1997, Bd. I, S. 450f.

推定1713年4月起草の科学協会案においてライプニッツは、天文台、実験所、薬草園、動物園、及び自然と人工の稀少物キャビネットを構築せよ、こういう意見を年刊誌で公表せよ、と主張している[593]。同じような目標を同年5月には、次のようにまとめている。科学協会の数学、物理学、および精神科学の分科それぞれに、独自のコレクションが収納され、その三つを併せて**自然と人工の劇場**として協働させる。すなわち「この全体計画もまた、その主要3部門、つまり物理学、数学、文学に分けられるのであれば、われわれの目指すと

図93. ヨーハン・フランツ・ヴッシム（?）：ウィーン「帝室図書及び稀少物蒐集室」（銅版画）1686, in：Brown, 1686, S. 242/243

ころはこうである。この3部門共通で自然と人工のキャビネットと劇場、稀少物収蔵室と図書館を段階的に実用化していくこと。すなわち自然3領域における物理学部門には、実験所、動-植物園を、数学部門には天文台、曲尺、器具、工場と模型を、そして文学部門には様々なモニュメント、銘辞、メダル、その他の古代遺物を、そしてアーカイヴや登録所の文書、オリエントの言語もすべて含んだ草稿を役立てていくこと」(594)。あらゆる公務員、コレクションの管理官も含めて、最終的には彼らに「自然と人工の認識」協会を支える責任を負ってもらおう(595)。

(593) Klopp, 1868, Anl. XIII, S. 238 ; AI, 61, Z. 7.
(594) Klopp, 1868, Anl. XIII, S. 238 ; AI, 61, Z. 1-10.
(595) Klopp, 1868, Anl. XIII, S. 239 ; AI, 61, Z. 11-12.

　ライプニッツはウィーンでかつてのコンセプトに戻っている。それは、数年前ヴォルフェンビュッテルで建白したように、印紙税を導入し、その利益で書物を購い、既述のコレクションを「自然と人工の劇場」とともに構築しようという提案に表れている(596)。1714年8月17日、サヴォイ公プリンツ・オイゲン宛て意見書によれば、アカデミーという公器は「自然と人工の劇場」付き図書館と呼ばれ、その通例の構成に彼は初めてベルリン建白書にならってグロッタの件を付け加えている。「星辰の観測所、実験所、作業所、植物園、メナージュリ（動物園）、鉱物グロッタ、古代遺物キャビネット、稀少物ギャラリー、要するに自然と人工の劇場」(597)。サヴォイ公オイゲンへの提言は動物園から古代コレクション――これについては1671年以来くり返し言及している――にいたる全体を書き換えて、設立を期す「自然と人工の劇場」に複数形が使われているところに、このプロジェクトに抱いていたライプニッツの期待の高さがはっきり現れている。

(596) Klopp, 1868, Anl. XVI, S. 244 ; AI, 62, Z. 3.
(597) Klopp, 1868, Anl. XVI, S. 248 ; AI, 65, Z. 2-5 ; 以下を参照のこと：Böger, 1997, Bd. I, S. 445f.

4. 死後、サンクト・ペテルスブルクにての計画実現

ライプニッツはウィーンに対する催促ばかりでなく、同時にロシア皇帝への建白も平行して行っていた。ロシアに関しては、期待と幻滅を交互に味わい、しかもレベルアップで経験することになる。彼は長いこと通念に囚われていて、この巨大な帝国はヨーロッパの向こうに位置し、それゆえ文明の向こう側でもあるのだと思ってきた。この先入見はしかしながらツァーリ・ピョートル1世についての第一報によって一変する。もし若き君主が自国のあらゆる因習に抗して西側の慣行を受け入れることが可能なら……とライプニッツは想定したのだ、そうすると、かの国では己の伝統に硬直した西側諸国よりも迅速に動けるのではないのかと。ライプニッツにとっては「ロシア諸国の人々はいまだタブラ・ラサ状態であり、いわば手つかずのフィールド」だった[598]。

(598) Guerrier, 1873, Nr. 125, S. 175 ; 以下を参照のこと : Benz, 1947, S. 27f. und Böger, Bd. I, S. 464ff.

こういう希望は、期待を引き受けたユートピア大陸としてのアメリカに向けられたものと同じだが、ライプニッツはピョートル1世の登場とともに同時代の誰も見せなかったような熱心さでロシアに期待したのである[599]。ツァーリの1697年第1回西欧旅行に際して、すなわちライプニッツがすでにベルリンで活動する前のことだが、ライプニッツはモスクワで科学技芸のための研究所を設立するよう提案していた。まず彼は、改革を歓迎するツァーリの環境に根を下ろそうと試み、コンセプトだけ伝わっている将軍フランソワ・ルフォールのためのプランを発展させて見せる。将軍はロシア改革の最重要ブレーンのひとりだった。この計画にはライプニッツがマインツ時代から「自然と人工の劇場」という概念と結び付けてきた例のあらゆる要素を内包している。すなわち図書館、書と銅版画のための収蔵棚、自然と人工の対象物のためのキャビネット、薬草園、動物園、あらゆる鉱物の収蔵庫、あらゆる研究のための事務局[600]。

(599) Benz, 1947, S. 27.
(600) Guerrier, 1873, Nr. 13, S. 17f. ; AI, 34.

自然物キャビネットには自然の物体のみならず、そのイミテーションをも収蔵すべし、同時に、人工物キャビネットは素描と模型の形をとった諸発明、数学器具、光学機器、時計、絵画、彫刻、及び古代メダルと遺物を納める。つまり「教えるとともに楽しむことのできる」一切[601]。このキャビネットのほかには植物園と動物園、天文台、製粉所、その他、あらゆる種類の機械と発明品が実際に作動してみせるための様々な館が付加された[602]。

[601] Guerrier, 1873, Nr. 13, S. 17 ; AI, 34, Z. 13-14.
[602] Guerrier, 1873, Nr. 13, S. 18 ; AI, 34, Z. 21-23.

　しかし、将軍に到達することはかなわず、翌年、パトクルのような仲介者を経てツァーリにコンタクトをとろうと努力した。1704年2月始め、手渡すことができた書類には、ロシアにおける科学奨励のための8カ条が書かれていた。コレクションおよびその利用が発明術として役立つという建白について、ライプニッツがツァーリのもとでも、どれほど反響を期待していたか、当文書の第1カ条がはやくもそれを証する。推進し創設されるべき施設の諸例をつぎのごとき助言でもって始めるのである、「陛下にあらせられては、図書館、クンストカマー等を設置しますよう」、そしてロシアにてなされる諸発明を集めておかれますよう[603]。

[603] Schirren, 1884, S. 439 ; AI, 43, Z. 5-9.

　またモスクワで活動中の西欧人を介しても自分のプランのためにツァーリを獲得しようと試みている。たとえばハインリヒ・フォン・フィッセン。ブランデンブルク家の法律家で、皇太子アレクセイ教育のため1702年モスクワに招聘された。スコットランド出身の建築主任ヤーコプ・ブルース。オランダ人数学教授ヨーハン・ヤーコプ・ファーガソンも1697年以来モスクワで教えていた。および、なかんずくライプニッツの友人ヨーハン・クリストフ・ウルビヒ。1707年以来ロシア大使としてウィーン在住。ウルビヒはツァーリにライプニッツのプロジェクトに多大の興味を抱いてもらうことに成功し、ライプニッツはこの友人に自分の提案を文書として提出する仲立ちを頼んだ[604]。

[604] Böger, 1997, Bd. I, S. 467f.

使命感に燃えてライプニッツは、1708年12月、ツァーリへの建白書を送った。それは**自然と人工の劇場**という枠の中でヴィジュアルと触覚による認識手段を活用するよう提案していた。「自然と人工の劇場、およびそれに属する器械類、キャビネットにクンストカマー、武器庫、古代ギャラリー、彫像と絵画、生け囲い（あるいは動物園）、庭園（あるいは植物園）、模型製作所、諸製作所、甲冑庫、弾薬庫、資材庫――これらは一般的な使用に限らず、諸技芸と科学の前進のための設備であり――これらについては多言を要します。なぜならこれらには書物や素描がただ暗示的に示すものがそのまま（イン・ナトゥラ）、あるいはむしろ現物として提供されるからです」[605]。ライプニッツは「思考遊び」以来主張してきた生物種と事物の具体的提示の絶対不可欠性を、ここでもう一度、ほとんど論戦を挑むほどの先鋭さで強調する。

[605] Guerrier, 1873, Nr. 73, S. 97；以下を参照のこと：Voisé, 1975, S. 124；AI, 49, Z. 8-15.

1709年晩夏、ピョートル1世がスウェーデンに勝利したあとライプニッツは、計画を最終的に実現させる頃合と見た。自分は全土の科学と教育の改革事業の総監督としてうってつけであり、ヨーロッパと中国の間の仲介者たるツァーリに認められる世界史的意義を彼自ら現実のものとしたい[606]。達成さるべき目標の中には、あらためて「自然と人工の劇場」が、しかるべき施設が枚挙される。再度、ロシアの科学と教育の改革は生きたものを集めたクンストカマーといった施設群と結び付けられているのだった[607]。

[606] Benz, 1947, S. 19-22；Böger, 1997, Bd. I, S. 468f.
[607] Guerrier, 1873, Nr. 73, S. 97；AI, 49, Z. 8-15.

ウルビヒはこの計画をおおいに代弁してくれたのであるが、1711年、皇太子とブラウンシュヴァイク・ヴォルフェンビュッテル大公アントン・ウルリヒの孫との婚儀が整ってようやく、ライプニッツの件を上級部局に届ける可能性をもたらした。1711年9月始め、ピョートル1世がザルツダールムを訪問した際、ライプニッツは、ロシアの立体地図を作るアイデアを披瀝した。広大なひら板にレリーフを盛って、川の流れを再現してみせる、そうして仕掛けを仕組んだ全国土の模型が生まれるだろう、「作品全体はクンストカマーに保管さるべきで、国土を通常よりはるかに正確に自然もかくやとばかりリアルに凹凸

を加え山を盛り上げて見せますゆえ、地位あるお歴々にも手引きとして役立つでありましょう」⁽⁶⁰⁸⁾。

(608) Guerrier, 1873, Nr. 123, S. 170 ; AI, 53, Z. 2-5 ; vgl. Benz, 1947, S. 53f.

工学的なロシア国土の立体地図は、王室クンストカマーに収蔵されるべしとされたのだが、歴代ツァーリにさらなる計画を採用させる誘い水として考えられていたのかもしれない。大公アントン・ウルリヒに対してライプニッツはこう言っている。なかんずく「自然と人工のキャビネット」⁽⁶⁰⁹⁾を購入していただきたいと。さらにツァーリへの建白書であらためて展開しているのは、知の劇場のアンサンブル、すなわち「印刷所、図書館、協会、天文台、実験所、器械、模型、人工と稀少物の収蔵室、植物・動物園」である⁽⁶¹⁰⁾。

(609) Guerrier, 1873, Nr. 124, S. 173 ; AI, 54, Z, 3.
(610) Guerrier, 1873, Nr. 125, S. 176 ; AI, 55, Z. 1-3.

10月末にトアガウでライプニッツはついに待望のツァーリ謁見を許される⁽⁶¹¹⁾。この機会に練っておいた建白書が、初めて公然とロシアにおける技芸・科学アカデミー設置プロジェクトを語っている。このアンサンブルのために考えられたことは、「図書館、そしてクンストカマーを付設し、西欧と支那発の様々に有用な情報を集約し、経験者たち芸術家たちを誘引し、最後にツァーリの国土・領民の福利、涵養、繁栄を諸技芸と科学を介して眼前に展開し奨励すること」⁽⁶¹²⁾。

(611) ライプニッツはツァーリと二度会っている : Richter, 1946, S. 47-49.
(612) Guerrier, 1873, Nr. 127, S. 182 ; AI, 56, Z. 3-6.

ライプニッツのロシア・プロジェクトの実現は、ツァーリを深く動かしたにもかかわらず、さし当たっての進捗はなく、またロシア政府機関に任用されるという個人的希望も、せいぜい文書上の約束にとどまった⁽⁶¹³⁾。しかし、トアガウ会談は次にはピョートル1世と直接面談の栄誉を得る可能性をもたらした。こういう環境改善は、クンストカマーを中心に据えたライプニッツの**自然と人工の劇場**アイデアが、なによりピョートル1世の琴線に触れたということにかかっていたようである。

(613) Richter, 1946, S. 55f.

すでに父王アレクシスによってクレムリン宮殿内に稀少物キャビネットが設けられていたし、1697／98年の大旅行の目的は、ロンドン、オックスフォード、アムステルダム、ライデン、ユトレヒトそしてドレスデンのコレクションを視察することであった(614)。最も強い印象を受けたのはドレスデンで、王宮内クンストカマーにて3日を過ごし、そこに収蔵された機械、自動機械、畸形たちに大いに感服、同様の研究所をロシアにも創設することを即座に決意したのであった(615)。

(614) Neverov, 1985. S. 71. オランダに関して1996/97の展覧会が価値ある再構成を成し遂げている（Meijers 1996 ; Neverov, 1996 ; Radzjoen, 1996 ; Luyendijk-Elshout, 1996)。
(615) Neverov, 1985. S. 71f. ; Neverov, 1996 ; Werrett, 2000, S. 49f. ; Baur/Plaßmeyer, 2003, S. 105ff.

この旅行中に蒐集できた物品をもとにピョートル1世は、同1698年にモスクワ薬剤館にコレクション室を設け、ツァーリの侍医としてことのほか身の回りに侍ったスコットランド人ロバート・エルスキン（アールスキン）を室長にしてそれを管理させた。薬剤局とクンストカマーの結合は、アンドレアス・シューラーによって改築される以前のベルリン王宮の制度に対応している。

このクンストカマーを見たライプニッツはピョートル1世宛てに翌1712年もう一度書き記している。ツァーリにあらせられては、タブラ・ラサたるロシアに、数百年を経て手を加えられてきたあの建物群に代わってさらに麗しく力強い建物を建設しては如何でしょうか。この「新しい巨大な芸術館」のまわりには、「図書館、博物室、もしくは稀少物収蔵室、模型と工芸品の工房、化学実験室と天文観測所が」順次設置さるべきこと(616)。その直後、ピョートル1世のグライフスヴァルト訪問の折に用意された建白書もまた同じことを強調していた。科学・技芸の緊急に望まれる奨励に資するべく、必要なものを列挙すれば、「建物、庭園、図書館、キャビネット、天文台、実験所」、また、「栽培室、植物、器械、模型、書物、メダル、古代遺物、そして自然と人工のあらゆる稀少種」(617)。

(616) Guerrier, 1873, Nr. 143, S. 208 ; Al, 58. Z. 5-9.

(617) Guerrier, 1873, Nr. 148, S. 218 ; AI, 59, Z. 2-4.

　改めて、ロシアにて**自然と人工の劇場**の複合建築総体をクンストカマーともども建設しようというこの願い出は、ヴェルフェン宮廷駐留のロシア大使シュライニツ男爵ハンス・クリスティアンを介して、さらに上層部へと上申されていった。これがライプニッツにカールスバートに来るようツァーリの招聘を促す。当地にて 1712 年 11 月 12 日、ライプニッツはピョートル 1 世の枢密法律顧問官にしてロシア技芸・科学組織官兼奨励官に任命される[618]。具体的仕事も俸給の支払いもはっきりしない象徴的な名誉職であったとしても、「ロシアのソロン」として自分の本分を尽くすことができるのではないかという期待を彼に抱かせた[619]。政府をサンクト・ペテルスブルクに置くことによって、ライプニッツはこの使命に近づいたように見える。とくにツァーリのクンストカマーも 1714 年にサンクト・ペテルスブルクの夏用離宮に移されたのだから。ピョートル 1 世がこれを最初の公共博物館に仕立てたことは、ライプニッツの博物館志向のエコーの趣きである[620]。

(618) Guerrier, 1873, Nrn. 174-176, S. 268-271; Richter, 1946, S. 52 ; Benz, 1947, S. 24.
(619) Benz, 1947, S. 25f.
(620) Neverov, 1985, S. 72f. ; Werrett, 2000, S. 50f.

　彼がツァーリに 1716 年 6 月、バート・ピュルモン及びヘレンハウゼン両地で出会ったとき、この出会いが大変重要だったのは、1 週間に及ぶ長さもさることながら、ラウレンティウス・ブルーメントロストの同席があったからである。この人物は 2 年後にピョートルのクンストカマーの館長となり、1725 年にはサンクト・ペテルスブルク・アカデミーの創立者となる。つまり、この機会に生まれたのが、ライプニッツの科学政治的熟考の決算のごとき大建白書であり、その中でもう一度彼は、「諸技芸と科学の改革」の本質的前提は、「書物、キャビネット、器械、自然と人工の劇場」を備えた施設であると繰り返すのである。[621]。

(621) Guerrier, 1873, Nr. 240, S. 349 ; AI, 66, Z. 1-2.

　ライプニッツがここで**自然と人工の劇場**とキャビネットを区別したのは、研

究用コレクションと大規模な博物館とを分けたということなのだ。図書館に続いて「キャビネット」には小ぶりの展示品を任せよう。「(……) 歴史の土台であり証言としての新旧のメダル、ローマ、ギリシア、ヘブライ、中国の遺物、その他の骨董、数多の自然3界の貴重種、つまり多種の鉱物、鉱石、植物、昆虫、その他の動物、及び多様な作品、つまり絵画、彫刻、光学的、天文学的、建造物的、軍事的、航海術的、工学的、その他諸々の発明（……）。ここにはまた建築家、エンジニア、機械工、あるいは天文学者が必要とするような、そしてたいして場所をふさがずキャビネットで展示できるほどの種々の道具が含まれます」[622]。このキャビネットは自然物、人工物、そして科学の産物を小ぶりの展示物と模型で収納し、造形芸術の展示物もまた含む、こうしてみるとキャビネットはクンストカマーの別名なのである。

[622] Guerrier, 1873, Nr. 240, S. 350 ; AI, 66, Z. 14-17.

自然と人工の劇場はそれに対し「大きめのもの」を形成し、これをライプニッツはここで初めて二つの構成要素に分解した。「自然劇場を構成するのは、全体に種々の鉱物と貝細工を見せるグロッタ、さらに種々の木々、宿根草、根菜、薬草、花、果実を見せる庭園、果てには生きた四足歩行の動物、鳥類、魚類を見ることのできる動物園に飼育場、それに動物の骨格標本が展示される解剖学劇場をふくめて」[623]、自然科学グロッタ、動物園、解剖学劇場が協働して「自然劇場」を構成する。

[623] Guerrier, 1873, Nr. 240, S. 351 ; AI, 66, Z. 18-23.

「人工劇場」はそれに対し研究道具、およびキャビネットが収蔵できるよりも大きい判型の機械模型、すなわち「天文台、実験所、甲冑庫、武器庫に必要なもの」すべて、「そこではあらゆる種類の有用な発明の大規模の模型、とりわけ製粉器械、起重機、水力器械、そして鉱山で使用される多様な機械を見ることになる」[624]。クンストカマーのキャビネットには造形芸術の作品が割り振られるので、「人工劇場」は技術者たちの、それこそ優れた手わざのミュージアムとして理解されるのである。察するにライプニッツはここではピョートル1世のたてた教育目標を工学的建造物とすることを示唆したのだろう。ツァーリは1701年と1703年の間、砲術と航海術、技術者集団、鉱山、海軍本

部育成のための様々な学校を設置させ、1715年には、サンクト・ペテルスブルク海洋アカデミーがこれらに接続していく⁽⁶²⁵⁾。

(624) Guerrier, 1873, Nr. 240, S. 351 ; AI, 66, Z. 24-28
(625) Böger, 1997, Bd. I, S. 473

ライプニッツとの最後の会談から2年たって、ピョートル1世は1716-17年の新たな旅に出る。ドイツ、オランダの全コレクション、たとえばグダニスクの自然学者ヨーハン・クリストフ・ゴットヴァルトの鉱物蒐集、あるいはフレーデリク・ライスの畸形、および解剖学標本を購うことができ⁽⁶²⁶⁾、新たなクンストカマーの建物を建設させた⁽⁶²⁷⁾。同じ年、全ロシアが従うべき「畸形児条例」を発し、異常児を土地の教会代表に手渡し、そのうえでそれら異常児をクンストカマーに送るべしという⁽⁶²⁸⁾。あらゆる国家公務員は自然の異常物をクンストカマーに送るべしというライプニッツの提案⁽⁶²⁹⁾を想起させるこのような方策は、アブノーマルをシステム化し、迷信の世界から解放しコントロールしようという、ピョートルのクンストカマーのさらなる目標を明らかにするものである。このようにしてクンストカマーの蒐集活動は、国家によって勧められる啓蒙主義のヴィジュアルな形式を形成したのである⁽⁶³⁰⁾。

(626) Luyendijk-Elsjout, 1994, S. 655-657 ; Luyendijk-Elsjout, 1996 ; Radzjoen, 1996.
(627) 建築史については以下を参照：Kaljazina, 1996.
(628) Hagner, 1999, S. 183ff. ; Werrett, 2000, S. 52.
(629) AA, I, 3, Nr. 17, S. 18, Z. 5-18 ; AI, 21, Z. 34-39.
(630) Werrett, 2000, S. 52.

科学アカデミーもまたこの目的に有用だった。その施設は1721年ハレの数学者にしてライプニッツ信奉者クリスティアン・ヴォルフが諮問を受けたものだった。西側諸国でアカデミーのための大家たちを求めるやり方は、新制度の中核として考えられたクンストカマーに宝石類を求めた態度を想起させる。1723年、建築上の問題のためにのちに立てられた計画は、アカデミーをクンストカマーの建物内に設けるというもので、ここには内部に一貫するものがあったのである⁽⁶³¹⁾。ゲオルク・ビルフィンガーが1725年にサンクト・ペテルスブルクの状況を記述したとき、それはまるで彼が図書館とコレクションの価

値を強調することによって、あの世のライプニッツに、執行報告を届けているかのように響いた。「われらはここに、麗しの図書館、十分に設備された自然物キャビネット、硬貨コレクション、われら専属の印刷所、そして科学の探究者に必要なもの一切を持っているのです」[632]。

(631) Werret, 2000, S. 58, 62.
(632) 引用は Werrett, 2000, S. 60. による。

1730年にとどのつまりクンストカマーの建物は、冬宮斜向かいのワシリエフスキー島で落成を迎えた。もしかするとアンドレアス・シュリューターによる原案だったかもしれないが、大事なところは彼の弟子ゲオルク・ヨーハン・マタルノヴィの手によって、これまでこのタイプのコレクションに当てられた建物のうちでは最大規模、かつその佇まいも最も美しいものだった（図94）。

図94. アンドレアス・シュリューター（？）及びゲオルク・ヨーハン・マタルノヴィ設計のクンストカマーの建物（1718-1734), St. Petersburg, Foto：Barbara Herrenkind, 2000

Ⅹ　アカデミーとその劇場　219

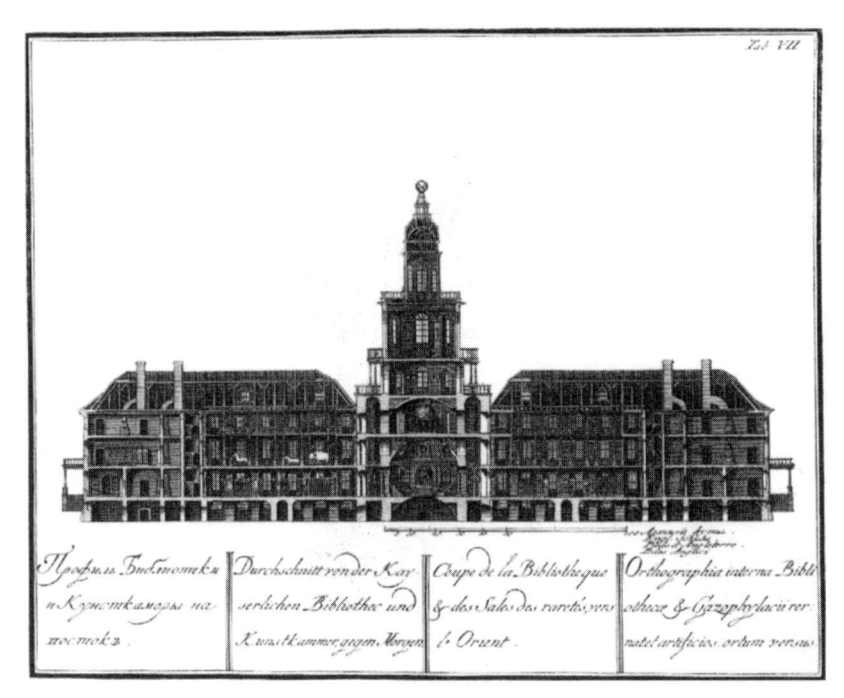

図95. グリゴーリイ・A. カチャーロフの銅版画「帝立図書館及びクンストカマー東正面の従断面」(1741) Palast des Wissens, 2003, Bd. 1, Katalog, Nr. 35g

　ライプニッツがその落成式に列席できたなら、彼のアカデミーがそれに付属した**自然と人工の劇場**によって真のミュージアム研究所に育っていくはずで、もはやどこにもない無可有郷ではないのだという感慨をもっただろうに。そこでは「思考遊び」で展示物として推薦しておいた例のゴットルフ大地球儀（図18）に出会うことができただろう。それは縦断面図においては建物の側翼をぬけて中央塔のアーチを描く上階部に認められる（図95）。その他の展示物にしてもことのほか豊富なコレクションに彼は出会うことになっただろうが、これこそ世界ミュージアムというアイデアの空前絶後の展開だったのである。
　サンクト・ペテルスブルクのクンストカマーに行けば**普遍アトラス**構想までも移入してあるのを、ライプニッツは見ることができただろう。ツァーリに宛てた最後の提言で「エンチュクロペデイア・マヨル（大百科）」のことをこのような普遍アトラスとして推奨したのは、彼だった。「大百科全書をわたしは

図 96. 作者不詳：トナカイ一枚皮製の北シベリア子供服（水彩画）1730-40, St. Petersburg, Archiv der Akademie der Wissenschaften, Inv. Nr. P.IX, 4, Bl. 403 ; entn. aus : Palast des Wissens, 2003, Bd. 1, Katalog, Nr. 356

普遍アトラスと呼びたいのですが、というのもそれは多数の有用な図版を載せ、大型本数巻になるはずですので。このような仕事は前代未聞、とはいえよく組織された科学協会の力によって成功するでしょう」[633]。16、17世紀の紙上ミュージアムの伝統に立って[634]、サンクト・ペテルスブルクでは、注目すべき手だれによって描かれた4千もの水彩画がコレクションの在庫目録として役立っている。この在庫目録は、物品そのものが世界ミュージアムに展示されるのだから、当然ライプニッツの普遍アトラス構想に応じたものだった。伝統的コレクション領域としてはとりわけ民族学的展示品が目立っている。それら

図97. 作者不詳：銅製中国煙草盆（紙上水彩と筆）1730-40, St. Petersburg, Archiv der Akademie der Wissenschaften, Inv. Nr. P. IX, 4, Bl. 7; Palast des Wissens, 2003, Bd. 1, Katalog, Nr. 340

水彩画目録の印象的な点は、展示物を紙の上に妥協のない孤立状態で描いていること。素材と原材料が、まさに北部シベリアの子供服（パルカ）のような一見重要ではない展示物の場合ですら、すばらしい単刀直入さで現前化されている（図96）。

(633) Guerrier, 1873, Nr. 240, S. 357f. : AI, 66, Z. 30-34.
(634) Freedberg, 2002.

素描の大半は、たとえばブロンズの中国製タバコ盆の複製画（図97）のように、左下に分類番号があり、それがコレクションの本来の指定位置を示している。絵となった目録は、こうして展示物の空間的仕分けの索引ともなっている。結果、展覧の仕方を再構成することが今でも可能なのだった[635]。展覧の正確化においてライプニッツは、彼の人生を規定した原理、ミュージアムの展示物を「うわべだけ考えるのではなく、一つずつ観察する」[636]という原理に、壮大な規模で答えられているのを見たことだろう。ライプニッツが亡くなるのは1716年末である。サンクト・ペテルスブルクのクンストカマーを訪れる機会に恵まれていたなら、彼はそこに自分が熟慮を重ねたことの反映を見たことだろう。これは私が実現したようなものだな……。

[635] Meijers/Roemer, 2003, Bd. 2, S. 170ff.; Prinzewa, 2003, Bd. 1, S. 235f.
[636] AA, IV, 3, Nr. 136, S. 898, Z. 8 ; AI, 19, Z. 3-4.

XI 結　び

1．指し示すことの栄光

　本書の試みの出発点は、ヨアヒム・ユンギウスのテクストに付したライプニッツの注釈の手稿（図98）だった。その他の夥しい紙面同様、ここでも連なる文字は一まとまりの欄(コラム)であれ、単発の書き込みであれ、堰きあえぬ奔流となって紙面一杯に溢れている。ライプニッツの数万ページにおよぶ書簡、抜き書き、テクスト構想は、なかんずく自分自身の理念との絶えざる分析に役立っている。繰り返し新たに可能性を開いたり退けたりしながら、ライプニッツは自分自身と継続的に対話していたのだ。彼のテクストが比較を絶した分量に達しているということ、これは眼前に演じられるものを次々に説明していった「欲求 Appetition」の結果である。

　書かずにはいられないというライプニッツの衝動こそ、モナドの自己完結化を解く鍵である。自己完結化は生まれついてのコスミックな知を自由にするが、知はけっしてモナドの中へ投影されるのではなく、モナドから展開して行かねばならない。精神的実在、魂的実在としてモナドは、しかし、身体を持っていて、その感覚の上にモナドは外的過程を作動させる。その過程は内的展開の動機に並行するのみならず、反射的にこの動機を刺激するのだ。この過程は紙の上に倦まず書き付けることで始まる。それがイデアの自己展開を眼前に見せ、経過を記憶の倉庫へ移し変え、そこでさらなるイデアを突き動かすのである。紙の上に物象化される思想は、ヴィジュアルに作動する最初の刺激となって、モナドを自己展開させるのである。

図98. G. W. ライプニッツの手稿。ガーター結びの挿図あり（1685 中頃？）
Hannover, Niedersächsische Landesbibliothek, LH, IV, 7C, Bl. 120r

しかし、びっしりと書き込みのあるユンギウス省察の紙面は余白に描かれる線（図1）のごちゃごちゃのせいで苛立たしく思われるが、ライプニッツはこういう補助線を使うことで結び目と襞のでき方を図解しながら、明晰で際立っ

た感覚の、そしてそこから連続する作動状態をテーマ化したのである。結び目と襞がこうした範例的役割を担ったのは、偶然ではない。本書冒頭に追求したように、宇宙は彼にとっては持続的身体を有し、その身体は分割できず、「トゥニカのように様々に折り畳まれる」のである[637]。しかし、コスミックなトゥニカの襞に触れることは、ライプニッツが海辺で人間を包む海嘯と比較した、あの「小知覚」を形成することなのである[638]。

[637]「宇宙は持続的身体を持つ。分割されず、トゥニカのごとく様々に折り畳まれる」(AA, VI, 4, B, Nr. 332, S. 1687, Z, 1f. ; s, o. S. 12ff.).
[638] Leibniz, 1985, III/1> S. XXII/XXIII.

それに対しアルス・コンビナトリアの分野から答えるのが、無理数である。無理数は、規則を失った無限性の中では理解できないのだが、しかし最終的には「不謬の視」という上位の能力をたてることによって把握されるのである。これはなるほど宗教的であるが、無限性の偶然性を可能法則として理解できる原理[639]は、同様に自然のあらゆるエレメントと被造物を観察することによる認識にも当てはまる。ライプニッツにとっては宇宙の中で無限の状態にあり永遠に分割可能な被造物と物体は、計算できるものではなく、認めるものなのだ。

[639] AA, VI, 4, Nr. 326, S. 1655, Z. 15 ; Leibniz, 1996, II, S. 656 ; s. o. S. 100.

こういう認識の受け皿が**自然と人工の劇場**である。それは知識欲の酵母である。これがものそのものの受容に際して具体化と直感的眼差しと二つながら訓練しようとし、このようにして視点の複数性に接近しようという。とはいえこの複数性は神の眼差しによってしか制御できないのだ。中心的パッセージをもう一度引いてくれば、ここにこそ分析的に「指し示す」理由がある。「事実、われわれがものそのものをつねに、たとえば生け囲いの野生動物、あるいは解剖学劇場の骸骨のように、眼前にすることができるのなら、記号で言い換えてしまう必要はないだろう」[640]。この衝動が——これがライプニッツの考察の中核なのだが——制度的な場を持つのである。「望ましいのは、自然と人工の劇場が建設され、そこに可能な限り事物を保管すること」[641]。クンストカマーとその上位概念の**自然と人工の劇場**が、ミクロコスモスのモデルを指さし

（図6）、そのミクロコスモスにおいては、あらゆる客体と諸関係を神のごとく瞬時に把握することが**直感的**行為として感得され、行われうる[642]。

- (640) AA, VI, 4, A, Nr. 78, S. 324, Z. 18-19；AI, 20, Z. 20-22；s. o. S. 106.
- (641) AA, VI, 4, A, Nr. 78, S. 324, Z. 19-22；AI, 20, Z. 22-25；s. o. S. 106.
- (642) Mediationes de Cognitione, Veritate et Ideis, in：Leibniz, 1985, Bd. I, S. 36/37. S. o. S. 108. に所収。

この思想をライプニッツは45年の間、繰り返し繰り返し変奏してきた。「思考遊び」の鍵となるテクストでは、それを極限にまで追い詰める。「表象の新しいやり方」では、先ず「見る」ではなく、「見させる（Faire voire）[643]」という意味での「指し示す」が問題だった。**自然と人工の劇場**というユートピアを生み出す施設総体は、「人々の眼を開く」べきもので[644]、人々の眼を開く（ouvrir les yeux）とは、「発明へと刺激する」目覚しい帰結であり、「麗しい光景を提供し、そして人々に無限に多数の、有用でも頭脳明晰でもある新しさを知らせるのである」[645]。新奇さの無限性（infinité de nouveautez）は、決して比喩(ラプスス)の間違いではない。むしろライプニッツはモナドの内的無限性と**自然と人工の劇場**における外的表象、指し示すことと実演することの偶然性、これらの相互反映を示しているのだ。それが、より表面の表象としてのモナドなのである。ライプニッツがこの概念を使うようになる10年前のことである。

- (643) AA, IV, 1, Nr. 49, S. 563, Z. 27；S. 564, Z. 2, 7, 29f.；S. 565, Z. 1；AI, 5, Z. 56, 67, 73, 98-100, 104). faire representer を参照のこと（S. 565, Z. 3；AI, 5, Z. 106）。以下を参照：Mersmann, 2003, S. 21f.
- (644) AA, IV, 1, Nr. 49, S. 565, Z. 7；AI, 5, Z. 111.
- (645) AA, IV, 1, Nr. 49, S. 565, Z. 7-10；AI, 5, Z. 111-114.

ライプニッツはデカルトの「われ思う、ゆえにわれ在り」に対して、いわば「われ見る、ゆえにわれ思う」を前提とし、繰り返し「眼を開くこと」を要求した[646]。「カルテジアンの諸氏は自分の仮定にとらわれすぎている」と、後に1690年2月、友人クリスティアン・ホイヘンス宛書簡で彼はこう述べている。「私はむしろレーウェンフックの方をよしとしたい。彼は私に見たものを語るのだが、デカルト信奉者は己の考えたことを私に言うのだ。しかしながら必要

なのは、考察を観察と結びつけることである」⁽⁶⁴⁷⁾。「思考遊び」、あらゆる彼の書いたもののうちもっとも抗しがたい魅力を発揮するこのテクストには、ライプニッツが熱っぽく己のコンセプトを展開していくさまがうかがえる。もし彼が自分のことをむしろあからさまな強い感情の動きに耐えない人間として描くことがあるなら⁽⁶⁴⁸⁾、彼は少なくとも人間の「眼を開く」「自然と人工の劇場」構想を説く自分については思い違いしていることになる。これを説く彼の情熱はほんものなのだから。

(646) 肝要なのは、人間の怠惰に対して「眼を開く "aperire oculos"」ことである（Leibniz, 1949, S. 62)。こういう使い方はレーウェンフックの顕微鏡を引き合いに出しているのだから、決して比喩としてのみ言われているのではない。

(647) （仏語原文）„(...) mais Messieurs les Cartesiens sont trop prevenus de leur hypotheses. J'aime mieux un Leeuwenhoek qui me dit ce qu'il voit, qu'un Cartesien qui me dit ce qu'il pense. Il est pourtant necessaire de joindre le raisonnement aux observations"（Leibniz an Huygens, in : Leibniz, 1899, S. 641).

(648) Müller und Krönert, 1969, S. 2.

2. 計算と直感：ライプニッツのアクチュアリティ

分析哲学、形式論理学、デジタル計算、サイバネティクスによる世界解析、これらの先駆者としてライプニッツが復権して100年、この名声も、彼が創った現象の成功とともに消尽されてしまった。ライプニッツのカノン化は、彼の哲学の迷走運動が止められたという代価を払って起こったことなのだ。

しかし、**自然と人工の劇場**の光のもと、合理計算をひたすら人間のための使命となした哲学者が返す刀で数学化の限界を示し、**ものそのもの**への眼差しを神の視形式のなぞりと解している⁽⁶⁴⁹⁾。一方で、「襞」は哲学と建築学会のように⁽⁶⁵⁰⁾、近年、モデルネのモットーになるほど大うけだが、ご本尊はその相補的な条件としてデカルト的明澄さを催促することだろうに。

(649) 窓が開いていることの際立った兆候が以下の先鋭的研究に現れている。精神の「盲目」という通念を克服すること（Krämer, 2001)、遠近法主義を「官能的／身体的地平」に組み入れること（Leinkauf, 2004, S. 138) そしてテクニカルな記号付けを時間の諸段階を同時的に結び付けることとして理解すること（Hecht/Knobloch/Rieger, 2002)、そして美学的にも根拠付けられた例外経験を「先取り Antizipation」と「予感

Ahnung」において認識すること（Beiträge in : Antizipation in Kunst und Wissenschaft, 1997）。
(650) 以下を参照のこと：Serres, 1992 [1974], S. 161-165, Deleuze, 1988, ders., 1995, 及び Vidler, 2000, S. 219ff。素晴らしい史的省察を提供するのは Didi-Huberman, 2002.

　ライプニッツの哲学はこういう二役を交互に演じつつ、ライプニッツといえば自縄自縛の論理学といった、ゆうに 100 年、固定化した評価を凌駕していくばかりか、今度は、コンピュータ狂躁の 10 年後に始まったそれと分かる空虚感の守り神となるのだ。ライプニッツはコンピュータ神学者に対しても、デジタル世界に幻滅した意味求道者に対しても抗体注射となる。21 世紀の始まりに当たって、ライプニッツが格別にアクチュアルであるのは、彼が計算と直感の二者択一を回避する点にある。代数計算は認識文化の屋台骨である、にもかかわらず超数学的視の世界ではその代数計算よりもさらに上位の次元があるのだということ、活性化すべき彼の経験は、これである。それが明らかになるのは、影絵劇場の光のプレイ、数学の記号とイメージ、アイデアを反映させる素描において、また偶然の全領域にわたる直感的「一望 coup d'oeil」においてである。ちょうどそれは、自然において、地質学において、およびコレクション、アトラス類、実験所、アカデミー、その他あらゆる遊びの場、思考の場において示されるような領域のことである。
　ライプニッツには分かっていたのである。思考とは具象化である。それが紙面の端っこに描き込まれた結び目の図であれ、あるいはまた、解読不能、シュールにさえ見えるスケッチであれ（図 99）。そう見えるのは、まさにライプニッツにとっては思考を解き放った遊び場だったからなのだ。ライプニッツの思考世界に窓があるとすれば、それはホアン・ミロを思い出させるこの 1 枚の紙の上に擦りつけられたペンの線こそが、そうなのだ。突っ込んで行く線と跳ね返る線、その混線はライプニッツ内部の表象劇場を個性豊かに反映しているように見えるのである。

XI 結び 229

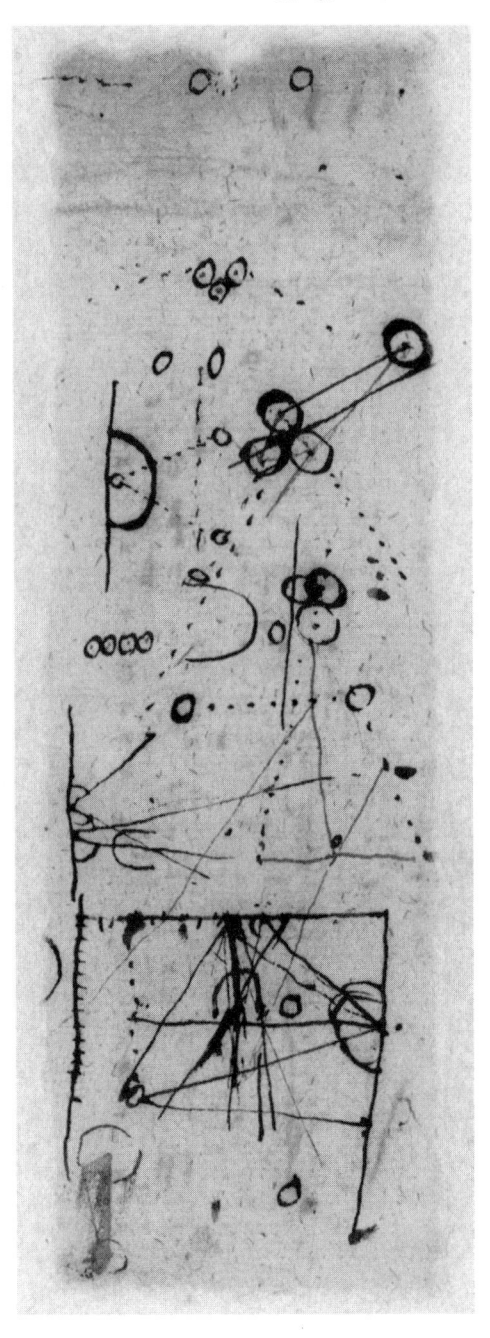

図99. G. W. ライプニッツによる
スケッチ（参照）Hannover,
Niedersächsische Landes-
bibliothek, LH, XXXVII,
Physica, Vol. IV

付　　録

I. 典拠（1668-1716）

　以下のリストは、ライプニッツの「自然と人工の劇場」、「図説アトラス」、「素描」のテーマ、及び、ライプニッツが典拠としているヨーハン・ヨアヒム・ベッヒャーの二つのテクストである。

　本文はそれぞれ確定、及び推定の発表年度に基づいて年表となっている。個々に名前の挙がっていないテクスト、あるいは手紙はライプニッツのものか、ライプニッツ宛のものである。

　それぞれの標題には、当時のままのタイトルが『……』で、短いコメントと原義注解は斜体で示してある。

1　　1668
　　　ヨーハン・ヨアヒム・ベッヒャー『教授法』ミュンヘン1668
　　　（同書1674年版からの引用）
　「あらゆる生きた動物／草類／石／金属／人工物、道具／もの／その一部でも眼前に生きたまま提示しようという者がいようか／こうしたものが所有された／そんな場所が世界のどこにあろうか？　別な言い方もできる／そんな場所がどこにあるのか／別の問い方／そのような場所がありうるのか。植物学者は［S. 50/51］貴重なる庭園を設け／種々の野草を植え／言うなれば天国を、ここ／かしこの場所と力づくでも結びつけ／一点集中全力を注いで／この植物は湿地／こちらは乾燥地／あるものは肥沃地／あちらは痩せ地／別のは砂地に／これは長い日差し／あれは短い日差しを好む／動物 – 園も同じこと／小生かつてこういう考えを持った／**自然と人工の劇場**を設立する／手段

を持っていて／あらゆる自然物と人工物、道具、手で作られたものを／手にいる限りの／標本を／そこに収蔵する／そういう人物が一人いてくれるならばと。最初のギャラリーには動物が／その毛皮に詰め物をして／あるいは生き写しの木彫、あるいは小さめのものなら蝋でかたどることもできよう／小生オランダはライデンの医学研究室にてスウェーデン人の見事な骨格標本一体を眼にした／神経／空洞にされた動脈静脈のすべてが彩色されて配線され／命あるそのままに、自然に／解剖学に沿って作られ／検証され、名札がそれぞれ貼られてあれば／いかなるにや？　かくなるもの、かくなる壮大なる仕事ぶりを／ドイツの大学にて／あるいはこのような「自然と人工の劇場」にては如何？　こういうものによれば／解剖すべく死体の蓄え／あるいは認可など如意ならざる場合には／何週間も要する血なまぐさき「解剖」によるよりも／一日にして多くを学ぶことが可能である」(S. 51)。

「同様に**植物**をも生き写しに、木、あるいは蝋にて象ることも／穀物を乾燥させることもできよう／そうすれば小生は／打ってつけの芸術家ダニエル・ノイベルガー・ツ・レーゲンスブルク氏がその制作に当たって、自然と技を競うだろうことは／必定にて／自然は［S. 51/52］そうしたものを／彼の模倣の技よりも／もっと自然らしく眼前に提示できようか／夏も冬も緑のままであり／天候の変化にも耐える／そういう素晴らしい植物園（ホルトゥス・ボタニクス）を前に、自然が何であろう？（蝋によって象られるものは、ガラスを使って保存できるだろう）かくなる形は動物や草木の部分を制作し／ミツバチ／角／種子／根／などなど／第3ギャラリーでは石類／鉱物、金属が／第4ギャラリーでは様々なる道具や手工芸品／そしてこうしたすべてをどのように設置するのかといえば／それぞれを礎盤の上に立て／あるいは横たえて／その礎盤には／種々の言語で名前を銘記しておくのだが／それぞれの個体もまた身体的分節に応じて／四足類／とりわけ有翼類、水棲類、虫類など／どれが、どこで植物と理解されるのか、など／特定の分類をほどこすことができる／同様に私は動物（アニマリエン）と植物（ヴェゲタビリエン）を、そしてまた鉱物と／金属、石類を／きれいに一覧表化しておき／それに自然の豊饒の角（コルヌコピエ・ナトゥレ）と銘打っておいたが／これこそが老いも若きも／聖職者も俗人も／学者も職人も含めた／彼らのための「自然劇場（テアトルム・ナトゥレ）」なのであって／全世界の豊かな自然を作っているものを／然り、よしんば世界を

旅したとて／おそらくは眼にすることも適わないようなものを／1箇所にまとめてあるのであれば／これこそは／珍妙なる自然の造作をはるか遠方から引き寄せる／貴なる磁石と言わずして何と言おう？　然り、これこそは／愛すべき若者がいわば遊びながら／つまり最高の機嫌で／かつ、喜びをもって、数千もの事物の分類名といっしょに認識をもたらし、自然に心地よい部位記憶（メモリアム・ロカレム）を身体自身になす愉快な手段にあらずるや／近年、それがまさかに経済的有用性をも得ようという諸侯の／いや皇帝のお慰みでないのなら／熊／猿／道化など見るべき些少の一群れを与えるがいい／かく豊富に自然全体を見させてくれるものをどうして与えようとしないのか？　どれほどの[52/53]費用がかかるのかと／お尋ねなら、お答えしよう／一団の芸人／バレー団／その他のお慰みほどにも経費はかかりませぬと。とはいえ、こなたは常設で、かなたは楽しみとともに過ぎ去るもの。これを設けるにもさほどの時間を要しない／近年小生の愚考するところ／死に瀕した大学、あるいはギムナジウムを再び盛り返すに十分な、これが唯一の方法ではあるまいか」（S. 52）。

2　　　1669、夏（？）
　　　　ヨーハン・ヨアヒム・ベッヒャーからの『補遺便覧』抜粋、及びライプニッツによる注釈
　　　　（AA, VI, 2, Nr. 52, S. 390 – 394）

　「しかし物と言葉の展示は2種あり、死物と生物である。死物の展示はクンストカマー、つまり筆者が記述した、かの自然と人工の劇場において行われる。生物の展示は動きのある動物園や植物園や鉱山で行われる。説明文付きの死物の展示はベッヒャーのやり方にて、なま物の場合はコメニウス Comenius や彼の仲間たちのやりかたでなされる」（S. 392, Z. 13-17）。

　「私がいつか見たことのある機械を用いなければ、自然と人工の劇場には動きそのものが展示できないという欠点がある。その機械はすべて手動でなされる。場合によっては全世界を表出する機械も持つことができるかもしれない。エアハルト・ヴァイゲル Erhard Weigel を参照のこと」（S. 393, Z. 21-23）。

　「企画は秋に完成するだろう。教師と生徒が住み込んで授業を受ける場所が選ばれる。そこには自然と人工の劇場、および物を応用して見せることができる物理・機械工房がある。物は部分的にそのままのかたちで、また部分的に木

や蝋(ロウ)で作られる。各々の対象物に異なる言語で記されたラベルが付く。展示品の中には最低 3,000 の道具が含まれる」(S. 394, Z. 5-8)。

3 　　1671 (？)
　　　『ドイツにおける芸術・科学の受け皿たる科学協会 (ゾツィエテート) 設立に関する考察概要』
　　　コンセプト A
　　　(AA, IV, 1, Nr. 43, S. 530-538)

「このような手段によって、最初は小さくともきちんと基礎を持った科学協会、あるいはアカデミーの設立は、容易にして、かつ最重要の事案となるだろう」(S. 536, Z. 21-22)。

科学、教育、研究奨励の方策としては以下のものがある。「手仕事を軽減するためには、便利な道具をもって、すなわち化学と力学においてすべてを試し解決することのできる恒常的に続く経費のかからぬ火と運動をもってなすべし、たとえば、ガラス制作、遠近法、機械、水力利用、時計、轆轤細工、絵画、書籍印刷、紡糸、紡績、鉄鋼、および冶金、いくつかの正当なれど設備なしでは成果も挙げられず片々たるものに終わるものを有益なものに転ずること。新しい発明のほかに何より先ず国内の特権を手中にすること、高い身分、財団、基金による寄付金によって珍品を手中にすること、自然と人工の劇場、つまり人工物／稀少物／解剖学の部屋を、あらゆる事物の容易な習得のために整え、薬剤局と庭園と図書館を現在とは違ったふうに形成すること、核心を諸書物から引き出すこと、草稿、　過去の作品、失われた報告書、実験、書簡を蒐集すること、すべてを分類しラベルを付けて保有すること、(……)」(S. 537, Z. 5-15)。

4 　　1671 (？)
　　　『ドイツに芸術・科学の受け皿たる科学協会設立に関する考察概要』
　　　コンセプト C
　　　(AA, IV, 1, Nr. 43, S. 530-543)

「人工物と稀少物の、描写芸術、並びに解剖学の部屋、現在とは違ったふうに提案される薬剤局、完全なる薬草園、動物園、つまるところ自然と人工の劇場、これら設立の目標はあらゆる事物から生きた印象と認識を得ること」

(S. 540, Z. 16-18)

5 　　　1675年9月
『思考遊び』
Hannover, Niedersächsische Landesbibliothek, LHXXXVIII,
Fol. 232-233
　　　（AA；IV；1, Nr. 49, S. 562, Z. 14-S. 568, Z. 12）

　ライプニッツは連続テクストを左側の欄に書き込んでいる。右側の欄には挿入文、それだけで完結した補足文を書き込んでいる。例外は最後のページ233^v、ここでは補足文が左側の欄に挿入されている。

　AA, IV, 1, Nr. 49；S. 562-568 の版は左欄をまず起こし、挿入文を脚注として与えてある。その後で、右欄の補足文が連続的に採られている。当版もこの組み立てを受け継いでいる。しかしながら挿入文は本文中に組み込み、< >記号で明示した。補足文は［ ］でその場所と内容を知らせる。案内のためそのつど手稿のフォリオ番号も添えてある。（……）を付した3箇所は解読不能の箇所である。

　（訳者注：以下、ライプニッツの仏語原文より）*[Fol. 232^v]*
　1675年9月にパリのセーヌ川で催された水上を走る機械の公開実験を見て、わたしには次のような考えが浮かんだ。それは、奇妙に思われるかもしれないが、もし実現されればとても重要なものとなるだろう。
　珍奇物好きで、とくに機械に並外れた興味を持つ社会的信用の高い人が、その公開実験を行うという合意に達したとしよう。
　そのためには、必要経費を補うための資本が必要となるだろう。それは、少なくともその中の何人かが資本を前貸しすれば、それほど難しくない。例えば、スルディヤック侯爵、バプティスト氏、ル・ブリュン氏、またはドゥ・ラ・フィユラード氏やデ・ロアネス氏などの貴人。または、よろしければドゥ・メクレンブール氏、ドゥマザラーニ氏やそのほかの方々でもかまわない。貴人や宮廷人などは除いたほうが望ましく、必要経費を支援してくれるのは私人が望ましい。なぜなら成功した暁には、影響力のある貴人は自分一人の手柄としてしまうだろうから。事がうまく起動してから宮廷人に声をかけても

遅くない。

　資本家に加えて、続々と新奇な発明を提供してくれる人々も必要だ。しかしあまり人数が多すぎては混乱をきたす。私が思うに、一番いいやり方というのは、二、三人の出資者、保証人のほかは、雇われ人として、つまり条件付きで雇ったらどうだろうか。特定の公開実験に限定する、もしくは期限を設ける、出資者がお気に召す間のみ、または出資者の出したお金の一部が返金されるまでのみなど。

　雇われ人とは、画家、彫刻家、大工、時計職人、……そしてこれらに類する人たちだ。数学者、エンジニア、建築家、手品師、大道芸人、音楽家、詩人、出版業者、植字工、彫版師なども加えていい。少しずつ時間をかけてこれらすべての人を集める。

　公開実験とは、例えば幻灯機（これから始めればいい）、飛行、人工流星、そのほか視覚に訴える驚異の数々。天空と星の提示。彗星。ゴットルフやイエナにある大地球儀。花火、噴水、不思議な形をした船。マンドレイクなどの珍植物。奇妙で珍しい動物たち。王のメナージュリ（動物園）。動物を模した像。人工馬による競馬を演ずる王立の機械。射撃のコンテスト。具体的な戦争の表象。劇場に高々と設置された木製の要塞。開かれた塹壕など。これはすべて私が見た立案者たちの（……）ものに倣って作ったもの。要塞のエキスパートがその全容を説明すればいい。[232^r/232^v]

　模擬戦争。マルティネの歩兵隊の訓練。騎兵隊の訓練。運河上に漂う小規模の戦闘風景。物珍しい音楽会。珍しい楽器。——しゃべるトランペット。狩猟。シャンデリア。イミテーションの宝石。これらの見せ物には常にお話か劇を交える。自然と人工の劇場。格闘。泳ぐ。珍しいロープを使った踊り子。サルト・モルターレ。子供が紐を使って重いものをもち上げる見世物。解剖学劇場。薬用植物園。実験室がそれに続くだろう。なぜなら公開実験のあとには私的な催しが開かれるだろうから。例えば、小型計算機やそのほかのもの、絵、メダル、図書館。水、空気、真空を使った新しい実験。大きな公開実験には、ゲーリッケ氏の24頭立ての馬を使った機械も役立つ。小さな公開実験では（彼の）球体。ダランセ氏のところにあるたくさんのもの。天然磁石も同様。ドニ氏や（……）氏がすべて解説してくれるだろう。そこで珍奇品、例えば収斂薬なども配置しよう。輸血、温浸法の手術も行う。同じように休憩時には、

付　　録　237

見物人たちに翌日雨が降るか降らないかの予報をしよう。小男を使って。キルヒャー師のキャビネット。イギリスから、まだ存命なら、火を食う男を呼ぶ。夜には望遠鏡で月やほかの星を見せる。水飲み芸人を探そう。ちょうど決められた場所に水を命中させる機械の実験。筋肉、神経、骨格を表す機械、または人体を表す同じような機械。スワンメルダム、ゲダルティウス、ユンギウス、ミュルメコロン氏の昆虫。アリネー氏とビリエ氏の標本棚。テヴェノ氏の芸の数々。和やかな論争と討論会。暗箱の実演。一定の角度またはまったく別の角度からしか見えない絵。ノートルダム島のある名士による陶器。ヴェルサイユ宮殿のような運河に沿った噴水。国を挙げての喜び。中にランプが入った油紙に描かれたグロテスク模様。中から光をあてると、人影が歩くのが見え、油紙に描かれた人形が浮かび上がる。幻灯機に関しては、油紙に描かれた簡単な物だけでなく、四肢が個別に動くようなものを用意して、人にはできない変てこでグロテスクな動きを見せよう。馬のバレエ。格闘技。トルコ人の頭。ドイツで見た曲芸を演じる機械。凹面鏡の力。ギリシア煙硝。舞台で人が演じる新しいチェス。ハルスデルファがやったような。ドイツ・スタイルのパレード。ほかのゲームも大規模に上演して、見せて学ばせる。諸国のあらゆる種類のおもしろいゲームを紹介した劇を一部始終上演する。見た人は自分の国へ帰ってまねるだろう。室内でボーリングやほかのスポーツもやろう。そして（……）たぶん役に立つ新しいゲームも発明しよう。最後にスポーツアカデミーや青年のための学校を設立し、おそらくコレージュ・ド・カトル・ナーション（訳者注：後のアカデミー・フランセーズ）に合併させたらどうだろうか。各国の様々な様式を紹介した劇。インド、トルコ、ペルシャの劇など。様々な職業を紹介した劇、一つの劇によって一つの仕事の狡猾さ、陰険さ、冗談、傑作、特殊で滑稽な法則や様式を表現する。イタリア喜劇、スカラムーシュ等のかわりに、[232ᵛ/233ʳ] 時には滑稽なシーンがあるフランス喜劇を探してくる。火を吐く飛ぶドラゴンなど。油紙に描いて光で照らしてもいい。風車。風向に相反して進む船。オランダか、どちらかといえば中国の風車の原理を利用した荷車。＜魔法の宮殿。魔法の島。薄暗い場所で、中に灯をともした油紙上の劇、像＞無人で演奏される楽器。カリヨンなど。人工の騎兵隊か歩兵隊が戦いあうハウツ氏の機械。叫んでグラスを壊す実験。それにはペッターを呼ぼう。ヴァイゲル氏の発明の数々。振り子の振りが均一であることを見せる。ゲーリッケ氏の

球体。手品。トランプによる手品。これらも劇に加えよう。軽業を演じる寸劇。最後にオペラやほかのスペクタクルも加える。イタリアやドイツの喜劇に見られる俳優の動きは目新しい。カーテンを引くのは悪くない。なぜなら幕間に薄暗いなかで何かを見せることができるから。そのために幻灯機は適している。言葉や歌の付いた、あの影を使ったマリオネットの空想的な動きを見せることができる。ローマなどの古代を表現する。有名な男たち。いや、すべての種類のものを。

　この企画の効用は公的にも私的にも、人が想像する以上に大きなものとなるだろう。公的には、人々を刺激し、様々な発明が続くだろう。視覚的に美しい情景を見せ、役に立ち創意工夫に富んだ無限の新しい事柄について、人々を啓蒙するだろう。新しい発見や創意工夫に富んだ考えを持ったすべての人が参加できることとし、（自分の考えを）職業化させたり、発明を世に知らしめたり、そこから利益を得ることができる。まもなくすべての発明家にとって、彼らの巧妙な発明のための事務所となるだろう。そのうちにそこで、想像しうるあらゆるものの劇場を見ることができるだろう。メナージュリ、薬用植物園、研究所、解剖学劇場。各種のもの珍しいものを入れた標本棚。すべての知りたがりがここに集まってくるだろう。そうすればこれらの施設も財政的に立ち行くことだろう。そこにアカデミー、学校、ボーリング場やそのほかの活動、たとえば音楽会や絵のギャラリーなども加えよう。会話と会議。とくにその利益は計り知れない。視覚に訴える珍奇な見世物はコストがほとんどかからず、それが発見の大半を占めるだろう。紳士たちは、後で会話の種にするために、こぞってこれらの新しいものを見たがるだろう。教養のある夫人すら、一度といわず何度も足を運ぶことだろう。物事はしだいに進展するだろうが、例えばローマ、ヴェニス、ウィーン、アムステルダム、ハンブルグなどの大都市もしくは主要な宮廷で、当事者たちは部下たちを通じて、または王や共和国の特権を利用して、秘密を守ることが望ましい。＜資金があれば、そこで銀行のようなもの、終身定期金またはそれに準ずるもの、厚生基金も開設できる。新しい製造の純粋な会社＞　ひいては、あちこちで科学アカデミー会議が催され、それは持続され、すばらしいものを生み出すだろう。たぶん新しもの好きな王さまや著名人も、公益や科学の進歩のために貢献するだろう。最後に、全人を啓蒙し、彼らの潜在能力を引き出すだろう。そしてこの企ては想像できないほど

のすばらしく重要な結果を生み出し、後世の語るところとなろう。[233ʳ 終わり]

[補足 Fol. 232ᵛ　右欄：およそ「そこで珍奇品、例えば……」あたりから始まる]
　町の各地に複数の建物を建てて、様々な物を紹介できる。と言うよりは、同じ建物内に宮廷内の出店にも似た小部屋を多数作ってもいい。そこでは個人が部屋を借りて、珍奇な物を展示する。いわば第二のラ・モワニヨン通りのように。特権によって、そこで展示を催したいすべての人々は、アカデミーの枠内で行うよう義務付けてしまえばよい。
　最後に、うまくいくなら、大変重要な存在である事務局を復活させ、その特権をもっと活用したらいい。
　ほかの人たちに有料でアカデミー内での展示の自由を与えれば、こちらは経費を負担しなくてもよい。そうすれば利益がでてそれは常にアカデミーのものとなる。その結果まったくお金を工面する必要がない。
　もしコレージュ・ド・カトルナーションの創設も手がけるなら、それもこのアカデミーに含めてしまえばいい。
　空砲を放つ……宝くじや一種のオーカ・ゲームも開く。そこでたくさんの小さな珍奇の数々を販売する。

[補足 Fol. 232ᵛ　右欄：およそ「異常かつグロテスクなモニュメント」という文言あたり右位置から始まっている。賭博館のコンセプトについて]
　忘れるところだったが、賭博アカデミーも創設したらいい。またはもっと一般的に娯楽アカデミー。しかしわたしは賭博アカデミーの言い方の方が好きだ。その方が上層階級の趣味に合っているから。そこでトランプやサイコロをする。ランスクネの部屋。トレントエキャラントの部屋。ベルランの部屋。オンブルの部屋などなど。チェスやクイーンの部屋。フレドックさんのところのようにすればよい。その中でゲームをしたい人たちにジュトン（コイン）を配って、お金ではなくジュトンをかけさせる。そうすればもっと気軽にゲームに興じることができる。そこで夕食を取りたい人は、一人につき一つのジュトン（金１ルイ）のみ渡し、手厚くもてなされる。同時にそこはベルジェラック

氏の店のような優良なナイトクラブにもなる。その中で珍奇なものを見せるが、ジュトンを1枚渡さないとそこに入れない。事務所でジュトンをお金に変換する。ジュトンを偽造させないために器用さと巧妙さを要する。ジュトンの数は、ほかの人にはわからないよう、ほかの数や小さなジュトンと関連させる。町中にこのような傾向の建物やアカデミーを建設しよう。人にわからないように、鏡やパイプを通して、そこで話されていることやなされていることが建物の主人にわかるように、これらの建物を建設する。これは国家にとってはとても重要なことで、一種の告解政策だ。バティストがいつまでも生き残るとは限らない。そこにオペラや音楽アカデミーを加えてもいい。ピグミー劇場、噴水、湖、水上模擬戦などなど。魔法をかけられた［宮殿］。[$232^v/233^r$]

賭博アカデミー内では決して罵らせてはいけない。また神を冒瀆してはならない。なぜなら神の冒瀆を口実としてアカデミーが閉鎖させられたことがあったから。紳士的なプレー、つまりかっとならない態度を流行化させれば、人が集まるだろう。そして逆上したプレーヤーはトランプや施設に対して何がしかを支払ってはならない。そうすると施設がお金もうけに興味があるように思われるからで、罰金はゲームに対して支払われなければならない。そうすれば法律を遵守させることがプレーヤー全員の利益にかなう。そしてこういうことは珍しいが、プレーヤーがグループで激昂すれば、お互いにこの法律を無視することとなろう。そうすれば、彼らに警告しても無駄であるなら、将来的に入場を禁止することになってしまう。何事も寛大にという先入観に支配されてはいけない。寛大などというものを　庶民は軽蔑するのだから。節度はわきまえさせたほうがいい。公の小部屋でゲームをしに来るいかなるグループも拒否しないことにしよう。なぜならそれはほかの人にも知れてしまう。もし特定のプレーヤーのグループが特定の部屋を望むなら、それは受け入れよう。しかしそこで罵ったり法律を無視したりするようなら、特定の部屋に入れることを拒否するしかない。

ゲームでいかさまを認めるかどうかという問題だが。それは当事者がそれを望むか否かによって判断すればよい。なぜならあらゆるいんちきというのは、共通の意見による合意のもとに排除されるため、いんちきを行ったりそれが見つかってしまったプレーヤーには罰を課し、何がしかをそのゲームに対して支払わせる。なにも罰を設けなければ、そのいんちきは許容されることとなる。

もしプレーヤーがそれを何としてでも排除するというのなら、仲間全体から排除されるか、もしくは手ひどい罰金という罰のもとに、いんちきを断行することとなる。いかさまはしばしば許容される。そしてプレーヤーは数々の巧妙な術を学ぶことだろう。しかしほかのトランプを持って来たり、ほかのサイコロを使うといったいんちきだけは絶対に禁止すべきだ。できるだけいんちきは罰したほうがよろしい。プレーヤー自身がいんちきの許容または一定の罰金を科すことを望まなければ。ゲームの主人は、自分のために興ずるプレーヤーを抱えかつ彼らのいかさまについて知っていてもよいが、それによって彼の評判は傷がつくだろう。

いくつかの種類の宝くじについて、宝くじの所有者は（計算ができるような）適切な利益を得てもよい。

この建物は時とともに宮廷となり、宮廷内またはその囲いの中か下部に、あらゆる想像可能なものを売る店を開こう。

ゲームというのは、このように公的に有益なことを始めるもっともすばらしい口実だ。なぜなら人々をだまして、彼らの弱みを利用し、だましつつ（ゲームへの執着から）解放する。良識を持たせるために非常識を利用する以上に公正なことはない。これはまさしく miscere utile dulci（有益と快適を兼ねさせる）であり、毒をもって良薬となす、ということだ。

仮面の部屋があってもよい。

仮面は大きな利益を生み出す。なぜなら前払い制だから……［233^r 終わり］

[補足 S. 233^v　左欄、参照指示なし]

最後に事務局を加えよう。ポスターの登録やほかの多くの有益なことのために。

[補足続き 233^v　左欄]

マレーのマリオネットか小人（ピグメー）を加えるべし。そこに影絵も加えよう。見物人の側の隅に劇場（斜めに）を作ろう。そこには光や木製の小さな人形が揺れ動き、それが油紙に影を照らし、またその（油紙の）後ろにも光を置く。そうすると油紙上の影が明確に大きく写る。しかし影法師のすべてが同じ地点にいるように映らないように、視界のパースペクティヴを、影の大小に

よって、変化させよう。フィギュアを縁から真ん中へと動かすと、それは、あたかも後ろから前へ動くように見える。影は光の距離によって、その大きさを拡大できる。それは大変容易でたやすい。すぐに不思議な変身や危険な宙返り、飛行などの動きができるだろう。魔女キルケが舞台を地獄に変化させる。そのあと突然すべてを暗くしてしまう。同じ壁を使いつつ、揺れ動く木製のフィギュアの近くの唯一の光を除いて、すべての光を消滅させる。この残りの光が幻灯機によって壁上に大変美しく繊細に動く人影を映し出すが、それを通常の視界のパースペクティヴのように見せる。劇場の背後から歌をつける。影法師は下から動かすか、もしくは足を動かしながら、動かしているのが見えないようにする。常に歌と音楽の伴奏をつける」。[233^v　終わり]

6　　　1676年1月22日
　　　　『ルーヴル宮殿建築計画、ペローによる勝利のピラミッド』
　　　　1676年1月22日クロード・ペローとの対話メモ
　　　　(Leibnitz, 1857 ; Petzet, 2000, S. 568f.)

「王立科学アカデミーのメンバーで、医者で、かつウィトルウィウスのフランス語訳者ペロー氏が、今日（1月22日）ルーヴル宮殿の建築にまつわるすばらしいことを多々教えてくれた。ルーヴル宮殿を完成させるための建築の総監督者となったコルベール氏は、フランスの敏腕な建築家に図面を依頼した。ド・ヴォー氏は、王お抱えの第一建築士で、基礎となる図面を提出した。ほかの建築家はそれを検討し、それにコメントを加えて、彼ら自身の図面を提出した。コルベール氏は、それらの要点をまとめて、自身で手書きによる小さな文字で書かれた4枚の図面を書き、王に報告した。（医者の）ペロー氏の弟は現在フランスの建築と庭（1区間につき四つの庭がある）を統括する大臣で、コルベール氏の指揮のもと建築物監督官の責任も担っているが、医者で兄のペロー氏は、コルベール氏が庇護者で、ギリシア語においては右に出るものがなく、ゼノフォンを訳したシャプレン氏、シャルパンティエ氏やそのほかの著名人が在籍する文学アカデミーに書物を提出し、コルベール氏に知られることとなった。弟のペロー氏は王の栄光の名のもとに、メダル、外貨、そのほかのもろもろのものを取得するために日々研鑽する文学アカデミーの秘書官である。彼は医者である兄に、長いこと建築に携わってきた彼も図面を提出しないか、

と尋ねた。最初兄は断ったが、最後に図面を書いた。彼はソフトで美しい図面を書いた。いまどきの建築家たちはそこまで上手に図面を書くことができず、完成させることもできない。終わらせることができず、線を描くことで満足し、彼らは水墨画のように影を描くことで満足してしまっている。責任者のペロー氏はこの図面をコルベール氏に見せたところ、彼は大層それを気に入った。そしてほかのすべての建築家を見下していたル・ブラン氏も、彼には一目置いた。コルベール氏は（この図面を）書いたのが誰か尋ねると、責任者のペロー氏は、それは自分の兄で、コルベール氏が会見をするように言った人物であり、コルベール氏にほかの人の図面もすべて見せて、そしてそれらと医者の兄がコルベール氏の図面から作った図面を渡して、コルベール氏の考えを聞きたがった。ペロー氏は、法則や一種のシステムを説明した小さな論説を書いた。彼はすべての既存の図面の欠点を指摘し、（修正した）ほかの図面を見る前に、自身の図面でそれらを修正したと知らせた。コルベール氏はそれに大変満足した。そしてこの話はここで終わるはずだった。しかしすべてをひっくりかえすようなことが起きた。なぜならコルベール氏は、多くのフランス人の建築家が犯した誤ちおよび医者が建築家より優れた図面を書いた事実を考慮し、フランスの建築家が無能であると考え、外国人の建築家にも声をかけることを思いついた。ベルニーニに手紙を送るために、教皇大使に話した。イタリアの建築家にすでに完成している部分とすべてのコメントを交えて、ルーヴル宮殿の図面を送った。そして彼にこの図面を完成させるための忠告を問うた。ベルニーニは、手を加えて完成させるためのルーヴル宮殿の図面ではなく、関係者が望んでいない、まったく新しい宮殿の図面を送ってきた。そしてルーヴル宮殿を見たことがないので、それについて判断を下すことができないと謝った。ついに多くの困難と費用でもって彼はフランスに招かれた。コルベール氏は、しかしながらもうこの問題については、ペロー氏には話をせず、ベルニーニの虚勢にだまされ、彼はすべての決定をイタリアの建築家の図面に沿って下してしまった。

　ベルニーニは、高価な贈答品と5万エキュを受け取って帰国し、建築の施行のためにマテオ氏という大変巧妙な建築家を紹介した。ベルニーニはすでに80歳で、自分が主張するほどには手腕のある建築家ではなかった。彼の図面にはかなり大雑把な欠点が数多く見られた。彼がパリにいたとき、彼は見せら

れたすべての図面を見下し、フランス人が作ったものすべてがみじめなものだと見なした。そして彼はイタリア人か古代人の絵や彫刻を見たときだけ、注意を傾けた。しかしペロー兄弟はこのようにお払い箱にさせられて大変自尊心を傷つけられた。彼らはコルベール氏に対して陳情書を書き、ベルニーニの図面の欠点を指摘するのみではなく、彼の巧妙さというよりはどちらかといえば悪意を指摘し、その意味するところは、彼が無鉄砲に国王を巻き込み、最終的にはルーヴル宮殿を破壊させてしまうために、まったく新しく立て直さなければならなくなるだろうということだった。なぜなら（ベルニーニによれば）現存するルーヴルの建築を覆い隠してしまうような内側からの壁を作るほかに、新しい建物には白い壁が連なっていたが、古い建物には窓があったからだ。それは彼の図面に従って施行すれば、すべてを破壊しなければならないことを意味した。そのようなことになれば、王を含めすべての人の嫌気がさし、（ルーヴル宮殿は）破壊されたままの状態で放っておかれるだろう。さらにこれはフランスにルーヴル宮殿のように驚異的な建造物があることに対するイタリア人の嫉妬だ。なぜなら一度壊されれば、たぶん二度と再建されないだろう。コルベール氏はこの陳情書を注意深く読んで熟考した後、マテオを呼び、この陳情書に主張されているいくつかの点または事実について質問した。そしてコルベール氏は、これらが事実であることを確認すると、もういいと言った。数日後まだルーヴル宮殿内で見ることができた見本が完成し、王が宮廷のものを引き連れて見に来た。コルベール氏は即座に王に駆け寄った。コルベール氏は王を脇に引っ張り、王にわかるように事の次第をすべて説明した。しかし宮廷の者は皆見本を見て、すばらしい、とだけ言った。それは王が話すまで待たなければならなかったからである。ついに王も見本を見たが、褒めることも非難することもせず、マテオにこれらすべてが引き起こす影響について質問するのみだった。翌日マテオはすべての左官とともに追い払われることとなり大変驚いた。彼は償いを受け、大金を受け取った。これらのイタリア人が去った後コルベール氏はやっと我々だけになったと言った。どのようにやっていこうか。医者のペロー氏は王の第一建築家に任命された。なぜならド・ヴォー氏の図面はまったく支持をえられなかったからである。彼は断り、プロの建築家ではないと言った。そして建築への愛のためにほかの何物をも犠牲にできないと言った。彼はこのためにコルベール氏の指揮のもとに、自分も含めた建築の諮問グ

付　録　245

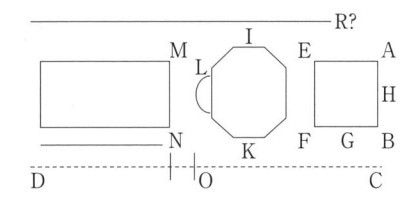

ループを作るよう提案した。それは実現し、ペロー氏、ル・ブラン氏、ド・ヴォー氏とそのほか何人かが加わった。彼らは図面について合意にいたらなかった。

　最終的にド・ヴォー氏は自分の図面をあきらめてペロー氏のものに同意した。その結果ペロー氏とル・ブラン氏の二つの図面を比較するのみとなった。この二つの図面を同じ画家に同じ大きさで描かせた。双方は書面で図面の説明をした。王は（コルベール氏の意向に従って）ペロー氏のものを好んだ。王の弟、王の（第一ではない）息子、国務評定官の出席のもと、二つの図面を国務諮問会議において検討させ、現在この（ペロー氏の）図面で仕事が進められている。それはルーヴル宮殿の前方に関するものだ。川に沿った側面の角を含む正方形の中庭は王妃の御用達の部屋だ。その前には王妃の儀式用の部屋があり、川に沿った側面の下部には王のご用達の部屋がある。つまり王と王妃のご用達の部屋は南向きとなる。それは王が主に冬の間パリに滞在し、そのため冬は南側が一番快適だからである。ルーヴル宮殿の前方がＡＢ、ＣＤはセーヌ川の流れる方向、ＡＢＥＦはルーヴル宮殿の正方形の中庭にある建物、ＦＧが王の御用達の部屋、ＧＢが王妃のご用達の部屋、ＢＨが王妃の儀式用の部屋、ＥＦの下部が夕べのパーティー用ホール、上部には衛兵が待機する。建物の角の翼棟には円柱が連なる。ＩＫは八角形の会見室など。驚くほど大きな部屋がＬのチャペルで、そのドームはヴァル・ド・グラースのようだが、それよりも大きい。それはルーヴル宮殿内の小教区のようだ。チュイルリー宮殿とルーヴル宮殿を隔てるのがＭＮ通り。Ｎは正門で、Ｏは川上を渡す石橋。ＭＮの右側は王の図書館で、その少し脇に絵画の部屋がある。ＭＮＰはチュイルリー宮殿で、ＰＲはサン・トノレ通りだ。ＰＲは700トワーズある[1]。

　医者のペロー氏は、また凱旋門の図面の作者でもある。彼はいくつかの図面を書いたが、その中で一番コストがかからない図面が選ばれた。彼は、螺旋形の上まで伸びる狭い階段によって内部が突き抜けられている巨大で美しいピラ

ミッドを提案した。上部には直径3トワーズの巨大な銅製の地球儀があるが、その高さはノートルダム寺院の2倍にもなる。彼はわたしに世界の四つの地域を表す四つの局面のための装飾図案を見せてくれた。翼棟は me sustinet unus（われを見上げるに耐える者はただ一人）という言葉とともに太陽を見上げている！　これはヨーロッパを表し、皇帝のみこの太陽を見上げることができることを意味している。それは皇帝でも王でも名誉なことに変わりない。フェニックスで表現されたアジアは、オスマン帝国を表し、次の格言がついている。me suspicit unum（われを見上げるは、ただ一つ）。　太陽王を賞賛する象はアフリカを表象している。アメリカは draco Hesperidum pomis sivè auroincubans（ヘスペリデスの林檎、あるいは黄金の傍らに身を横たえたるドラコ）というドラゴンで表現され、quas servat mihi debet opes, debet soli qui produxit, id est in Galliam omnes America divitiae tran sfunduntur preter regis destinata in Americam（ドラコの見張る財宝は私のもの、導き手たる王だけのもの、すなわちアメリカの財宝はすべてガリアに運ばれねばならない。アメリカの取り分と王が定めた以外は）と書かれている。ペロー氏は、ほかの格言も見せてくれた。例えば dum ludit metu endus（遊びのさ中にも畏怖の念を起こさせるお方）というのは王の第一王子のことだ。波の中に遊ぶイルカ（王の第一王子）が描かれ、王の第一王子はまだ子供で無垢だが、すでにフランスの敵にとっては恐るべき存在である、という意味の proenuntio tempestatis というフレーズが書かれている。この言葉は第一王子の衛兵の連隊の槍旗にも使われた。inspiciendo は、博物学者が説明するように、唯一ダチョウは卵を孵すためにその目でじっと卵を見据える、という格言の「眼差し」のことである。この格言は建築の総監督者としてのコルベール氏のためのものだ。――火のついた導火線の絵柄とともに、わたしは戦争のためのみ火をつけるという格言があるが、これはライン川を渡る際に殺されたロングヴィル公爵に捧げられた。Ducendis Regibus aptae（王を導くに相応しい）というのはボーモン神父に向けられ、彼は王の家庭教師を勤めた後に、紋章に四つの星を持つパリ大司教となった。これは、星を頼りにしたオリエントの三人の王をほのめかしている。それは私の炎を隠さない、という格言は、エトネが新婦の周りに火をくべるが、彼女の愛の炎が大変強いため炎が見劣りしてしまう、という意味だ。

天文台にまつわる格言：「sic itur ad astra! かくして人は星にまでいたる！」。地上望遠鏡。「Nullum non moveo lapidem なにものもこの大石を動かすあたわず」とは、機械上に置かれたルーヴル宮殿の大石を指す。そこには「prefectus regionum officiorum 王室工房主任 1675」と書かれているが、これは建物の総監督者としてのコルベール氏が王と国家のために大変革を行っていることを意味する。

他にもそれほど重要でない多くの図柄のついた格言があった。例えば、炎が倒れ消えてしまった図柄には、偉大すぎる愛の火は自然に消えてしまう、という言葉がついている。——次はペロー氏自身のための格言だ。半面が隠された薄暗いランプが描かれ、「見ること適わず non et videor」という格言がついている。この種のランプは、ほかの人を照らすが（ほかの人は）それを持っている人を見ることはできない。哲学者は科学や自然の不思議の中ではっきりと見ることに満足するが、自分自身が見られたり知られたりすることはない、という意味だ。

ル・ブラン氏は、ペロー氏の描いたルーヴル宮殿の図形は美しいが、それを施行するのは大変困難であると判断した。しかしペロー氏は、PREAUX、またはPREATとかいう名前のすばらしく巧妙で精密な請負人を見つけた。石はきれいに削られ、すべてが極めて美しい。それを見た王は複数の御付の者の前で言った。「ヴェルサイユ宮殿もこのように改築できたら」。人々は王がなんとなくルーヴル宮殿の美しさに嫉妬していると感じた。なぜなら王はルーヴル宮殿をフランスのすべての国王の宮殿、一方、ヴェルサイユ宮殿を自分の宮殿と見なしたから。

（1）ここでは図面上のアルファベットをすべて再現しているわけではない。しかし全体の配置を認識するためにはこれで十分。(Foucher de Careil, in : Leibniz, 1857, S. 235)

7 　　1676年9月（?）
　　　フリードリヒ・アドルフ・ハンゼン Friedrich Adolf Hansen の書簡
　　　(AA, I, 1, Nr. 315, S. 458f.)

（アムステルダムお勧めガイド）（以下、仏文）「アムステルダムでは、あなたの好奇心を満足させる物を見ることができるでしょう。とくに博識ですばらしい画家でもあるヴェラント氏とエイバンブール氏には是非会ってください。

金色の皮、珍品のつまった分類棚、ディルク・フォン・リシュヴィック氏が製作した見る方向によって色が変わるテーブル。それは 44,000 リーブルにも見積もられます。またスワンメルダム氏のところの、特にメダルやアンティークの珍奇品を納めた分類棚は見ものです。フィンケルビン氏のところの地球儀は、その円周が 19 フィートもあり、製作者によれば 20,000 フローリンに見積もられるというのです。そしてライス氏のところでは、多様な動物や怪物の骸骨をたくさん見られるでしょう。さらにヨースト・ケンペスという名前の私人の家は、そのすべての部屋が豊かさや芸術性の点で大変すばらしい。フィレンツェの王子で現在では大公にあたる方がその家を見たがったのですが、彼は家が自分の好奇心に見合ったものだったと納得しました」(S. 458, Z. 28 – S. 459, Z. 6)。

8　　　1677, 2./12. 2.
　　　　フリードリヒ・アドルフ・ハンゼンの書簡
　　　　(AA, I, 2, Nr. 214, S. 242-244.)

(「おみやげ」への*謝意*)「そしてわたしからあなたに、珍品にしてあなたの好奇心と几帳面さに相応なものを送らせていただけますか。あなたがわたしに送ってくださった話はわたしにとって光栄なもので、その話およびあなたがイギリスとオランダで見たもっとも新奇なものについての詳細を通して、あなたの几帳面さを知ることができました」(S. 242, Z. 27-30)。

9　　　1678, 22. 7.
　　　　フリードリヒ・アドルフ・ハンゼンの書簡
　　　　(AA, I, 2, Nr. 332, S. 352-354)

「ヴィルロワン僧院長はもっとも腕のいい医学者たちのポートレートがたくさん載っている本を見せてくれました。想像上の人物もいましたが、実際上の人物の中には現在まだ存命の人もいました。彼はこの本をあまり高く評価していないことを理解しましたが、この本の売買の交渉をし始めると、彼は書棚とそこに納められている大半の本を一緒に売りたいと言いました。その中には銅板画を含めた 300 枚もの絵も含まれていました。しかし彼は個別に売ろうとはしませんでした。あなたの友人のために私はどうしたらよいか教えてくださ

い」(S. 353, Z. 23-29)。

10 　　1678, 26. 9.
　　　　フリードリヒ・アドルフ・ハンゼンの書簡
　　　　（AA, I, 2, Nr. 350, S. 366-367）（以下、仏文）
　「ヴィルロワン僧院長は、医者のポートレートについての本をそれ1冊だけでは売りません。彼は銅版画 tailles douces を含む本棚の書籍すべてを一括して売ろうという所存です」(S. 367, Z. 16-19)。

11 　　1678 年夏から秋にかけて（?）
　　　　『一般発明術論』
　　　　（AA, VI, 4, A, Nr. 29, S. 79-83）（以下、ラテン語）
　「創設すべきは、普遍アトラスまたは図版により形成される作品、ならびに自然と人工の劇場、またはもの自体を保管するもの。生物または死物について；死物は脱ぎ捨てたもの、生物は自然にしたがい生きて成長するもの」(S. 81, Z. 18-21)。

12 　　1678 年夏から秋にかけて（?）
　　　　『普遍アトラス』
　　　　（AA, VI, 4, A, Nr. 31, S. 86, Z15-S. 90, Z. 6）（以下ラテン語）
　　　普遍アトラス

　従来、地理アトラスというものがある。同じく天体の、または天空アトラスがある。しかし、私は百学連環（エンチュクロペデイア）全体を普遍アトラスのようなものにうまくまとめることができると思いついた。なんとなれば、まず、教えられ学ばれねばならぬものほとんどすべてを目に見えるものとして示すことできようからだ。耳を通じて精神（心）に届くものは信頼できる目に示されるものより刺激が弱いことが確かである。このような作物がすべての図書館にそなえられるなら、特にこの普遍アトラスこそ必ずや優秀な男たちの要求に答え、目と精神を同時に豊かにするだろう。正しいあり方で教育を受け早くから言葉と物に導かれるべき高貴な若者に役立つことは言うまでもない。このアトラスは以下のようでなければならない。

なにより図像で教示する本があるべきである。同じく、マロリウス Marollius など好奇心の強い者達のところにあるような図版コレクションが必要である。一つの図版が複数の本にあちこちに散らばっている場合は、あれこれの図版の繰り返しを避け、一つの図版で十分なようにまとめるべきである。最後に物自体の姿（icon）が優れた職人によって描かれるか銅版画で作成され加えられる。

- パラディース P. Paradies の6枚図にまとめられた**天体の地誌**。シッカルト Schickard の天球儀。
- カッシヌス Cassinus その他の（作成する）星図を示す新しい図版。
- ダレンカエウス Dalencaeus の図版で示されるエフェメリド（訳者注：日ごとに変わる星の運行を示す図）。
- ノーザンブリア公の大作からの有益な図像。
- オクタヴィウス・ピサヌス Octavius Pisanus の大作である星図からの有益な図版。
- 地球の地誌、または住民の多い町々が1枚または2枚以上の図に描かれた物。同じく城塞が描かれた別の図。
- 紋章図録。ヨーロッパの諸処の地域の名家それぞれの紋章図。
- ヨーロッパの貴族の家系図とその家系の旧い歴史を示す図。
- アルファベットのあらゆる書字。同じく活版そのままの形で写し取られた様々な活字文字。ヴァティカンの文字書参照のこと。
- 諸民族の様々な職業の服装と振る舞いと文化。
- 今昔の高名な男たちの肖像。
- 今昔のイコンを選別して展示。
- 今昔の建物。現存する物と調査された物。
- 貨幣や碑文や指輪や迷信物に刻まれた旧代の様々な遺物。
- 神に奉げる供儀。教団の服装。
- ホラポロ Horapollo（古代後期の哲学者）その他による『神聖象形文字解釈』。
- チェーザレ・リーパの『イコノロギア』。
- 算術の図像的表示。同じく代数学。エウクリデスの『エレメンタ』（原論）

を2枚の図にまとめたもの。応用幾何学の1枚の図。円錐、球、方形その他関連する形状の図。
- グラフィックまたは遠近法の図。
- カトプター図とジオプター（屈折率）図とケルビヌス Cherubinus の細胞核。
- 様々な楽器を表示した普遍音楽学の新しい図版。プレトリウス Praetorius とキルヒャー Kircher の製作したものを使用。
- 市民的建築と円柱の図。
- 卓抜な装飾の図。
- 攻囲術、また要塞術と町の防御術と攻撃の図。
- 戦術、または軍規と教練について。加えて陣営測定法。
- 砲弾作成具または遠距離兵器，その他の武器。
- 占領と名高い戦闘。
- 各種の機械や器具の機能。水力（による）器具。
- 海軍、または海船。
- 家政学と家具および家庭用品各種。
- 農業に関わる各種の道具と農具。
- 服や体を覆う物各種を製作する機織術に関わる物すべて。絹や毛や木綿や亜麻や麻や柳の細工方法すべてと染色に関わるもの。
- 石や粘土や石灰による城壁造りに関わるもの。均整的モルタル塗装がここに属する。
- 建築材や角材（梁材）など建造に用いられる木材すべてに関わるもの。
- ガラス細工・石細工・モザイク・建具・旋盤の技術のように建築に貢献する他のものも付加される。
- 絵画・石像・彫像。ここには翻刻術も含まれる。
- 様々な機械技術による鉄や鉛の加工。金属鋳造や実験。鉱山に関わることすべて。
- 溶解に関わること。硝石、食塩、アルミニウム、サトウキビ、藍の煮沸はここに。
- ワイン、ビール、蜜酒、果物の加工、料理に関わることすべて。
- 化学操作すべてと化学者の道具。

- その他の製薬と実験者の仕事。
- 植物学、『アイヒシュテット風の庭園』、また栽培品種と栽培方法。
- それ自体偉大な仕事である『解剖学』。ルーメリン Rumelin の図版を完成させたもの。
- 外科用具と使用方法。様々な生物の姿と解剖図の比較。
- クンストカマーに収蔵されている自然と人工の稀少物。
- 顕微鏡によってしか見えない不可視界。
- 類比学、または徳や罪や神物のような物体との相似性、そのゆえに描写される非物体。ここに属するのは神聖象形文字、中国の文字、スフェラ・モラリス『道徳圏』、三段論法、ラ・カルト・ド・タンドル『愛の国の地図』、『選り抜きのデヴィーズ』、選り抜きのエンブレム。

地図がそうであるように、一つのアトラスに統合されても、別々に分けられても多くの者の要求に答えるこれらの図表が……準備されるであろう……（中断）。

13　　1678
　　　ヨーハン・ヨアヒム・ベッヒャー『プシコソフィア、すなわち／魂の叡智』Güestrow
　　　[引用は Psychosofia oder Seelen-Weißheit, Frankfurt 1683 第二版による]

「第四は哲学の学校／ある特定の方法（Methodum）によって種々の科学を教授する／とりわけ、すべてをつぶさに見れるよう／自然と人工の劇場、すなわち数千に及ぶ自然物と人工物を、自然のままにか／あるいは彫刻家の手わざにて／あるいは蝋にてかたどり／そのそれぞれに名前と使用法が教示され／さながら特別の書物のように／詳細を読み取ることを出発点に／また時とともに言葉と教練の学校ともなり／様々なる言語と教練によって身を立て／この目的のためには印刷術や万巻を擁する図書館にとどまらず／不可欠の数学・力学の器械もまた備わってあり／世界の学識の人々と交信するがよろしかろう」(S. Piiij$^\mathrm{v}$).

14　　1679, 7. 8
　　　フリードリヒ・アドルフ・ハンゼンの書簡

（AA, I, 2, Nr. 499, S. 505-507）（以下仏文）

「マロル神父は大変困っています。彼は技術史について多く書き、さらに技術の進歩に貢献した多くの人々について語っております。わたしは彼に、多くの学者が早急にその話を書物にして出版することを望むと証言しました。彼は原稿をまとめて印刷屋に送ると言いました。彼の書斎には興味深いものがたくさんあります。彼は80歳で病気なので、彼の書籍と原稿が無知な人の手に渡らないことを祈っております」（S. 506, Z. 31-S. 507, Z. 1）。

15　　1679 秋
　　　『セメストリア・リテラリア』
　　　（1）Semestria literaria
　　　（AA, IV, 3, Nr. 116, S. 775-781）（以下、ラテン語）

「百科全書には普遍アトラスが含まれる。人間は図像（Figur）を使ってすべての知を展示する能力を持つのだから、アトラスの図版は視覚に直接訴えるというすばらしい利点を持つものである。この企画を私は別のところでもっとくわしく述べた」（S. 781, Z. 18-20）。

16　　1679 秋
　　　『セメストリア・リテラリア』
　　　（4）（無題）
　　　（AA, IV, 3, Nr. 116, S. 782-786）

「この目的のためには時宜に適って様々に正確なる記述を、それも完全に新しいというわけではなくとも皆に知られているというわけではない、珍奇にして有用、しかもいまだ十全に書物には取り上げられていない技芸、科学、旅行、事件、軍略、戦争及び和平戦略、法、習慣、芸術作品、古物、自然と人工の稀少物、及び諸キャビネット、植物、動物、器具、機械、手妻、なかんずく全職業、手わざ、自由その他の技芸、あるいは手工芸、その正確な記述を、半年間に教授しよう、あるいはそのきっかけとしよう」（S. 783, Z. 14-21）。

「百科全書に通じるこの普遍アトラスとは、すべてを簡便に楽しみをもって人類にもたらされるきわめて有益な発明にて、そのためには膨大な数の図表、図版、及び精妙に作られ、必要にして有効に解説する素描、あるいは略図が使

われ、すべてが適切に眼で理解され、紙上に投影されるよう図られるが、それだけ一層迅速快適に、いわば遊びつつ、まるで一望するかのごとく言葉の回り道を経ずして、視覚器官を介して情感を予備教育し、より力強く印象付けることが可能となるわけである。まさにこの企てこそ、わが本意である」(S. 785, Z. 1-8)。

17   1679 秋

『セメストリア・リテラリア』

(5) 前提

(AA, IV, 3, Nr. 116, S. 786-789)（以下ラテン語）

「我々はこの企画がうまくいったら次のようなものを持つことになるだろう。
1) 集中図書館、または、ほぼ全巻に渡る最重要事を収めた中核機関。
2) 他の箇所で詳述予定の普遍アトラス。
3) 非常に貴重な文学文献のコレクション。これによって、稀少なためいままでほとんど刊行されていなかった文献、特に古代のもの、また傑出した新しい文献業績が破壊からまもられることになる。
4) 経験の宝庫、またはいままで報告文献が刊行されていなかった事柄や技芸や益をもたらす業績の記述。
5) 分析と統合の技術を包含する発明と判断の真の手法。この助けを得て知の公開宝庫に保管された最初の真実に、残りの無数の真実が補充されうる。必要ならば独創的発明により、または一定の秩序をもった実験により。このようにしてわずかの算術規則の助けで無数の課題を計算で解決できる」(S. 788, Z. 12-22)。

18   1679 秋

『セメストリア・リテラリア』

(6) 学問の更新と百科全書の創設への計画

(AA, IV, 3, Nr. 116, S. 789-795)（以下、ラテン語）

「百科全書には普遍アトラスが付加されるが、この図版を用いれば、人間のすべての知が適切に有益に表現でき、目（視覚）に直接示される。この目的のためにはヴィルロワン僧院長マロルの収集物が非常に役立つであろう。ところ

で、この企画を私は別のところでもっと詳しく述べた。というのも多くのものが完全に集成され、自然と人工からいくつかの新しいものが宝物庫や博物館に収集され、整理され保管され、観測所や実験室、鉱山、庭園、魚池や鍛冶場で新しい実験が行われ、その場で展示され、補充によって補われるよう、偉大な思想家達が配慮するならば、これ以上に人間の勤勉さに報いるものはないと思うからである」(S. 795, Z. 13-20)。

19 　　　1679 (?)
　　　　『備忘録』
　　　　(AA, IV, 3, Nr. 136, S. 894-907)

「像を作る力 (Imagination) あるいは思い描く力が良好な状態に保たれ、逸脱しないようにするためには、自分の想像力を挙げて何らかの目標に照準を合わせねばならず、事柄を表面だけで考えるにとどまらず、一つひとつ、われらの企図に必要なほど観察する努力をしなければならない。人工物と稀少物の部屋、解剖学の部屋、植物（この目標のために標本を作製する）、香辛料と原料、作業椅子、手わざのもの、宮殿、要塞、とりわけ模型やコピーの数々など多くのものをよくよく観察することは、この目的に大いに適うものである。それには所期のマロル蔵書が打ってつけであるだろう。想像力を働かすためには、いささかの現物あるいは模型も眼前に持たずして事物を明瞭に思い描けるものか、再現し、模倣することができるものか、そうして錯誤をただし、改善点を見つけ、こうしたすべてを他者に分からせるべく描き出すことができるものか、試してみるがいい。このような手段によって想像する力は目覚め、研ぎ澄まされるのである」(S. 898, Z. 6-17)。

20 　　　1679/80
　　　　『普遍数学における符号学による発明的分析的結合術について』
　　　　(AA, VI, 4, A, Nr. 78, S. 318-331) （以下、ラテン語）

「発明の方法とは何か。ある一定の思考形態であり、思考から思考へと移行する法則である。つまり我々の精神は感覚物のイメージに対応するので、イメージが鎖のように関連して現れるならば、精神が注意深くあるかぎり、間違うことがない。正確な円を描くために手で操作する道具が必要である、それも

我々の熟練が足りなければ足りないほど必要であると同じように、正しい思考にはある種の感覚的道具が必要なのだ。この道具のうち「記号」(Charactere)と「表」(tabula)という主要な二つだけをあげておこう。前者は分析のために必要であり後者は統合のために必要である。「表」とは「記号」にしたがいシステマティックに整理された物の目録に他ならない。「記号」と名付けるのは思考する者に何かほかの物を示唆するすべてのものである。しかしながら「示唆」とは、互いに似ていなくても一定の法則または関連性により、全事象があるものと他のものの決まった対応形式に一括適応されさえすれば、あるものから他のものが認識されうることである。すなわち示唆するとき類似している必要はない。このことは表に描かれた円が楕円で、円に似ておらず円とはいえない部分があっても、見るものにとっては十分に円を表示していることから明らかである。算術的記号と数または単位の繰り返しのあいだにいかなる類似性も考えられないが、それにもかかわらず我々が用いる記号は数を正確に表示するので数の特徴が記号によって表されている。

　もちろん、動物園の動物や解剖館の骨のように、我々が物そのものをいつも眼前に見ることができるならば、物を表示する記号の必要性は減少する。そして、物が可能な限り保存され、保存不可能な場合は剥製または死んだものの多様な生態画像が展示される自然と人工の劇場が設置されることが望ましい。さらに種々の道具や機械を応用すべきである。というのも我々は目で見ることによって、頭をひねっても容易にわからないことにもたやすく到達することが多いからである」(S. 324, Z.1-22)。

21　　1680年1月末（?）
　　　フランツ・エルンスト・フォン・プラーテン宛て図書館案（?）
　　　（AA, I, 3, Nr. 17, S. 16-21）

(2)「とりわけ若者を導くのに図像ほど優れたものはこの世にまたとありません。この点、私がパリで昵懇となった者は、信じがたい精励をもって数千もの選りすぐりの版画類とクレイヨン法銅版画を蒐集し、それらを素材に応じて分類し、あまたの巻本にまとめているのですが、このような例は世界に類があるとも思われず、万に一つ、この素晴らしいコレクションが散逸するなら、例のない損害となるでしょう。この者は今や高齢にて。これを売却したいと申し

ております。それは図書館1個に匹敵します。そこに見出されるのは、世界のほぼすべての名士の肖像、無数の祝典行列の典型例と公的儀礼の典型例、自然と人工の全劇場、狩猟、航行、嵐、戦闘、要塞、宮殿、庭園、風景、無数の神聖文字、カプリッチョ紋様、装飾、寓意図案、象徴、そして事実とおとぎ話について人間の頭に思い浮かぶものの総体に及ぶものです。このコレクションを入手できますれば、無数の記事の汲み尽せぬ源泉、一つの宝物を手にするも同然、それらは行列や仮面舞踏会、トーナメントといった王侯の楽しみにとどまらず、むしろ建築、造園、機械、多くの案件に有用でありましょう。要するところ、かくなるコレクションを生きた図書館と呼んで然るべきでありましょう。

（3）かくなることは、侯爵図書館にクンストカマーを付設する——これ自体もっともな処置である——のであるなら、それだけ一層多くの場所を得られるでしょう。同じものはこの世に二つとない、如何なる費用も時間も惜しまずコレクションに注ごうというのなら何千ものものを一つひとつすぐには集められられない、それほどのものを（ばらばらに売却することは決してない）売るという話なのです。偉大なる諸侯は己が名声と公益に意を用いるべきでしょう。かくなる大看板は壮大なる諸発明の材料となるにとどまらず、国家の誉れであり、世間に賞賛をもって迎えられましょう。このクンストカマーには種々の有用な機械、あるいはそれが大きすきる場合には模型が設置さるべきです。

（4）これは単に珍奇の物にすぎない、実利よりは評判に役立つものだ、と思われないよう、是非銘記しておいていただきたいのは、まさかにドイツの諸侯中に我が寛大なる主君ほど自然と人工の珍奇なるに関心を抱いておられる方はおられないということ。ハルツ山こそはそれ自体自然が対等に人工と技を競う正しく奇跡の舞台なのですから」（S. 17. Z. 7-35）。

「かかるがゆえに我が愚考するところ、ハルツ山を徹底的に研究するよう格別に要請いたしたい。このために必要なことは、侯爵クンストカマーには発見されるすべての種と種々の原石、山中の金属に鉱物、及びその亜種やほんの微小の差異をも残らず、それぞれに名前と性質の詳細を付けて、むろん採取地、およびそこがどのような土地であるかにとどまらず、鉱山に精通した山師たちによる考察、その性質、起源、効能に関する意見が付されるべきです。それぞれの坑道監督官には、週給給付の折、坑道のある山の情報をすべて侯室10分の1税納入の確証書ともども入手できるよう手配し、その代わり多くのその他

の不要な書類のために時間を失いそれに不平を鳴らすのを免除することになります。さらに彼らによってもたらされるものは、週毎の鉱山報告会に送られ、侯爵クンストカマーに収納される。ここからいかなる光明がもたらされるものか、描き尽くせるものではありませんが、理をわきまえた諸氏の瞠目するところとなりましょう」（S. 18, Z. 5-18）。

「(6) さほど多くは望まぬにしてもすでに当てにできるこれらすべての鉱員たちを有効に活用できるよう、彼らのリストにとどまらず、侯爵クンストカマーおよび図書室に一定の場を与え、監督局の要請に応じて出頭し、すべての報告を文書と口頭にてなし、なおその考察ともたらされたモノの見取り図及び模型を侯爵図書室及びクンストカマーへと収納できるのであれば有益です」（S. 18, Z. 35-S. 19, Z. 5）。

「(8) クンストカマーには侯爵実験室が属するものとす」（S. 19, Z. 23）。

22　　1682, 23. 11
　　　クリストフ・ダニエル・フィンデケラーの書簡
　　　（AA, I, 3, Nr. 492, S. 554-555）

　ドレスデン・キャビネットに関する報告：
　「殿下の珍奇品を収めた棚。この棚の管理人のボイテルは、彼のいうところの樹木・電解質・鉱石について4枚折りのカタログをここで1671年に印刷させております。その中で彼はこの棚を七つの引き出しに区分して、そこにあるすべての物を陳列しております。しかしながら、わたしが申し上げたいのは、このカタログの中には、科学や技術の発展のために役立つような功績は何もない。一つ目の引き出しにはあらゆる種類の機械装置を入れるが、その中にはこの棚の発案者である選挙候のオーギュスト自身が使ったものや、いくつかの数学の機器もあります。二つ目の棚には……」（S. 555, Z. 10-17）。

23　　1683/86
　　　『平易な教授法と学術的に更に完成された教授法』
　　　（AA, VI, 4, A, Nr. 139, S. 579-582）

　「されどこれは個別のものではなく、多くの作用の複合を要するだろう。更には私が別のところで『普遍』の名の元に構想し書き記したように、膨大な数

の図版を要する」(S. 581, Z. 23-S. 582, Z2)。

24 　　 1685/86
『皇太子の教育についての書簡』
(AA, IV, 3, Nr. 68, S. 542-557)（以下、仏文）

「子供時代というのは想像力の豊かな時代なので、それを利用しない手はありませんし、この時代にこそ多くの美しい考えを教え込まなければなりません。わたしは、もしそのようなものが存在するのであれば、人間のあらゆる技芸を描いた図鑑を強く推薦します。わたしは常々アトラスの形で、一目で科学、技術、または職業について理解できるような絵を描き大判の銅版画で刷ったらいいと思っていました。わたしは実際にそうした絵を見たことがありますし、自分でも何枚かそのような版画を持っております。わたしはすべての要塞を描いた1枚の絵、及び航海術の用語を駆使した説明文付きの船やガレー船が描かれた絵を持っております。わたしは1枚の絵から応用幾何学のすべてを理解しました。友人の一人はわたしの要望に応えて、歩兵について同様の絵を描いてくれました。わたしは古代ローマの主要な特徴を押さえた1枚の絵を見たことがあります。道徳と政治は、優れた指導者が選んだ絵か銅版画かに描かれたエンブレームによって明白になります。若い皇子は素描術に興味を持ち、自身でも少し素描ができることが望ましい。実際的な軍事においてこれほど有益なものはなく、それは文民の建築学に相当するのです。ちなみにこの学問も1枚の絵に圧縮して表現すれば大変有益です。同様なことがほかの科学、技術、職業についても言え、それは若い皇子に最大の恩恵と楽しみを与えることでしょう。これは単に創造力の乏しい専門用語ではなく、説明の伴ったさまざまなものの知識をもたらし、自然と人工のすべてを表現することでしょう」(S. 551, Z. 18-S. 552, Z. 11)。

「しかしこれらの絵画や版画以外にも、若い皇子に物そのものを見せるか、少なくともその一例を示すために、人工と自然の物がつまった収蔵棚をうまく利用できたらよろしい。それはいわば、自然と人工の劇場のようなものです。わたしたちは、正確に人体という機械や、目などの人体のいくつかの部分を表す解剖のモデルを作ったことがあります。わたしは、木片による可変要塞の見本、そしてたくさんの小型のままごと遊びの銀器も眼にしております。あらゆ

る類の作業者が道具を使いながら自然な姿勢で働いているアトリエの一室を有料で訪問したこともあります。石やほかの記念碑に描かれたメダルや版画をオリジナルかコピーで見たこともありますが、そこから古代、近代の歴史について学んだことは大きいのです。そして数学の基礎は大変重要で、特に君主の仕事の本筋である軍事科学にとっては欠かすことができないので、そのためにこそ大型や小型の模型、機械、道具などはとくに有益となるのです。幾何学を学ぶためのカードが発明されましたが、これらを1枚1枚個別にもしくはほかのカードと組み合わせれば、(実証できるある種の実験を通して) もっとも確かで重要な真実に対する具体的な理由づけを得るためにおおいに役立つことでしょう。定規、コンパス、パントグラフ (訳注：トランスポーター。同じ絵を別のところにコピーするための小さな機械)、円、球体、四角形やほかの道具は実際的幾何学において操作を行う上で有用なだけでなく、天文学の本質を理解する上でも有用であることが知られています。またほかの学問分野でも、わたしたちの疑問に答えつつ，同時に道筋を見せながら問題に対する解決法も示してくれる機械。理性によって物事を学ぶということほど重要なことはなく、そうやって覚えたことは忘れないものです。そしてこれらの理性が手に取って確かめられたり視覚に由来するものであれば、学びの満足感はさらに強まるでしょう。

　ここまでのところ、理性は想像力の助けによって発達することを説明しました」(S. 552, Z. 15-S. 553, Z. 13)。

　「また**自然と人工の劇場**によって本来の物理学の基礎が築かれました。ここでは若い皇子に事象およびその表象を御覧に入れます。しかしこれらの基礎の上に立つ、より高尚な物理学の全容は、経済、戦争、医学にまつわる学問の秘儀を実践する点にあります。それは決して枯渇することなく、君主の全生涯を通じて、ほかの誠実で有用な気晴らしとともに、有益な娯楽の時間を提供するでしょう」(S. 554, Z. 24-S. 555, Z. 3)。

25 　　1688年後半
　　　ヨーハン・ダニエル・クラフト連名による皇帝レオポルト1世宛書簡
　　　(AA, III, 4, Nr. 204, S. 375-396)

「陛下御膝元の鉱山のある諸領地にて設けられましたる部署に、あらゆる有益なる問題提起、教習、答申を届け出られるよう配慮なされるのであれば、

そこで得られる報告情報、送られてくる鉱物サンプル、およびその概略と模型によって、たんに宝物庫にとどまらず、真に完璧な帝室鉱物キャビネット、及び、クンストカマーが一つに統合されるでありましょう。それらにおいては鉱山や金属マニファクチャ、ハンマー、製粉機、塩釜、マッシャー、洗浄機械などなど有用、あるいは将来有用の見込みあって導入すべき様々な素晴らしい工学的、発明が収蔵されるのです。」(S. 391, Z. 7-16)。

26　　1688 年 8/9 月
　　　皇帝レオポルト 1 世への御進講メモ
　　　(AA, IV, 4, Nr. 6, S. 15-40)（以下ラテン語）

「ここから事典（Encyclopaedia Realis）が理解されるでしょうし、格別に普遍アトラス仕立てのために多数の図版と正確な事物記述を備えることになるでしょう。けれどもその際普遍・小アトラスも――人々がよく心得てこの上なく実際的に使用せねばならない核心部分が――何らかの図像、図表および主要原則において理解されることになるでしょう。

かくなる普遍・小アトラスは必要な図像と小さな人事概念を満載し、大事業の完了の前にも起草できます。若き諸君、かくも高貴なる方々をこの上ない大きな楽しみと満足をもっていわば遊びながらあらゆる科学の根本に至らしめるなら、それは適切なことでありましょう。そしてまた誰しもに科学を容易ならしめるでありましょう。人民があまりに知りすぎるのではないか、だから科学を秘伝とすべきだ、などという心配は御無用。

万民のために実験所、天文台、異国物・自然と人工の稀少物収蔵庫、多様且見事な発明と機械の模型、あるいはその現物が必要なのであります」(S. 25, Z. 1-16)。

27　　1688 年 8/9 月
　　　皇帝レオポルト 1 世への御進講要約
　　　(AA, IV, 4, Nr. 7, S. 40-49)

「作成されねばならないのは汎用百学連環、普遍・大アトラス、普遍・小アトラス、人間生活にとって有益で必要な概念を図解した大判の図版を収録したハンドブック、基本的には大型本を使用。小さい方から始めるのがよろしいか

と」(S. 44, Z. 18-20)。

28　　1688年後半
　　　皇帝レオポルト1世への御進講のための詳細メモ
　　　(AA, IV, 4, Nr. 8, S. 50-78)

「普遍アトラス、地理学・大アトラスを格別有益なるプロジェクトとして計画申し上げました。その際に、いくつかの大図書館において、また個人の蔵書において数百巻におよぶ整理された銅版画を見聞する機会に恵まれました。そこから核心を選り抜いて、すべての自然、人工、稀少物の博物誌を図版にて提示するに値するもの、それらをしかるべく説明文で明らかにすることも可能でありましょう。さらには普遍・小アトラスを完成することもできましょう。必要にして有用の図版と解説がそこには添えられましょう。それは正当なる主要百科全書であり、これまでのかくなる類書になにより先んじたものとなりましょう」(S. 64, Z. 1-9)。

29　　1688年9月後半
　　　皇帝レオポルト1世への御進講のための簡略版
　　　(AA, IV, 4, Nr. 9, S. 78-90)

「特別に鉱物と金属が主要収蔵物であり、大方、食糧問題の基礎資料であり、そのためには自然と人工を探究し、実験所、自然と人工の稀少物のキャビネット、機械のモデル、そして芸術家たちを所有し使役するすばらしい機会となるのです」(S. 86, Z. 15-19)。

30　　1689年5月から秋にかけて
　　　テオドール・アトレト・ハインリヒ・フォン・シュトラットマン のための普遍図書館案
　　　(AA, I, 5, Nr. 247, S. 428-462)（以下ラテン語）

「自然と人工の稀少博物館、たとえばカルチェオラリ、ヴォルミ、モスカルディ、オレアリウス、セオタリの博物館のような」(S. 445, Z. 8f.)。

31　　1690, 12. 3.
　　　アントニオ・マリアベキの書簡
　　　（AA, I, 5, Nr. 312, S. 546f.）（以下イタリア語）
「わが些細なるムセオ（博物館）の有益なること、町にとっても同様、むしろ心地よい会話のできる点、皇帝陛下にとっても大いなる利益であると、わたしの見ましたところ、評判をとっております」（S. 546, Z. 13-15）。

32　　1696 年 8 月 22 日
　　　日記メモ
　　　(Leibniz, 1843-1847, Bd. 4, S. 183-224)
ガブリエル・ミシェル・ド・ロシュメユによりルイ 14 世に献呈されたる皇帝・諸王・諸侯・諸卿の肖像本に関する注釈。
「ヴォルフェンビュッテル図書館にあるこのような作品は、わが普遍アトラスに有益だろう」（S. 203f.）。

33　　1697 年 1 月
　　　ルドルフ・アウグストおよびアントン・ウルリヒ両大公への書簡
　　　（AA, I, 13, Nr. 86, S. 136-139；Scheel, 1973, S. 197-199）
ヴォルフェンビュッテル図書館のための収入印紙発行の提案（印紙税導入は）「緊急の備えとなるだけでなく、諸書籍をまとめ、きちんと製本するための基金となるものです。クンストカマーに種々の稀少種や自然と人工の秘密を増やすこともでき、前代未聞の物品目録やその他適切に有用な文学作品によって陛下の大いなる名声を高め、それには印刷物と銅版画を添えるなど可能です。そのすべては見栄えがいいというよりは有用なものでありましょう」（S. 138, Z. 11-17）。

34　　1697
　　　フランソワ・ルフォールへの建白書
　　　（Guerrier, 1873, Nr. 13, S. 14-19）（以下仏文）
ロシア科学芸術院設立計画：「このように図書館、本屋と印刷屋、自然と人工の珍奇なものを陳列した分類棚、薬用植物園とメナージュリ、動物、あらゆ

る種類の材料を売る店、あらゆる種類の仕事を見せるアトリエが必要である。自然と人工のあらゆる珍奇なものの見本を集めて、少量ずつ分類棚に入れる。自然のものについては、とくに石、金属、鉱物、生きた植物や模造の植物、乾燥保存もしくは防腐保存された動物、骸骨、本物を入手できない場合には絵やそのほかのイミテーションを集める。

　人工の稀少品とは、あらゆる種類のすばらしい発見を描いた絵、見本、試用品、数学の道具、パイプ、鑑、ガラス、時計、絵、像やそのほかの彫刻、メダルや古代遺物などだが、一言で言えば、学ばせて楽しませるものならなんでもいい。分類棚に入れる小型のもののほか、実物大のものも必要で、あらゆる種類の植物、花、ハーブ、木を育てるための庭を作る必要があるが、冬の間には温室やこれらの植物を保存するための別の方法も考えなければならない。またあらゆる種類の獣、鳥、魚などを飼うための動物小屋や養殖池、池や鳥小屋も必要だ。そして国中に独特な植物や動物を広めていこう。店には、きれいに並べられ配慮の行き届いた様々な薬や鉱物を置こう。そして最後に、実際に使うことのできるあらゆる種類の機械や発明物を配置するための実物大の天文台、水車、店、事務所やアトリエも必要だろう」(S. 17f.)。

35　　1697年9月17 (27) 日
　　　ヨーハン・アンドレアス・シュミットによるライプニッツ宛書簡
　　　(AA, I, 14, Nr. 301, S. 507f.)

「私は自然と人工の劇場の公共的設営のことをしばしば考えました。もちろん莫大な経費は不要です。ただ鉱山や山岳や泉や湖水や他の洞窟から監督官たちに興味深い物（注目すべき物）を送るようにと要請さえすればいいのです。現にリューネブルクとブラウンシュヴァイクの地だけでも、大規模な劇場を埋めるのに充分でしょう」(S. 508, Z. 15-20)。

36　　1700年3月12日
　　　宮廷説教師ヤブロンスキ宛書簡
　　　(Brather, 1993, S. 43-45)

「ここに挙げるべきは、天文学、工学、建築学、化学、植物学、解剖学のための施設、すなわち天文台と並んで、あらゆる種類の器械を備えた実験所。

自然科学者のために必要なその他器具については言うに及ばないだろう。宮廷には大いなる才能に恵まれた自然科学者を欠かすわけにはいかないのだから」(S. 44)。

37　　1700年3月16日、17日
　　　ヤブロンスキとクーノによる建白書Ⅰ
　　　(Brather, 1993, S. 50-59)

　「実験道具はすぐにも揃いましょう。(……)絶対外せないのはクンストカマーに12シューの導管をもうひと揃え、さらに小さめのものをいくつか。ここにはもう一つ別のさほど大きくはないが有用な数学器械も装備され、かくすれば観測所とアカデミアでも有益でしょう。(……)機巧・クンストカマーからは複数の携帯型天球儀を挙げておきます」(S. 54)。

38　　1700年3月16日、17日
　　　ヤブロンスキとクーノによる建白書Ⅱ
　　　(Brather, 1993, S. 59-64)

　「2. 器械の類は以下のごとくに整えられるといい。図書室にはなにがしかの球儀、およびゲーリッケの真空器械。機巧室にはいくたりかの時計。観測機器。ボイラー室とクンストカマーには導管(‥‥)」(S. 62)。

39　　1700年3月26日
　　　選帝侯フリードリヒ3世宛て建白書Ⅱ
　　　(Brather, 1993, S. 75-80)

　「これら諸科学のすべてに有用なものは、図書館、図版館(あるいは銅版画・投影図・図像・絵画の蒐集室)、クンストカマーに稀少物蒐集室、武具甲冑館、多様な庭園、動物養殖場、自然と人工による大いなるわざ、これらすべてが選帝侯陛下の自然と人工の劇場に不可欠のもの」(S. 77)。

40　　1700年7月11日
　　　『一般教書』
　　　(Brather, 1993, S. 94-105)

選帝侯の曰く、協会（ゾツィエテート）を恒久的に設置し、格別に様々な設備を整えてきたし、整えようと望んでもいる、たとえば「観測所、実験所、図書室、器械室、博物室、稀少物蒐集室、あるいは自然と人工の劇場、その他地上と地下に設営される貯蔵庫、植物などあるいはそれに役立つ自然と人工の機関、自然と人工のなせるわざの3領域を探究し、さなくとも実用研究の新しくより大きな増進につながるであろうあらゆるもの（……）。そしてまた次ぎのごとく指令したいと思う。国の内外にてわれらに仕え、われらに従う者たちが自発的に、あるいは要望に答えて、情報をもたらし、それには記述・略図・模型をも添えて、できればその物をそのまま送らせ、できうるかぎり己自身、あるいは他者によって具体的なものにしておくべし」(97)。

「われらが科学協会に関するこうした一般教書に次いで、われわれは折を見てなかんずく図書室、クンストカマーに機巧室、その他の施設のための特別指令、認可、恩赦、公告を発令させ、人々に必要な書物を供し、かかるが故に書籍の適正な目録を用意し、機巧、あるいは導管、器械などなども協会に常備されるものなれば、協会に目録を保全させよう。

稀少種で異国の動物、植物、ナトゥラリア、またさらに模型、発明、起重機、武器、水車、風車、その他の手わざのもののためにも、われらが動物園、庭園、制作場、建築、冶金場、製鉄場、ガラス吹場、手作業所、工作場など、名称はどうあれ、このたぐいの一画にて、物そのものだけでなく、その内容を記したもの、それに関わる人物などの情報を付すようにせよ」(S. 104)。

41　　1701年4月17日
　　　次なる文書の概要と注釈：『実用科学の基礎的案内。とりわけ数学と物理学のための。最高の学者たちによる論述』
　　　(Leibnitz, 1899, S. 511-515)

4月17日付けチルンハウス宛書簡の添付。青年教育のための有益なる出版物リストと注釈。「機械総覧（テアトロ・メカニコ）などにあるベックラーの粉碾き器械などあらゆる器械。若者に機械製図を教えねばならない。説明文なしに図版からその機械の働きを理解し、その機構を見て取ること。こうして様々な芸術家・職人のもとで繰り返しを省くことができる。このために願わくは、ヴァイゲルの主要部コピーが役に立ち、重責を担う面々が適正なるナトゥ

ラリア蒐集室を設置されんことを」(S. 515)。

42　　1702年夏
　　　王フリードリヒ1世のための覚書
　　　(Brather, 1993, S. 143-152)

「科学協会のかく善良にして多様なる目的、すなわち神を讃え、王を誉め、皇太子に役立て、一般に奨励することについて議論することは必要。すなわち実物の提示、自然と人工の劇場の創設、実用技術や養育を統合改良する研究、それに含まれる新しい重要な発見。というのはそうしたすべてを適正に論じ合えば、そこから名誉と実利とを手にし、毎年必要十分なる基金が見込まれるゆえ」(S. 151f.)。

43　　1704年2月2日
　　　『箇条書き見本。モスクワが科学奨励を可能とするための』
　　　(Schirren, 1884, S. 439-443)

「強大なるその帝国領土にてツァーリが西欧自然科学と諸学を興そうとお考えになり、最終的に諸々に良き決まりを策定せんとなれば、陛下におかれては何より推奨に値することは、図書室、クンストカマーなど造営し、西欧にてしきりに見られるこれら素晴らしき実用の発明品を蒐集し、その他の有用なる設備を整えること。この方面にてもモスクワがいやさかに繁栄されんことを」(箇条書き1、S. 439)。

44　　1704年8月4日以前
　　　ザクセン科学協会設立計画
　　　(Leibnitz, 1875, Bd. 7, S. 218-229)

ライプニッツの秘書ヨーハン・ゲオルク・エックハルトの、8月4日ドレスデン行のための必要書類。協会設立に必要なものとして：

「蒐集の場、および観測所、実験所、図書館、自然と人工の劇場、実用器具、あらゆる器械と備品に益する諸事案」(S. 219f.)。

45　　1704年8月4日以前
　　　『辞令』
　　　(Leibnitz, 1875, Bd. 7, S. 234-236)

科学協会会長及び図書館とクンストカマーの「館長」を拝命するためのライプニッツによる原簿草稿：

「われわれは王宮の図書館とクンストカマーの館長職をこの者が衷心より拝命するを好感を持って迎えるものであり、彼の助言と監督を受け入れるよう望むものである」(S. 235)。

46　　1704年8月4日以後
　　　ヨーハン・ゲオルク・エックハルトによる『旅行ジャーナル』
　　　(Bodemann, 1883, S. 190-200)

「選帝侯アーカイヴ、図書室、クンストカマーであれ、選帝侯城館、庭園、執務室、分農場やそれに付属する類のものであれ、諸々あることなれば、保管保全を仕事となす者たちも可能な限りの報告とコミュニケーションをもって協会に尽くさねばならないでしょう」(S. 191)。

47　　1704年12月
　　　ザクセン科学協会設立覚書
　　　(Leibniz, 1768 [1989], Bd. V, S. 175-179)

あらゆる国家奨励のモデルである皇太子教育において、「発明者列伝」講読にしくはなし：

「なぜなら手仕事による、もしくは機械仕掛けの、科学や技術の図鑑を与え、自然と人工の劇場を立ち上げることが肝要。この図鑑に掲載するものは、図か略図で表象しうる、知る価値のあるものならすべて。すでに見本にあるごとく、しばしば科学全体を1枚か2枚の絵に収めてしまうことができる。すでに銅版画で刷られた多くの絵とまだ刷られていない絵を追加して作る厳選された絵のコレクションは世界地図の様相を帯び、学問をより豊かで快適なものにするためにこの上ない宝庫となるだろう。そして自然と人工の劇場の中に自然に存在する事物またはその見本を入れていけば、その効果は絶大なものとなるだろう。その中で多くの明快な考えを紹介すれば、想像力を膨らませるきっかけ

となる」。(S. 176)

　「このやり方によって、わたしたちはじきに自然の本質的な知識についての計り知れない宝を得ることとなるだろう。鉱物、庭、狩猟、そして珍奇品を並べた分類棚は、もしそれに関連した様々な職業に携わる監督官、役人、またはそのほかの人々の手助けを義務付ければ、王や国のために役立つものとなり、鉱物学、植物学、動物学の三つの分野の研究材料を提供することとなろう」。(S. 177)

48　　1704年12月
　　　ザクセン科学協会設立プラン
　　　(Leibnitz, 1875, Bd. 7, S. 243-248)

　「この国は鉱山等ナトゥラリアに恵まれ、国民は俊敏にして、クンストカマー、メナージュリ、薬草園等々は言うに及ばず、学問技芸も咲きほこる、いやなにより国王陛下おん自ら光をかざし、学問技芸に肩入れなされたのであれば、大いなる始まりの礎石は置かれたも同然。その余の必要事はすでに軽減されたも同然」。(S. 247f.)

49　　1708年12月
　　　皇帝ピョートル1世宛答申書
　　　(Guerrier, 1873, Nr. 73, S. 95-99)

　ロシアにおける科学諸芸導入計画書。著名書物を収蔵させる図書館についで設立さるべき自然と人工の劇場にはまた実験所と観測所も含まれる：

　「とりわけ蒐集すべきは、銅版画、その他の図、これには人間がいろいろ着想を得るための自然物や人工物の様態が示され、アイデアが視覚化され、いわば図像となるのです。

　自然と人工の劇場とそれに付属する器械、キャビネット、クンストカマーに武具室、古代遺物ギャラリー、彫像、絵画、動物園（あるいは動物の飼育場）、植物園（あるいは植物の栽培場）、模型制作場や工作場、武器庫、弾薬庫、資材庫、そういった一般使用にとどまらず諸技芸・科学の発展のためにも設けらるべき施設については贅言を尽くすべきで、これらにおいては書物やスケッチがただ間接的に示すものを自然のままに、いや現物として提示されるからであ

ります。けれどもかようのものは独自の処置を要するもので、そもそもよくよく銘記しておかねばならないのは、ここでは何ものもいかに実験してもしきれず、何ものも忽せにしておいていいということはないのです。

実験所も必要でしょう。そこでは優良な化学者と火炎術者があらゆるものを使って火を起こし、また消滅させる術を会得するのです」(S. 97)。

50　　1709 年 9 月 2 日
　　　ヨーハン・クリストフ・ウルビヒ宛書簡
　　　(Guerrier, 1873, Nr. 89, S. 120-121)

ツァーリに手渡された提案書の簡潔なる所見：「書物、書類―自然と人工の劇場に加え、事物の模型・再現、無数の麗しき発明の記述」(S. 121)。

51　　1710 年 6 月 3 日
　　　科学協会の規約
　　　(Brather, 1993, S. 202-208)

「協会の基本は、これまで協会になくてはならない事務職の俸給のほかにはもっぱら以下のことに捧げられるべきである。すなわち年間利潤によって、目的に適った本来のしかるべき図書館、また必要な数学器具、各王国からのめずらしいナトゥラリアの豊富な備蓄、新たな機械とその模型その他の貴重機械の人工の発明、つまり自然と人工の宝庫を集合すること。これに続いて、自然の秘密を物理学、化学、解剖学の実験によって多くを探究し、自然の隠匿された特質をより徹底的に解明すること。

こうしてかくなる蓄積が次第に達成されていくさまを見ることが可能となる」(S. 206)。

52　　1710 年 12 月 24 日
　　　王フリードリヒ 1 世宛覚書
　　　(Brather, 1993, S. 213-215)

「来る新しい法令に関して考慮さるべきこと。いかにせば人民を励まし、また協会の基金を増大させられるのか。あれやこれやによって意思を、さらに能力を保ち、それは例えば書籍、器具、模型、自然と人工のコレクション、通

信、実験観測所であり、これらのためにはそれ相当のものが要求されるのです」(S. 215)。

53　1711年9月1日
　　大公アントン・ウルリヒ宛書簡
　　(Guerrier, 1873, Nr. 123, S. 168-170)

　ピョートル1世、ザルツダールム行幸の折、ロシアの立体地図構想：「作品の全体はクンストカマーに保管されるべきで、国土を通常よりはるかに正確に自然もかくやとばかりリアルに凹凸を加え山を盛り上げて見せますゆえ、地位あるお歴々にも手引きとして役立つでありましょう」(S.170)。

54　1711年
　　大公アントン・ウルリヒ宛書簡
　　(Guerrier, 1873, Nr. 124, S. 170-174)

　ロシアにおける科学奨励のためにツァーリに展覧される文書のコンセプト。ライプニッツはピョートル1世から次のような注文を受けることを期待していた：「卓越せる人士、発明、書物、自然と人工のキャビネットを実現し、また技芸・科学の一般的規則の構想に従事せよ」(S. 173)。

55　1711年
　　皇帝ピョートル1世への報告書
　　(Guerrier, 1873, Nr. 125, S. 174-176)

　ロシアにおける現代科学確立のために必要なのは「印刷所、図書館、科学協会、観測所、実験所、器械、模型、クンストカマー、稀少物収蔵室、植物園、動物園」(S. 176)。

56　1711年
　　トーアガウ会談中、皇帝ピョートル1世のための報告書
　　(Guerrier, 1873, Nr. 127, S. 180-183)

　技芸・科学を発展せしめるコレギウム設立案。実現すべきは：「図書館、そしてクンストカマーを付設し、西欧と支那発の様々に有用情報を集め、経験

豊かな人材と芸術家を誘い、ツァーリの国土と国民の福利、涵養、繁栄を諸技芸と科学を介して眼前に展開し奨励すること」(S. 182)

57　　1711 年
　　　科学協会会議議定書
　　　(Archiv der Akademie der Wissenschaften, Abteilung I : IV, 6, Protokolle 1711-1717. Ennenbach, 1978, S. 15)

　備忘記「図書館、数学器具、珍奇物そして学究器械に属するものを順次作成していくこと」これはむやみに拡大されてはならないし、機会を逸してもいけない。

58　　1712 年
　　　皇帝ピョートル1世宛書簡
　　　(Guerrier, 1873, Nr. 143, S. 205-208)

　もしロシアにて科学を推進するのであれば、他の国の失敗を避けるがよろしいのでは。すなわち：
　「宮殿は、多くの年代を超えて建設され、改築され、多くの変更を加えられてきたものよりも、全く新たにもたらされる方が、うまくいくでしょう。
　この新たな大規模な建設には確かに図書館、博物室あるいは稀少物収蔵室、模型と工芸品のための工房、化学実験室と天文観測所が含まれますが、いちどきにすべてを備える必要はなく、段階的に進め、いかにすれば少ない経費で最も有用な成果を上げられるか検討がなされるべきでしょう」(S. 207f.)。

59　　1712 年 9 月初め
　　　皇帝ピョートル1世への建白書、グライフスバルトのハンス・クリスティアン・フォン・シュライニツを介して手渡される。
　　　(Guerrier, 1873, Nr. 148, S. 217-218)

　ロシアにおける科学技芸奨励のためのコンセプト。要請される「案件」に挙がるのは「建物、庭園、図書館、キャビネット、天文台、実験所など。薬草、植物、器具、模型、書籍、メダル、古代遺物、さらに自然と人工のあらゆる稀少物」(S. 218)。

60　　　1713 年 4 月（?）
　　　　ウィーン帝室科学協会案
　　　　（Klopp, 1868, Anl. XII, S. 231-236）
　「さらに学問、工業、農業、二つの種類の建築学、国の地理的説明、鉱山の仕事、また同様に貧者にできるだけ雇用機会を与え、発明家や企業家を鼓舞支援し、そして文民や軍事関連の経済もしくは機械装置に関わるすべてのものを支援するために、天文台、実験室、薬用庭園、メナージュリ、自然または人工の珍奇品を入れたキャビネット、すべての雇われ医者が提出を義務付けられた長年にわたる関係や観察にまつわる物理学と医学の歴史」（S. 234）。

61　　　1713 年 5 月
　　　　ウィーン科学協会設立案
　　　　（Klopp, 1868, Anl. XIII, S. 236-240）
　「この全体計画もまた、その主要 3 部門に、つまり物理学、数学、文学に分けられるのであれば、われわれの目指すところはこうである。この 3 部門共通で自然と人工のキャビネットと劇場、稀少物収蔵室と図書館を段階的に実用化していくこと。すなわち自然 3 領域における物理学部門には、実験所、動－植物園を、数学部門には天文台、観測器具、器械、作業場と模型を、そして文学部門には様々なモニュメント、銘辞、メダル、その他の古代遺物を、そしてアーカイヴや登録所の文書、オリエントの言語もすべて含んだ草稿を徐々に役立てていくこと」（S. 238）。
　あらゆる公共のサーヴィス、「キャビネットとクンストカマー」のサーヴィスもまた科学協会を支えるよう求められる（S. 239）。

62　　　1713 年
　　　　科学協会の目的と印紙発行によるその経済的バックアップ
　　　　（Klopp, 1868, Anl. XVI, S. 242-246）
　「提示さるべきは、卓越した書物と銅版画の数々、メダルその他の骨董を納めたキャビネット、器具、機械、模型、稀少物カマー、要するに一言で言って自然と人工の劇場、それから観測所、実験所、作業場、通常庭園、メナージュリあるいは稀少動物の飼育館」（S. 244）。

63　　　1714年3月21日
　　　　ウィーン発　大公アントン・ウルリヒ宛書簡
　　　　(Bodemann, 1888, Nr. 93, S. 238-240)

　「そうして閣下が図書館にかつて付設された十全なるクンストカマーを正しく運営したいと思し召すならば、ご自身でこの設備へ赴き、案内者たち、もしくはとりわけそのために必要十分の者におっしゃって下さい。これこれの物の由来はどこか、そのほかに顕彰すべく注目すべきことはなにかと。というのもこういう情報や付帯事情はしばしば事物の価値を増すものでありますから。閣下がこのようなクンストカマーにて見出し、どこでも喝采を持って迎えられる素晴らしい聖遺物を見るにつけ、私はそう思わないではいられないのです。
　聖グレゴールの頭部が移送の段になって、しるしが顕れた一件を私がお話申し上げており、皇后陛下アマリア様には信じがたく、おっしゃるには、ケースの中に鼠がおったのではないのか……。それに対し私はモラニ僧院長の言葉『ブラウンシュヴァイクの聖ブラジウスの教訓は不変の伝統なり』を引用し、カトリック教会にては伝統が尊重されねばならない、当議論がちょうど当てはまりましょう」(S. 239f.)。

64　　　1714年
　　　　皇太子サヴォイ公オイゲン宛書簡。ウィーン・アカデミー設立のための覚書 I.
　　　　(Leibniz, 1875, Bd. 7, S. 312-318)

　クラスの分け方「最後に、鉱物、植物、動物の3領域を包括する自然学の分野。それから自然物のキャビネット。造園学、動物学、解剖学、自然学乃至医学の毎年の博物誌とまた別の医学的観察」(317f.)。

65　　　1714年8月17日
　　　　皇太子サヴォイ公オイゲン宛書簡。ウィーン・アカデミー設立のための覚書 II.
　　　　(Klopp, 1868, Anl. XVII, S. 246-251)

　科学協会の陣容「印刷されたもの、草稿を収納する図書館、星辰の観測所。作業館、通常庭園、メナージュリ、鉱物のグロッタ、古代遺物キャビネット、稀少物ギャラリー、要するに自然と人工の劇場」(S. 248)

66   1716 年
　　　　皇帝ピョートル1世のロシア帝国における技芸科学改善のための建
　　　　白書
　　　　(Guerrier, 1873, Nr. 240, S. 348-360)

　「技芸科学改善」のための前提は、「書物、キャビネット、器具、自然と人工の劇場」(S. 349) の設備を根本としている。

　図書館に収蔵するものは「夥しい数の図版、木版画、銅版画、ちょうどフランス王立図書館のように数百巻の書籍がただ図版と版画よりなり、普通なら言葉で与えられるものがすべて眼にも与えられている例にならうのであります」(S. 349f)。

　「図書館に続いてキャビネット、そこに簡便に備えられるのは、歴史の基本であり証言となる新旧のメダル、ローマ・ギリシアの遺物、ヘブライ・中国その他の骨董、自然界の3領域からなる様々な稀少物、すなわち多種多様な鉱物、貴金属、植物、昆虫、その他の異国の動物、さらに絵画・彫刻・光学的、天文学的、建築的、軍事的、航海術的、工学的等々の発明からなるあらゆる人工物。これにはさらに建築師、技師、機械工、天文学者が必要とし、場所はとらず、キャビネットに展示できるほどの大きさの器具が含まれます」(S. 350)。

　「自然と人工の劇場はさらに大きな概念を内包します。つまり自然劇場たるグロッタ（人工洞窟）全体には種々の鉱物と貝細工を見ることができ、庭園には格別に多様な樹木、宿根草、根菜、薬草、花、果実が、最後に動物園と飼育園には、生きた四足動物、鳥、魚を見ることができ、さらに動物骨格を展示する解剖学劇場が付設されます。

　人工劇場としては、天文台、実験所、甲冑・武器庫に必要なもの、そこで備えられるべきものとしては種々に有用な発明品のかなり大規模の模型、なかんずく製粉器械、起重機、水力器械、鉱山で使用される多様な機械」(S. 351)。

　科学的に確立された知見を受け渡していくためには大中小の百科事典を役立てよう：「大百科全書のことを私は普遍図譜（Atlanta Universal）と呼びます。これには夥しい有益な図版が付けられ、フォリオ版アトラスの数巻から構成されます。かくなる書籍は前代未聞、しかし入念に組織された科学協会を通じてしかるべく完成さるべきであります。」(S. 357f.)。

II. Drole des Pensee の翻訳 (訳者注：以下は、著者ブレーデカンプが仏語草稿を独語訳し詳しい注を施したものの和訳です)

思考遊び、表象の新しい方法（あるいは「賭博宮殿」というべきか）に関して 1675 年 9 月

1675 年 9 月パリはセーヌ川上でのこと、水上歩行に有用なる器械の実験が行われたが[1]、その公開実験を見るにつけ、たとえ冗談のように見えようと実行されれば必ずや効力を持つに違いないアイデアを思いついた。

(1) Wiener, 1940, S. 234, Anm. 1.

みごとにたぐい稀な発明に興味があり、なかんずく機械類に具眼の有徳の士が、そのアイデアを公開試演にてやらせてみようと、一致合意してもらうためには如何にすればいいか。

アイデアを実現するためには、必要な出費に見合う資本を自由にできねばならないが、たとえばスルディヤック侯爵[2]、ムッシュ・バプティスト[3]、ムッシュ・ル・ブリュン[4]、あるいは ムシュ・ドゥ・ラ・フイユラード[5]やムシュ・デ・ロアネス[6]のような貴顕紳士でもよろしい、あるいはせめて、ムッシュ・フォン・メクレンブルク[7]、ムッシュ・ドゥ・マザラーニ[8]など貴人のどなたか、わずかでも出資いただけるなら、さほど難しいことではない。ただし貴人や宮廷の有力者の方々を当てにせず、その代わりに私人を頼みとして必要な費用を工面していただけるのなら、その方が望ましい。というのも一人の権勢家が成功を見込むと、手柄を独り占めする危険があるのだ。事業が好調であるなら、宮廷の後ろ盾を継続的に得ることができるだろう。

(2) Alexandre de Rieux, Marquis de Sourdeac：演劇の庇護者。彼はノルマンジーの Neufbourg 城にスペクタクル・ホールを建て、コルネイユの「La Toison dor」を上演させている。卓越した軍事および劇場の工学者だったので、舞台の仕掛けには大成功をおさめ、1671 年マザラン通りに設けられた「オペラ劇場」にその装置を設置したほどである (Michaud, Bd. 696, S. 696f.)。

(3) Jean-Baptiste Lully：ルイ 14 世の宮廷作曲家。1672 年以後オペラ座監督 (Michaud, Bd. XXV, S. 469ff.)。

(4) Charles Le Brun：ルイ 14 世の宮廷画家。1663 以降芸術アカデミー院長 (最新研究：Birkenholz, 2002)。

（5） François de Aubasson von Feuillade：大公。1675 年以来フランス元帥。パスカルの友人（Michaud, Bd.XIV, S. 67f）。
（6） おそらく Louis Gouffier：Roanez 大公。軍人、著述家（Michaud, Bd. XVII, S. 230）。
（7） Christian Ludwig：メクレンブルク・シュヴェーリン大公。1659-1688 パリに暮らす（Michaud, Bd. XXVII, S. 460）。
（8） Armand-Charles de la Porte Mazzarini：マザラン大公として知られる。

　膨大な出費をまかなってくれる篤志の方ありや、の問題はともかく、持続的に新たな発明をもたらす人々も存在しなければならないだろう。けれど船頭多いは混乱のもと、特権を得るのは二、三の者を超えないのが肝要である。その他のものは賃金の対価として、あるいは特定の条件のもとに、一定の期間に限って、つまり特定の公開実験のときだけ、あるいは自由になる一定の金額が払い戻されるときまで、出資者のお気に召す間だけ、雇用するのがよかろう。
　契約する面々は、画家、彫刻家、指物師、時計職人など、その類の職業の者としよう。それからおいおい数学者、エンジニア、建築家、手妻師、大道芸人、音楽家、詩人、出版業者、植字工、彫師その他を加えていこう。急ぐことなく。
　先ず何を見せよう。ラテルナ・マギカを最初に持ってきてはどうか。そうして飛翔、人工彗星、ありとある光学の驚異、天体と星辰の提示。流星。ゴットルフ[9]の、あるいはイエナ[10]にあるような巨大地球儀。花火、噴水、異風形状の舟、アルラウネなど稀少植物。見たことのない稀少動物。王立メナージュリ（動物園）[11]。動物を模した像。王謹製自動機械競走馬。ロッテリー。戦術の展示。舞台に設置された木製の要塞[12]とオープンな塹壕……。私がこれまでに出会った立案者たちの（……）模型に基づくすべてのもの。要塞設計者が全体の使用法については説明させよう。

（9） 1651 年から 1657 年にかけて Adam Olearlus と Andreas Bösch によって制作された、銅製の巨大地球儀、中に人が入れるほど大きく、内部はプラネタリウムの機能を持っていた。今日ではサンクト・ペテルスブルクのクンストカマーに見られる（Gottorfer Kultur, 1965, S. 115, 310f. ; Lühning, 1997 ; Karpeev, 2003, Vgl. AA, IV, 2, S. 741, Z. 83ff.）。
（10） Erhard Weigel によるイエナ地球儀の一つ。これには古代の獣帯が西欧君主と貴族の紋章学的像によって置き換えられていた（Horn, 1958 ; ders., 1976, S. 51-56）。ヴァイゲルの没年にあたる 1699 年製地球儀はカッセル州立博物館に保管されている。

(Fauser, 1973, S. 156ff.). Weigels の sphaera moralis. o. S. 43. を参照。
(11) Belaval, 1958, S. 759, Anm. 3.
(12) Fauxbourgs-St. Germain, St. Jacques, St. Marceau および St. Victor (znort) の大学防衛のための未完成な要塞。

模擬戦争。戦術家マルティネに順じた教練[13]。騎兵演習。運河上での小海戦。大規模なコンサート。珍しい楽器。「雄弁なトランペット」[14]。狩猟。ガラス玉や人工宝石。さらに芝居の上演にはいつでも物語か喜劇を混入させてもよし。自然と人工の劇場。格闘、競泳。異能の綱渡り師。サルト・モルターレ（決死の跳躍）。いかにすれば子供でも重石を1本の糸で持ち上げることができるのかの見世物。解剖学劇場。薬草園。漸次それに続いて実験所。つまり公開実験とならんで特別のもの、小型計算機など、絵画、メダル、図書館があるといいだろう。水、空気、真空の新たな実験。大仕掛けな実験としては24頭の馬を使ったゲーリッケ氏の実演器械など[15]、小さな規模としては同様彼の球体[16]も有用。ムッシュ・ダランセのあまたの器具、マグネットなど[17]。ドニ氏[18]または（……）氏がこれらを解説するといい。たとえば収斂水などのように特定の稀少物質をここに配置してもよし。輸血、温浸法の手術を実演してもよし。締めくくりに観客に「小男像」[19]を使って翌日が雨なのかどうか予報させてもよし。キルヒャー師のキャビネット[20]。かの火食い男がまだ存命であるのなら、イギリスから招聘してもよし。夜には望遠鏡にて月や星辰をまざまざと見せるもよし。水呑み芸人を連れてきてはどうか[21]。一点の狂いもなく打ち抜く機械を試演させてもよし。筋肉、神経、骨格の図、ならびに人体を表す模型。ムッシュ・スワンメルダム[22]、ゲダルティス[23]、ユンギウス[24]の昆虫たち。ミュルメコロン[25]。ガリネ[26]、ビリエ[27]両氏の標本棚。ムッシュ・テヴェノの手わざ[28]。楽しい議論とコロキウム。暗箱の実演。一つの視角から一定の見方をしないと見えてこない、あるいはまた別の視角からまったく別の見方をすると見えてくる絵画[29]。ノートルダム島のさる御仁の手になる陶器[30]。ヴェルサイユ宮殿のように運河沿いに立つ噴水。ランプの傘となった油紙に描かれたグロテスク模様。内部から光をあてながら像を動かして、傘にどう映るのかを見てみてもいい。魔法のランプには透明な紙に描かれた単純なものばかりでなく、肢体をばらばらに動かせる人形を使って、生身では決してできないような尋常ならざるグロテスクな動きをさせてみてはどうか。馬のバ

レエ。格闘技と「トルコ人の頭」遊び[31]。私がドイツで目にした類の曲芸機械。集光鏡の力。グレゴワ・ド・カリニクスの火[32]。ハルスデルファ[33]のひそみにならって、舞台上に人間が動く新しいチェス。ドイツ・スタイルのパレード。さらにはもっと別の大規模のゲームを見せて習得させる。ありとある諸国の興味深い芝居をすべて上演してはどうか。各家庭でそれを再演してみることもできる。家の中ではボーリングなどその他のゲームをすることもできるし、有益な別のゲームを考案できるかもしれない。最終的には青年のためのスポーツ・アカデミーや学校を設け、コレージュ・ド・カトル・ナーション[34]にこれを付設してもいい。各国のさまざまな特徴を刻んだ演劇。インドの、トルコの、ペルシアの……演劇。様々な職種についての演劇。一つひとつの職種について一つずつの演劇。熟練、悪行、冗談、傑作、なかんずくおかしな規則や特性を描く演劇。スカラムーシュのようなイタリアの喜劇人の代わりに、様々な茶番を仕掛けるフランスのクラウンを連れてくることも可能。空飛ぶ火龍（凧）等は油を引いて彩色された紙から作るがいい[35]。全風向対応風車、向かい風でも旋回できる舟、オランダ製、というよりはむしろ中国製の風力車。魔法宮殿。魔法の島[37]。劇場、暗がりに油紙製の像を置いて、中から蝋燭の光で照らす。自動演奏する楽器。グロッケンシュピールなど。ハウツの器械：互いに戦う人工的騎兵隊と歩兵隊[38]。叫喚にてグラスを砕く実験。それにはペッターを呼ぶべし[39]。ヴァイゲル氏の発明品[40]。時計の振り子運動の等速性のデモンストレーション[41]。ゲーリッケ氏の球体[42]。手品のトリック。カードのトリック。こうしたものは演劇へとグレード・アップさせ、大道芸人にやらせることもできよう。究極は、こうしたすべてにオペラも加えるといい。イタリア式やドイツ式に決められる舞台ポーズは新しいものであるだろう。幕を閉めておくのは、幕間に暗がりで見せるものがあるのだから、悪いことではなかろう。ラテルナ・マギカが生きるのが、まさにここだ。これら光を通すマリオネットによって惹き起こされる動きには、台詞または歌を添えてバックアップするがよかろう。古代ローマなどを描写するもよし。著名な人物たち。いや可能な一切をさらに付け加えておこう。

(13) Jean Martinet,：戦術と軍事組織の理論家（Michaud, Bd. XVII, S. 147）。
(14) 「雄弁なトランペット」。メガホンの前身と思しい。これについては1670年代に激しい議論があった。Samuel Morelandはこれを自分の発明と宣伝したが、アタナジウス・

キルヒャーがこれを否定した（Moreland, 1671［Wiener, 1940. S. 235. Anm. 4］；以下を参照のこと：Furetierè, 1690, III：„Trompette parlante"）。

⒂　Otto von Guericke。1645 年以来 Magdeburg 市長。1650 年に彼は真空球を 24 頭の馬で引っ張り合うという実験を行った（AA, IV, 2, S. 742, Z. 1-3；Puhle, 2002）。

⒃　ゲーリッケの硫黄の小球のことだろう。これを使って引き合う力と反発しあう力が観察可能となり、これが電気の発見につながった（Wiener, 1940, S. 236, Anm. 8）。

⒄　Joachim Dalencé。工学実験家（Beleval, 1958, S. 760, Anm. 9）。彼はゲーリッケの「天気予報する小男」を彗星観測に際して利用した。この彗星観測についてはライプニッツがロイヤル・ソサエティで報告している（znort）。

⒅　おそらく Jean-Bapliste Denis のこと。哲学者、数学者。ルイ 14 世下の哲学者、数学者、侍医、輸血の専門家（Michaud, Bd. X, S. 412f.）。もう一つの可能性を提供したのはホイヘンスの共同研究者 Denis Papin、また彼は中でも空気ポンプの実験に加わっていた（Wiener, 1940, S 236, Anm. 9）。

⒆　オットー・フォン・ゲーリッケによって考案されたバロメーター、あだ名を「天気予報する小男」といった。

⒇　Athanasius Kirchers のローマにおけるクンストカマー：キルヘリアーヌム。

(21)　水呑み芸人 Jean Royer のこと。彼は驚嘆している観衆を前に、膨大な水量を摂取し、これを様々な色に変色させつつ、別々のグラスに噴き戻してみせた（Belaval, 1958, S. 760, Anm. 13；s. o. S. 59）。

(22)　Jan Swammerdam：オランダの解剖学者にして微生物学者。顕微鏡使用の専門家（Michaud. Bd. XL, S. 477f.）。ライプニッツはどうやら 1669 年にスワンメルダムと接触があったようである。ライプニッツの顕微鏡への関心、なかんずくスワンメルダムの研究成果への関心については以下を参照：Wilson, 1997.

(23)　おそらく Jean Goedart のこと。画家にして博物学者、わけても昆虫の（Michaud, Bd. XVII. S. 46）。

(24)　Joachim Jungius：ハンブルクの博物誌家。ドイツにおける数学・博物学協会の設立者。

(25)　昆虫種；アリ地獄。

(26)　René-François Bréhan de Galinée. 研究探検家。なかでも 1669-1670 にかけてカナダの大海探検行を敢行（Dictionnaire, Bd. XV, col. 171f.）。

(27)　おそらく Gilles Filleau des Billettes のこと。万学の探究者、1690 年に王立科学アカデミーの会員に（Michaud, Bd. XIV, S. 128；Wiener, 1940, S. 236, Anm. 14, Belaval, 1958, S. 761, Anm. 16 und Wiedeburg, 1970, II, l, S. 615）。

(28)　Melchisédech Thevenot：博物学者。民族学者。言語学者。王立科学アカデミーの設立者の一人（Michaud, Bd. XLl, S. 323；Belaval, 1958, S. 761. Anm. 17）。

(29) 読解は以下による：Belaval, 1958. S. 761, Anm. 18.
(30) おそらく Louis Hesselin のこと。ノートルダムに宮殿を持つ金満家。ここに多くの光学器械を蒐集し、操作して見せた（znort）。
(31) 意味不明。
(32) ビザンチンの建築家。670 年ごろ、「ギリシアの火」という高着火性物質を発見したことになっている。
(33) ライプニッツは文学者、哲学者、自然学者にして言語学者 Georg Philipp Harsdörffer に繰り返し言及している（Westerhoff, 1999）。生身の人間を使ってチェスをすることは、ハルスデルファにある。Harsdörffer, 1653, S. 405：「ホールの床を二色の舗石で覆う。その上で生身の駒でチェスをやるのだから、8 × 8 で 64 の升目が作られねばならない。右手の白石群は女性陣、左手の黒石群は求愛者である（……）」。
(34) 1661 年 3 月 6 日マザランの遺言によって設立された Collège de quattre Nations（アカデミー・フランセーズの前身）の暗示。新たに獲得された地方の四つの、言語域から選抜された 60 人の生徒、イタリア人、ドイツ人、フレマン人、カタロニア人に開かれていたという（Wiedeburg, 1970, II, I, S. 621f.）。
(35) たぶんハルスデルファのこと：Harsdörffer, 1653, Neunter Teil, XVl. 問「いかにして火を吐く竜を空中に飛ばすことができるか」。
(36) 陸上でも走る帆船、Simon Stevin によって企画実現された（Michaud, Bd. XL, S. 238）。
(37) ルイ 14 世が皇太后を讃えて 1664 年 5 月 1 日から 3 日にかけてヴェルサイユにて催した祝宴「魔法の島」のこと。この出し物では魔法使いアルシーヌの宮殿が中心を形成し、結末では炎上崩落する（Brauneck, 1996, II, S. 182, 184）。
(38) 意味不明。
(39) Nicolaus Petter. オランダのワイン商人。グラスを音響にて割ってみせることで有名になった（znort）。
(40) Erhard Weigel、イエナ大学の数学教授。1663 年ライプニッツは彼の学生であり、彼の著作について生涯にわたって研究していた（z. B. AA, VI, 4, B, Nrn. 237, 1-7）。ライプニッツは自著 Nouveaux Essais の中で Weigel の „Inventa ingenieusement" を哲学の球体といっている。sphaera moralis（IV, 3, §20；これについては Busche, 1997. S. 73. Anm. 139 を参照のこと）。
(41) Christiaan Huygens：パリの教師。ライプニッツの話し相手。振り子の等時性の法則を発見し、時計製作に応用（Wiedeburg, 1970, II, I, S. 614f.）。
(42) 同上 S. 54.

こうした企画の実用性は人が漠然と考えているよりは大きいものだ。すなわち公共にとっても私人にとっても。公共にとっては、人々の目を開き発明へと促し、すばらしい見ものを提供し、おびただしい数の有用にして才気煥発な新機軸を知らせることになるだろう。提案すべき発明や技術的アイデアを持つ者すべてが歓迎される。ここでは生活の補助を得ながら、自分の発明を一般に告知し、それによって利益を上げるチャンスを得る。それはあらゆる発明家が照会できる一般に開かれた情報局である[43]。ここにやがて考えられるあらゆる事物の劇場が設けられる。すなわちメナージュリ（動物園）、薬草園、実験所、解剖学劇場、稀少物キャビネット。知識欲に燃えるすべての人は、ここに集うべし。ひとを集めることがこれらの施設の財政を支える手段ともなろう。アカデミー、コレギウム、ボーリング遊技場など、さらにコンサート・ホール、絵画ギャラリーを付設するといい。談話室、会議場も。むろん利益はことのほか大きなもので、見た目に手がかかっているにもかかわらずさほど費用はかからず、諸発明の大部分がそれをまかなうのである。尊敬措くあたわざる名士の方々は、これら名所を一見し話の種にしたいと望むだろう。格式あるご婦人方もここへ一度ならず同伴してもらいたいと望むだろう。事業推進の奨励を受けるだろうし、責任ある方々が、大都市や宮廷、たとえばローマ、ヴェニス、ウィーン、アムステルダムあるいはハンブルクにおいて王や共和国の特権をほしいままにできる繋ぎの人物から情報を収集できれば、大いに好都合。＜彼らが基金を自由にできるなら、それが生涯年金、あるいはその他の福祉厚生基金のような制度、あるいは新たなマニファクチャ組合のためであれ、一種の銀行を設立できるだろう＞。これはまた、採算が取れ、たえず実利あるものを生み出す科学アカデミーを多数諸方に生み出すことにも役に立つだろう。知識欲に燃えた王位後継者、重要人物たちが公共の満足や科学の奨励のために自分たちもなにがしか寄与することが可能となろう。とどのつまり、あらゆる世界は警鐘を受け、いわば覚醒される。目下は想像もできないほどかくも麗しき重大な結実を得て、この企てはやがて後世に賞賛の栄を受けることになるだろう。

(43) Das „Bureau d'adresse et de rencontre" は 1630 年に Théophraste Renaudot によって設立された（Furetière, 1690, I, „Bureau d'adresse" ; 以下を参照のこと：Michaud. Bd. XXXV, S. 408)。

このためには都市の様々な広場にいくつもの施設を建てるが肝要。そこでは

種々の事物が展示され、あるいは同一の建物内にいくつもの部屋を設けてもいい。そこでは個人が部屋を借りて宮殿備え付けの分類棚のように、稀少物を展示してもいい（ちょうどたとえば）新しいラモアニョン通りのように[44]。なにか展示したいと願い出るすべての者にアカデミーの枠内で展示を許可すればいいのである。

つまるところ一般情報局[45]の特権をもっと有効に活用すればいい。ここではうまくことを運べば、重要な部局となるだろう。

アカデミーの建物内部で展示する自由を一定の代価で保証されるなら、こちらはたいていはコストをかけずにすむだろう。そこから生じる利益は常にアカデミー側に残されれば、自己出費は不要となる。

設立に際してはコレージュ・ド・カトル・ナーション[46]に参加させ、一つにすることも可能かもしれない……。

空砲を撃つもよし。ロッテリーを付設してもいい。一種のオーカ・ゲーム[47]。たくさんの気の利いたグッズを販売してもいい。

(44) ライプニッツは一連の大商品棚がならぶ Lamoignon 通りの court neuve のことを言っている（znort）。
(45) 特許局の前身。
(46) Wiedeburg, 1970, II, 1, S. 621f.
(47) カタロニアから輸入されたくじ引き（AA, IV, 2, S. 742, Z. 12f.; Depaulis, 1995, S. 30ff; Freundlich. 1995, S. 248）。

危うく忘れるところだったが、ここには賭博宮殿[48]、あるいはもっと普通の言い方をすれば、娯楽館を設けるがいい。私自身は賭博宮殿という呼称の方がいい。その方が一般の趣味に応じているのだから。ここではカードやさいころで興じるが、「ランツクヴェーナー」[49]というカード遊びのための一室、30、40という遊び[50]のための一室、「ベルラン」[51]のための一室、さらにはオンブル[52]のための一室などがあるといい。チェス、あるいはご婦人方の部屋。フレドック[53]のところにあるような一室を設けるのもいい。ここで遊ぶ人々に賭け金代わりのチップを発行するのもいい。そうすれば、現金ではなく賭博用のチップを使うのだから、人々はずっと気軽に遊ぶことができよう。そこで食事をしたい向きは、一人頭ただの１マルク・ルイ金貨と定めればいい。これにて十分なもてなしをしよう。同時に、ベルジュラック[54]のような上品

なバーがあるとよい。そこでは珍味を提供し、賭博用チップを1枚払えば、入場できることとしよう。チップはビューローにて購入。このチップは偽造されないよう、印なり刻印を打つべきであるが、その数字は他の者には推することができないような数字、あるいは小さな印を付されているのがよい。街中にこうした施設や館[55]がいくつかあるといいだろう。あるいは部屋部屋には、主人が鏡や伝声管を使って、ひとのあれこれの言動をあまさず盗み見、盗み聞くことができるよう、仕掛けを講じるべし。これすなわち国家にとっての一大事にて、いわば政治機密の漏洩ルームのようなものにあらざるや。ムッシュ・バティスト方式は永遠に永らえるわけではないのだから[56]。さらにオペラや音楽のアカデミーを付け加えておこう。ピグミー劇場、水芸、水上戦闘、海戦等々。魔法の宮殿。

(48) この概念は賭博宮と同義である（Furetiere, 1690, I : „Academies de jeu"）。
(49) 16世紀末、ドイツ人従者（ランツクネヒト）からフランスへと移入されたカード遊び（znort）。
(50) 赤—黒ゲームの特別ヴァージョンで、30と40が勝ったり負けたりする数字だった（znort）。
(51) ルイ14世治下のもっともポピュラーなカード遊び（Freundlich, 1995. S. 248）。
(52) 40枚のカードで三人でやるゲーム。一人が他の二人に対して「私がオンブル（親）である」と宣告する（Freundlich, 1995, S. 248 ; Alte Spielverbote, 1995, Nr. 22, S. 87f.）。
(53) 意味不明。
(54) 科学を広めるシラノ・ド・ベルジュラックの戦略についてはGipper, 2002. S. 45ff. を参照のこと。
(55) 文字通り「アカデミー」のこと； s. o. S. 60.
(56) ライプニッツはJean-Baptiste Lullyが自分の監督するオペラ座を厳しく遮蔽し、どんな形の接続も排除したことを言っている。

賭博宮殿では人を謗ったり、神を冒涜したりすることは禁じられる。というのもそれは館を取り潰す口実になるからである。頭に血がのぼらずに賭けを続けることができる人物こそよき勝負師なり、という価値観が広まれば、賭博を非難する声にも対処できるだろう。それでも決まりを逸脱していく者には罰金が科せられる。むろんその理由は、不正が向けられているのが胴元やこの館ではなく、一緒にゲームしている者たちに対してだからである。というのもゲ

ムのゲームたる所以は規則の遵守なのだから。けれども稀なことだが一斉に逸脱しこの規則に縛られない者たちが現れ、通告しても聞かないときには、将来にわたって出入り禁止とせざるをえない。ここに寛大な措置の余地はない。卑俗の輩は恩情をせせら笑うだけなのだから。しかし節操をもって行動することをわきまえさせよう。覚書：ゲームするいかなるグループも公共の空間から締め出されてはならない。このことは心すべし。特定のグループが特定の部屋を要求する場合には、これは彼らに保証されよう。ただしゲームの際に呪いを口にしたり、法を傷つけるときには、特別室使用は拒否せざるをえない。

　いかさまを容認すべきかという問題。参加者がそれを望むかどうかに応じて断が下されればいい。つまりすべてのいかさまが全員一致して拒絶されるなら、いかさまを働き露見してしまった者には、胴元に罰金を払うことが科せられればいい。一致した罰則がないのであれば、いかさまは許されたものと見なされよう。しかしいかさまを断固断罪するのがいいと思うのであれば、共同体から追放される罰、あるいは膨大な罰金を必然とすればいい。このようにして大抵の場合いかさまを容認するなら、結果、みんなは千ものトリックが仕掛けられるのを覚悟することになるのだ。とはいえ、こうしたいかさまが偽造カード持ち込みを許し、仕掛けサイコロをしのばせるようなことなら、厳禁されねばならない。いかさまは追放するのがいいだろう。ゲームする者たち自身がそれを許容したり、罰金でいいと主張するのなら話は別だが。胴元がいかさま師を連れてきたり、勝負に加わったりすることもありうる。がしかし、それはまた自分の評判を損ないかねないだろう。

　一種のロッテリーはその経営主に甚大なる（計算可能な）利益をあげるだろう。

　やがてこの館は宮殿（パラスト）となり、それは自身が、あるいは周りが、あるいは店にまじって、ありとある考えられる限りの物を供えるだろう。

　賭博は有益で公共の事業を始めるために掲げるこの世で最高に麗しい口実である。人間を罠にかけよ、人間の弱点に乗じるのだ、人間を救済するために人間を欺くのだ。人間を知恵へと導きたいのなら人間の狂疾を利用するにしくはない。これぞまさしく、甘味剤に益なるを混ぜ、毒から薬を産む謂いである[57]。

(57)　「miscere utile dulci（甘口に益なるを混ぜよ）」はホラツィウスの「雄弁術」に由来する（343；1984, S. 26/27）。

賭博のためにいくつか仮装の支度部屋を設けるといい。

賭け金の利回りはきわめて良好である。前金にて支払われるものなれば（……）。

最後に登録局を付設するといい。ポスター目録、その他無数の有益なものなどの目録。

付属施設としてマレエのマリオネット劇場、別名ピグミー劇場[58]。これに影絵も加えてはどうか。もしくは階段状劇場を。観客側のエンドには光と小さな木製フィギュアを据える。これらは背後に光源を置いて、光を透過する紙上に影を落とすようにする。こうやれば紙上の影は大きく映すことができ強い印象を与えるだろう。しかし影像が全て一つの平面に並んでしまわないよう、遠近法によって影の大きさを演出するとよいだろう。フィギュアは縁から中央へと移動させるなら、まるで後ろから手前へとやって来るかのような印象を起こすだろう。フィギュアは光からの距離を減ずるほどに、どんどん大きくなるだろう。このことは簡単にやってみることができるはずだ。眼も覚めるようなメタモルフォーズや、決死の跳躍、飛翔。魔女キルケーが舞台を地獄に変えるところも。そうして一撃ですべてが暗転。それには同じスクリーンが再度役に立つだろう。小さな可動式木製フィギュアの近くの明かり以外すべてを消してしまうことによって。この残しておいた明かりは魔法のランプの助けで、賞賛すべく美しい可動式のフィギュアの姿を、同じ遠近法に従ったフィギュアの姿を、スクリーンに映し出すことだろう。こうしたすべてが舞台裏の一つの歌を伴って進行するのだ。小さなフィギュアは下方から、あるいは自分の足元から操作され、これらを動かすものが何であれ、観客には見えないようにやることが肝要。歌と音楽はすべての進行に伴うように」[59]。

(58) Marai のマリオネット劇場はまたテアトル・ド・ピュグメーとしても有名。そこで最初に上演されたのが「ピグミーたち」というタイトルだったため。(AA, IV, 2, S. 742, Z. 16f.)；ライプニッツはしかし両者を別物としている。

(59) AA, IV, 1, Nr. 49, S. 562-568；Al, 7.

〔原注〕

ドイツ語への既訳（Leibnitz, 1994, S. 122-126）については、採ったのはほんの数箇所であるが、大いに参考にさせていただいた。Hélène Doucet, Carin Grabowski, Rebekka Maiwald, Ergül Waidman の助言と協力に感謝します。

参考文献と文献略記号

AA = Gottfried Wilhelm Leibniz, Sämtliche Schriften und Briefe (Hg. von der Preußischen, später Deutschen Akademie der Wissenschaften zu Berlin), Berlin 1923ff.
Achermann, Eric (1997), Worte und Werte. Geld und Sprache bei Gottfried Leibniz, Johann Georg Hamann und Adam Müller, Tübingen
Adams, Colin C. (1994), The Knot Book. An Elementary Introduction to the Mathematical Theory of Knots, New York
Age of the Marvellous, The (1991), (Hg.: Joy Kenseth), Austellungskatalog, Hanover / New Hampshire
Agricola, Georg (1977), Vom Berg- und Hüttenwesen (Übers.: Carl Schiffner), München
AI = Anhang I
Aiton, Eric J. (1991), Leibniz. Eine Biographie, Frankfurt am Main
Alberti, Leon Battista (1877), Kleinere kunsttheoretische Schriften (Hg.: H. Janitschek), Wien
Alberti, Leon Battista (2000), De Statua De Pictura Elementa Picturae (Hg. u. Übers.: Oskar Bätschmann u. Christoph Schäublin), Darmstadt
Albus, Vanessa (2001), Weltbild und Metapher. Untersuchungen zur Philosophie im 18. Jahrhundert, Würzburg
Aldrovandi, Ulisse (1648), Musaeum Metallicum, Bologna
Alewyn, Richard (1989), Das große Welttheater, München
Alsted, Johann Heinrich (1630), Encyclopedia septem tomis distincta, Herborn
Alte Spielverbote – Verbotene Spiele (1995), Ausstellungskatalog, Wien
Altmann, Jan (1998), Die Bildtafeln von Sébastian Leclerc in Claude Perraults „Histoire naturelle des animaux". Eine Untersuchung zur zoologischen Buchillustration des späten 17. Jahrhunderts, Magisterarbeit, Humboldt-Universität zu Berlin
Andreae, Johann Valentin (1975), Christianopolis (Hg. u. Übers.: Wolfgang Biesterfeld), Stuttgart
Antizipation in Kunst und Wissenschaft. Ein interdisziplinäres Erkenntnisproblem und seine Begründung bei Leibniz (Hg.: Friedrich Gaede und Constanze Peres) (1997), Tübingen und Basel
Anulus, Barptolemaeus (1565), Picta Poesis. Vt Pictvra Peisis erit, Lyon
Archenholz, Johann Wilhelm (1791), Gemälde der preußischen Armee vor und in dem Siebenjährigen Kriege, Leipzig und Wien
Architekturmodelle der Renaissance. Die Harmonie des Bauens von Alberti bis Michelangelo (1995), (Hg.: Bernd Evers), Ausstellungskatalog Berlin, München und New York
Arciszewska, Barbara (2004), Johann Bernhard Fischer von Erlach and the Wolfenbüttel Library –

the Hanoverian Connection, in: Barock als Aufgabe. Johann Bernhard Fischer von Erlach, der Norden und die zeitgenössische Kunst (Hg.: Andreas Kreul), Wolfenbüttel [im Druck]
Ariew, Roger (1998), Leibniz on the Unicorn and various other Curiosities, in: Early Science and Medicine, Bd. III, Nr. 4, S. 267–288
Arnsperger, Walther (1901), Leibnizens italienische Reise in den Jahren 1689/90, in: Zeitschrift des historischen Vereins für Niedersachsen, S. 235–256
Ashworth Jr., William B. (1991), The Habsburg Circle, in: Patronage and Institutions. Science, Technology, and Medicine at the European Court 1500–1700 (Hg.: Bruce T. Moran), Rochester und Woodbridge, S. 137–167
Athanasius Kircher und seine Beziehungen zum gelehrten Europa seiner Zeit (1988), (Hg.: John Fletcher), Wiesbaden
Athanasius Kircher. Il Museo del Mondo (2001), (Hg.: Eugenio Lo Sardo), Ausstellungskatalog, Rom

Bacon, Francis (1620), Instauratio magna, London
Bacon, Francis (1862), Gesta Grayorum, in: ders., The Works (Hg.: James Spedding/Robert Leslie Ellis/Douglas Denon Heath), Bde. I–XIV, London 1857–1874, VIII, S. 332–342
Bailhache, Patrice (1992), Leibniz et la Théorie de la Musique, Paris
Balsiger, Barbara Jeanne (1971), The Kunst- und Wunderkammern: A Catalogue Raisonné of Collecting in Germany, France and England, 1565–1750, Phil. Diss. Pittsburgh, Ann Arbor
Baltrusaitis, Jurgis (1984), Imaginäre Realitäten. Fiktion und Illusion als produktive Kraft, Köln
Baltrusaitis, Jurgis (1996), Anamorphoses ou Taumarturgus opticus, Paris
Baratay, Eric und Elisabeth Hardouin-Fugier (2000), Zoo. Von der Menagerie zum Tierpark, Berlin
Bardi, Giovanni de' (1615), Discorso sopra 'l Givoco del Calcio Fiorentino. Del Puro Accademico Alterato, Florenz
Baring, D. E. (1744), Museographia Brunsvico-Lunaburgica, Lemgo
Barocke Sammellust. Die Bibliothek und Kunstkammer des Herzogs Ferdinand Albrecht zu Braunschweig Lüneburg (1636–1687) (1988), Wolfenbüttel
Barth, Hans (1956), Das Zeitalter des Barocks und die Philosophie von Leibniz, in: Die Kunstformen des Barockzeitalters (Hg.: Rudolf Stamm), München, S. 413–434
Bartsch, G. (1966), Die Weltanschauung G. W. Leibniz', in: Wissenschaft und Fortschritt, Bd. 11, S. 509–512
Bauer, Rotraud und Herbert Haupt (Hg.) (1976), Das Kunstkammerinventar Kaiser Rudolfs II., 1607–1611, in: Jahrbuch der kunsthistorischen Sammlungen in Wien, Bd. 72
Baur, Désirée und Peter Plaßmeyer (2003), Physikalische Apparate und mechanische Spielereien – Peters I. Besuche in Dresden, in der kurfürstlichen Kunstkammer und in den Werkstätten, in: Palast des Wissens. Die Kunst- und Wunderkammer Zar Peters des Großen (Hg.: Brigitte Buberl und Michael Dückershoff), Bd. 2, Beiträge, München, S. 105–115
Beauvais, Lydia (2000), Inventaire Général des Dessins École Française. Charles Le Brun 1619–1690, 2 Bde., Paris
Becher, Johann Joachim (1668), Methodvs didactica, das ist: gründlicher Beweiß/ daß die Weg und Mittel/ welche die Schulen bißhero ins gemein gebraucht/ die Jugend zu Erlernung der

Sprachen/ insonderheit der Lateinischen zuführen/ nicht gewiß/ noch sicher seyen/ sondern den Reguln und Natur der rechten Lehr und Lern-Kunst schnurstracks entgegen lauffen/ derentwegen nicht allein langweilig/ sondern auch gemeiniglich unfruchtbar und vergeblich ablauffen. Sambt Anleitung zu einem besseren, München

Becher, Johann Joachim (1674), *Appendix Practica* über seinen *Methodum Didacticam*, Frankfurt am Main, 2. Aufl. [1669]

Becher, Johann Joachim (1674), Methodvs Didactica Seu Clavis Et Praxis super novum suum organon philologicvm, Das ist: Gründlicher Beweis/ daß die Weg und Mittel/ welche die Schulen bißhero ins gemein gebraucht/ die Jugend zu Erlernung der Sprachen/ insonderheit der Lateinischen zu führen/ nicht gewiß/ noch sicher seyen/ sondern den Reguln und Natur der rechten Lehr/ und Lern-Kunst schnurstracks entgegen lauffen/ derentwegen nicht allein langweilig sondern auch gemeiniglich unfruchtbar/ und vergeblich ablauffen: Samt Anleitung zu einem besseren, Frankfurt

Becher, Johann Joachim (1683), Psychosophia oder Seelen-Weißheit / Wie nemlich ein jeder Mensch auß Betrachtung seiner Seelen selbst allein alle Wissenschafft und Weißheit gründlich und beständig erlangen könne, Frankfurt, 2. Aufl. [1678]

Becker, Christoph (1992/93), Johann Daniel Major (1634–1693): ›Sammlungstheoretiker‹? ›Doktor der Weltweisheit‹?, in: Jahrbuch des Museums für Kunst und Gewerbe, Bde. 11/12, S. 67–82

Beger, Lorenz (1696–1701), Thesaurus Brandenburgicus selectus, Bde. 1–3, Berlin

Belaval, Yvonne (1958), Une „Drole de Pensée" de Leibniz, in: Nouvelle Revue Française, Bd. 12, 2, S. 754–768

Bense, Max (1946), Ueber Leibniz. Leibniz und seine Ideologie. Der geistige Mensch und die Technik, Jena

Benz, Ernst (1947), Leibniz und Peter der Große. Der Beitrag Leibnizens zur russischen Kultur-, Religions- und Wirtschaftspolitik seiner Zeit, Berlin

Bepler, Jil (1995), Ansichten eines Staatsbegräbnisses. Funeralwerk und Diarien als Quelle zeremonieller Praxis, in: Zeremoniell als höfische Ästhetik in Spätmittelalter und Früher Neuzeit (Hg.: Jörg Jochen Berns und Thomas Rahn), Tübingen, S. 183–701

Bergmann, Joseph (1854), Leibniz in Wien, in: Sitzungsberichte der kaiserlichen Akademie der Wissenschaften, Philosophisch-historische Classe, Bd. XIII, S. 40–61

Bergmann, Joseph (1855), Leibnizens Memoriale an den Kurfürsten Johann Wilhelm von der Pfalz wegen Errichtung einer Akademie der Wissenschaften in Wien vom 2. Oktober 1704, in: Sitzungsberichte der kaiserlichen Akademie der Wissenschaften, Philosophisch-historische Classe, Bd. XVI, S. 3–22

Bergmann, Joseph (1855), Über die Historia metallica seu numismatica Austriaca und Heraeus' zehn Briefe an Leibniz, in: Sitzungsberichte der kaiserlichen Akademie der Wissenschaften, Philosophisch-historische Classe, Bd. XVI, S. 132–168

Bernheimer, Richard (1956), Theatrum Mundi, in: The Art Bulletin, Bd. XXXVIII, Nr. 4, S. 225–247

Berns, Jörg Jochen (1978), Zur Tradition der deutschen Sozietätsbewegung im 17. Jahrhundert, in: Sprachgesellschaften, Sozietäten, Dichtergruppen (Hg.: Martin Bircher und Ferdinand van Ingen), Hamburg, S. 53–73

Besson, Jacques (1578), Theatrvm Instrvmentorvm et Machinarvm, Lyon
Bettini, Mario (1642), Apiaria Universae Philosophiae Mathematicae, Bologna
Beutel, Tobias (1671), Chur-Fürstlicher Sächsischer stets grünender hoher Cedern-Wald, auf dem grünen Rautengrunde, Dresden
Beutel, Tobias (1671), Electorale Saxonium perpetuo viridans densissimum et celsissimum cedretum in fundo et solo semper viridis rutae, Dresden
Beyer, Andreas (1987), Andrea Palladio. Teatro Olimpico. Triumpharchitektur für eine humanistische Gesellschaft, Frankfurt am Main
Bickendorf, Gabriele (2000), Bilderhunger und Wissensdurst. Sébastain LeClerc und Colberts Visualisierungskampagne, Ms. Mskpt.
Bindman, David (1997), Hogarth and his Times, Ausstellungskatalog, London
Birembaut, Arthur (1967), L'exposition de modèles de machines à Paris en 1863, in: Revue d'Histoire des Sciences, Bd. 20, 1967, S. 141–158
Birkenholz, A.Thomas (2002), Die Alexander-Geschichte von Charles Le Brun, Frankfurt am Main und New York
Blaeu, Joan (1662), Geographia, quae est Cosmographiae Blauianae. Theatrum Orbis terrarum. Atlas Major, Amsterdam
Blair, Ann (1996), The Theater of Nature. Jean Bodin and Renaissance Science, Princeton/New Jersey
Böckler, Georg Andreas (1661), Theatrum Machinarum Novum, Nürnberg
Bodemann, Eduard (1883), Leibnizens Plan einer Societät der Wissenschaften in Sachsen, in: Neues Archiv für Sächsische Geschichte und Alterthumskunde, Bd. 4, S. 177–214
Bodemann, Eduard (1888), Leibnizens Briefwechsel mit dem Herzoge Anton Ulrich von Braunschweig-Wolfenbüttel, in: Zeitschrift des historischen Vereins für Niedersachsen, S. 73–244
Bodemann, Eduard (1889), Die Leibniz-Handschriften der Kgl. öffentlichen Bibliothek zu Hannover, Hannover u. Leipzig [Nachdruck Hildesheim 1966]
Bodemann, Eduard (1895), Die Leibniz-Handschriften der Kgl. öffentlichen Bibliothek zu Hannover, Hannover u. Leipzig
Bodin, Jean (1590), Universae naturae Theatrum, Lyon
Böger, Ines (1990), Der Spannheim-Kreis und seine Bedeutung für Leibniz' Akademiepläne, in: Leibniz in Berlin (Hg.: Hans Poser und Albert Heinekamp), Stuttgart, S. 202–217
Böger, Ines (1997), „Ein seculum ... da man zu Societäten Lust hat". Darstellung und Analyse der Leibnizschen Sozietätspläne vor dem Hintergrund der europäischen Akademiebewegung im 17. und frühen 18. Jahrhundert, 2 Bde., München
Bologna, Corrado (1991), Il *Theatro* segreteo di Guilio Camillo: l'*Urtext* ritrovato, in: Venezia Cinquecento, Bd. I, Nr. 2, S. 217–271
Bolzoni, Lina (1994), Das Sammeln und die ars memoriae, in: Macrocosmos in Microcosmo. Die Welt in der Stube. Zur Geschichte des Sammelns 1450 bis 1800 (Hg.: Andreas Grote), Opladen, S. 129–168
Bosio, Antonio (1650), Roma sotteranea, Rom
Bosse, Abraham (1648), Manière universelle de Mr. Desargues pour pratiquer la perspective par petit-pied, comme le Geometral, Paris
Brakensiek, Stephan (2003), Vom „Theatrum mundi" zum „Cabinet des Estampes". Das Sam-

meln von Druckgraphik in Deutschland 1565 –1821, Hildesheim, Zürich und New York
Brather, Hans-Stephan (Hg.) (1993), Leibniz und seine Akademie. Ausgewählte Quellen zur Geschichte der Berliner Sozietät der Wissenschaften 1697–1716, Berlin
Brauneck, Wolfgang (1993 und 1996), Die Welt als Bühne. Geschichte des europäischen Theaters, Bde. I und II, Stuttgart u. Weimar
Braungart, Georg und Wolfgang Braungart (1987), Mißlingende Utopie – Die Neuen Wissenschaften auf der Suche nach fürstlicher Patronage. Zu Johann Daniel Majors *See=Fahrt nach der Neuen Welt* (1670), in: Res Publica Litteraria. Die Institutionen der Gelehrsamkeit in der frühen Neuzeit (Hg.: Sebastian Neumeister), Wiesbaden, S. 367–386
Braungart, Wolfgang (1989), Die Kunst der Utopie. Vom Späthumanismus zur frühen Aufklärung, Stuttgart
Bredekamp, Horst (1981), Die Erde als Lebewesen, in: Kritische Berichte, 9/4–5, S. 5–37
Bredekamp, Horst (1993), Antikensehnsucht und Maschinenglauben. Die Geschichte der Kunstkammer und die Zukunft der Kunstgeschichte, Berlin
Bredekamp, Horst (1999), Thomas Hobbes visuelle Strategien. Der Leviathan: Das Urbild des modernen Staates. Werkillustrationen und Portraits, Berlin
Bredekamp, Horst (2000) Die endlosen Anfänge des Museums, in: 7 hügel – Bilder und Zeichen des 21. Jahrhunderts, Bd. VI: Wissen. Verarbeiten, Speichern, Weitergeben: von der Gelehrtenrepublik zur Wissensgesellschaft (Hg.: Gereon Sievernich und Hendrik Budde), Berlin, S. 041–046
Bredekamp, Horst (2000), Antikensehnsucht und Maschinenglauben. Die Geschichte der Kunstkammer und die Zukunft der Kunstgeschichte, Überarbeitete Neuausgabe, Berlin
Bredekamp, Horst (2000), Gazing Hands and Blind Spots: Galileo as Draftsman, in: Science in Context, Bd. 13, Nrn. 3–4, S. 423–462
Bredekamp, Horst (2000), Leibniz' Theater der Natur und Kunst, in: Theater der Natur und Kunst. Theatrum Naturae et Artis. Wunderkammern des Wissens, Katalogband und Essayband (Hg.: Horst Bredekamp, Jochen Brüning und Cornelia Weber), Berlin, Essayband, S. 12–19
Bredekamp, Horst (2001), Florentiner Fußball: Die Renaissance der Spiele. Calcio als Fest der Medici, Berlin
Bredekamp, Horst (2001), Galileo as Draftsman, in: Galileo in Context (Hg.: Jürgen Renn), Cambridge 2001, S. 153–192
Bredekamp, Horst (2001), Leibniz' Wiener Theater: vom Museum zum Staatsmodell, in: Eine barocke Party. Augenblicke des Welttheaters in der zeitgenössischen Kunst (Hg.: Sabine Folie und Michael Glasmeier), Ausstellungskatalog, Wien, S. 202–205
Bredekamp, Horst (2002), Die Erkenntniskraft der Linie bei Galilei, Hobbes und Hooke, in: RE-VISIONEN. Zur Aktualität von Kunstgeschichte (Hg.: Barbara Hüttel, Richard Hüttel und Jeanette Kohl), Berlin, S. 145–160
Bredekamp, Horst (2002), Leibniz' ideale Akademie, in: Ideale Akademie. Vergangene Zukunft oder konkrete Utopie (Hg.: Wilhelm Voßkamp), Berlin, S. 159–164
Bredekamp, Horst (2003), Der utopische Bilderatlas des Buchmenschen Leibniz, in: Zeitschrift für Germanistik, Neue Folge 3, S. 539–550
Bredekamp, Horst (2003), Gottfried Wilhelm Leibniz' Bildtheater des Wissens. Das *Theatre de*

la nature et de l'art, in: Bühnen des Wissens. Interferenzen zwischen Wissenschaft und Kunst (Hg.: Helmar Schramm u. a.), Berlin, S. 168–182

Bredekamp, Horst (2003), Leibniz' Idee eines „Theaters der Natur und Kunst" für Russland, in: Palast des Wissens. Die Kunst- und Wunderkammer Zar Peters des Großen (Hg.: Brigitte Buberl und Michael Dückershoff), Bd. 2, Beiträge, München, S. 116–123

Bredekamp, Horst (2003), Luftspannungen zwischen Leibniz und Guericke, in: Luft (Hg.: Kunst- und Ausstellungshalle der Bundesrepublik Deutschland GmbH), Köln, S. 67–75

Bredekamp, Horst (2003), Thomas Hobbes. Der Leviathan. Das Urbild des modernen Staates und seine Gegenbilder 1651–2001, Berlin

Bredekamp, Horst und Jochen Brüning (2002), Vom Berliner Schloss zur Humboldt-Universität – und zurück?, in: Der Schloßplatz in Berlin. Bilanz einer Debatte (Hg.: Hannes Swoboda), Berlin, S. 97–102

Breger, Herbert (1989), Maschine und Seele als Paradigma der Naturphilosophie bei Leibniz, in: Zeit und Logik bei Leibniz (Hg.: Carl Friedrich von Weizsäcker und Enno Rudolph), Stuttgart, S. 77–100

Breger, Herbert (1993), Becher, Leibniz und die Rationalität, in: Johann Joachim Becher (Hg.: Gotthardt Frühsorge und Gerhard F. Strasser), Wiesbaden, S. 69–84

Breger, Herbert (1994), Die mathematisch-physikalische Schönheit bei Leibniz, in: Revue International de Philosophie, Bd. 48, Nr. 2, S. 127–140

Brockmann, Günther (1985), Die Medaillen der Welfen. Bd. 1, Linie Wolfenbüttel, Köln

Brockmann, Günther (1987), Die Medaillen der Welfen. Bd. 2, Linie Lüneburg/Hannover, Köln

Brown, Edward (1686), Reysen durch Niederland / Teutschland / Hungarn / Serbien / Bulgarien / Macedonien / Thessalien / Oesterreich / Steirmarck / Kaernthen / Carniolen / Friiaul etc., Nürnberg

Brusati, Celeste (1995), Artifice and Illusion: The Art and Writing of Samuel van Hoogstraten, Chicago

Buchowiecki, Walther (1957), Der Barockbau der ehem. Hofbibliothek in Wien, ein Werk J. B. Fischers von Erlach, Wien

Buck, August (1981), Die Kunst der Verstellung im Zeitalter des Barocks, in: Festschrift der Wissenschaftlichen Gesellschaft an der Johann Wolfgang Goethe-Universität Frankfurt am Main, Wiesbaden, S. 85–103

Buonanni, A. (1684), Recreatio mentis et oculi ex consideratione conchiliorum, Rom

Burckhardt, Hans (1980), Logik und Semiotik in der Philosophie von Leibniz, München

Burda-Stengel, Felix (2001), Andrea Pozzo und die Videokunst. Neue Überlegungen zum barocken Illusionismus, Berlin

Busche, Hubertus (1990), Fensterlosigkeit – Leibniz' Kritik des Cartesianischen „Influxus Physicus" und sein Gedanke der energetischen Eigenkausalität, in: Leibniz' Auseinandersetzung mit Vorgängern und Zeitgenossen (Hg.: Ingeborg Marchlewitz und Albert Heinekamp, = Studia Leibnitiana, Suppl. 27), Stuttgart, S. 100–115

Busche, Hubertus (1997), Leibniz' Weg ins perspektivische Universum. Eine Harmonie im Zeitalter der Berechnung, Hamburg

Cajori, Florian (1925), Leibniz, the Master-builder of Mathematical Notations, in: Isis, Bd. VII, Nr. 3, S. 412–429
Cajori, Florian (1930), A History of Mathematical Notations, 2 Bde., Chicago
Camillo, Giulio (1991), L'idea del theatro, Palermo [Venedig 1552]
Campanella, Tommaso (1968), La Città del Sole, in: Scritti Scelti di Giordano Bruno e di Tommaso Campanella (Hg.: Luigi Firpo), Turin, S. 405–464
Campbell, Mary B. (1999), Wonder and science: imagining worlds in early modern Europe, Ithaca und London
Carducho, Vicente (1633), Dialogos de la pintura, Madrid
Cartari, Vincenzo (1963), Le Imagini delli Dei de gl'Antichi, Venedig [1647]
Cassirer, Ernst (1902), Leibniz' System in seinen wissenschaftlichen Grundlagen, Marburg
Caus, Salomon de (1615), Von Gewaltsamen bewegungen. Beschreibung etlicher, so wol nützlicher alß lustigen Machiner (…), Frankfurt am Main
Ceruto, B. und Chiocco, A. (1622), Museum Francesco Calceolari, Verona
Cohen, Claudine (1994), Le destin de mammouth, Paris
Collections de Louis XIV. Dessins, albums, manuscrits (1977/78), Ausstellungskatalog, Paris, Orangerie des Tuileries
Colutius, Philander (1611), Physica sev natvrae theatrvm in typvm totivs philosophiae naturalis, Speyer
Comenius, Johann Amos (1658), Orbis sensualium pictus. Hoc est, Omnium fundamentalium in Mundo Rerum & in Vitâ Actionum Pictura & Nomenclatura. Die Sichtbare Welt / Das ist / Aller vornemsten Welt-Dinge und Lebens-Verrichtungen Vorbildung und Benahmung, Nürnberg
Comenius, Johann Amos (1888), Schola ludus, d. i. Die Schule als Spiel (Übers.: Wilhelm Bötticher), Langensalza
Comenius, Johann Amos (1957), Opera didactica omnia (Hg.: Academia scientiarum Bohemoslovenica [1657], Prag
Corbett, Margary und Ronald Lightbown (1979), The Comely Frontispiece. The Emblematic Title-Page in England 1550–1660, London
Costabel, P. (1962), Traduction française de notes de Leibniz sur les *Coniques* de Pascal, in: Revue d'Histoire des Sciences, Bd. XV, S. 253–268
Coudert, Allison P. (1995), Leibniz and the Kabbalah, Dordrecht, Boston und London
Couturat, Louis (1901), La Logique de Leibniz, Paris
Bredekamp, Horst (2000), Leibniz' Theater der Natur und Kunst, in: Theater der Natur und Kunst. Theatrum Naturae et Artis. Wunderkammern des Wissens, Katalogband und Essayband (Hg.: Horst Bredekamp, Jochen Brüning und Cornelia Weber), Berlin, Essayband, S. 12–19
Bredekamp, Horst (2001), Florentiner Fußball: Die Renaissance der Spiele. Calcio als Fest der Medici, Berlin
Bredekamp, Horst (2001), Galileo as Draftsman, in: Galileo in Context (Hg.: Jürgen Renn), Cambridge 2001, S. 153–192
Bredekamp, Horst (2001), Leibniz' Wiener Theater: vom Museum zum Staatsmodell, in: Eine barocke Party. Augenblicke des Welttheaters in der zeitgenössischen Kunst (Hg.: Sabine

Folie und Michael Glasmeier), Ausstellungskatalog, Wien, S. 202–205
Bredekamp, Horst (2002), Die Erkenntniskraft der Linie bei Galilei, Hobbes und Hooke, in: RE-VISIONEN. Zur Aktualität von Kunstgeschichte (Hg.: Barbara Hüttel, Richard Hüttel und Jeanette Kohl), Berlin, S. 145–160
Bredekamp, Horst (2002), Leibniz' ideale Akademie, in: Ideale Akademie. Vergangene Zukunft oder konkrete Utopie (Hg.: Wilhelm Voßkamp), Berlin, S. 159–164
Bredekamp, Horst (2003), Der utopische Bilderatlas des Buchmenschen Leibniz, in: Zeitschrift für Germanistik, Neue Folge 3, S. 539–550
Bredekamp, Horst (2003), Gottfried Wilhelm Leibniz' Bildtheater des Wissens. Das *Theatre de la nature et de l'art*, in: Bühnen des Wissens. Interferenzen zwischen Wissenschaft und Kunst (Hg.: Helmar Schramm u. a.), Berlin, S. 168–182
Bredekamp, Horst (2003), Leibniz' Idee eines „Theaters der Natur und Kunst" für Russland, in: Palast des Wissens. Die Kunst- und Wunderkammer Zar Peters des Großen (Hg.: Brigitte Buberl und Michael Dückershoff), Bd. 2, Beiträge, München, S. 116–123
Bredekamp, Horst (2003), Luftspannungen zwischen Leibniz und Guericke, in: Luft (Hg.: Kunst- und Ausstellungshalle der Bundesrepublik Deutschland GmbH), Köln, S. 67–75
Bredekamp, Horst (2003), Thomas Hobbes. Der Leviathan. Das Urbild des modernen Staates und seine Gegenbilder 1651–2001, Berlin
Bredekamp, Horst und Jochen Brüning (2002), Vom Berliner Schloss zur Humboldt-Universität – und zurück?, in: Der Schloßplatz in Berlin. Bilanz einer Debatte (Hg.: Hannes Swoboda), Berlin, S. 97–102
Breger, Herbert (1989), Maschine und Seele als Paradigma der Naturphilosophie bei Leibniz, in: Zeit und Logik bei Leibniz (Hg.: Carl Friedrich von Weizsäcker und Enno Rudolph), Stuttgart, S. 77–100
Breger, Herbert (1993), Becher, Leibniz und die Rationalität, in: Johann Joachim Becher (Hg.: Gotthardt Frühsorge und Gerhard F. Strasser), Wiesbaden, S. 69–84
Breger, Herbert (1994), Die mathematisch-physikalische Schönheit bei Leibniz, in: Revue International de Philosophie, Bd. 48, Nr. 2, S. 127–140
Brockmann, Günther (1985), Die Medaillen der Welfen. Bd. 1, Linie Wolfenbüttel, Köln
Brockmann, Günther (1987), Die Medaillen der Welfen. Bd. 2, Linie Lüneburg/Hannover, Köln
Brown, Edward (1686), Reysen durch Niederland / Teutschland / Hungarn / Serbien / Bulgarien / Macedonien / Thessalien / Oesterreich / Steirmarck / Kaernthen / Carniolen / Friiaul etc., Nürnberg
Brusati, Celeste (1995), Artifice and Illusion: The Art and Writing of Samuel van Hoogstraten, Chicago
Buchowiecki, Walther (1957), Der Barockbau der ehem. Hofbibliothek in Wien, ein Werk J. B. Fischers von Erlach, Wien
Buck, August (1981), Die Kunst der Verstellung im Zeitalter des Barocks, in: Festschrift der Wissenschaftlichen Gesellschaft an der Johann Wolfgang Goethe-Universität Frankfurt am Main, Wiesbaden, S. 85–103
Buonanni, A. (1684), Recreatio mentis et oculi ex consideratione conchiliorum, Rom
Burckhardt, Hans (1980), Logik und Semiotik in der Philosophie von Leibniz, München
Burda-Stengel, Felix (2001), Andrea Pozzo und die Videokunst. Neue Überlegungen zum barok-

ken Illusionismus, Berlin
Busche, Hubertus (1990), Fensterlosigkeit – Leibniz' Kritik des Cartesianischen „Influxus Physicus" und sein Gedanke der energetischen Eigenkausalität, in: Leibniz' Auseinandersetzung mit Vorgängern und Zeitgenossen (Hg.: Ingeborg Marchlewitz und Albert Heinekamp, = Studia Leibnitiana, Suppl. 27), Stuttgart, S. 100–115
Busche, Hubertus (1997), Leibniz' Weg ins perspektivische Universum. Eine Harmonie im Zeitalter der Berechnung, Hamburg

Cajori, Florian (1925), Leibniz, the Master-builder of Mathematical Notations, in: Isis, Bd. VII, Nr. 3, S. 412–429
Cajori, Florian (1930), A History of Mathematical Notations, 2 Bde., Chicago
Camillo, Giulio (1991), L'idea del theatro, Palermo [Venedig 1552]
Campanella, Tommaso (1968), La Città del Sole, in: Scritti Scelti di Giordano Bruno e di Tommaso Campanella (Hg.: Luigi Firpo), Turin, S. 405–464
Campbell, Mary B. (1999), Wonder and science: imagining worlds in early modern Europe, Ithaca und London
Carducho, Vicente (1633), Dialogos de la pintura, Madrid
Cartari, Vincenzo (1963), Le Imagini delli Dei de gl'Antichi, Venedig [1647]
Cassirer, Ernst (1902), Leibniz' System in seinen wissenschaftlichen Grundlagen, Marburg
Caus, Salomon de (1615), Von Gewaltsamen bewegungen. Beschreibung etlicher, so wol nützlicher alß lustigen Machiner (…), Frankfurt am Main
Ceruto, B. und Chiocco, A. (1622), Museum Francesco Calceolari, Verona
Cohen, Claudine (1994), Le destin de mammouth, Paris
Collections de Louis XIV. Dessins, albums, manuscrits (1977/78), Ausstellungskatalog, Paris, Orangerie des Tuileries
Colutius, Philander (1611), Physica sev natvrae theatrvm in typvm totivs philosophiae naturalis, Speyer
Comenius, Johann Amos (1658), Orbis sensualium pictus. Hoc est, Omnium fundamentalium in Mundo Rerum & in Vitâ Actionum Pictura & Nomenclatura. Die Sichtbare Welt / Das ist / Aller vornemsten Welt-Dinge und Lebens-Verrichtungen Vorbildung und Benahmung, Nürnberg
Comenius, Johann Amos (1888), Schola ludus, d. i. Die Schule als Spiel (Übers.: Wilhelm Bötticher), Langensalza
Comenius, Johann Amos (1957), Opera didactica omnia (Hg.: Academia scientiarum Bohemoslovenica [1657], Prag
Corbett, Margary und Ronald Lightbown (1979), The Comely Frontispiece. The Emblematic Title-Page in England 1550–1660, London
Costabel, P. (1962), Traduction française de notes de Leibniz sur les *Coniques* de Pascal, in: Revue d'Histoire des Sciences, Bd. XV, S. 253–268
Coudert, Allison P. (1995), Leibniz and the Kabbalah, Dordrecht, Boston und London
Couturat, Louis (1901), La Logique de Leibniz, Paris
Cristin, Renato (2000), Monadologische Phänomenologie – Wege zu einem neuen Paradigma?, in: Phänomenologie und Leibniz (Hg.: Renato Cristin und Kiyoshi Sakai), München, S. 211–237

Cropper, Elizabeth (1980), Poussin and Leonardo: Evidence from the Zaccolini MSS, in: Art Bulletin, Bd. 62, Nr. 4, S. 570–583
Curtius, Ernst Robert (1948), Europäische Literatur und Lateinisches Mittelalter, Bern
Czech, Hans-Jörg (2002), Im Geleit der Musen. Studien zu Samuel van Hoogstratens Malereitraktat *Inleyding tot de Hooge Schoole der Schilderkonst: Anders de Zichtbare Werelt* (Rotterdam 1678), Münster, New York, München und Berlin

Da Costa Kaufmann, Thomas (1975), The Perspective of Shadows: The History of the Theory of Shadow Projection, in: Journal of the Warburg and Courtauld Institutes, Bd. 38, S. 258–287
Da Costa Kaufmann, Thomas (1978), Remarks on the Collections of Rudolf II: the *Kunstkammer* as a Form of *Representatio*, in: Art Journal, Bd. XXXVIII, S. 22–28
Da Costa Kaufmann, Thomas (1993), The Mastery of Nature. Aspects of Art, Science, and Humanism in the Renaissance, Princeton, New Jersey, S. 174–194
Da Costa Kaufmann, Thomas (1994), The Collections of the Austrian Habsburgs, in: The Cultures of Collecting (Hg.: John Elsner und Roger Cardinal), London, S. 137–154
Daston, Lorraine und Katharine Park (1998), Wonders and the Order of Nature, New York
De Marolles, Michel (1655), Tableaux du Temple des Mvses Tirez dv Cabinet de Fev Mr. Favereav, Paris
De Sepibus, Giorgio (1678), Romani Collegii Societatis Jesu Musaeum celeberrimum (…), Amsterdam
Deleuze, Gilles (1988), Le pli. Leibniz et le baroque, Paris
Deleuze, Gilles (1995), Die Falte. Leibniz und der Barock (Übers.: Ulrich Johannes Schneider), Frankfurt am Main
Depaulis, Thierry (1995), Le jeu et la loi en France sous l'Ancien Régime, in: Alte Spielverbote – Verbotene Spiele, Ausstellungskatalog, Wien, S. 27–34
Der Physiologus (1960), Übers.: Otto Seel, Zürich und München
Descartes, René (1650), Principia Philosophiae, Amsterdam
Descartes, René (1897–1910), Oeuvres, (Hg.: Ch.Adam und P.Tannery), 12 Bde., Paris
Di Bella, Stefano (1998), L'Astratto e il Concreto. Hobbes, Leibniz e la Riforma dell' Ontologia, in: Rivista di Storia della Filosofia, Nr. 2, S. 235–266
Dictionnaire de Biographie Française (Hg.: J.Balteau, M.Barroux, M.Prevost), 1932ff., Bde. 1ff., Paris
Didi-Huberman, Georges (2002), Ninfa Moderna. Essai sur le drapé tembé, Paris
Die Masken der Schönheit. Hendrick Goltzius und das Ideal der Kunst um 1600 (2002), Ausstellungskatalog, Hamburg
Die Welt im leeren Raum. Otto von Guericke 1602–1686 (2002), Ausstellungskatalog (Hg.: Matthias Puhle), Magdeburg
Dierse, Ulrich (1977), Enzyklopädie. Zur Geschichte eines philosophischen und wissenschaftstheoretischen Begriffs, Bonn
Dietze, Peter (1998), Die Kunstkammer als Abteilung des Neuen Museums – Vorstudien zu einer Rekonstruktion der Sammlungsräume und -Bestände, Magisterarbeit, Berlin: Humboldt-Universität
Diodorus of Sicily in twelve Volumes (1933), Bde. I und II (Hg.: C. H. Oldfather), Cambridge/M. und London

Dodart, Denis (1676), Mémoires pour servir à l'histoire des plantes, Paris
Döring, Detlef (1996), Der junge Leibniz und Leipzig. Ausstellung zum 350. Geburtstag von Gottfried Wilhelm Leibniz im Leipziger Rathaus, Berlin
Dreger, Moritz (1934), Zur Baugeschichte der Wiener Karlskirche, in: Wiener Jahrbuch für Kunstgeschichte, Bd. IX, 1934, S. 101–146
Dreier, Franz Adrian (1983), Die Kunstkammer im 19. Jahrhundert, in: Die Brandenburgisch-Preußische Kunstkammer. Eine Auswahl aus den alten Beständen, Ausstellungskatalog, Berlin, S. 35–44
Dubreuil, Jean (1651), La Perspective Pratiqve, 3 Bde, Paris
Dülmen, Richard van (1978), Die Utopie einer christlichen Gesellschaft: Johann Valentin Andreae (1568–1654), Stuttgart
Duro, Paul (1997), The Academy and the Limits of Painting in Seventeenth-Century France, Cambridge/UK

Eberlein, Johann Konrad (1982), Apparatio regis-revelatio veritatis. Studien zur Darstellung des Vorhanges in der bildenden Kunst von der Spätantike bis zum Ende des Mittelalters, Wiesbaden
Echeverría, Javier (1983), Recherches inconnues de Leibniz sur la géométrie perspective, in: Leibniz et la Renaissance (Hg.: Albert Heinekamp, = Studia Leibnitiana Supplementa, Bd. 23), Wiesbaden, S. 191–201
Echeverría, Javier (1994), Leibniz, Interprète de Desargues, in: Desargues en son temps (Hg.: Jean Dhombres und Joel Sakarovitch), Paris, S. 283–293
Edgerton, Samuel Y. (2002), Die Entdeckung der Perspektive, München
Eimer, Gerhard (1988), Die Barockstadt und ihr künstlerisches Erscheinungsbild. Zur Entstehung der frühesten Modellsammlungen, in: Europäische Städte im Zeitalter des Barock (Hg.: Kersten Krüger), Köln und Wien, S. 3–24
Ennenbach, Wilhelm (1978), Gottfried Wilhelm Leibniz' Beziehungen zu Museen und Sammlungen, in: Beiträge zu: Leibniz geowissenschaftliche Sammlungen, Berlin, S. 1–63
Ennenbach, Wilhelm (1981), Über eine öffentliche Einrichtung zur Vorführung, Lagerung und Erfassung technischer Objekte, in: Neue Museumskunde, Jg. 24, Heft 2, S. 103–108
Epple, Moritz (1999), Die Entstehung der Knotentheorie. Kontexte und Konstruktionen einer modernen mathematischen Theorie, Wiesbaden

Faak, Margot (1966) Leibniz als Reichshofrat, Phil. Diss., Humboldt-Universität, Berlin
Falguières, Patricia (1992), Fondation du Théâtre ou Methode de l'exposition universelle: les *inscriptiones* de Samuel Quicchelberg (1565), in: Les Cahiers du Musée National d'Art Moderne, Bd. 40, S. 91–115
Fauser, Alois (1973), Kulturgeschichte des Globus, München
Fehrenbach, Frank (2003), Calor nativus – Color vitae. Prolegomena zu einer Ästhetik des >Lebendigen Bildes< in der frühen Neuzeit, in: Visuelle Topoi. Erfindung und tradiertes Wissen in den Künsten der italienischen Renaissance (Hg.: Ulrich Pfisterer und Max Seidel), Berlin, S. 151–170
Felfe, Robert (2003), Naturgeschichte als kunstvolle Synthese. Physikotheologie und Bildpraxis

bei Johann Jakob Scheuchzer, Berlin

Felibien, André (1663), Portrait du Roy, Paris

Ferrari, Stefano (1990), Gottfried W. Leibniz e Claude Perrault, in: Leibniz' Auseinandersetzung mit Vorgängern und Zeitgenossen (Hg.: Ingrid Marchlewitz und Albert Heinkekamp, = Studia Leibnitiana Supplementa, Bd. 27), Stuttgart, S. 333–349

Fiala, Eduard (1913), Münzen und Medaillen der Welfischen Lande, Bd. 7, 2, Leipzig und Wien

Field, J. V (1997), The Invention of Infinity. Mathematics and Art in the Renaissance, Oxford, New York und Tokyo

Field, J. V. und J. J. Gray (1984), The Geometrical Work of Girard Desargues, New York usw.

Findlen, Paula (1989), The Museum: its Classical Etymology and Renaissance Genealogy, in: Journal of the History of Collections, Bd. I, S. 59–7863f., 70 mit Anm. 91

Findlen, Paula (1990), Jokes of Nature and Jokes of Knowledge: The Playfulness of Scientific Discourse in Early Modern Europe, in: Renaissance Quarterly, Bd. XLIII, Nr. 2, S. 292–331

Findlen, Paula (1994), Die Zeit vor dem Laboratorium: Die Museen und der Bereich der Wissenschaft 1550–1750, in: Macrocosmos in Microcosmo. Die Welt in der Stube. Zur Geschichte des Sammelns 1450 bis 1800 (Hg.: Andreas Grote), Opladen, S. 191–207

Findlen, Paula (1995), Scientific Spectacle in Baroque Rome: Athanasius Kircher and the Roman College Museum, in: Roma moderna e contemporanea, Bd. 3, 1995, Nr. 3, S. 625–665

Findlen, Paula (1996), Possessing Nature. Museums, Collecting, and Scientific Culture in Early Modern Italy, Berkeley, Los Angeles und London

Findlen, Paula (2001), Science, History, and Erudition: Athanasius Kircher's Museum at the Collegio Romano, in: The Great Art of Knowing. The Baroque Encyclopedia of Athanasius Kircher (Hg.: Daniel Stolzenberg), Stanford, S. 17–37

Fleckenstein, Gottfried Wilhelm Leibniz. Barock und Universalismus (1958), München

Fludd, Robert (1617), Utriusque cosmi, majoris scilicet et minoris, metaphysica, physica atque technica historia, Oppenheim

Fludd, Robert (1618), De Naturae Simia Seu Technica macrocosmi historia, Oppenheim

Fludd, Robert (1620), Tomi Secundi Tractatus Primi Sectio Secunda, De technica Microcosmi historia, in Proportiones VII. divisa, Oppenheim

Foucault, Michel (1971), Die Ordnung der Dinge. Eine Archäologie der Humanwissenschaften, Frankfurt am Main

Frank, Hilmar (2001), Das Leibnizsche Stadtgleichnis bei Caspar David Friedrich, in: Nihil sine Ratione. Mensch, Natur und Technik im Wirken von G. W. Leibniz (Hg.: Hans Poser in Verb. mit Christoph Asmuth, Ursula Goldenbaum und Wenchao Li), Vorträge, Bde. 1–3, Berlin, Bd. 1, S. 378–383

Fréart de Chambray, Roland (1651), Traitté de la peinture de Leonardo da Vinci, Paris

Fredel, Jürgen (1998), Massästhetik. Studien zu Proportionsfragen und zum Goldenen Schnitt, Hamburg

Freedberg, David (2002), The Eye of the Lynx. Galileo, his Friends, and the Beginnings of Modern Natural History, Chicago und London

Freundlich, Francis (1995), Le monde du jeu à Paris (1715–1800), Paris

Friedländer, Paul (1937), Athanasius Kircher und Leibniz. Ein Beitrag zur Geschichte der Polyhistorie im XVII. Jahrhundert, in: Atti della Pontificia Accademia Romana di Archeologia,

Rendiconti, Bd. 13, S. 229–247
Furetière, Antoine (1690), Dictionaire Universel, Contenant generalement tous les Mots françois tant vieux que modernes, & les Termes de toutes les Sciences et des Arts, 3 Bde., Den Haag und Rotterdam

Gaiser, Konrad (1985), Il paragone della caverna. Variazioni da Platone a oggi, Neapel
Galilei, Galileo (1890–1909), Le opere, Edizione nazionale (Hg.: Antonio Favaro), 20 Bde., Florenz (repr. 1929–1939, 1964–1966, 1968)
Gassendi, Petrus [Pierre] (1964), Opera Omnia, 6 Bde., Stuttgart-Bad Cannstadt [Lyon 1658]
Geissmar, Christoph (1993), Das Auge Gottes. Bilder zu Jakob Böhme, Wiesbaden
Genz, Henning (1994), Die Entdeckung des Nichts. Leere und Fülle des Universums, München
Gerlach, Peter (1989), Zur zeichnerischen Simulation von Natur und natürlicher Lebendigkeit, in: Zeitschrift für Ästhetik und Allgemeine Kunstwissenschaft, Bd. 34/2, S. 243–279
Gerland, Ernst (1906), Leibnizens nachgelassene Schriften physikalischen, mechanischen und technischen Inhalts, Leipzig
Germer, Stefan (1997), Kunst – Macht – Diskurs. Die intellektuelle Karriere des André Félibien im Frankreich von Luis XIV., München
Gipper, Andreas (2002), Wunderbare Wissenschaft. Literarische Strategien naturwissenschaftlicher Vulgarisierung in Frankreich. Von Cyrano de Bergerac bis zur Encyclopédie, München
Goedaert, Johannes (1662), Metamorphosis et historia naturalis insectorum (Cum comentariis D. Joannis de Mey), Middelburgh
Gombrich, Ernst H. (1996), Schatten. Ihre Darstellung in der abendländischen Kunst, Berlin
Gosztonyi, Alexander (1976), Der Raum. Geschichte seiner Probleme in Philosophie und Wissenschaften, 2 Bde., Freiburg und München
Gottorfer Kultur im Jahrhundert der Universitätsgründung (1965), (Hg.: Ernst Schlee), Kiel
Graczyk, Annette (2001), Repräsentation und Performanz in der Bildenzyklopädie des *Orbis sensualium pictus* von Jan Amos Comenius, in: Theatralität und die Krisen der Repräsentation (Hg.: Erika Fischer-Lichte), Stuttgart und Weimar, S. 355–372
Graeven, Hans und Carl Schuchhardt (1916), Leibnizens Bildnisse, Berlin
Grau, Conrad (1988), Berühmte Wissenschaftsakademien. Von ihrem Enstehen und ihrem weltweiten Erfolg, Leipzig
Grau, Conrad (1993), Die Preußische Akademie der Wissenschaften zu Berlin. Eine deutsche Gelehrtengesellschaft in drei Jahrhunderten, Heidelberg, Berlin, Oxford
Graumann, C. F. (1960), Grundlagen einer Phänomenologie und Psychologie der Perspektivität, Berlin
Greaves, Mark (2002), The philosophical Status of Diagrams, Stanford
Grégoire de St.Vincent (1646), Opus geometricum, Antwerpen
Grimm, Jakob und Wilhelm (1999), Deutsches Wörterbuch, Bde. 1–33, München [Nachdruck der Erstausgabe, 1854ff.]
Grötz, Susanne, Das Teatro Olimpico in Vicenza (2001), in: Teatro. Eine Reise zu den oberitalienischen Theatern des 16.–19. Jahrhunderts (Hg.: Österreichisches Theatermuseum), Marburg
Guericke, Otto von (1672), Experimenta Nova (ut vocantur) Magdeburgica de Vacua Spatio,

Amsterdam

Guericke, Otto von (1968), Neue Magdeburger Versuche über den leeren Raum, Düsseldorf

Guerrier, Woldemar (1873), Leibniz in seinen Beziehungen zu Rußland und Peter dem Großen, St. Petersburg und Leipzig

Guhrauer, G. E. (1846), G. W. Freiherr von Leibniz. Eine Biographie, Breslau

Haase, Rudolf (1963), Leibniz und die Musik. Ein Beitrag zur Geschichte der harmonikalen Symbolik, Hommerich

Hackethal, Sabine (1990), Betrachtungen zur Tierdarstellung in der Renaissance anhand der Aquarelle von Lazarus Rötting (1549–1614), in: NTM-Schriftenr. Gesch. Naturw. Techn. Med., Leipzig, Bd. 27, Nr. 1, S. 49–64

Hagner, Michael, Enlightened Monsters (1999), in: The Sciences in Enlightened Europe (Hg.: William Clark, Jan Golinski, Simon Schaffer), Chicago und London, S. 175–217

Hahn, Roger (1993), L'Anatomie d'une Institution Scientifique. L'Académie des Sciences de Paris, 1666–1803, Paris

Hammarlund, Anders (2001), PLUS ULTRA. Leibniz und der Kaiserliche Antiquitäten- und Medailleninspektor Carl Gustav Heraeus, in: Nihil sine Ratione. Mensch, Natur und Technik im Wirken von G. W. Leibniz (Hg.: Hans Poser in Verb. mit Christoph Asmuth, Ursula Goldenbaum und Wenchao Li), Vorträge, Bde. 1–3, Berlin, Bd. 1, S. 454–461

Happel, Eberhard Werner (1687), Grössteste Denkwürdigkeiten der Welt oder so genandte Relationes Curiosae, Bd. 3, Hamburg

Harms, Wolfgang (1970), Wörter, Sachen und emblematische „res" im „Orbis sensualium pictus" des Comenius, in: Gedenkschrift für William Foerste (Hg.: Dietrich Hoffmann), Köln und Wien, S. 531–542

Harms, Wolfgang (1985), Deutsche illustrierte Flugblätter des 16. und 17. Jahrhunderts, Bd. 1: Die Sammlungen der Herzog-August-Bibliothek in Wolfenbüttel, Tübingen, Bd. I, Nr. 5, S. 16–19

Harnack, Adolf (1900), Geschichte der Königlich Preussischen Akademie der Wissenschaften zu Berlin, 2 Bde., Berlin

Harris, John (1704), Lexicon Technicum: or, an Universal English Dictionary of Arts and Sciences: Explaining not only the Termes of ART, but the ARTS Themselves, London

Harsdörffer, Georg Philipp (1990), Delitiae philosophicae et mathematicae: der philosophischen und mathematischen Erquickungsstunden 3. Teil (Hg.: Jörg Jochen Berns), Frankfurt am Main [Neudruck der Ausgabe Nürnberg 1653]

Harsdörffer, Philipp und Daniel Schwenter (1991), Deliciae physico-mathematicae oder Mathematische und philosophische Erquickungsstunden (Hg.: Jörg Jochen Berns), Frankfurt am Main [Neudruck der Ausgabe Nürnberg 1636]

Hartkopf, Werner und Gert Wangermann (1991), Dokumente zur Geschichte der Berliner Akademie der Wissenschaften von 1700 bis 1990, Heidelberg, Berlin, New York

Hartz, Glenn A. (1992), Leibniz's Phenomenalisms, in: The Philosophical Review, Bd. 101, Nr. 3, S. 511–549

Hassinger, Herbert (1951), Johann Joachim Becher. Ein Beitrag zur Geschichte des Merkantilismus (= Veröffentlichungen der Kommission für Neuere Geschichte Österreichs, Bd. 58), Wien

Hecht, Hartmut (1992), Gottfried Wilhelm Leibniz. Mathematik und Naturwissenschaften im Paradigma der Metaphysik, Leipzig 1992

Hecht, Hartmut (1996), Dynamik und Optik bei Leibniz, in: NTM. Internationale Zeitschrift für Geschichte und Ethik der Naturwissenschaften, Technik und Medizin, Bd. 4, S. 83–102

Hecht, Hartmut, Eberhard Knobloch und Simone Rieger (2002), Reihe VII: Naturwissenschaftlich-medizinisch-technische Schriften. Ein neues Projekt im Rahmen der Akademie-Ausgabe, in: Nihil sine Ratione. Mensch, Natur und Technik im Wirken von G.W.Leibniz (Hg.: Hans Poser in Verb. mit Christoph Asmuth, Ursula Goldenbaum und Wenchao Li), Nachtragsband, Berlin, S. 73–81

Heckscher, William S. (1974), *Petites perceptions*: an account of *sortes Warburgianae*, in: The Journal of Medieval and Renaissance Studies, Bd. 4, 1974, S. 101–134

Heesen, Anke te (1997), Der Weltkasten. Die Geschichte einer Bildenzyklopädie aus dem 18. Jahrhundert, Göttingen

Heinich, Nathalie (1983), La perspective académique. Peinture et tradition lettrée: la référence aux mathématiques dans les théories de l'art au 17e siècle, in: Actes de la recherche en sciences sociales, Nr. 49, S. 47–70

Heinisch, Klaus J. (1960), Der utopische Staat, Reinbek b. Hamburg 1960

Heintz, Günther (1973), Point de Vue. Leibniz und die These vom Weltbild der Sprache, in: Zeitschrift für philosophische Forschung, Bd. 27, S. 86–107

Held, Jutta (2001), Französische Kunsttheorie des 17.Jahrhunderts und der absolutistische Staat. Le Brun und die ersten acht Vorlesungen an der königlichen Akademie, Berlin

Henkel, Arthur und Albrecht Schöne (1978), Emblemata. Handbuch zur Sinnbildkunde des XVI. und XVII. Jahrhunderts, Stuttgart

Heres, Gerald (1991), Dresdener Kunstsammlungen im 18. Jahrhundert, Leipzig

Herries Davies, Gordon (1995), The Stenonian Revolution, in: Rocks, Fossils and History (Hg.: Gaetano Giglia, Carlo Maccagni, Nicoletta Morello), Florenz, S. 45–49

Herrmann, Wolfgang (1973), The Theory of Claude Perrault, London

Hilligius, A. und M. Euler (1998), Die unendlich eingefaltete Welt. *Leibniz*sche Monaden, dynamische Systeme und die Physik des Geistes, in: Praxis der Naturwissenschaften-Physik, Nr. 8/47. Jg., S. 37–44

Hinterkeuser, Guido (1999), Von der Maison de plaisance zum Palais Royale. Die Planungs- und Baugeschichte von Schloß Charlottenburg zwischen 1694 und 1713, in: Sophie Charlotte und ihr Schloß. Ein Musenhof des Barock in Brandenburg-Preußen, Ausstellungskatalog Berlin, München, London und New York, S. 113–124

Hirsch, Eike Christian (2000), Der berühmte Herr Leibniz. Eine Biographie, München

Historische Mitte Berlin, Abschlußbericht (2002), (Hg.: Internationale Expertenkommission „Historische Mitte Berlin"), Berlin

Hobbes, Thomas (1651), Leviathan, London

Hobbes, Thomas (1991), Leviathan (Hg.: Richard Tuck), Cambridge

Hobbes, Thomas (1997), Elemente der Philosophie. *Erste Abteilung*. Der Körper (Hg. u. Übers.: Karl Schuhmann), Hamburg

Hochstetter, Erich (1948), Zu Leibniz' Gedächtnis. Eine Einleitung, Berlin

Hoffmann, Detlef (1972), Die Welt der Spielkarte. Eine Kulturgeschichte, Leipzig

Hofmann, Catherine, Danielle Lecoq, Ève Netchine und Monique Pelletier (1995), Le Globe et son image, Paris

Hofmann, Josef Ehrenfried (1942), Das Opus Geometricum des Gregorius a S. Vincentio und seine Einwirkung auf Leibniz, Berlin

Hofmann, Joseph E. (1948), Leibniz' mathematische Studien in Paris, Berlin

Hogarth, William S. (1955), The Analysis of Beauty, London 1753. Neuausgabe: Oxford (Hg.: Joseph Burke)

Hogrebe, Wolfram (1992), Metaphysik und Mantik. Die Deutungsnatur des Menschen (Système orphique de Iéna), Frankfurt am Main

Hogrebe, Wolfram (1997), Die Dichter und die Ahnung, in: Antizipation in Kunst und Wissenschaft. Ein interdisziplinäres Erkentnnisproblem und seine Begrüdnung bei Leibniz, Tübingen und Basel, S. 101–111

Hölder, Helmut (1969), Leibniz' erdgeschichtliche Konzeptionen, in: Studia Leibnitiana, Sonderheft 1, Wiesbaden, S. 105–125

Holze, Erhard (2001), Mensch – Perspektive – Gott. Leibniz' Perspektivitätstheorie als neuzeitliches Pluralismusmodell, in: Nihil sine Ratione. Mensch, Natur und Technik im Wirken von G. W. Leibniz (Hg.: Hans Poser in Verb. mit Christoph Asmuth, Ursula Goldenbaum und Wenchao Li), Vorträge, Bde. 1–3, Berlin, Bd. 2, S. 516–523

Holzhausen, Walter (1927), Lage und Rekonstruktion der Kürfürstlichen Kunstkammer im Schloss zu Dresden (Zur Geschichte des Grünen Gewölbes und Baugeschichte des Schlosses), in: Repertorium für Kunstwissenschaft, Bd. 48, S. 140–147

Hoogstraten, Samuel van (1678), Inleyding tot de Hooge Schoole der Schilderkonst, anders de Zichtbaere Werelt, Rotterdam

Hooke, Robert (1665), Micrographia or Some Physiological Descriptions of Minute Bodies (...), London

Hooke, Robert (1679), Philosophical Collections, Bd. I, London

Hoppe, Brigitte (1994), Kunstkammern der Spätrenaissance zwischen Kuriosität und Wissenschaft, in: Macrocosmos in Microcosmo. Die Welt in der Stube. Zur Geschichte des Sammelns 1450 bis 1800 (Hg.: Andreas Grote), Opladen, S. 243–263

Horaz (1984), Ars Poetica. Die Dichtkunst (Übers.: Eckart Schäfer), Stuttgart

Horn, Werner (1958), Der heraldische Himmeslglobus des Erhard Weigel, in: Der Globusfreund, Nr. 8, S. 17–28

Horn, Werner (1976), Die alten Globen der Forschungsbibliothek und des Schloßmuseums Gotha, in: Veröffentlichungen der Forschungsbibliothek Gotha, Bd. 17, Gotha

Hornstein, Herbert (1997), Die Dinge sehen, wie sie aus sich selber sind. Überlegungen zum Orbis pictus des Comenius, Hohengehren

Hrabalek, Ernst (1985), Laterna Magica. Zauberwelt und Faszination des optischen Spielzeugs, München

Hübener, Wolfgang (1983), Leibniz und der Renaissance-Lullismus, in: Leibniz et la Renaissance (Hg.: Albert Heinekamp, = Studia Leibnitiana Supplementa, Bd. 23, Wiesbaden, S. 103–112

Huizinga, Johan (1987), Homo Ludens. Vom Ursprung der Kultur im Spiel, Reinbek b. Hamburg

Husserl, Edmund (1973), Zur Phänomenologie der Intersubjektivität. Texte aus dem Nachlaß (Hg.: Iso Kern, = Husserliana. Edmund Husserl Gesammelte Werke, Bd. XIV, 2), Den Haag

Ilg, Albert (1895), Leben und Werke Joh. Bernh. Fischer's von Erlach des Vaters, Wien
Imperato, Ferrante (1599), Dell' historia naturale (...), Neapel

Jahn, Ilse (1970), Theatrum Naturae – ein handgemaltes Tierbuch der Renaissancezeit in der Bibliothek des Zoologischen Museums, in: Wissenschaftliche Zeitschrift der Humboldt-Universität zu Berlin, Mathematisch-Naturwissenschaftliche Reihe, Jg. XIX, Nr. 2/3, S. 183–186

Jammes, André (1965), Louis XIV., sa Bibliothèque et le *Cabinet du Roi*, in: The Library, Bd. 20, S. 1–12

Janson, Horst Woldemar (1973), Chance Images, in: Ph. P. Weiner (Hg.), Dictionary of the History of Ideas: Studies of Selected Pivotal Ideas, Bd. I, 1973, S. 340–353

Johann Joachim Becher (Hg.: Gotthardt Frühsorge und Gerhard F.Strasser), Wiesbaden 1993

Justa Funebria Serenissimo Prinicipi Ioanni Friderico, Rinteln 1685

Kabitz, Willy (1909), Die Philosophie des jungen Leibniz. Untersuchungen zur Entwicklungsgeschichte seines Systems, Heidelberg

Kaehler, Klaus Erich (1989), Leibniz' Position der Rationalität. Die Logik im metaphysischen Wissen der „natürlichen Vernunft", Freiburg und München

Kaljazina, N. V. (1996), Korte Geschiedenis van het Gebouw van de Kunstkamera. in: Peter de Grote en Holland, Ausstellungskatalog, Amsterdam, S. 37–40

Kanthak, Gerhard (1987), Der Akademiegedanke zwischen utopischem Entwurf und barocker Projektemacherei. Zur Geistesgeschichte der Akademiebewegung des 17. Jahrhunderts, Berlin

Karpeev, Engel P. (2003), Der Große Gottorfer Globus, Sankt-Petersburg

Kauffeldt, Alfons (1968), Otto von Guerickes Philosophisches über den leeren Raum, Berlin

Kelber, Klaus-Peter und Martin Okrusch (2002), Athanasius Kircher retrospektiv: Pendelschläge geowissenschaftlicher Erkenntnis, in: Spurensuche. Wege zu Athanasius Kircher (Hg.: Horst Beinlich, Hans-Joachim Vollrath, Klaus Wittstadt), Dettelbach, S. 119–136

Kemp, Martin (1984), Geometrical Perspective from Brunelleschi to Desargues: A Pictorial Means or an Intellectual End?, in: Proceedings of the British Academy, Bd. LXX, S. 89–132

Kemp, Wolfgang (1973), Natura. Ikonographische Studien zur Geschichte und Verbreitung einer Allegorie, Phil. Diss. Tübingen

Kemp, Wolfgang (1974): Disegno. Beiträge zur Geschichte des Begriffs zwischen 1547 und 1607, in: Marburger Jahrbuch für Kunstwissenschaft, Bd. 19, S. 219–240

Kempe, Michael (1996), Die Sintfluttheorie von Johann Jakob Scheuchzer. Zur Entstehung des modernen Weltbildes und Naturverständnisses, in: Zeitschrift für Geschichtswissenschaft, Bd. 44, 1966, S. 485–501

Kertz, Walter (1999), Geschichte der Geophysik (Hg.: Ruth Kertz und Karl-Heinz Glaßmeier), Hildesheim, Zürich, New York

Kilcher, Andreas B. (2003), *mathesis* und *poiesis*. Die Enzyklopädie der Literatur 1600 bis 2000, München

Kircher, Athanasius (1650), Musurgia Universalis, 2 Bde., Rom

Kircher, Athanasius (1665), Mundus subterraneus (…), 2 Bde., Amsterdam

Kircher, Athanasius (1669), Ars magna sciendi sive combinatoria (…), 2 Bde., Amsterdam

Kircher, Athanasius (1671), Ars magna lucis et umbrae (…), Amsterdam

Kirchner, Thomas (1985), Der Theaterbegriff des Barock, in: Maske und Kothurn, 31. Jg., Wien, S. 131–142

Kirchner, Thomas (2001), Der epische Held. Historienmalerei und Kunstpolitik im Frankreich des 17. Jahrhunderts, München

Kistemaker, Renée E. (2003), Seba und Ruysch – die Anfänge der petrinischen Kunstkammer – Peters Besuche in Holland, in: Palast des Wissens. Die Kunst- und Wunderkammer Zar Peters des Großen (Hg.: Brigitte Buberl und Michael Dückershoff), Bd. 2, Beiträge, München, S. 54–66

Kittler, Friedrich (1986), Grammophon. Film. Typewriter, Berlin

Klamt, Johann-Christian (2003), Kunstkamera: Museum und Sternwarte, in: Palast des Wissens. Die Kunst- und Wunderkammer Zar Peters des Großen (Hg.: Brigitte Buberl und Michael Dückershoff), Bd. 2, Beiträge, München, S. 139–153

Klopp, Onno (1868), Leibniz' Plan der Gründung einer Sozietät der Wissenschaften in Wien, in: Archiv für österreichische Geschichte, Bd. 40, S. 157–255

Knab, Eckhart und Heinz Widauer (1993), Die Zeichnungen der französischen Schule von Clouet bis Le Brun, Wien

Knecht, Herbert (1981), La Logique chez Leibniz. Essai sur le rationalisme baroque, Lausanne

Knobloch, Eberhard (1973), Die mathematischen Studien von G. W. Leibniz zur Kombinatorik, Wiesbaden

Knobloch, Eberhard (1974), Studien von Leibniz zum Determinantenkalkül, in: Studia Leibnitiana Supplementa, Bd. 13, S. 37–45

Knobloch, Eberhard (1982), Zur Vorgeschichte der Determinantentheorie, in: Studia Leibnitiana Supplementa, Bd. XXII, S. 96–118

Knobloch, Eberhard (1990), Die Astronomie an der Sozietät der Wissenschaften, in: Leibniz in Berlin (Hg.: Hans Poser und Albert Heinekamp), Stuttgart, S. 231–240

Knobloch, Eberhard (1997), Leibniz als Wissenschaftspolitiker: Vom Kulturideal zur Sozietät der Wissenschaften, in: Naturwissenschaft und Technik im Barock. Innovation, Repräsentation, Diffusion (Hg.: Uta Lindgren), Köln, Weimar und Berlin, S. 99–112

Knobloch, Eberhard (1999), Galileo and Leibniz: Different Approaches to Infinity, in: Archive for History of Exact Sciences, Bd. 54, 1999, Nr. 2, S. 87–99

Knobloch, Eberhard (1999), Im freiesten Steifzug des Geistes (liberrimo mentis discursu): Zu den Zielen und Methoden Leibnizscher Mathematik, in: Wissenschaft und Weltgestaltung. Internationales Symposium zum 350. Geburtstag von Gottfried Wilhelm Leibniz (Hg.: Kurt Nowak und Hans Poser), Hildesheim, Zürich und New York, S. 211–229

Knobloch, Eberhard (2000), Materie des Himmels – neue Antworten des 16. und 17. Jahrhunderts auf eine alte atsronomische Frage, in: Acta historica Leopoldina, Nr. 31, S. 89–107

Knobloch, Eberhard (2002), The Sounding Algebra: Relations Between Combinatorics and Music from Mersenne to Euler, in: Mathematics and Music (Hg.: Gerard Assayag, Hans

Georg Feichtinger, Jose Francisco Rodrigues, Berlin und Heidelberg, S. 27–48
Knobloch, Eberhard (2003), Otto von Guericke und die Kosmologie im 17.Jahrhundert, in: Berichte zur Wissenschaftsgeschichte, Bd. 16, S. 1–14
Köhler, Paul (1913), Der Begriff der Repräsentation bei Leibniz. Ein Beitrag zur Entstehungsgeschichte seines Systems, Berlin
Korn, Ursula (1996), Das Atlas Farnese. Eine archäologische Betrachtung, in: Atlas. Bonner Beiträge zur Renaissanceforschung (Hg.: Gunter Schweickhardt), Köln, S. 25–44
Krafft, Fritz (1974), Horror vacui, fuga vacui, in: Historisches Wörterbuch der Philosophie, Bd. 3, 1974, Sp.1206–1212
Krafft, Fritz (1997), Die Schwere der Luft in der Diskussion des 17. Jahrhunderts: Otto von Guericke, in: Die Schwere der Luft in der Diskussion des 17. Jahrhunderts (Hg.: Wim Klever), Wiesbaden, S. 135–170
Krämer, Sybille (1988), Symbolische Maschinen. Die Idee der Formalisierung in geschichtlichem Abriß, Darmstadt
Krämer, Sybille (1991), Berechenbare Vernunft. Kalkül und Rationalismus im 17. Jahrhundert, Berlin und New York
Krämer, Sybille (1991), Zur Begründung des Infinitesimalkalküls durch Leibniz, in: Philosophia Naturalis, Jg. 28, S. 117–146
Krämer, Sybille (1992), Zu Leibniz' Symbolbegriff, in: Zeitschrift für philosophische Forschung, Bd. 46, Nr. 2, S. 224–237
Krämer, Sybille (2001), Ist das ‚Auge des Geistes' blind? Über Visualität und Erkenntnis bei Leibniz, in: Nihil sine Ratione. Mensch, Natur und Technik im Wirken von G.W.Leibniz (Hg.: Hans Poser in Verb. mit Christoph Asmuth, Ursula Goldenbaum und Wenchao Li), Vorträge, Bde. 1–3, Berlin, Bd. 2, S. 644–650
Krapf, Michael (1999), The Architectural Model in the Sphere of Influence of the Imperial Court in Vienna, in: The Triumph of the Baroque. Architecture in Europe 1600–1750 (Hg.: Henry A. Millon), Ausstellungskatalog, Venedig
Krause, Katharina (2003), Rez. von Held, 2001, in: Kunstchronik, Nr. 3, S. 132–137
Kreul, Andreas (1995), Die Kollegienkirche Johann Fischer von Erlachs in Salzburg. Zum Verhältnis von Gemeinde- und Altarraum. Überlegungen im Anschluß an Leibniz, in: Religion und Religiosität im Zeitalter des Barock (Hg.: Dieter Breuer u. a.), Bd. I, Wiesbaden, S. 305–330
Kreul, Andreas (1995), *Regimen rerum*. Der Prunksaal der Hofbibliothek in Wien, in: Fischer von Erlach und die Wiener Barocktradition (Hg.: Friedrich Polleroß), Wien, Köln und Weimar, S. 210–228
Krieg der Bilder. Druckgraphik als Medium politischer Auseinandersetzung im Europa des Absolutismus (Hg.: Wolfgang Cilleßen), 1997, Ausstellungskatalog, Berlin
Kris, Ernst (1926), Der Stil „rystique". Die Verwendung des Naturabgusses bei Wenzel Jamnitzer und Bernard Palissy, in: Jahrbuch der kunsthistorischen Sammlungen in Wien, N. F. Bd. I, S. 137–208
Kruft, Hanno-Walter (1989), Städte in Utopia. Die Idealstadt vom 15. bis zum 18. Jahrhundert, München
Küster, Georg Gottfried (1737–69), Beschreibung Altes und Neues Berlin in 5 Theilen, Berlin
Kvasz, Ladislav (1996), Was bedeutet es, ein geometrisches Bild zu verstehen?, in: Dagmar Rei-

chert (Hg.), Räumliches Denken, Zürich, S. 95–123

Lacan, Jacques (2001), Notes on the Works of François Rouan, in: As Painting: Division and Displacement (Hg.: Philip Armstrong, Laura Lisbon und Stephen Melville), Columbus, Ohio, S. 234–242

Ladzardzig, Jan (2004), Die Maschine als Spektakel – Zum Verhältnis von Inszenierung und Imagination im 17.Jahrhundert, in: Instrumente in Kunst und Wissenschaft (Hg.: Helmar Schramm, Ludger Schwarte, Jan Lazardzig), Berlin und New York [im Druck]

Latour, Bruno (1995), Wir sind nie modern gewesen. Versuch einer symmetrischen Anthropologie, Berlin

Lavin, Irving (1990), On the Unity of the Arts and the Early Baroque Opera House, in: Theatrical Spectacle and Spectacular Theatre (Hg.: Barbara Wish und Susan Scott Munshower), Pennsylvania, S. 519–580

Le Goff, Jean-Pierre (1994), Desargues et la Naissance de la Géométrie Projective, in: Desargues en son Temps (Hg.: Jean Dhombres und Joel Sakarovitch), Paris, S. 157–206

Le Goff, Jean-Pierre (2001), Von der Perspektive zur geometrischen Unendlichkeit, in: Spektrum der Wissenschaft, Spezial, Nr. 1, Das Unendliche, Mai 2001, S. 22–29

Le Moyne, Pierre (1666), De l'Art des Devises: Avec Divers Recueils de Devises du mesme Autheur, Paris

Legati, Lorenzo (1677), Museo Cospiano annesso a quello del famoso Ulisse Aldrovandi, Bologna

Lehmann, Edgar (1996), Die Bibliotheksräume der deutschen Klöster in der Zeit des Barock, Katalog, Berlin

Leibniz und Europa (1994), (Hg.: Albert Heinekamp und Isolde Hein), Hannover

Leibniz, Gottfried Wilhelm (1738), Epistolae ad diversos (Hg.: Christian Kortholt), 3 Bde., Leipzig

Leibniz, Gottfried Wilhelm (1749), Protogaea sive de prime facie telluris et antiquissimae historiae vestigis in ipsis naturae monumentis dissertatio ex Scheidis manuscriptis (Hg.: Christian Ludwig Scheid), Göttingen

Leibniz, Gottfried Wilhelm (1768), G. G.Leibnitii Opera Omnia (Hg.: Louis Dutens), Bde. I–VI, Genf [Nachdruck Hildesheim 1989]

Leibniz, Gottfried Wilhelm (1838/40), Deutsche Schriften (Hg.: G. E.Guhrauer), Berlin

Leibniz, Gottfried Wilhelm (1843–47), Gesammelte Werke (Hg.: Georg Heinrich Pertz), I. Folge; Geschichte, Bde. 1–4

Leibniz, Gottfried Wilhelm (1855–63), Mathematische Schriften (Hg.: Carl Immanuel Gerhardt), Bde. I–VII, Berlin und Halle [Nachdruck Hildesheim 1962]

Leibniz, Gottfried Wilhelm (1857), Les Plans d' l'achèvement du Louvre et la Pyramide triomphale de Perrault, in: Louis Alexandre Foucher de Careil, Manuscrit inédit de Leibniz, in: Journal Général de l'Instruction Publique et des cultes, Bd. XXVI, 1857, Nr. 32, 22.4., S. 235–236

Leibniz, Gottfried Wilhelm (1864–1884), Die Werke (Hg.: Ono Klopp), 1. Reihe, Bde. 1–11, Hannover

Leibniz, Gottfried Wilhelm (1873), Correspondenz von Leibniz mit der Prinzessin Sophie (Hg.: Onno Klopp), 3 Bde. [1973]

Leibniz, Gottfried Wilhelm (1875), Oeuvres (Hg.: Louis A. Foucher de Careil), Bd. I–VII, Paris

[Nachdruck Hildesheim 1969]
Leibniz, Gottfried Wilhelm (1875–90), Die philosophischen Schriften (Hg.: Carl Immanuel Gerhardt), Bde. I–VII, Berlin [Nachdruck Hildesheim 1978]
Leibniz, Gottfried Wilhelm (1883), Ein Brief von Leibniz (Hg.: C. Will), in: Anzeiger für Kunde der deutschen Vorzeit, Bd. 30, col.199f.
Leibniz, Gottfried Wilhelm (1884), Correspondenz von Leibniz mit Caroline (Hg.: Onno Klopp), [1973]
Leibniz, Gottfried Wilhelm (1899), Der Briefwechsel von Gottfried Wilhelm Leibniz mit Mathematikern (Hg.: Carl Immanuel Gerhardt), Berlin
Leibniz, Gottfried Wilhelm (1903), Opuscules et fragmentes inédits de Leibniz. Extraits des manuscrits de la Bibliothèque royale de Hanovre (Hg.: L. Couturat), Paris
Leibniz, Gottfried Wilhelm (1924), Hauptschriften zur Grundlegung der Philosophie (Hg.: Ernst Cassierer), Leipzig
Leibniz, Gottfried Wilhelm (1948), Textes inédits après les manuscrits de la Bibliothèque provinçale de Hanovre (Hg. u. komm. durch Gaston Grua), Paris
Leibniz, Gottfried Wilhelm (1949), Protogaea (Hg.: W. E. Peuckert, Übers.: W. v. Engelhardt), Stuttgart
Leibniz, Gottfried Wilhelm (1955), Schöpferische Vernunft. Schriften aus den Jahren 1668–1680 (Hg. u. Übers.: Wolf von Engelhardt), Münster und Köln
Leibniz, Gottfried Wilhelm (1959), La Monadologie, in: ders., Opera Philosophica quae extant latina gallica germanica Omnia, 1840 (Nachdruck, hg. von J. E. Erdmann), Aalen
Leibniz, Gottfried Wilhelm (1960), Fragmente zur Logik (Hg.: Franz Schmidt), Berlin
Leibniz, Gottfried Wilhelm (1966), Politische Schriften I (Hg.: Hans Heinz Holz), Frankfurt am Main und Wien
Leibniz, Gottfried Wilhelm (1967), Politische Schriften II (Hg.: Hans Heinz Holz), Frankfurt am Main und Wien
Leibniz, Gottfried Wilhelm (1985), Essais de Théodicée sur la Bonté de Dieu, la Liberté de l'Homme et l'Origine du Mal. Die Theodizee von der Güte Gottes, der Freiheit des Menschen und dem Urspung des Übels (Hg. u. Übers.: Herbert Herring), Philosophische Schriften Bd. II, 2 Bde., Darmstadt
Leibniz, Gottfried Wilhelm (1985), Nouveaux Essais sur L'Entendement Humain. Neue Abhandlungen über den menschlichen Verstand (Hg. u. Übers.: Wolf von Engelhardt und Hans Heinz Holz), Philosophische Schriften Bd. III, 2 Bde., Darmstadt
Leibniz, Gottfried Wilhelm (1985), Opuscules Metaphysices. Kleine Schriften zur Metaphysik (Hg. u. Übers.: Hans Heinz Holz), Philosophische Schriften Bd. I, Darmstadt
Leibniz, Gottfried Wilhelm (1989), Briefe von besonderem philosophischem Interesse (Hg. u. Übers.: Werner Wiater), Philosophische Schriften Bd. V, 2 Bde., Darmstadt
Leibniz, Gottfried Wilhelm (1992), Philosophische Schriften und Briefe 1683–1687 (Hg.: Ursula Goldenbaum), Berlin
Leibniz, Gottfried Wilhelm (1992), Schriften zur Logik und zur philosophischen Grundlegung von Mathematik und Naturwissenschaft (Hg. u. Übers.: Herbert Herring), Philosophische Schriften Bd. IV, Darmstadt
Leibniz, Gottfried Wilhelm (1993), De quadratura arithmetica circuli ellipseos et hyperbolae cujus corollarium est trigonometria sine tabulis (Hg.: Eberhard Knobloch), Göttingen

Leibniz, Gottfried Wilhelm (1993), Protogaea. De l'aspect primitif de la terre et des traces d'une histoire très ancienne que renferment les monument même de la nature (Lat. Text u. franz. Übers. durch Bertrand de Saint-Germain; Hg., Einl. u. Anm. durch Jean-Marie Barrande), Toulouse

Leibniz, Gottfried Wilhelm (1994), Eine eigenwillige Idee für eine neue Art, Vorführungen zu gestalten [Übers. der *Drôle de Pensée* durch Arno Victor Nielsen], in: Wunderkammer des Abendlandes. Museum und Sammlung im Spiegel der Zeit, Ausstellungskatalog, Bonn, S. 122–126

Leibniz, Gottfried Wilhelm (1996), Hauptschriften zur Grundlegung der Philosophie (Übers.: Artur Buchenau, Hg.: Ernst Cassirer), 2 Bde., Hamburg

Leibniz, Gottfried Wilhelm (1997), Sur les Pierres figurées, in: Rhoda Rappaport: Leibniz on Geology: A Newly discovered Text, in: Studia Leibnitiana, Bd. XXIX, Nr. 1, S. 5–11 (9–11)

Leibniz, Gottfried Wilhelm (1998), Monadologie. Französisch/Deutsch (Übers. u. herausg. von Hartmut Hecht), Stuttgart

Leibniz, Gottfried Wilhelm (2000), Die Grundlagen des logischen Kalküls (Hg. und Übers.: Franz Schupp mit Stephanie Weber), Hamburg

Leibniz-Bibliographie, Band 1 (1984). Die Literatur über Leibniz bis 1980. Begründet von Kurt Müller, 2. neubearbeitete Auflage (Hg.: Albert Heinekamp), Frankfurt am Main

Leibniz-Bibliographie, Band 2 (1996), Die Literatur über Leibniz 1981–1990. Begründet von Kurt Müller (Hg.: Albert Heinekamp unter Mitarbeit von Marlen Mertens), Frankfurt am Main

Leibniz-Faksimiles (1971). Bekanntes und Unbekanntes aus seinem Nachlaß (Hg.: Stiftung Volkswagenwerk), Hildesheim und New York

Leinkauf, Thomas (1993), Mundus combinatus. Studien zur Struktur barocker Universalwissenschaft am Beispiel Athanasius Kirchers SJ (1602–1680), Berlin

Leinkauf, Thomas (2002), Überlegungen zum Begriff des „Geistes" bei Leibniz, in: Neuzeitliches Denken. Festschrift für Hans Poser zum 65. Geburtstag (Hg.: Günter Abel, Hans-Jürgen Engfer und Christoph Hubig), Berlin und New York, S. 125–143

Leinkauf, Thomas (2004), Der Platz des Anderen. Überlegungen zu Liebe, Glück, Leben bei Leibniz, in: Festschrift Werner Beierwaltes, S. 275–301 [im Druck]

Leonardo (1995), Trattato della pittura (Hg.: Ettore Camesasca), Mailand

Leupold, Jakob (1724), Theatrum Machinarum Generale, Schau-Platz des Grundes mechanischer Wissenschaften, Leipzig

Levin, Margarita R. (1980), Leibniz' Concept of Point of View, in: Studia Leibnitiana, Bd. XII, S. 221–228

Levy, Evonne (2002), Ottaviano Jannela: micro-sculptor in the age of the microscope, in: Burlington Magazine, July, Nr. 1192, S. 420–428

Liebenwein, Wolfgang (1996), Atlas oder die Bürde des Gelehrten, in: Atlas. Bonner Beiträge zur Renaissanceforschung (Hg.: Gunter Schweickhardt), Köln, S. 9–44

Locke, John (1975) An Essay Concerning Human understanding (Hg.: Peter H. Nidditch), Oxford

Lomazzo, Paolo Giovanni (1584), Trattato dell'arte de la pittura, Mailand

Lorenz, Hellmut (1992), Johann Bernhard Fischer von Erlach, Zürich, München und London

Lühning, Felix (1997), Der Gottorfer Globus und das Globushaus im „Newen Werck". Dokumentation und Rekonstruktion eines frühbarocken Welttheaters, Schleswig

Lukrez [= Titus Lucretius Carus] (1984), De rerum natura (Hg.: C. D. N. Costa), Oxford und New York

Luyendijk-Elshout, Antonie M. (1994), „An der Klaue erkennt man den Löwen". Aus den Sammlungen des Frederik Ruysch (1638–1731), in: Macrocosmos in Microcosmo. Die Welt in der Stube. Zur Geschichte des Sammelns 1450 bis 1800 (Hg.: Andreas Grote), Opladen, S. 643–660

Luyendijk-Elshout, Antonie M. (1996), De moralistische Betekenis van de Verzamelingen van Frederik Ruysch, in: Peter de Grote en Holland, Ausstellungskatalog, Amsterdam, S. 54–59

MacDonald Ross, George (1990), Leibniz's Exposition of his System to Queen Charlotte and other Ladies, in: Leibniz in Berlin (Hg.: Hans Poser und Albert Heinekamp), Stuttgart, S. 61–69

Macrocosmos in Microcosmo. Die Welt in der Stube. Zur Geschichte des Sammelns 1450 bis 1800 (1994), Hg.: Andreas Grote, Opladen

Mahnke, Dietrich (1917), Eine neue Monadologie (= Kantstudien. Ergänzungsheft 39), Berlin

Mahnke, Dietrich (1925), Leibnizens Synthese von Universalmathematik und Individualmetaphysik, Phil. Diss., Halle

Mahnke, Dietrich (1931/32), Der Barock-Universalismus des Comenius, in: Zeitschrift für Geschichte der Erziehung und des Unterrichts, Bd. 21, S. 97–128 u. 253–279; Bd. 22, S. 61–90

Mahnke, Dietrich (1936), Der Zeitgeist des Barock und seine Verewigung in Leibnizens Gedankenwelt, in: Zeitschrift für Deutsche Kulturphilosophie, Bd. 2, Nr. 2, S. 95–126

Major, Johann Daniel (1670), See-Farth nach der Neuen Welt / ohne Schiff und Segel, Kiel

Major, Johann Daniel (1674), Unvorgreiffliches Bedencken von Kunst- und Naturalien-Kammern ins gemein, Kiel

Malebranche, Nicolas (1962–64), De la Recherche de la Vérité (Hg.: Geneviève Rodis-Lewis), 3 Bde., Paris

Marinier, Sieur de La (1654), La maison Académique: Contenant un recueil général de tous les jeux divertissans pour se réjouyr agréablement dans les bonnes compagnies, Paris

Marolles, Michel de (1666), Catalogve de livres d'estampes et de figvres en taille dovce, Paris

Marolles, Michel de (1672), Catalogue de livres d'estampes et de figures en taille-douce: avec un denombrement des pièces qui y sont contenue, Paris

Marschlich, Annette (1997), Die Substanz als Hypothese. Leibniz' Metaphysik des Wissens, Berlin

Matsche, Franz (1992), Die Hofbibliothek in Wien als Denkmal kaiserlicher Kulturpolitik, in: Ikonographie der Bibliotheken (Hg.: Carsten-Peter Warncke), Wiesbaden 1992, S. 199–233

Matzat, Heinz L. (1938), Untersuchungen über die metaphysischen Grundlagen der leibnizschen Zeichenkunst, Berlin

McTighe, Sheila (1998), Abraham Bosse and the Language of Artisans: Genre and Perspective in the Académie royale de peinture et de sculpture, 1648–1670, in: Oxford Art Journal, Bd. 21, Nr. 1, S. 3–26

Meaume, Édouard (1877), Sébastain Le Clerc 1637–1714 et son Oeuvre Gravé, Amsterdam [1969]

Meijers, Debora (1996), De Kunstkamera van Peter de Grote, in: Peter de Grote en Holland, Ausstellungskatalog, Amsterdam, S. 22–36

Meijers, Debora und Bert van de Roemer (2003), Ein „gezeichnetes Museum" und seine Funktion – damals und heute, in: Palast des Wissens. Die Kunst- und Wunderkammer Zar Peters des Großen (Hg.: Brigitte Buberl und Michael Dückershoff), Bd. 2, Beiträge, München, S. 168–182

Menzhausen, Joachim (1977), Dresdener Kunstkammer und Grünes Gewölbe, Leipzig

Mercator, Gerhard (1595), Atlas Sive Cosmographicae Meditationes De Fabrica Mundi Et Fabricati Figura, Duisburg

Mercer, Christia (2001), Leibniz's Metaphysics. Its Origin and Development, Cambridge

Merkel, Franz Rudolf (1920), G. W. von Leibniz und die China-Mission, Leipzig

Merleau-Ponty, Maurice (1966), Phänomenologie der Wahrnehmung, Berlin

Mersmann, Jasmin (2003), Auffaltung und Perspektive. Monadologie und Aleph, Seminararbeit, Philosophisches Institut der Humboldt-Universität zu Berlin (Hartmut Hecht)

Métraux, Alexandre (2003), Elephant, Mammoth, Unicorn, or What? Notes on the Interelations of Pictures und Texts in Leibniz, in: The Power of Images in Early Modern Science (Hg,: Wolfgang Lefèvre, Jürgen Renn, Urs Schoepflin), Basel, Boston und Berlin, S. 181–193

Michaelis, J. M. (1693), Museum Sperianum (…), Leipzig

Michalski, Sergiusz (1999), Vom Himmlischen Jerusalem bis zu den Veduten des 18. Jahrhunderts – Symbolik und Darstellungsparadigmen der Stadtprofilansichten, in: Das Bild der Stadt in der Neuzeit (Hg.: Wolfgang Behringer und Bernd Roeck), München, S. 46–55

Michaud, Joseph Fr. (1968), Biographie universelle ancienne et moderne, 45 Bde., Graz [Paris 1854–65]

Mittelstraß, Jürgen (1970), Neuzeit und Aufklärung. Studien zur Entstehung der neuzeitlichen Wissenschaft und Philosophie, Berlin und New York

Mittelstraß, Jürgen und Peter Schroeder-Heister (1986), Zeichen, Kalkül, Wahrscheinlichkeit. Elemente einer Mathesis universalis bei Leibniz, in: Pragmatik. Handbuch pragmatischen Denkens, Bd. I, Pragmatisches Denken von den Ursprüngen bis zum 18. Jahrhundert (Hg.: Herbert Stachowiak), Hamburg, S. 392–414

Mlynek, Jürgen (2002), Vom Berliner Schloß zur Humboldt Universität und zurück, in: Historische Mitte Berlin, Abschlußbericht (Hg.: Internationale Expertenkommission „Historische Mitte Berlin"), S. 120f.

Modersohn, Mechthild (1997): Natura als Göttin im Mittelalter. Ikonographische Studien zu Darstellungen der personifizierten Natur, Berlin

Moll, Konrad (1978), Der junge Leibniz, Bd. I: Die wissenschaftliche Problemstellung seines ersten Problementwurfs. Der Anschluß an Erhard Weigls Scientia Generalis, Stuttgart-Bad Cannstatt

Moll, Konrad (1982), Der junge Leibniz, Bd. II: Der Übergang vom Atomismus zu einem mechanistischen Aristotelismus. Der revidierte Anschluß an Pierre Gassendi, Stuttgart-Bad Cannstatt

Moll, Konrad (1996), Der junge Leibniz, Bd. III: Eine Wissenschaft für ein aufgeklärtes Europa: Der Weltmechanismus dynamischer Monadenpunkte als Gegenentwurf zu den Lehren von Descartes und Hobbes, Stuttgart-Bad Cannstatt

Moreland, Samuel (1671) Tuba Stentoro-Phonica, An Instrvment of Exzellent Use, As well at Sea, as at Land, London

Moscardo, L. (1656), Memorie de Museo di Ludovico Moscardi, Padua

Müller, Kurt und Gisela Krönert (1969), Leben und Werk von Gottfried Wilhelm Leibniz. Eine

Chronik, Frankfurt am Main
Müller-Bahlke, Thomas J. und Klaus E. Göltz (1998), Die Wunderkammer. Die Kunst- und Naturalienkammer der Franckeschen Stiftungen zu Halle (Saale), Halle/Saale
Mulsow, Martin (2002), Moderne aus dem Untergrund. Radikale Frühaufklärung in Deutschland 1680–1720, Hamburg

Neverov, Oleg (1985), ‚His Majesty's Cabinet' and Peter I's *Kunstkammer*, in: The Origins of Museums. The Cabinet of Curiosities in Sixteenth- and Seventeenth-Century Europe, Oxford und New York, S. 71–79
Neverov, Oleg (1996), De Collecties van de Kunstkamera van Peter de Grote, in: Peter de Grote en Holland, Ausstellungskatalog, Amsterdam, S. 18–21
Niçeron, François (1638), La Perspective Cvrieuse, Paris
Nicolai, Friedrich (1786), Beschreibung der Königlichen Residenzstädte Berlin und Potsdam, Berlin
Nielsen, Arno Victor (1994), Vorwort zu Leibniz (1994), in: Wunderkammer des Abendlandes. Museum und Sammlung im Spiegel der Zeit, Ausstellungskatalog, Bonn, S. 120f.
Nolte, Rudolf August (1734), Leibnitz Mathemat. Beweis d. Erschaffung u. Ordnung d. Welt, Leipzig
Nummedal, Tara E. (2001), Kircher's Subterranean World and the Dignity of the Geocosm, in: The Great Art of Knowing. The Baroque Encyclopedia of Athanasius Kircher (Hg.: Daniel Stolzenberg), Stanford, S. 37–47

Ohly, F. (1982), Deus Geometra. Skizzen zur Geschichte einer Vorstellung von Gott, in: N.Kamp und J. Wollasch (Hg.), Tradition als historische Kraft, Berlin und New York, S. 1–52
Olmi, Giuseppe (1992), L'inventario del Mondo. Catalogazione della natura e luoghi del sapere nella prima età moderna, Bologna
Otto, Rüdiger (2000), Leibniz' Projekt einer Sächsischen Akademie im Kontext seiner Bemühungen um die Gründung gelehrter Gesellschaften, in: Gelehrte Gesellschaften im mitteldeutschen Raum (1650–1820), Hg.: Detlef Döring und Kurt Nowak, Bd. I, Stuttgart und Leipzig 2000, S. 53–94
Orth, Ernst Wolfgang (1995), Zu Husserls Wahrnehmungsbegriff, in: Paragrana, Bd. 4, Nr. 1, S. 104–119

Palast des Wissens. Die Kunst- und Wunderkammer Zar Peters des Großen (Hg.: Brigitte Buberl und Michael Dückershoff), (2003), Ausstellungskatalog, München, Bd. 1: Katalog, Bd. 2: Beiträge
Panofsky, Erwin (1956), Galileo as a Critic of the Arts, in: Isis, Bd. XLVII, March, S. 3–15
Pape, Helmut (1994), Über einen semantischen Zusammenhang von projektiver Geometrie und Ontologie in Leibniz' Begriff der Perspektive, in: Leibniz und Europa (Hg.: Albert Heinekamp und Isolde Hein), Hannover, S. 573–580
Pape, Helmut (1997), Die Unsichtbarkeit der Welt. Eine visuelle Kritik neuzeitlicher Ontologie, Frankfurt am Main
Pazzini, Karl-Josef (2001), Haut. Berührungssehnsucht und Juckreiz, in: Körperteile. Eine kul-

turelle Anatomie (Hg.: Claudia Benthien und Christoph Wulf), Reinbek bei Hamburg, S. 153–173

Peckhaus, Volker (1997), Logik, Mathesis universalis und allgemeine Wissenschaft. Leibniz und die Wiederentdeckung der formalen Logik im 19. Jahrhundert, Berlin

Perrault, Claude (1671 und 1676), Mémoires pour servir à l'histoire naturelle des animaux, 2 Bde., Paris

Perrault, Claude (1673), Les dix Livres d'Architecture de Vitruve, corrigez et traduits nouvellement en François, avec des Notes et des Figures, Paris

Perrault, Claude (1680–88), Essais de physiques; ou Recueil de plusieurs traités touchant les choses naturelles, Paris

Petzet, Michael (2000), Claude Perrault und die Architektur des Sonnenkönigs. Der Louvre König Ludwigs XIV. und das Werk Claude Perraults, Berlin

Pfisterer, Ulrich (Hg.) (2003), Metzler Lexikon Kunstwissenschaft. Ideen, Methoden, Begriffe, Stuttgart und Weimar

Phänomenologie und Leibniz (2000), (Hg.: Renato Cristin und Kiyoshi Sakai), München

Picon, Antoine (1988), Claude Perrault 1613–1688. Ou la Curiosité d'un Classique, Paris

Platon (1958), Politeia (Übers.: Friedrich Schleiermacher), in: Sämtliche Werke (Hg.: Walter f. Otto, Ernesto Grassi, Gert Plamböck), Hamburg, S. 67–310

Plinius d.Ä. (1973–1994), Naturalis historia libri I–XXXVII (Hg. u. Übers.: Roderich König in Zsabt. m. Joachim Hopp), München

Porphyrios, Isagoge (1992), in: Texte zum Universalienstreit (Hg.: Hans-Ulrich Wöhler), Bd. I, Berlin, S. 3–20

Poser, Hans (1997), Zeichentheorie und natürliche Sprache bei Leibniz, in: Schrift, Medien, Kognition. Über die Exteriorität des Geistes (Hg.: Peter Koch und Sybille Krämer), Tübingen, S. 127–147

Préaud, Maxime (1980), Sébastian Leclerc, 2 Bde., Paris

Préaud, Maxime (1988), L'oeil d'or. Claude Mellan 1598–1688, Ausstellungskatalog, Paris

Preimesberger, Rudolf, Hannah Baader und Nicola Suthor (Hg.), (1999), Porträt, Berlin

Prinzewa, Galina A. (2003), Die Zeichnungen von Gegenständen aus der Petrinischen Kunstkammer in der Eremitage, in: Palast des Wissens. Die Kunst- und Wunderkammer Zar Peters des Großen (Hg.: Brigitte Buberl und Michael Dückershoff), Bd. 1, Katalog, S. 235–237

Puhle, Matthias (Hg.), (2002), Die Welt im leeren Raum. Otto von Guericke 1602–1686, Ausstellungskatalog, Magdeburg

Quiccheberg, Samuel (1565), Inscriptiones vel Tituli Theatri Amplissimi, München

Quintilian [M. Fabius Quintilianus] (1974), Institutio oratoria X. Lehrbuch der Redekunst 10. Buch (Übers.: Franz Loretto), Stuttgart

Radzjoen, Anna (1996), De Anatomische Collectie van Frederik Ruysch in Sint-Petersburg, in: Peter de Grote en Holland, Ausstellungskatalog, Amsterdam, S. 47–53

Rahner, Hugo (1952), Der spielende Mensch, Einsiedeln

Raulff, Ulrich (2003), Wilde Energien. Vier Versuche zu Aby Warburg, Göttingen

Ravier, E. (1937), Bibliographie des oeuvres de Leibniz, Paris [Nachdruck Hildesheim 1966]

Recker-Kotulla, Ingrid (1983), Zur Baugeschichte der Herzog August Bibliothek in Wolfen-

büttel, in: Wolfenbütteler Beiträge, Bd. 6, S. 1–34
Reichl, Otto (1930), Zur Geschichte der ehemaligen Berliner Kunstkammer, in: Jahrbuch der Preußischen Kunstsammlungen, Bd. 51, S. 223–249
Reuther, Hans (1966), Das Gebäude der Herzog August-Bibliothek zu Wolfenbüttel und ihr Bibliothekar Wilhelm Leibniz, in: Wilhelm Totok und Carl Haase (Hg.), Leibniz. Sein Leben – Sein Wirken – Seine Welt, Hannover, S. 349–360
Richter, Liselotte (1946), Leibniz und sein Rußlandbild, Berlin
Riebesell, Christina (1989), Die Sammlung des Kardinal Alessandro Farnese. Ein „studio" für Künstler und Gelehrte, Weinheim
Ripa, Cesare (1624/1625), Della novissima iconologia, Padua
Robinet, André (1955), Malebranche et Leibniz. Relations Personelles, Paris
Robinet, André (1983), Leibniz: La Renaissance et l'#Age Classique, in: Leibniz et la Renaissance (Hg.: Albert Heinekamp, = Studia Leibnitiana Supplementa, Bd. 23), Wiesbaden, S. 12–36
Robinet, André (1986), Architectonique Disjonctive Automates Systématique et Idéalité Transcendentale dans l'Œuvre de G. W. Leibniz, Paris
Robinet, André (1986), G.W. Leibniz Iter Italicum (Mars 1689 – Mars 1690). Le dynamique de la République des Lettres. Nombreux textes inédits, Florenz
Robinet, André (1990), Leibniz und Sophie Charlotte. Von der Aufklärung zu den Aufklärungen, in: Leibniz in Berlin (Hg.: Hans Poser und Albert Heinekamp), Stuttgart, S. 28–43
Roessler, Emil F. (1856), Beiträge zur Staatsgeschichte Österreichs aus dem G. W. von Leibniz'schen Nachlasse in Hannover, in: Sitzungsberichte der kaiserlichen Akademie der Wissenschaften, Philosophisch-historische Classe, Bd. XX, S. 267–289
Roger, Jacques (1968), Leibniz et la Théorie de la Terre, in: Leibniz 1646–1716: Aspects de l'Homme et de l'Oeuvre. Centre internationale de synthèse, Paris, S. 137–144
Rosenberg, Pierre und Louis-Antoine Prat (1994), Nicolas Poussin 1594–1665. Catalogue raisonné, 2 Bde., Mailand
Rost, Achim (2002), Das fabelhafte Einhorn. Die Rekonstruktion eines fossilen Wirbeltieres durch Otto von Guericke, in: Die Welt im leeren Raum. Otto von Guericke 1602–1686, Ausstellungskatalog (Hg.: Matthias Puhle), Magdeburg, S. 120–132
Roth, Harriet (2000), Samuel Quicchebergs ‚Inscriptiones vel Tituli Theatri Amplissimi' von 1565 oder der Anfang der Museumslehre in Deutschland, Berlin
Rudolph, Hartmut (2001), Calculemus. Gottfried Wilhelm Leibniz zur Universalsprache, in: Gegenworte, Nr. 7, Frühling 2001, S. 56f.
Rudwick, Martin J. S. (1972), The Meaning of the Fossils. Episodes in the History of Palaeontology, London und New York
Rüfner, V. (1955), Homo secundus deus. Eine geistesgeschichtliche Studie zum menschlichen Schöpfertum, in: Philosophisches Jahrbuch der Görres-Gesellschaft, Jg. 63, S. 248–291
Russel, Bertrand (1900), A critical Exposition of the Philosophy of Leibniz, London

Sandrart, Joachim von (1994), Teutsche Academie der Bau-, Bild- und Mahlerey-Künste, Bde. I–III, Nördlingen [Nürnberg 1675–1680]
Sanson, Guillaume (1696), Atlas Nouveau. Contenant Toutes Les Parties Du Monde, Paris
Sartre, Jean-Paul (1982), Die Transzendenz des Ego. Philosophische Essays 1931–1939 (Hg.:

B. Schuppener, Übers.: A. Aumüller, T. König und B. Schuppener, (Gesammelte Werke in Einzelausgaben. Philosophische Schriften, Bd. 1), Reinbek

Saunders, Richard (1671), Physiognomie, and Chiromancie, Metoposcopie, The Symmetrical Proportions and Signal *Moles* of the *Body*, London

Schäffner, Wolfgang (2003), Instrumente und Bilder. Anamorphotische Geometrie im 16. und 17. Jahrhundert, in: Bühnen des Wissens. Interferenzen zwischen Wissenschaft und Kunst (Hg.: Helmar Schramm u. a.), Berlin, S. 92–109

Scharlau, Ulf (1969), Athanasius Kircher (1601–1680) als Musikschriftsteller. Ein Beitrag zur Musikanschauung des Barock, Marburg

Scheel, Günter (1973), Leibniz' Beziehungen zur Biblioteca Augusta in Wolfenbüttel (1678 bis 1716), in: Braunschweigisches Jahrbuch, Bd. 54, S. 172–199

Scheel, Günter (1990), Leibniz auf den Spuren von Alchemisten in Berlin zur Zeit König Friedrichs I., in: Leibniz in Berlin (Hg.: Hans Poser und Albert Heinekamp), Stuttgart, S. 253–270

Scheicher, Elisabeth (1979), Die Kunst- und Wunderkammern der Habsburger, Wien, München und Zürich

Schepers, Heinrich (1999), Einleitung, in: AA, VI, 4, A, S. XLV–XCI

Schepers, Heinrich (2002), Schwierigkeiten mit dem Körper. Leibniz'Weg zu den Phänomenen, in: Nihil sine Ratione. Mensch, Natur und Technik im Wirken von G.W.Leibniz (Hg.: Hans Poser in Verb. mit Christoph Asmuth, Ursula Goldenbaum und Wenchao Li), Nachtragsband, Berlin, S. 99–110

Scheuchzer, Johann Jakob (1746), Johann Jakob Scheuchzers Natur=Geschichte des Schweizerlandes, Samt seinen Reisen über die Schweitzerischen Gebürge (Hg.: Johann Georg Sulzer), 2 Bde., Zürich

Schirren, C. (1884), Patkul und Leibniz, in: Mittheilungen aus der livländischen Geschichte, Bd. 13, Nr. 3, S. 435–445

Schmidt, Justus (1934), Die Architekturbücher der beiden Fischer von Erlach, in: Wiener Jahrbuch für Kunstgeschichte, Bd. IX, S. 147–156

Schmidt, Justus (1934), Die Architekturbücher des Fischer von Erlach, in: Wiener Jahrbuch für Kunstgeschichte, Bd. IX, S. 147–156

Schmidt-Biggemann, Wilhelm (1975), Maschine und Teufel. Jean Pauls Jugendsatiren nach ihrer Modellgeschichte, München

Schmidt-Biggemann, Wilhelm (1983), Topica Universalis. Eine Modellgeschichte humanistischer und barocker Wissenschaft, Hamburg

Schnapper, Antoine (1994), Curieux du Grand Siècle. Collections et collectionneurs dans la France du XVIIe siècle, Paris

Schneider, Martin (1994), Leibniz' Konzept der „characteristica universalis" zwischen 1677 und 1690, in: Revue Internationale de Philosophie, Bd. 48, Nr. 188, S. 99–236

Schneider, Pablo (2000), Die komposite Welt des Parterre d'Eau der Gartenanlage von Versailles 1672–1683. Charles Le Brun im Spannungsfeld von Kunst und Wissenschaft, in: Die Gartenkunst, Nr. 2, S. 257–274

Schneiders, Werner (1975), Sozietätspläne und Sozialutopie bei Leibniz, in: Studia Leibnitiana, Bd. VII, S. 58–80

Schneiders, Werner (1977), Gottesreich und gelehrte Gesellschaft. Zwei politische Modelle bei

G. W. Leibniz, in: Der Akademiegedanke im 17. und 18. Jahrhundert (Hg.: F. Hartmann und Rudolf Vierhaus), Bremen-Wolfenbüttel, S. 47–61

Scholtz, Harald (1957), Evangelischer Utopismus bei Johann Valentin Andreae. Ein geistiges Vorspiel zum Pietismus, Stuttgart

Schott, Caspar (1664), Technica curiosa, sive Mirabilia Artis, Nürnberg

Schott, Caspar (1666), Joco-Seriorum Naturae et Artis, sive Magiae Naturalis Centuriae tres, Würzburg

Schott, Caspar (1674), Magia Naturalis Naturae et Artis, 2 Bde., Bamberg

Schott, Caspar [Kaspar] (1657), Mechanica Hydraulico-Pnevmatica, Würzburg

Schott, Caspar [Kaspar] (1671), Magia Optica, das ist: geheime doch naturmässige Gesicht- und Augen-Lehr, Bamberg

Schramm, Helmar (1996), Karneval des Denkens. Theatralität im Spiegel philosophischer Texte des 16. und 17. Jahrhunderts, Berlin

Schulthess, Peter, (2001), Erkenntnislehre, Logik und Charakteristik, in: Die Philosophie des 17. Jahrhunderts, Bd. 4, Das Heilige Römische Reich Deutscher Nation Nord- und Ostmitteleuropa (Hg.: Helmut Holzhey und Wilhelm Schmidt-Biggemann), Basel, S. 1047–1064

Schütte, Rudolf-Alexander (1997), Die Kostbarkeiten der Renaissance und des Barock, Braunschweig

Scilla, Agostino (1670), La vana speculazione disingannata dal senso (…), Neapel

Scudéry, Madame de (1656–1660), Clélie, histoire romaine, 5 Tle., Paris

Sebestik, J. (1956), O Reforme Vied, Preßburg

Sedlmayr, Hans (1997), Johann Bernhard Fischer von Erlach, Stuttgart

Segelken, Barbara (1998), Die Kunstkammer unter Friedrich III./I. und Friedrich Wilhelm I. Die Sammlungen im Kontext monarchischen Selbstverständnisses, Magisterarbeit, Humboldt Universität zu Berlin

Segelken, Barbara (2000), Sammlungsgeschichte zwischen Leibniz und Humboldt, in: Theater der Natur und Kunst. Theatrum Naturae et Artis. Wunderkammern des Wissens, Essayband (Hg.: Horst Bredekamp, Jochen Brüning und Cornelia Weber), Berlin, S. 44–51

Seidel, Paul (1888), Die Berliner Kunst unter Friedrich Wilhelm I., in: Zeitschrift für Bildende Kunst, 23. Jg., S. 185–198

Seifert, Hans (1954), Nicolaus Steno als Bahnbrecher der modernen Kristallographie, in: Sudhoffs Archiv für Geschichte der Medizin und der Naturwissenschaften, Bd. 38, 1954, S. 29–47

Seiler, Harald (1966), Bilder zu Leibniz' Zeit am Hannoverschen Hof, in: Wilhelm Totok und Carl Haase (Hg.), Leibniz. Sein Leben – Sein Wirken – Seine Welt, Hannover, S. 129–139

Senn, Rolf Thomas (2000), Sophipolis. Die Begründung Charlottenburgs 1694–1701 als „Theatrum repraesentationis", in: Zeitschrift für Kunstgeschichte, Bd. 63, Nr. 1, S. 26–46

Serres, Michel (1966), *Don Juan* au palais des merveilles – sur les statues au XVIIe siècle, in: Les Études Philosophiques, Nr. 3, 1966, S. 385–390

Serres, Michel (1990), Le système de Leibniz et ses modèles mathématiques, Paris

Serres, Michel (1992 [1974]), Hermes III, Berlin

Settis, Salvatore (1996), Warburg *continuatus*. Description d'une bibliothèque, in: Le Pouvoir des Bibliothèques. La mémoire des livres en Occident (Hg.: Marc Baratin und Christian Jacob), Paris, S. 122–173

Seydewitz, Max und Ruth (1960), Die Dresdener Kunstschätze, Dresden

Shapin, Steven und Simon Schaffer (1985), Leviathan and the Air-Pump. Hobbes, Boyle, and the Experimental Life, Princeton

Shusterman, Richard (2003), Der schweigende, hinkende Körper der Philosophie, in: Deutsche Zeitschrift für Philosophie, Bd. 51, Nr. 5, S. 703–722

Siegert, Bernhard (2000), Analysis als Staatsmaschine. Die Evidenz der Zeichen und der Ausdruck des Infinitesimalen bei Leibniz, in: Das Laokoon-Paradigma. Zeichenregime im 18. Jahrhundert (Hg.: Inge Baxmann, Michael Franz und Wolfgang Schäffner), Berlin, S. 246–273

Siegert, Bernhard (2003), Passage des Digitalen, Berlin

Smith, Pamela H. (1994), The Business of Alchemy. Science and Culture in the Holy Roman Empire, Princeton, New Jersey

Sophie Charlotte und ihr Schloß. Ein Musenhof des Barock in Brandenburg-Preußen, Ausstellungskatalog Berlin, München, London und New York

Sophie Charlotte und ihr Schloß: ein Musenhof des Barock in Brandenburg-Preußen (1999), Ausstellungskatalog, Berlin

Soto, Hernando de (1599), Emblemas Moralizadas, Madrid

Stafford, Barbara Maria (1998), Kunstvolle Wissenschaft, Amsterdam und Dresden

Stensen, Niels (1669), De solido intra solidum naturaliter contento dissertationis prodomus, Florenz

Sticker, Bernhard (1967), Leibniz' Beitrag zur Theorie der Erde, in: Sudhoffs Archiv, Bd. 51, Nr. 3, S. 244–259

Stock, Friedrich (1928), Zur Vorgeschichte der Berliner Museen. Urkunden von 1786 bis 1807, in: Jahrbuch der Preuszischen Kunstsammlungen, Bd. 49, Beiheft, S. 64–174

Stöcklein, Ansgar (1969), Leitbilder der Technik. Biblische Tradition und technischer Fortschritt, München

Stoichita, Victor I. (1999), Eine kurze Geschichte des Schattens, München

Stolzenberg, Daniel (2001), The Great Art of Knowing. The Baroque Encyclopedia of Athanasius Kircher (Hg.: Daniel Stolzenberg), Stanford, S. 49–57

Strahm, Hans (1930), Die „petites perceptions" im System von Leibniz, Berlin und Leipzig

Swammderdam, Jan (1669), Historia Insectorum Generalis, Utrecht

Syndram, Dirk, in Zusammenarbeit mit Jochen Vötsch (1999), Die Schatzkammer Augusts des Starken, Leipzig

Tasso, Torquato (1976), La Gerusalemme liberata, Florenz

Taton, René (1951), L'Oeuvre mathématique de Desargues, Paris

Taton, René (1994), Desargues et le Monde Scientifique de son Époque, in: Desargues en son Temps (Hg.: Jean Dhombres und Joel Sakarovitch), Paris, S. 23–53

Teatro. Eine Reise zu den oberitalienischen Theatern des 16.–19. Jahrhunderts (2001), (Hg.: Österreichisches Theatermuseum), Marburg

Terzagus, P. M. (1664), Museum Septalinum, Tortona

Theater der Natur und Kunst. Theatrum Naturae et Artis. Wunderkammern des Wissens (2000),

(Hg.: Horst Bredekamp, Jochen Brüning und Cornelia Weber), Katalogband und Essayband, Berlin

Thiel, Christian (1992), Die Grenzen der Kalküle, in: Grundprobleme der großen Philosophen (Hg.: Josef Speck), Göttingen, S. 138–181

Thomasius, Jakob (1661), Philosophia practica continuis tabellis in usum privatum comprehensa, Leipzig

Tönnies, Ferdinand (1887), Leibniz und Hobbes, in: Philosophische Monatshefte, Bd. 23, S. 557–573

Tönnies, Ferdinand (1975), Leibniz und Hobbes, in: ders., Studien zur Philosophie und Gesellschaftslehre im 17. Jahrhundert (Hg.: E. G. Jacoby), Stuttgart-Bad Cannstadt, S. 151–167

Totok, Wilhelm und Carl Haase (Hg.), 1966, Leibniz. Sein Leben – Sein Wirken – Seine Welt, Hannover

Trabant, Jürgen (2003), Mithridates im Paradies. Kleine Geschichte des Sprachdenkens, München

Unverzagt, Dietrich (2000), Philosophia, Historia, Technica – Caspar Schotts *Magia universalis*, Phil. Diss., Berlin

Utermöhlen, Gerda (1983), Die Literatur der Renaissance und des Humanismus in Leibniz' privater Büchersammlung, in: Leibniz et la Renaissance (Hg.: Albert Heinekamp, = Studia Leibnitiana Supplementa, Bd. 23, Wiesbaden, S. 221–233

Utermöhlen, Gerda (1999), Leibniz im kulturellen Rahmen des hannoverschen Hofes, in: Leibniz und Niedersachsen (Hg.: Herbert Breger und Friedrich Niewöhner), Stuttgart, S. 213–226

Valentini, M. B. (1712), Museum museorum oder vollständige Schau-Bühne aller Materialien, Specereyen aus anderen Material-, Kunst- und Naturalienkamern etc., Frankfurt a Main 1712 [erstmals 1704]

Verspohl, Franz-Joachim (2001), Michelangelo Buonarotti und Niccolò Machiavelli. Der David, die Piazza, die Republik, Bern und Wien

Vidler, Anthony (2000), Warped Space. Art, Architecture and Anxiety in Modern Culture, Cambridge/Mass.

Vierhaus, Rudolf (1990), Wissenschaft und Politik im Zeitalter des Absolutismus. Leibniz und die Gründung der Berliner Akademie, in: Leibniz in Berlin (Hg.: Hans Poser und Albert Heinekamp), Stuttgart, S. 186–201

Villa, Nicole (1967), Le XVIIe Siècle vu par Abraham Bosse Graveur du Roy, Paris

Vitruv (1996), Zehn Bücher über Architektur. De Architectura Libri Decem (Übers.: Curt Fensterbusch), Darmstadt

Vogtherr, Christoph M. (1997), Das Königliche Museum zu Berlin. Planung und Konzeption des ersten Berliner Kunstmuseums, in: Jahrbuch der Berliner Museen, N. F. Bd. 39, Beiheft

Voisé, Waldemar (1975), Le Premier Project de l'Académie Russe des Sciences à la Lumière de la Correspondance de Leibniz avec Pierre Ier, in: Organon, Bd. 11, S. 115–127

Vollrath, Hans-Joachim (2002), Das Organum mathematicum – Athanasius Kirchers Lehrmaschine, in: Spurensuche. Wege zu Athanasius Kircher (Hg.: Horst Beinlich, Hans-Joachim Vollrath, Klaus Wittstadt), Dettelbach, S. 101–117

Wagenbreth, Otfried (1999), Geschichte der Geologie in Deutschland, Stuttgart

Warburg, Aby (2001), Tagebuch der Kulturwissenschaftlichen Bibliothek Warburg (Hg.: Karen Michels und Charlotte Schoell-Glass, = Gesammelte Schriften, Bd. VII), Berlin

Waschkies, Hans-Joachim (1999), Leibniz' geologische Forschungen im Harz, in: Leibniz und Niedersachsen (Hg.: Herbert Breger und Friedrich Niewöhner), Stuttgart, S. 187–212

Waschkies, Hans-Joachim (2001), Erdgeschichte, Geschichte und Paläontologie im Spiegel des Briefwechsels von G. W. Leibniz. Zur Entstehungsgeschichte der Protogaea, in: Nihil sine Ratione. Mensch, Natur und Technik im Wirken von G. W. Leibniz (Hg.: Hans Poser in Verb. mit Christoph Asmuth, Ursula Goldenbaum und Wenchao Li), Vorträge, Bde. 1–3, Berlin, Bd. 3, S. 1327–1333

Wegener, Ulrike B. (1995), Die Faszination des Maßlosen. Der Turmbau zu Babel von Pieter Bruegel bis Athanasius Kircher, Hildesheim, Zürich und New York

Weigel, Erhard (1669), Sphaera moralis, in: Samuel Pufendorf, Elementorum Jurisprudentiae universalis libri II; denuo ad exemplar Den Haag ac appendice de sphaera morali aucti, Jena

Weigl, Engelhard (1990), Instrumente der Neuzeit. Die Entdeckung der modernen Wirklichkeit, Stuttgart

Weltenharmonie. Die Kunstkammer und die Ordnung des Wissens (2000), Ausstellungskatalog, Braunschweig

Werrett, Simon (2000), An Odd Sort of Exhibition: the St.Petersburg Academy of Sciences in Enlightened Russia, Phil. Diss., University of Cambridge, King's College

Werrett, Simon (2001), Wonders never cease: Descartes's Météores and the rainbow fountain, in: The British Journal for the History of Science, Bd. 34, S. 129–147

Westerhoff, Jan C. (1999), *Poeta Calculans*: Harsdörffer, Leibniz, and the *mathesis universalis*, in: Journal of the History of Ideas, Bd. 60, Nr. 3, S. 449–467

Widmaier, Rita (1983), Optische Holographie – ein Modell für Leibniz Monadenlehre, in: Leibniz: Werk und Wirkung, IV. Leibniz-Kongreß, Vortragsband, Hannover, S. 828–835

Wiedeburg, Paul (1962 und 1970), Der junge Leibniz, das Reich und Europa, 6 Bde., Wiesbaden

Wiener, Norbert (1968), Kybernetik. Regelung und Nachrichtenübertragung in Lebewesen und Maschine, Reinbek

Wiener, Philip P. (1940), Leibniz's Project of a Public Exhibition of Scientific Inventions, in: Journal of the History of Ideas, Bd. 1, S. 232–240

Wiesenfeldt, Gerhard (2002), Leerer Raum in Minervas Haus. Experimentelle Naturlehre an der Universität Leiden, 1675–1715, Diepholz

Wiesing, Lambert (2002), Philosophie der Wahrnehmung. Modelle und Reflexion, Frankfurt am Main

Willems, Gottfried (1989), Anschaulichkeit. Zu Theorie und Geschichte der Wort-Bild-Beziehungen und des literarischen Darstellungsstils, Tübingen

Wilson, Catherine (1997), Leibniz and the Animalcula, in: Oxford Studies in the History of Philosophy (Hg.: M. A. Stewart), Oxford, S. 153–175

Winter, Eduard (1966), Leibniz und Rußland, in: Wissenschaft und Fortschritt, Bd. 11, S. 513–518

Wolf, Gerhard (1997), Gestörte Kreise. Zum Wahrheitsanspruch des Bildes im Zeitalter des Disegno, in: Räume des Wissens. Repräsentation, Codierung, Spur (Hg.: Hans-Jörg Rheinberger, Michael Hagner und Bettina Wahrig-Schmidt), Berlin, S. 39–62

Wolf, Gerhard (2003), Schleier und Spiegel. Traditionen des Christusbildes und die Bildkonzepte der Renaissance, München

Worm, Ole (1655), Museum Wormianum: Seu historia rerum, Leyden

Yamada, Toshihiro (2001), Leibniz's Unpublished Drawings in *Protogaea* Manuscript, in: JAHIGEO Newsletter, Nr. 3, S. 4–6 (www.geocities.com/jahigeo/jahigeo623.html) [Januar 2002]

Yates, Frances A. (1975), Aufklärung im Zeichen des Rosenkreuzes, Stuttgart

Yates, Frances A. (1990), Gedächtnis und Erinnern. Mnemonik von Aristoteles bis Shakespeare, Weinheim

Zacher, Hans J. (1973), Die Hauptschriften zur Dyadik von G. W. Leibniz, Frankfurt am Main

Zeising, Heinrich (1673), Theatrum Machinarum, Leipzig 1673

Zesen, Philipp von (2000), Beschreibung der Stadt Amsterdam (Hg.: Ferdinand van Ingen, = Sämtliche Werke, Bd. 16), Berlin und New York [1664]

Zielinski, Siegfried (2002), Archäologie der Medien. Zur Tiefzeit des technischen Hörens und Sehens, Reinbek bei Hamburg

Zimmermann, Reinhard (1986), Hortus Palatinus. Die Entwürfe zum Heidelberger Schloßgarten von Salomon de Caus 1620, Kommentarband, Worms

Zitzlsperger, Philipp (2002), Gianlorenzo Bernini. Die Papst- und Herrscherportraits. Zum Verhältnis von Bildnis und Macht, München

Znort (s. d.), http://www.znort.it/suiseth/drole/msstrutt.html [Januar 2002]

訳者あとがき

ホルスト・ブレーデカンプ（1947年生まれ〜）には、現在、以下のような著作がある。本書はこのうち10番目の著作の翻訳であり、初版を翻訳していたのだが、手をこまねいているうちに再版が出てしまったので、両者を検討することになった（異同は誤植訂正のみのようだが）。

1) Kunst als Medium sozialer Konflikte. Bilderkämpfe von der Spätantike bis zur Hussitenrevolution, Frankfurt am Main（Suhrkamp）1975.
2) Kunst am Mittelrhein um 1400（mit Herbert Beck und Wolfgang Beeh）, Frankfurt am Main（Liebieghaus）1975.
3) Horst Bredekamp/Wolfram Janzer Vicino Orsini und der heilige Wald von Bomarzo. Ein Fürst als Künstler und Anarchist, Worms（Werner）1985; 2., überarb. Aufl. 1991.
4) Botticelli: Primavera. Florenz als Garten der Venus, Frankfurt am Main（Fischer）1988; Neuausgabe Berlin（Wagenbach）2002.（『ボッティチェリ』中江彬訳、三元社）
5) Antikensehnsucht und Maschinenglauben. Die Geschichte der Kunstkammer und die Zukunft der Kunstgeschichte, Berlin（Berlin）1992.（『古代憧憬と機械信仰』藤代幸一・津山拓也訳、法政大学出版局）
6) Florentiner Fußball. Die Renaissance der Spiele. Calcio als Fest der Medici, Frankfurt am Main（Campus）1993; veränderte Ausgabe Berlin（Wagenbach）2001.（『フィレンツェのサッカー』原研二訳、法政大学出版局）
7) Repräsentation und Bildmagie der Renaissance als Formproblem, München（Carl Friedrich von Siemens-Stiftung）1995.

8) Sankt Peter in Rom und das Prinzip der produktiven Zerstörung. Bau und Abbau von Bramante bis Bernini, Berlin (Wagenbach) 2000.
9) Thomas Hobbes visuelle Strategien. Der Leviathan: Urbild des modernen Staates. Werkillustrationen und Portraits, Berlin (Akademie) 1999. Stark veränderte Neuausgabe unter dem Titel Thomas Hobbes: Der Leviathan. Das Urbild des modernen Staates und seine Gegenbilder. 1651-2001, Berlin (Akademie) 2003.
10) Die Fenster der Monade. Gottfried Wilhelm Leibniz' Theater der Natur und Kunst, Berlin (Akademie) 2004; Zweite Auflage, Berlin (Akademie) 2008.（本書）
11) Darwins Korallen. Die frühen Evolutionsdiagramme und die Tradition der Naturgeschichte, Berlin (Wagenbach) 2005.
12) Le déclin du néo-platonisme, Paris 2005
13) Bilder bewegen. Von der Kunstkammer zum Endspiel, Berlin (Wagenbach) 2007
14) Galilei der Künstler. Der Mond, die Sonne, die Hand, Berlin (Akademie) 2007.
15) Der Künstler als Verbrecher. Ein Element der frühmodernen Rechts- und Staatstheorie, München (Carl Friedrich von Siemens-Stiftung) 2008.
16) Michelangelo. Fünf Essays, Berlin (Wagenbach) 2009

　端的に本書をたとえていうならば、驚異のパノラマと言おうか、あるいはアナモルフォーズを正像にもどす円筒鏡と言おうか。ライプニッツの用語で言うとスケノグラフィア（立面図）は無限にあるが、イクノグラフィア（平面図）は一つである。それはただ一つしかない視角であるゆえ、これが神の視角である。

モナドには複数の窓がある

　ながらくライプニッツの像を結ぶ視角が分からなかった。ブレーデカンプが提供するのはまるでコロンブスの卵のような視角である。奇怪な模様としか見えない全体を斜めの視角から見る、あるいは円筒の鏡を立てることによって意味のある図柄が見えてくる、本論はライプニッツというアナモルフォーズを確

かに眼と手によって解くと主張した。

　ライプニッツといえば、工作舎版の翻訳著作集を見てもあまりに多様複雑な論議に途方に暮れる体のものだった。いや、2進法に基づくコンピュータ思潮の始祖であるというのが彼の根幹をなすというのならば、化石論など「愛すべき博物学者」と言ってもらうための余技なのか、あるいはどのような全体があるのか、ないのか、茫洋としてバロックのオーラが立ち上がる。それゆえ一層ブレーデカンプがやってのけたことは、目の覚めるようなことなのだ。素材は普通の研究者には到達しがたいライプニッツの手書きの草稿であり、とりわけ走り描きの絵であったりする。それゆえブレーデカンプは資料を公平に明示するために、手書きの資料などことごとく本書に活字化して採録する。

　「抽象思考の権化」というライプニッツ像に対して、まずは軽く「結び目」の欄外描き込みから接近していく。それはけれども、ライプニッツだってイメージを使った具体思考をしますよ、という程度の話に終わらなかった。やおら「襞」から5官のペンタグラムの走り描きに手を広げ、これによって「モナドには窓がない」という有名なテーゼにもかかわらず、モナドには複数形の窓があると言い換えられる。ではどうしてこんな矛盾が並立できるのか。

　本書が「窓」を複数形で示したのは、「モナドには窓がない」というテーゼへの挑発である。ライプニッツが残した走り描きの図解からそれを解読する限りでは、モナドの複数形の窓とは5官の開口部である。さらにそれが外へ外へと展開した姿が「自然と人工の劇場」であるところからすると、窓のないモナドという孤立モデルの真逆に達してしまう。抽象的な単子が、具体的な単位として想定されると、外部刺激を受容する単位内部にはすでに外へ出ていく用意があった。それは感覚世界を収集し秩序へと回収する壮大な世界劇場と化していく、これがライプニッツの全体である。それは矛盾が解決しているというのではないが、並列してもろもろが置かれている全体である。ライプニッツが終生実現を夢見、ヨーロッパ中の宮廷を歴訪した目標である「自然と人工の劇場」モデル──生涯を貫くこの夢が明示されたこともブレーデカンプの功績の一つ──そのものが「窓のあるモナド」なのである。「劇場」は5官の精華である。そう理解することによって、化石論から代数論までほしいままに展開して収拾がつかないと見えたライプニッツのバロック趣味が、逆に一つの単体として見えた。ライプニッツの残した走り描き、なかんずく図解メモの解読とい

う、なかなか我々には手のつけられないところから、ついにライプニッツ像を描いてしまう様は、じつに読んでいて爽快な経験であった。そう、歪像を正像へ戻す視角としてブレーデカンプが我々に差し出したもの、それが「自然と人工の劇場」だった。

自然と人工の劇場

こうして本書はライプニッツ論であるとともに、近年営々と紡がれてきたコレクション研究の分野をもまた一つのモデルとして、ライプニッツのユートピアへと収束して見せた。17世紀以前のコレクションなど、相変わらず王侯の珍奇趣味に過ぎず、したがってその研究までが珍奇趣味であると我が国では思われているだろう。そしてまたブレーデカンプのフランス思想界への対抗意識が滲むところでもあるのだが、フーコーの18世紀研究がすっかりライプニッツをフェイドアウトさせたことへの論難、あるいはドゥルーズの脳モデルが「上・下」であって、「内・外」ではないことへの論難……など、なんとなくドイツ図像研究界隈のクリマを感じるにしても、とりあえず、博物学によってこそバロック代数学の巨人が合理的な全身をくっきりと顕すことに、訳者は感動を覚えている。

theatrum naturae et artis とか Theater der Natur und Kunst とか様々な表記をされているものに「自然と人工の劇場」という統一した訳語を当てた。もちろん「人工の劇場」というと、人が作った劇場と受け取るのも当たり前。そのうえに「自然と」という冠が加わるとどうしても曖昧な日本語になるだろうと思う——自然が作った劇場って何？　それくらいならこれをミュージアム原型と想定して、「自然物」と「人工物」＝Kunst を収集・整理・展示する場のことであると決めてしまう方がいい。「自然物と人工物の劇場」と訳しておく方が明快である。Kunst を芸術と訳すわけにはいかないことは周知のこととして。とはいえ、一方、ライプニッツも主張しているとおり、自然そのものが劇場であり、自然そのものが Spiel（遊戯／演技）する。そうして人間の劇場と競うのだ、というバロックな考え方も実は含んでいた。自然の中にも目を見張る巧みがあり、「人工」にも自然と紛う巧緻がある、すなわち「自然の人工」vs「人工の自然」といった考え方である。それゆえ自然と人工をめぐる劇場という意味で「自然と人工の」という不熟な修飾語を採用した。

劇場という用語がバロック時代に盛んに使われたことの本来の意味については本文を読んでいただきたい。劇場は見せるところだから、というようなことだけがムゼオロギーと劇場の結節点ではない。こんなもののためにライプニッツがヨーロッパ中を奔走したのは、劇場とは世界の、というか「ウニヴェルスム」の、と言いたいところだが、掌握であり、彼の哲学の一方の核心、官能のモナドであるからだ。当時様々な書籍が「テアトルム」をタイトルとしており、「エンサイクロペディア」という以前はテアトルムであり、「大全」であり、これが百科全書の謂いだった。

たとえば「テアトルム・アナトミクム（解剖学劇場）」というタイトルの書籍が実際に多々ある。他方、近年の劇場研究の側からすれば、階段状ギャラリーに囲まれた解剖学教室こそが近代劇場の構造を決定するのに力があった。「劇場」という単語が比喩としてムゼオロギーに密輸されたとは限らない事情の一端である。劇場は展覧するというだけでなく、実演するところ。自然現象と人工の条件を様々に実験してみるところでもある。

さて、5官の華やぎはそのまま「自然と人工の劇場」へと展開していく。つまりライプニッツの5官もまたランダムにして華麗な発想を展開して見せる。その中心テクストが、「思考遊び」（あるいは「奇想集」とも訳せる）とまとめられるパリ草稿と「自然と人工の劇場」建白書の数々である。建白書もまた付録に年代順に提示してあるが、アヴァンチュリエとしての政治活動を建白書に読み取るという案外に正統な方法によって、ライプニッツの壮大な企図全体が浮かび上がるのである。

代数学のみが完全言語なのか

本書には「自然からは何も学ばなかった」とされたライプニッツの、たとえばその粋と考えられよう数学記号の発明の仕方についても、実は独特の象徴センスに基づいて具象的・図像的な一面が強いのだという指摘がある。

我々には近年「アルス・コンビナトリア」の伝統研究が知られている。思念やモラルまでアルファベット記号や数字に置き換え、なんとか概念を代数計算可能なものに変換しようという考え方の伝統である。ライプニッツの直前にもルルス、ハルスデルファ、キルヒャーなどの初期エンチュクロペディストたちがいる。ところがライプニッツが考案した数学記号の中でも、たとえば現代数

学で「インテグラル」と呼ばれる∫記号が有名だが、これもマニエリスムからホガースに連なる蛇状曲線の発想だろうという、あるいは厳然と抽象記号である１／０こそが単純にバイナリー思想というのではなく、「神とその余の一切」の表象であるというのだ。しかも、そういう指標思想をライプニッツは、なんとメダルに刻印する図案に触発されながら生成していくのである。モットー制作者、墓碑の意匠のデザイナーであるライプニッツの姿は、それだけでもう単純に数学記号の改革者という面目を大いに一新しているのではないだろうか。王の権威発揚の図案を考えながら、バイナリーのメダルを考えているなんて、なんて楽しい哲学者だろう。

　むろん、発見術の単位たるべく字母も事項も数字に置き換える数理言語が高く評価され、ライプニッツにとって代数学こそ「アダムの言語」なのだと、ウンベルト・エーコの『完全言語の探求』にも解説されている。だから世界はすべて代数化されるのがよいのだ、とまで確かにライプニッツも言いもした。けれどついにピョートル大帝のクンストカマーに大々的実現を見るところまでこぎつけるに及んで、なお言語はすべからく現物に如くは無い、とライプニッツが言うのも驚きである。官能的直接性を望んでいたというのだから。これはたんに現物教育という博物館に課せられた任務にとどまらないのである。ここにはもう一つの「完全言語」、言語即物というエデンの思想の鉱脈が生きているのだと思わざるをえない。すなわちエーコのいう数理言語ではなく現物言語こそがエデン＝アダムの言語なのである。ちなみに、聖書外伝やユダヤの伝説だと、まるでウルトラマンの子供が闇雲にスペシウム光線をまき散らすに似て、アダムが何か唸り声を発するとそれがそのまま次々と物象化してしまうのである。アダムの言語とはこれである。そしてまた同時に、バランス感覚に秀でたライプニッツは、現物言語ですべてまかなうわけにいかないと分かっていることなので、表象の収集が肝要であるとも同時に言われる。そういうわけでライプニッツの代数学傾向と博物学傾向は、表象たる「図版アトラス」と、現物である「自然と人工の劇場」という視覚を筆頭とする５官劇場に具体化される。一方、この「アトラス」という用語もまた、もっぱら「地図帳」に使われるかのごとくであるが、これもウニヴェルスムをそのまま図としてつかみ取る謂いとしてライプニッツには考えられていた。というわけで「アトラス」と「劇場」にいたる本書の流れを解説に代えて図としてみた。読む前の、というより

訳者あとがき　327

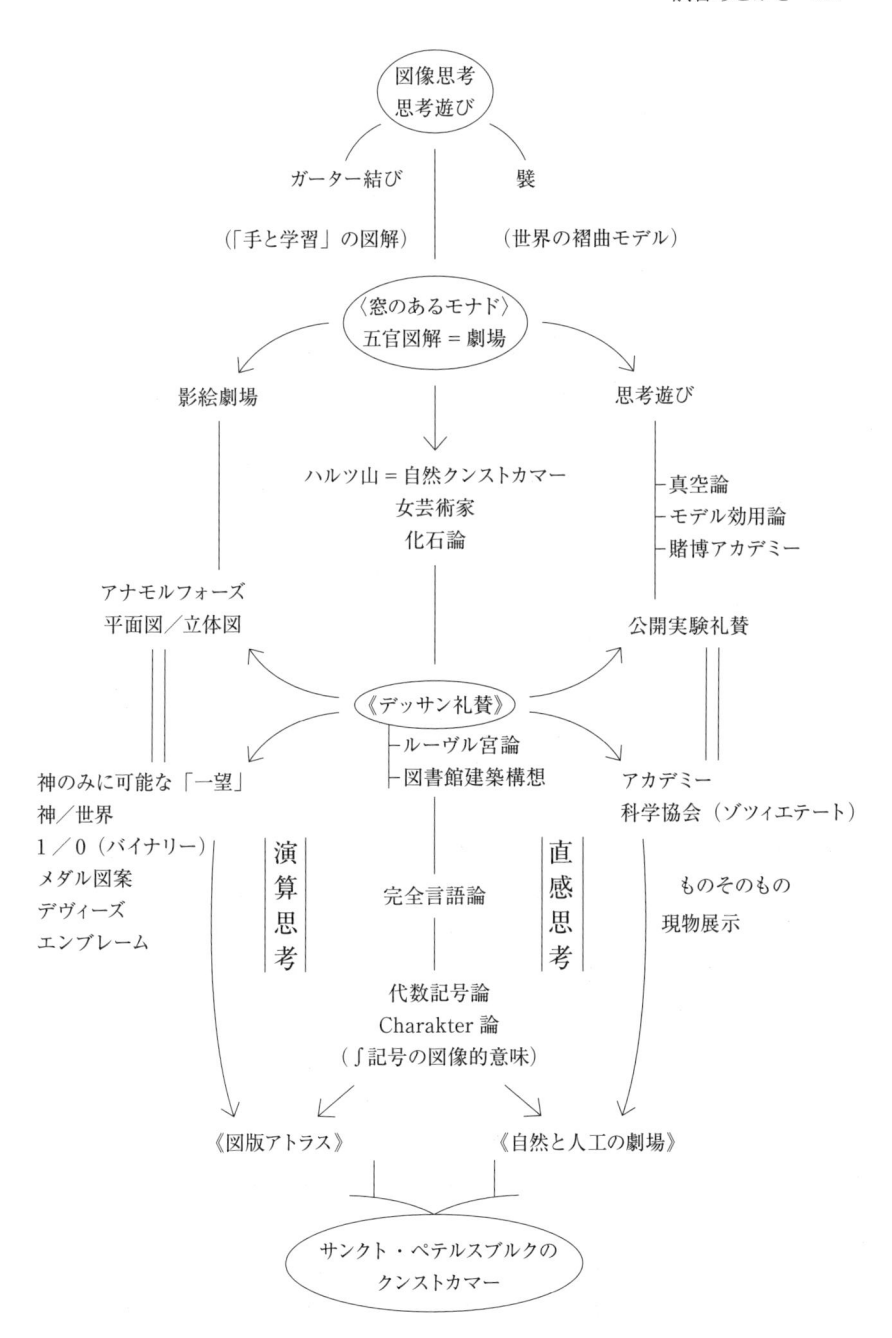

```
                    ┌─────────────┐
                    │  図像思考    │
                    │  思考遊び    │
                    └─────────────┘
              ガーター結び  │    襞
           (「手と学習」の図解)  (世界の褶曲モデル)
                    ↓
              ┌─────────────────┐
              │〈窓のあるモナド〉│
              │ 五官図解＝劇場   │
              └─────────────────┘
      影絵劇場        ↓        思考遊び
                                        ─真空論
              ハルツ山＝自然クンストカマー ─モデル効用論
                    女芸術家              ─賭博アカデミー
                    化石論

   アナモルフォーズ       《デッサン礼賛》        公開実験礼賛
   平面図／立体図      ─ルーヴル宮論
                       ─図書館建築構想      アカデミー
  神のみに可能な「一望」                       科学協会（ゾツィエテート）
  神／世界         演         直
  1／0（バイナリー）算  完全言語論  感      ものそのもの
  メダル図案       思              思      現物展示
  デヴィーズ       考              考
  エンブレーム
                    代数記号論
                    Charakter 論
                    （∫記号の図像的意味）

            《図版アトラス》    《自然と人工の劇場》
                    ↓
              ┌─────────────────┐
              │サンクト・ペテルスブルクの│
              │   クンストカマー       │
              └─────────────────┘
```

は読んだ後の整理の参考に。

フンボルト・フォーラム

2000年から2001年にかけて、ベルリンではフンボルト大学所蔵のコレクションを大々的に整理・展示し、芸術・科学・思想各界から注目を浴びた。これは図版集・論文集・反響記事の3巻のカタログとなって今でも入手可能である（現在はたぶん3巻目抜きの2巻本として入手可能）。この企画の中心はもちろんブレーデカンプであり、本人も記しているように、ライプニッツの草稿を素材に授業を組み立てたのが、次の2002／2003年の冬学期のことである。ゼミと大学企画の展覧会が連動することの、まさしくライプニッツ的現物教育が実践されていたわけである。大学のコレクションをつぶさに調査することは、ライプニッツのコレクションのあり方をモデリングしたようなものだ。こうして2004年には本書が出版され、2008年には再版の運びとなった。彼の他の研究書も版を重ねているのは、優れた業績であるからということの他に、ドイツにおける人文書の評価が社会的に維持されているということなのだろうか？

そうしてフリードリヒ・シンケルによって建てられたアルテス・ムゼウム（1830年）にて、今年2010年、「知の劇場 Theater des Wissens」をコンセプトとする「世界へのもう一つのアプローチ——ベルリン王宮のフンボルト・フォーラム」が企画された。現代のドイツでは早くから人文科学者たちの大きな研究運動に連動して、ベルリンの中心を占める博物館島（Museumsinsel）のすべてのミュージアム群の機能を協働させようという、政治というか、国家プロジェクトが展開している。フンボルト・フォーラムはついにその運動の実際的な「眼と手」の姿を現してみせたのだ。この企画展にはさっそくの探訪記が「すばる」（2010年2月号、保坂健二朗「ベルリンのフンボルト・フォーラム」）に寄せられていたのでここに引用させていただく。「……フォーラムが対象にするのは、多種多様なSMB（ベルリン国立ミュージアム群）のコレクションの中でも、民俗学博物館とアジア美術館を中心にした非ヨーロッパの芸術文化である。それら他者の文化を、知識の宝庫である図書館と、知力の生産機関である大学とがバックアップして分析・解釈していくらしく、その方向性を見せてくれるのが、今回の展覧会だったのである。／会場入り口では、彼らがコンセプトの基礎に据えるのは、ライプニッツの提唱した『知の劇場』であ

ると書かれていた。……面白いのは、自分たちが目指すのは『スーパー・ポンピドー・センター』であると明言されている点だ。ベルリン王宮に入る施設を説明する際に、フランス大統領の名を冠した複合文化施設を参照するなんて、よほど自信がなければできることではない。／展示室内には説明文がふんだんに配されて、展覧会の最後には『研究室』と称した空間があり、そこには本当に研究者が日参していた。この学際的な雰囲気を『フンボルト・フォーラム』が求めているのだとしたら、複数の施設が入りながらも有機的連環が生まれているとはあまり言えない『ポンピドー』を超えた施設になるのは間違いない」。

　これらは19世紀の知の巨人アレクサンダー・フォン・フンボルトの名前を冠しているが、ライプニッツからブレーデカンプを経た思想に動機づけられている。むろん『コスモス』のフンボルトこそがドイツの盾の紋章となることに不思議はないが。

　フリードリヒ・シンケルのアルテス・ムゼウム（第一美術館）にてフンボルト・フォーラムが立ち上がることには、幾重にも因縁と感慨がある。まず17世紀バロックの思想家が「自然と人工の劇場」を造営しようというのには普遍を具現するという動機に促されていた。しかしその近代分類ではよくわからない面白・いぶかしい「劇場」は、ライプニッツ個人の運命としては皮肉にも実現寸前で逝去してしまうにせよ、ある意味科学アカデミーというかたちで具体化されていく。では全科学が統合される歴史をヨーロッパは、あるいはプロイセンやロシアは迎えたのか。そうではない。

　やがてナポレオン・フランスの圧倒的軍事（国民）力への立ち遅れを取り戻すべく、様々な国事改革が急務とされるなかで、ミュージアムもまた国民教育機関として、つまり民族の栄光を浴びるための神殿として建設されていく。その役割を担ったのがプロイセンでは国家の建築師シンケルだった。したがって、19世紀のミュージアムはすでに民族の芸術を鑑賞するところへと専門化し、科学博物館は科学博物館、美術館は美術館となってしまう。

　これが今、様々な運命の変転をへて、もう一度ベルリンの諸研究機関を連合する形で博物館島の諸ミュージアムをもつなごうというのだ。それは知的に連携していくのに合わせて諸機関が実際の空間としても回廊によってつながれていく目覚ましい経過をたどる。19・20世紀の分裂・分化の時代を経て、今、またライプニッツの「知の劇場」という統合のキャッチフレーズが呼び出される

に至った。あるいは、現代ドイツがこのような知の活性化を激しく欲していることこそ、特筆に値する。日本の大学など、内部の組織いじりばかりで、わけの分からないスクラップ作業に励んだり、就職率が悪いので学生の卒業年度を伸ばす制度は作れないかとか……、大学の元気はそんなところにないだろうに。

ブレーデカンプの全体の仕事

20世紀のライプニッツ評価がコンピュータ礼賛世代から、「襞」礼賛のポストモダンに移って行ったことの両傾向に、ブレーデカンプは距離を取ろうとしている。独特の記号論もそうなのだが、たとえば我々の手元にはストイキツァの『影の歴史』(原著1997年刊)という、影を「不気味なもの」へと取り返しておこうとした評判の翻訳がある。同著の扱うホーホストラーテン界隈の図版はまさにフロイト化というか、ロマンチック化が施されるのに対し、ブレーデカンプはこれらの図版がことごとく「思考遊び」に論究されているものであり、ライプニッツの構想する影絵劇場において幾何学的遠近法を眼前にする遊戯的実験モデルとして扱われていることを示唆する。

そういう舵きりをするブレーデカンプの、これまでの研究について、いわゆるヴィジュアル思想家3部作(ホッブス、ライプニッツ、ガリレイ)を中心に据えて見取り図を作ってみた。通常の編年体で並べる著作表は冒頭に示したので、以下、簡単な図表としてご参考に供したい。

3部作の外周に並ぶ作品群は、イコノロジーを訓練されたであろう著者のイタリア・ルネサンス素材が目立つ。怪物庭園ボマルツォ論、ボッティチェリのプリマヴェーラ論など。しかしデヴューがイコノクラスム論であったことからしても、図像の解釈よりも、図像の力を浮き彫りにするところに彼の得意がある。

そもそも出発点は、キリスト教が強化されるところでこそ、図像化運動と反図像の運動が先鋭化する、というものであった。ルネサンスの図像を単に異教の記号として読み解くイコノロジーを最初から超越している。イコノロジー(図像学)ではなく、Bild(図像)の科学と彼が主張する力点があるのだ。彼はライプニッツ論によってアビ・ヴァールブルク賞を受賞するが、そのときのインタヴュで図像(Bild)を読み解くというのはどういうことか、つまりBild学とはなにをするのかについて重要なことを言っている(web版 Zeit, 2005年4月7日)。

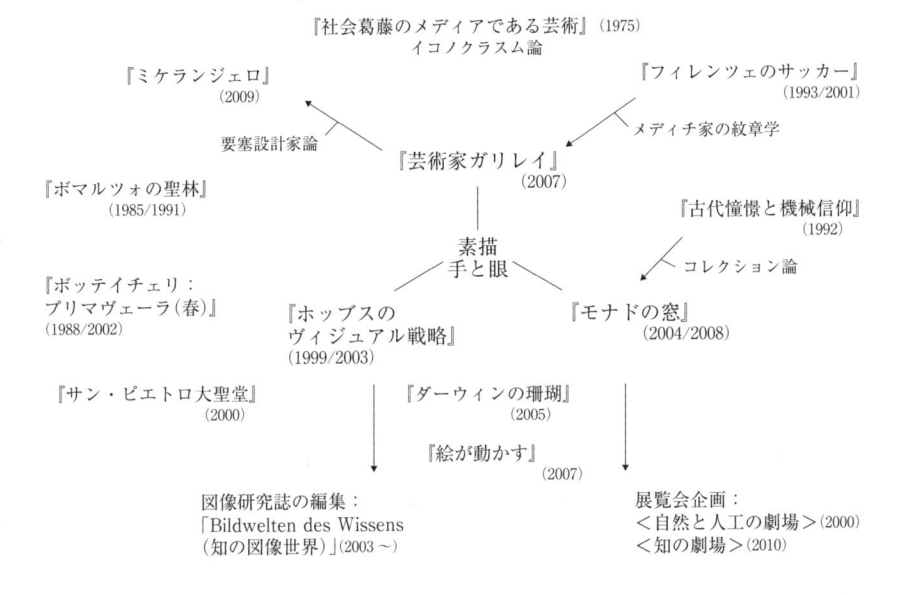

```
                                    『社会葛藤のメディアである芸術』(1975)
                                         イコノクラスム論
        『ミケランジェロ』                              『フィレンツェのサッカー』
           (2009)                                      (1993/2001)
                        要塞設計家論              メディチ家の紋章学
                                『芸術家ガリレイ』
『ボマルツォの聖林』                    (2007)
  (1985/1991)                                   『古代憧憬と機械信仰』
                                                      (1992)
                                   素描
                                  手と眼              コレクション論
『ボッテイチェリ：
 プリマヴェーラ(春)』      『ホッブスの              『モナドの窓』
   (1988/2002)         ヴィジュアル戦略』            (2004/2008)
                         (1999/2003)

『サン・ピエトロ大聖堂』    『ダーウィンの珊瑚』
      (2000)                (2005)
                     『絵が動かす』
                          (2007)

      図像研究誌の編集：                     展覧会企画：
      「Bildwelten des Wissens             ＜自然と人工の劇場＞(2000)
      (知の図像世界)」(2003～)                ＜知の劇場＞(2010)
```

　——図像は記号ではない。図像にはエネルギーがそなわっています。
　——図像を明らかにすることは、図像エネルギーを解放することです。ヴァールブルクなら「パトス公式」と呼ぶものを、目に見えるものにすると、心的社会的な破壊的エネルギーを表に出させて統御可能とするのです。
　——例のヴァールブルクが報告する「蛇儀礼」の話。ホピ・インディアンは儀礼で毒蛇を口に咥える。これは蛇という図像エネルギーを使って死の不安を克服しようという例なのです。不安に距離をとる、これが文化の誕生です。
　——記号学の終わるところで図像学は始まるのです。

　ずいぶんあっさりとした合理的態度だと思われるかもしれないが、図像の意味というよりエネルギーを感受するというのは、本当は共感的というか憑依的かもしれない図像への対し方である。『フィレンツェのサッカー』を訳したときにもブレーデカンプの共感覚能力に舌を巻いた。ミニチュアの銅版画に描かれた太鼓手の体のひねり方に、フィレンツェ市民の暴力を感受していたのだ。図像がメディア（媒質）としてエネルギー代謝に関わるというテーマは彼の最初からの問題だったので、アートを対象とするイコノロジストに収まることが

なかった。2007年の『絵が動かす』でも、たとえば法王ピウスの白い衣が、どのようなエネルギーを放射しているのか、が分析されるのであり、白の記号学が展開されるわけではなかった。処女作から現在まで記号ではなく、図像のエネルギーを明かす態度は一貫して、それを彼らの運動の参加者たちは新しくBildwissenschaft（図像の科学）と宣言しているのである。

さて3部作そのものはどういう関係だろう。ホッブズ論は図像の政治学、ライプニッツ論は普遍の図像化、ガリレイ論は観察／手の理論。テーマも素材もおおきく違い、素材の同一性からいえば、たとえばライプニッツ論は直接的に『古代憧憬と機械信仰』の発展であるし、ガリレイ論は木星の衛星メディチ星だのの象徴論からすれば『フィレンツェのサッカー』の延長上にある。けれど3部作はむしろモチーフ的にはばらばらで、ただ内部のエネルギーを取り出していく過程で手と眼が連動し、「素描」となって外に顕れてくるところが肝要なのだ。ブレーデカンプ自身は、「図像力によって初期近世を解き放った主要人物たち3部作」とくくっている。3者の直接的つながりもあるにはあるのだそうだ。1635年11月、軟禁状態のガリレイをホッブズが訪問。「対話」の英訳を提案。1670年ホッブズは若きライプニッツから一通の書簡を受け取る。といった具合に。それよりも3人は共通してマテシス・ウニヴェルサリスに腐心しつつ、同時にそれが内包する反図像の傾向については否定した、とまとめることができるだろう。

最新刊の『ミケランジェロ』は五つのエッセイをまとめた小著であるが、『芸術家ガリレオ』とは要塞建築家という共通項もある。あるいはそもそもガリレイその人が同時代人に「新ミケランジェロ」と呼ばれた縁があったのだという。ミケランジェロの場合、対爆掩蔽壁（たいばくえんぺい）を考案するということは、敵からの防御なのか、守っているのか誘っているのか、ごしごしと描きこまれた赤いチョーク線から微妙な心理学がうかがえる。あるいは「未完の完」という現代ならよく知られた美学もルネサンス美学としては当時何だったのか、など刺激的な論考が並んでいる。

小著ながらすでに各国語に翻訳されている『ダーウィンの珊瑚』もイメジャリ分析の面目躍如たる業績である。進化の枝分かれモデル図が、直接的にはダーウィンが数多く収集した珊瑚の標本、およびラフ・スケッチの、一つひとつの枝分かれの仕方からヴィジュアルに発想されたものであるということの証

明なのだ。前代未聞の進化論ではあるまいか。

「知の図像世界」誌について

さて、彼の研究活動は現実局面に二つの影響力を発揮しているのではないか……というのが、訳者の作成したチャートのうち下方の二つの項目。右下、すでに説明した「自然と人工の劇場」という企画展となって2000年と2010年、2度にわたって結実し、百学連環の機運をショーアップして盛り上げている。

もう一つ、訳者がチャート左下の図像研究誌「知の図像世界 Bildwelten des Wissens」とメモしたことについて。これはブレーデカンプ、マティアス・ブルーン、ガブリエレ・ヴェルナーを編集者に迎えた年2回刊行の「図像批評のための芸術史研究誌」のことである。2003年来13号が刊行され、それぞれ以下のような特集を組みつつ進行中である。

　1-1（第1巻1号）：生成過程のイメージ
　1-2：セオリーの表面
　2-1：非常事態のイメージ操作
　2-2：視器械
　3-1：ダイアグラムと視覚素材の秩序
　3-2：デジタル・フォーム
　4-1：色彩戦略
　4-2：観察者なきイメージ
　5-1：システムの諸空間
　5-2：天空の想像力
　6-1：脳のイコノグラフィー
　6-2：境界イメージ
　7-1：教育する視
　7-2：顕在化する数学（2010年近刊）

これらは自然科学と人文科学の境界を行くようなテーマであり諸論文である。毎号巻頭と巻尾に平均50葉ほどの雑多な図版がつくので、まずこれを眺めるだけで何が狙いどころなのか発想力がためされる。我が国のかつての『遊』ほどかぶいてはいないが意外性十分の研究誌といったらいいか。ドイツ語圏では今圧倒的に面白い読み物・眺め物はこの図像研究誌なので、ドイツ語がお読

みになれる方はもちろん、挿入された図版を眺めるだけでも刺激になるのではないだろうか。

ブレーデカンプがアートではなくイメジャリをテーマとしてきたことは正当に評価され、2006年には先端的学際的活動に与えられるマックス・プランク協会賞を受けている。それは Bild und Text シリーズ（Fink 社刊）のような図像論の出版状況に重ね、「イコニック・ターン」と言われる、芸術史研究者が一斉にイメジャリ研究へと展開していったドイツ研究情勢の象徴のようなものとも考えることができるだろう。

＊＊＊

最後に彼の出版物の形式について。たとえば本書でいうと、巻末に「自然と人工の劇場」にまつわるライプニッツのメモ・書簡、同時代人の発言などが年代順に原文のまま採録されている。（せっかく原文を掲載してあるのだが、訳さなければ通じないので本訳書では訳してある。ただし本文に引用された原文が注釈に原語で示してある場合は原語を残すように訳稿を構成してある）。ブレーデカンプのどの本も同じ編年体で原文資料を付録とすることになっている。どの資料もそれぞれのアーカイヴに出向かなければ目に触れない、目に触れても解読が難しい草稿である、これらの困難を一般から取り除くためなのだが、これもまたそれぞれのテーマを公論に乗せるための志でもあろうと思う。すなわちフォーラムとしての書籍というのだ。結果、彼の著作はいずれも編年体で原資料満載という形をとるのである。

原資料のラテン語について、いつもながら一橋大学教授古澤ゆう子氏を大変わずらわせてしまった。そのほか編年体原資料のなかに本書の最重要資料「思考遊び」がわけの分からない記号混じりの仏語で収録されている。これを中心にライプニッツとペローなどの仏語については大妻女子大学准教授武田千夏氏にお願いした。それとは別に付録としてブレーデカンプによる独訳版「思考遊び」も収録されている。これには詳しい注釈付きであることを考慮して、こちらも重訳を承知で日本語に移すこととした。

本書の翻訳出版は不況のおりとはいえ、高山宏氏のおかげで産業図書編集部鈴木正昭氏のご介添えを得た。お二方に感謝にたえない。翻訳中、読者として

私の念頭にあったのは、我邦イメジャリ研究の雄、高山宏だった。

＊＊＊

「自然と人工の劇場」について蛇足ながら参照価値のある資料を読者のためにご案内しておきたい。すでに紹介したベルリンでの Theatrum naturae et artis 展のカタログ（2000/2001, Henschel）。これに加えて、ブレーデカンプもライプニッツ研究の原形となる論文を寄稿している多角的な論集：

- Kunstkammer, Laboratorium, Bühne——Schauplätze des Wissens im 17. Jahrhundert（クンストカマー・ラボラトリウム・舞台——17世紀知の見せ場／劇場）（2003, Walter de Gruyter）。

さらにライプニッツによって構想されたピョートル大帝クンストカマーについては、次が図版等資料豊富（ブレーデカンプもこれを参照している）：

- Palast des Wissens——Die Kunstkammer und Wunderkammer Zar Peters des Grossen（知の宮殿——ピョートル大帝のクンストカマーとヴンダーカマー）（ドルトムント博物館主催展覧会カタログ2巻本（2003, Hirmer））

これらはバロックな精神が「知の劇場」を目指していく話だが、次は18世紀啓蒙主義の側から見える近代化運動の重量級2巻本カタログ：

- Erleuchtung der Welt. Sachsen und der Beginn der modernen Wissenschaften（世界を照らす。ザクセンと近代科学の黎明）（2009, Sandstein）

そうして19世紀に入ってミュージアムが全体性を失いつつ神殿化する運動については、資料豊富な研究書：

- Benedicte Savoy:『Tempel Der Kunst: Die Entstehung des Oeffentlichen Museums in Deutschland 1701-1815』（芸術の神殿、ドイツにおける公共ミュージアムの誕生）（2006, Zabern）

蛇足のついでにふと思う。上野の御山を中心にベルリンに起こっているような「知の劇場」の鳴動や、如何。

人名索引

ア
アインシュタイン 15
アウグスト 20, 24, 103
アグリコラ 144
アルキメデス 37
アルステッド 34
アルドロヴァンディ 27
アルベルティ 136
アンドレーエ 148, 192, 195-197
アントン・ウルリヒ 24, 212, 271, 274

イ
インペラート 29, 30

ウ
ヴァイゲル 9, 25, 43, 58, 156, 233, 237, 266, 278, 279,
ヴァールブルク 2, 15
ヴィエト 100
ウィトルウィウス 87, 151, 173
ヴェネツィアーノ 73, 74
ヴォータ 204
ヴォルフ 217
ヴッシム 208
ウルビヒ 211, 270

エ
エイベンボルグ 29
エウクリデス 79, 250
エックハルト 204, 205, 267, 268
エルスキン（アールスキン） 214
エルンスト 20

オ
オレアリウス 57, 59, 156

カ
カチャーロフ 219
ガッサンディ 6
カッシヌス 250
カミロ 32
ガリクス 96
ガリネ 278
ガリレイ iii, 149
カルドゥチョ 71
カロ 78
カンパネッラ 17, 192, 194-196

キ
キリアン 35, 36
キルヒャー 27-29, 40-42, 62, 64, 67, 99, 100, 131, 137, 237, 278, 280

ク
クインティリアヌス 72
クヴィッケベルク 26, 32
クヴィリーニ 158
クーチュラ 1
クーノ 201, 264, 265
クライナー 164
クラーク 53, 89

クラフト　207

ケ

ゲーリッケ　49, 50, 53-57, 236, 237, 265, 278-280
ゲダルティウス（ゲダルティス）　237, 278
ケプラー　11
ケンペス　30, 248

コ

コー　200
コスピ　27
ゴットヴァルト　217
コメニウス　42, 191, 192, 197, 233
コルネリス　75
コルプ　157

サ

サルトリオ　168
サルトル　2
ザンドラルト　72
サーンレーダム　73, 75

シ

シッカルト　250
ジャネッラ　114
シャルロッテ　158
シュトラットマン　262
シュペーナー　202, 203
シュミット　40, 41, 264
シューラー　214
シュライニツ　272
シュリューター　218
ショイヒツァー　142
ショット　62, 64, 50

ス

スカモッツィ　32
スキラ　140, 141

ステンセン　133, 136
スワンベルク　20
スワンメルダム　113, 237, 248, 278, 280

セ

ゼーレンダー　134, 135, 137

タ

ダ・ヴィンチ　7, 70
タッソー　134, 140
ダランセ　55, 236, 278
ダレンカエウス　250

チ

チェリーニ　148
チルンハウス　101, 147, 191, 206, 266

ツ

ツァイジング　37
ツァッコリーニ　83, 84, 145
ツェーゼン　29, 30
ツェルネマン　167

テ

ディオドルス　192, 193, 196
ディドロ　175
デカルト　11, 226
デサルグ　78, 79, 85, 91, 144

ト

ドゥルーズ　14
ドゥレヴェ　168
ド・ヘイン　74, 75
ド・ボス　87
ド・ロシュメユ　263
トリチェリ　54

ニ

ニュートン　51

人名索引　339

ノ

ノルテ　105-107

ハ

パーペ　2, 92
ハウツ　58, 237
パスカル　85, 144
パッラーディオ　32, 158, 159
パトクル　204
パパン　55
ハルスデルファ　237, 279, 281
ハルナック　202, 203
ハンゼン　29-31, 178, 247-249, 252
バンディネリ　73, 74

ヒ

ピサヌス　250
ピョートル1世　37, 185, 210, 212-217, 269, 271, 272, 275
ビリエ　278
ビルフィンガー　217

フ

ファイラント　29
ファーガソン　211
ファブレテイ　29
フィッセン　211
フィッシャー・フォン・エルラッハ　158-160, 162, 163
フィンケルビン　248
フィンデケラー　24, 258
フェリビアン　82
フェルディナンド　27
フォントネル　139
フーコー　129
プサン　83, 84
フッサール　15
ブッシェ　92
ブティ　58, 60

プラキウス　iv
プラトン　4, 73, 88
ブラレンベルグ　60
プリニウス　73, 136
ブルーメントロスト　215
ブレーゼンドルフ　202

ヘ

ベーコン　17, 95, 159, 173
ヘームスケルク　192, 194
ベスニエル　47
ヘックシャー　2
ベックラー　37, 38, 266
ベッシュ　57, 59, 156
ベッソン　37
ベッヒャー　39-43, 61, 120, 137, 191, 231, 233, 252
ベルジュラック　284
ベルニーニ　6, 151, 243
ヘレウス　159
ペロー, クロード　107, 149, 150, 153, 155, 156, 165, 173-175, 242-245
ペロー, シャルル　151

ホ

ホイヘンス　55, 113, 226, 280
ボイル　50
ホガース　103
ボダン　34
ボッス　78-83, 144, 175
ホッブス　iii, 53, 66, 79, 80, 95, 96, 180
ホフマン　25
ホーホストラーテン　75-78, 89
ホラポロ　250

マ

マタルノヴィ　218
マールブランシュ　113, 114, 116
マーンケ　2
マヨール　19

マリアベキ　26, 263
マロル（マロリウス）　149, 176, 178, 185, 248（ヴィルロワン僧院長）, 250, 253, 254

ミ
ミュルメコロン　237, 278

メ
メラン　189
メリアン，マリア・シビッラ　25
メリアン（父）　97, 110
メルカトール　189

モ
モア　17

ヤ
ヤブロンスキ　200, 264, 265

ユ
ユンギウス　223, 237, 278

ラ
ライス　30, 217, 248
ライスヴィヒ　29
ライヘル　115, 117
ラッセル　1
ラッハムント　25
ランゲ　168, 169, 171
ランベレト　166, 167

リ
リーパ　186, 250

ル
ル・ヴォー　150, 151, 155（ド・ヴォー　242, 244, 245）
ル・ブラン　245
ル・ブリュン　81-83, 151, 235, 276
ル・モワイヌ　107, 108
ルクレティウス　136
ルクレール　152, 154, 155, 174, 176, 177, 185, 186
ルドルフ2世　22
ルフォール　263
ルルス　192

レ
レーウェンフック　113, 226
レオナルド　136
レッシング　147
レッティング　35
レーテンベック　34-36

ロ
ロック　12
ロバート・フック　113, 149, 189
ロマッツォ　102
ローレンツ　25
ロワイエ　62

〈訳者略歴〉

原　研二（はら・けんじ）
1978 年　名古屋大学教養部ドイツ語講師
1981 年　ウィーン大学人文学部演劇学科留学（1983・9 帰国）
1986 年　東京都立大学人文学部独文学研究室助教授
1996 年　東京都立大学人文学部独文学研究室教授
2007 年　大妻女子大学比較文化学部教授
　　　　　現在に至る

主な著書：『シカネーダー』（平凡社），『グロテスクの部屋』（作品社）
主な訳書：ジョン・ノイバウアー『アルス・コンビナトリア』（ありな書房），
　　　　　H・P・デュル『再生の女神セドナ』（法政大学出版局）

モナドの窓
── ライプニッツの「自然と人工の劇場」──

2010 年 6 月 18 日　初　版

著　者　ホルスト・ブレーデカンプ
訳　者　原　研二
発行者　飯塚尚彦
発行所　**産業図書株式会社**
　　　　〒102-0072 東京都千代田区飯田橋 2-11-3
　　　　電話 03(3261)7821（代）
　　　　FAX 03(3239)2178
　　　　http://www.san-to.co.jp
装　幀　戸田ツトム

© Kenji Hara 2010　　　　印刷・平河工業社　製本・小高製本工業
ISBN978-4-7828-0168-0 C1010

実体への旅 1760年-1840年における美術、科学、自然と絵入り旅行記	B.M.スタフォード 高山 宏訳	8400円
ヴィジュアル・アナロジー つなぐ技術としての人間意識	B.M.スタフォード 高山 宏訳	3360円
グッド・ルッキング イメージング新世紀へ	B.M.スタフォード 高山 宏訳	3990円
アートフル・サイエンス 啓蒙時代の娯楽と凋落する視覚教育	B.M.スタフォード 高山 宏訳	4410円
理性と美的快楽 感性のニューロサイエンス	J.-P.シャンジュー 岩田 誠監訳　浜名優美,木村宣子訳	2415円
哲学教科書シリーズ 現代アートの哲学	西村清和	2940円
視覚の冒険 イリュージョンから認知科学へ	下條信輔	2415円
ビジョン 視覚の計算理論と脳内表現	D.マー 乾 敏郎,安藤広志訳	4410円
プシューケーの脳科学 心はグリア・ニューロンのカオスから生まれる	浅野孝雄,藤田哲也	3780円
哲学教科書シリーズ 現代哲学	門脇俊介	2520円
流れとよどみ 哲学断章	大森荘蔵	1890円
哲学と自然の鏡	R.ローティ 野家啓一監訳	6090円
世界内存在 『存在と時間』における日常性の解釈学	H.L.ドレイファス 門脇俊介監訳	4200円
ハイデガーと認知科学	門脇俊介,信原幸弘編	3360円
『存在と時間』の哲学 I	門脇俊介	1890円
真理を求める人間 アロステリックタンパク質の発見から認知神経科学へ	J.-P.シャンジュー 浜名優美 他訳	4200円
科学論の実在 パンドラの希望	B.ラトゥール 川﨑 勝,平川秀幸訳	4725円
集合論の哲学 「カントールのパラダイス」につづく道	M.タイルズ 三浦雅弘訳	2835円
コンピュータには何ができないか 哲学的人工知能批判	H.L.ドレイファス 黒崎政男,村若 修訳	4515円

価格は消費税(5%)込